岩　波　現　代　文　庫

近代家族の成立と終焉
新版

上野千鶴子
Chizuko Ueno

学術 415

岩波書店

目　次

I

近代家族のゆらぎ

一　ファミリィ・アイデンティティのゆくえ

［初出一九九一年］

1　危機の言説

歴史の転換期には似たような現象が起きる。二〇世紀末の今日、家族の危機が声高に叫ばれているが、一九世紀末にも同じように「家族の危機」が叫ばれた。だが現実には家族は解体せず、実際に起きたのは西欧でも日本でも、家族があり方を変えたという変化にすぎなかった。

家族はたしかに変貌しつつあるが、必ずしも解体の危機を迎えているわけではない。だが、家族が目の前で見知らぬすがたに変貌していっているのを目にするのは、多くの人々には「危機」と映る。彼らはただ現在ある家族のすがた以外のものを知らないか、もしくはそれに想像力を欠いているにすぎない。前世紀末の家族の変化もまた、保守的な人々の眼には、おぞましいものと映った。「家族を守れ」という保守的な言説は転換期に反動イデオロギーとして必ず登場するが、それが「近代家族」の理想にとって代わられるまでに大して時間はかからなかった。ただ変化の先が未知であることだけが、人々をおびえさせる。家族はどこから来てどこへ行こうとしているのか——この問いに答える試みが要請されている。

2 ファミリィ・アイデンティティ

家族が家族であるための条件は何か——文化人類学は、この問いをめぐって比較文化的な家族の定義に答えようとしてきた。結論から言えば、文化の多様性の前に「家族」の通文化的な定義は、とっくに放棄されている。養子制度があるところでは血縁は家族の定義の中に入らないし、アフリカのようにゴースト・マリッジ(死者との婚姻)の慣行があるところでは、死者でさえ家族のメンバーに入る。家族を操作的に定義するために文化人類学がたどりついたミニマムの定義は「火(台所)の共同」、すなわち共食共同体というものである。したがって「別火」が起きたとき、世帯分離(したがってしばしば家族分離)が起きたと見なす。

国勢調査が依拠しているのも「一世帯一台所」の原則である。一九二〇年から開始された国勢調査が徹底した現住所主義をとるのも法的・制度的な「家族」が流動化し、戸籍や住民票にもとづく調査があてにならなくなったからである。だが国勢調査がつかむのは「世帯」の概念までである。それは注意深く「家族」の概念を避けて通る。世帯は「居住の共同」を原則にしている。だが、出かせぎや単身赴任のように、居住を共同しない家族もある。世帯の概念と家族の概念は一致しない。文化人類学でいうミニマムの定義は、「世帯」には該当するが「家族」にはあてはまらない。

「家族」を構成するレベルには、現実と意識とがある。例えばまったくの他人と思っていても血がつながっていれば実は家族ということもある。だが当人同士がまったく自覚しないまま「家族」の実体が存在するということはありえない。身元引受人の親族探しをする中国残留日本人の例に見られるように、当事者同士がそれを追認し家族意識を持ってからはじめて、家族は成立する、それも一方が家族意識を持っても、他方が否認することもある。となれば「家族」は現実よりも多く意識の中に存在することになる。

今ここで、家族を成立させている意識を、ファミリィ・アイデンティティ family identity(FIと略称)と呼ぼう。ファミリィ・アイデンティティとは、文字どおり何を家族と同定 identify するかという「境界の定義」である。E・H・エリクソンが持ちこんだこのアイデンティティという心理学用語は、のちに個人から拡張されてさまざまなグループ・アイデンティティにも適用されるようになった。企業アイデンティティ corporate identity やナショナル・アイデンティティ national identity がその例である。だが「法人格」として超個人的実体と思われている企業のCIも、一人ひとりの個人の意識によって担われるほかない。集団アイデンティティが問われるのは、その集団が人為的に構成されているために脆さを含む場合である。だから自然的と思われてきた集団、例えば家族やコミュニティのような一次集団には、これまでことさらにアイデンティティが問われることがなかった(1)。

にもかかわらずFIという用語をあえて導入するには、次のような理由がある。第一に、家族が実体的な自然性を失って、何がしか人為的な構成物と考えられるようになってきたこと。第二に、これまで伝統的に家族の「実体」と見なされてきたものとFIとの間に乖離が見られるようになってきたこと。第三に、FIもまた個々のファミリィ・メンバーによって担われるほかないが、FIの概念はその担い手を複眼化することによって、家族メンバー相互の間のズレを記述することができること、の三つである。変動期にある家族を分析するために、FIという操作概念は、意識と現実のズレ、成員相互のズレを記述するには便利な概念である。

3　伝統型から非伝統型へ

FI概念を、逆にこれまでの伝統的な家族に適用してみよう。例えば「家」は超個人的な実体と考えられてきたが、ファミリィ・メンバーの中に「家」意識がなくなれば

「家」は崩壊する。だが、個人的アイデンティティ personal identity に身体という物質基盤があるように、拡大家族にもそれを成立させる物質的な基盤がある。それは次のようなものである。

家業の共同・家名の共同・家屋の共同・家産の共同・家計の共同。

「家」意識が存続するためにはそれ相応の物質的根拠があった。たとえ旧民法が戸主権を法的に保証しても、家業や家産のような実体的根拠を失ってたんに家名のような象徴的根拠だけに依拠するのでは「家」のＦＩを維持するのはむずかしい。現在のＦＩは、より多く家屋の共同や家計の共同のような、より限定された物質的基盤に依拠している。しかもそれさえも、世帯分離やダブルインカム化で揺らいできている。

それでは、ＦＩが成り立つためのミニマムの根拠は何だろうか？

人類学で言う家族の概念には、世帯の概念と出自の概念が未分化に含まれている。世帯の原理は「居住の共同」(文化人類学の用語では「同火」)、出自の原理は「血縁の共同」である。どちらにも父系・母系・双系の三種類があり、居住と出自は必ずしも一致しない[2][表1]。

「居住の共同」と「血縁の共同」がそれぞれ独立の概念だとすれば、次のようなダイアグラムをつくることができる[図1]。第Ｉ象限には居住と血縁とが一致した伝統型家族、第Ⅱ象限には血縁は共同しているが世帯分離をした家族、つまり別居や単身赴任家族が入る。第Ⅳ象限には非血縁者の同居、例えば子どものない夫婦や養子縁組が含まれる。家族のミニマムの要件のうち「居住の共同」も「血縁の共同」も欠いた第Ⅲ象限に入るものは「非家族」だろうか？　だがここでも私たちは新しい現象に出あう。後述する私たちの調査によれば「居住の共同」も「血縁の共同」も欠いた人々の間でＦＩが保持されている例がいくつも報告された。例えば非入籍の夫が外国に別居し、姓も家計もセックスも共有しないが家族意識が共有されている例、見たこともないネグロスの子どもの「里親」になり、その子どもに家族意識を持っている例などがある。

「居住の共同」と「血縁の共同」というミニマムの要件が否定されてもなおかつＦＩは成り立つ。というより、現在流動しつつあるＦＩは、伝統的な家族の要件、居住や血縁の原理だけではとらえきれない多様な相貌を見せている。家族の変動をとらえようとする私たちのプロジェクトは、図１の静態的なダイアグラムから離れて、もっと多様な変数を含む動態的なダイアグラムをつくる必要に迫られた。家族の変動は、意識の面と形態の面で起きる。「まだ見ぬ家族」は、意識も形態も「これまで見知っている家族」とは似つかないものである。そこに至る変動の過程では、意識の変化と形態の変化の間にズレが起き

表１

		出自	
		父系	母系
居住	父系	父系父方居住	（母系父方居住）
	母系	父系母方居住	母系母方居住

る。形態はとっくに変わってしまっているのに意識が伝統型の家族、逆に形態は従来型のままなのに意識がすっかり変わってしまった家族が過渡期には成立する。その両方の変化を概念化するために、作業仮説として得たのが右のダイアグラムである[図2]。第Ⅰ象限には意識も形態も伝統型で一致した家族が、第Ⅲ象限にはその対極に、意識も形態も非伝統型で一致した家族が含まれる。第Ⅱ象限には意識が伝統型、形態が非伝統型の家族、第Ⅳ象限には形態は伝統型だが意識は非伝統型の家族が含まれる。変化の方向は図3のようになる。

私たちの調査は家族の変動の方向を探ろうというものであるから、第Ⅰ象限を除く三

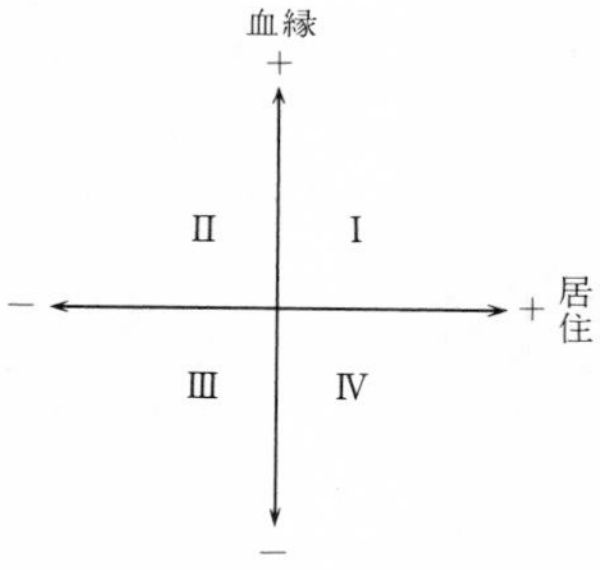

図1

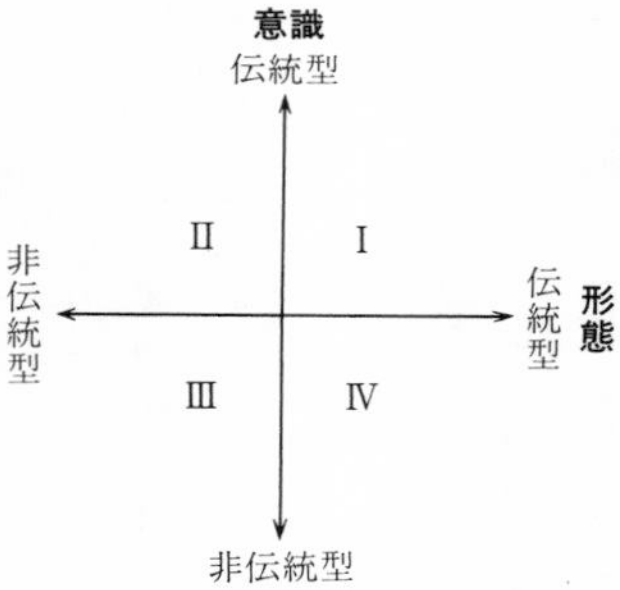

図2

つの象限にわたって、意識と形態の両面で非伝統的unconventionalな家族類型を可能な限りシミュレーションしてみた。次にそれに該当する経験的な事例を探し求め、アクセスがある場合はインタヴューを、ない場合(例えば獄中犯と結婚した女性のように、ケースはあるがプライヴァシーの問題等でアクセスが難しい場合)は、二次資料(ルポ、新聞報道、手記等)に頼った。過去数十年の間「家族の実験」の時代に、非伝統的な家族のノンフィクションやドキュメントの刊行は枚挙にいとまがない。ただそこで起きている変化を記述する分析的な装置が欠けていたのである。

シミュレーションの結果得られた非伝統的家族の類型は約五〇、それに該当する実例を三九ケース抽出してインタヴューを行なった。基礎データとして、家族構成、居住の範囲、家族史を採集した。

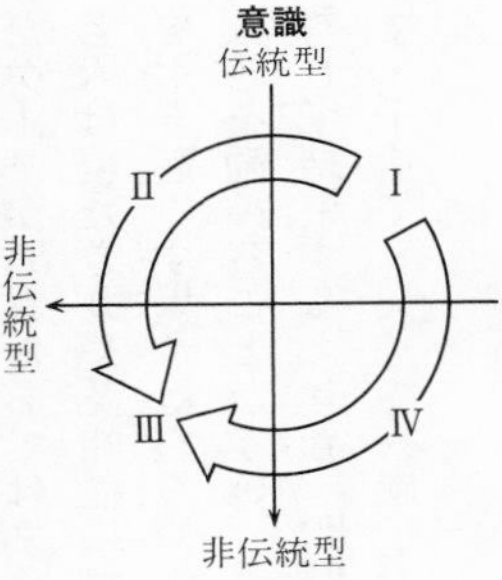

図3

採集類型を図2のダイアグラムにマッピングすれば次のようになるだろう。

第II象限には意識は伝統型だがそれにふさわしい形態を維持できず、かたちが非伝統型に変わってしまっているものが含まれる。むしろ伝統型の家族意識を防衛するために、家族の危機に対処して世帯分離を選んだケースがこれにあてはまる。世帯分離の対象になるのは、老人、夫、子どもである。老人は寝たきりや認知症になると施設入所になりがちだし、子どもも障害児や問題行動を引き起こす場合は施設や山村留学などに送られる場合がある。ケースワーカーも施設入居を勧めることが多い。夫の場合は単身赴任がきっかけになりやすい。家族は危機に対して結束するよりも、問題を抱えたメンバーの分離を選ぶ傾向がある。いわば「親捨て・子捨て・夫捨て家族」である。その意味で、現代家族の耐性はすこぶる弱いと言える。

これに対して第Ⅳ象限の、形態は伝統型だが意識は非伝統型になってしまっているケースには、かたちは三世代同居でも伝統的父系同居だけでなく、母系同居や双系同居の増加がある。典型的な核家族でも「友達カップル」の名に反して実態は旧態依然たる性別役割分担型に終わった団塊ファミリィにかわって、「一緒に遊べる」同好会カップルや、子どものないDINKS、さらには「似た者同士」が気がついたら異性だったというツインズ・カップルなど、「友愛家族」の現実化がある一方で、家庭内離婚のような「解体家族」もある。

意識伝統型・形態非伝統型の家族と、意識非伝統型・形態伝統型家族との中間型に、非血縁メンバーを抱え込みながら、伝統型の家族のかたちを維持しようとするさまざまな試み、養子家族や再婚家族など、いわば「再建家族」がある。

最後に第Ⅲ象限には、かたちも意識も旧来型の見方からはとても家族とは思えないが、当事者たちは「自分にとってはこれが家族だ」と考える、意識・形態ともに非伝統型の家族がある。それにはコレクティブやさまざまな共同体、レズビアンやゲイのカップル、さらには死者とつくる家族、人間以外のペットとつくる家族、などがある。その極北には家族をつくらない確信犯シングルがいるが、自分の生殖家族をつくらないひとも、自分が生まれてくる定位家族からは逃れられないのだから、成人した子どもとその老いた親との関係は残る。

インタヴューの内容はごくかんたんなものである。「あなたはどの範囲の人々(モノ・生きもの etc.)を「家族」と見なしますか」というFIについての「境界の定義」をたずねる。その上でそのFIの範囲に共有されるミニマムの条件が何かを、「当事者のカテゴリー」で記述してもらう。

インタヴュー調査を採用したのは次のような理由による。家族の変動がこれほど激しい時代には、家族についてのどんな先験的な定義も役に立たないから、カテゴリーを予め設定した定量調査では意味がない。したがって定性調査を重視するが、その際演繹的なカテゴリーではなく、「当事者のカテゴリー」をできるだけ採用する。複合的な構成を持っている家族の場合には、複数の当事者にインタヴューを行ない、FIの「境界の定義」に相互の間のズレがないかを確認する。非伝統的な家族のあり方においてもなおかつFIが維持されているとすれば、「当事者のカテゴリー」によって新しい家族像が浮かびあがってくるだろうという予測を立てた。

4　意識＝伝統型・形態＝非伝統型の家族

第Ⅱ象限の意識＝伝統型、形態＝非伝統型のタイプには、FIは従来型のままなのに、外圧や余儀ない事情から世帯分離を強いられた家族が含まれる。その典型的な例は単身赴任である。

▼Aさん(女・三九歳・会社員)の場合
高校時代からの友だちである夫との間に子どもが二人。Aさんは航空会社に勤務して二〇年のベテラン事務員。女も仕事を持つべきだと思っていたから、子育ての苦しい時期も会社人間の夫はあてにせず、乗り切ってきた。去年の夏、夫が九州転勤。単身赴任に何のためらいもなかった。Aさんと子どもたちの生活は以前とさして変わらない。変わったことと言えば、お互い出し合っている家計費のうち、夫の出す分が以前より少なくなったことくらい。ずっと共働きだったので、夫は自分のことはできる人。洗濯や掃除は適当にやっているようだ。食事の方はほとんど外食らしい。

単身赴任のきっかけの多くは、子どもの教育と妻の就労。後者の理由はますます増え

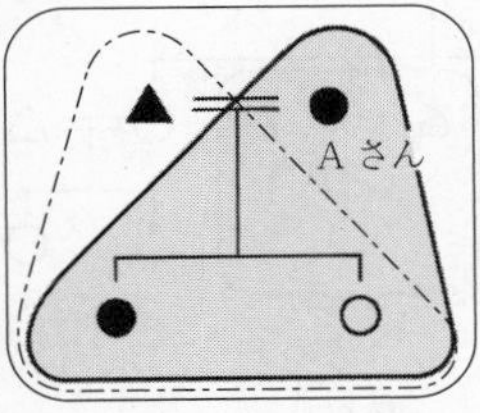

図5

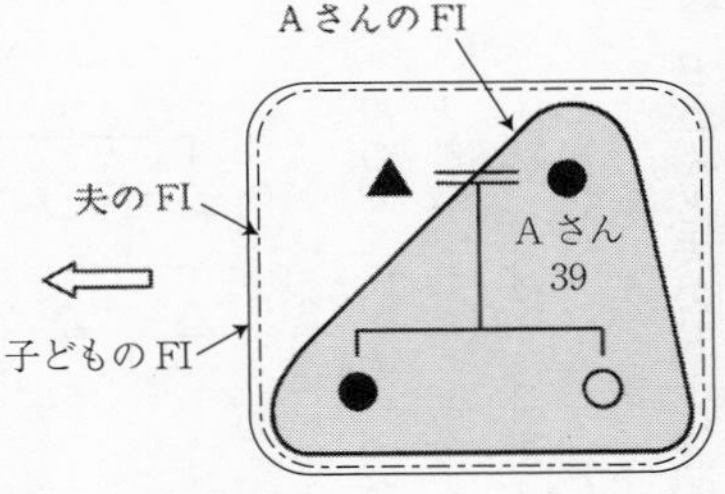

●(女性)または▲(男性)はFIの当事者，○は女性，△は男性，
▭は同居の範囲(以下同)

図4

てきている。地域にネットワークをつくった無業の妻が、子どもの教育を錦の御旗に、夫の転勤への同行を拒む場合もある。他に家屋の維持や老親介護の理由もある。Aさんの場合は、転勤辞令前から実質的に母子家庭で、夫の単身赴任後も彼女と子どもたちの生活はほとんど変わっていない。むしろ夫の不在で以前より気楽な母子家庭となり、夫のたまの帰宅も歓迎されない。ここには家族より会社を選んだ夫、夫より子どもを選んだ妻の対比がある。夫は赴任先で、社縁家族や酒縁家族など擬似家族づくりに励んでいるらしい。

面白いのは、彼らのFIにズレがあることである[図4]。AさんのFIは二人の子どまり、夫にまで及ばない。夫の方のFIは家族四人を、子どものFIも父を含んでいる。仮にAさんと夫が離婚することになれば、このFIダイアグラムはただちに図5のように移行するであろう。すなわち子どもにとって親子関係の認知は変わらないが、Aさん自身のFIは離婚の前後によっても変化しないほど、すでに夫とは距離があることがわかる。

家族の中から世帯分離を最初にひきおこすのは、夫ばかりではない。老人・子どもの場合もある。

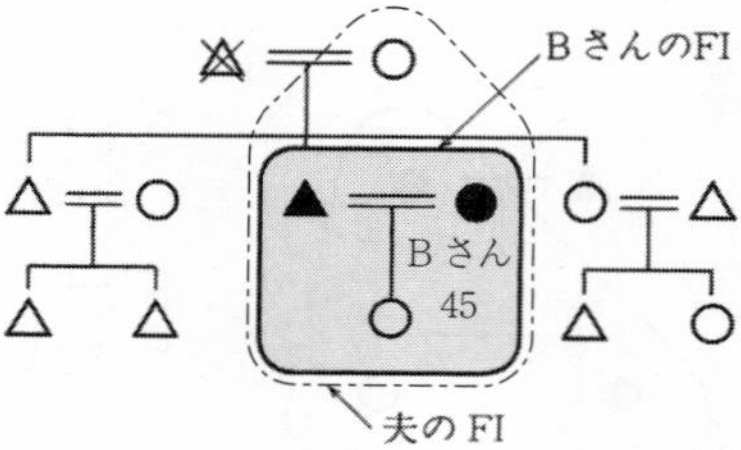

図6

▼Bさん(女・四五歳・主婦)の場合

次男の嫁。義母は長く田舎で一人暮らしをしていたが、いざという時は長男がみるものと思っていた。ところが義母が体調を悪くし、一人で置いておけないとなると長男は拒否の姿勢を見せるようになった。家族会議をし、長女は子どもが受験期でもあるということで、結局次男が預かることになった。そのために家も購入。ようやくスタートしたところで義母の認知症が始まった。一年間格闘するが認知症がひどくなる一方で、施設に入れる。やっと解放された。面会は夫が月に一度行く。自分と子どもは行っても相手にわかってもらえないこともあって、ほとんど行っていない。もともといなかった人が急に来て、そしてまたどこかへ行ったというだけで、寂しい気持ちも後ろめたさも何も感じていない。

Bさんと夫のFIは図6のようにズレている。Bさんの例に見られるように、今日の父系同居は必ずしも長男とは限らなくなっている。しかもこの例のように途中同居が圧倒的である。同居しても認知症が始まったら施設送り。高い入所料は一種の「親捨て料」である。そうでもしなければ共倒れになる老人介護の現実からは、老人を施設に入れて「家族」を守るという選択が働く。面会は息子の世代まで。なじみのない孫とは交流が持てない。

「子捨て」のケースもある。

▼Cさん(女・四〇代・主婦)の場合

三人の子を持つ男性と結婚。長女とは葛藤があったが、しだいに心が通いあう。が、長男、次男は学力も低く、怠惰、うそつき、誘惑に弱いと対応に苦慮。父親は「戸塚ヨットスクール(3)にでも入れるしかない」と言っていた。中学になると家出したり、非行をくり返し、いくら注意してもダメというので山村留学を考えた。次男は行きたがったが、長男は「嫌だ」と拒否する。が、夫婦と夫の両親で説得して行かせた。本人の希望でもなく、高い教育費を払い、必ず効果が期待できるわけではないが、自分の能力の限界を超えていたのでしかたなかった。

長野県八坂村の山村留学では、一九九〇年現在受け入れた子ども六名のうち、一名は父子家庭だった父親が再婚して邪魔になった子、一名は婚外子、二名は受験対策、二名は「たくましい子」にしてほしいというのが動機だった。山村留学には、都会の子を自然の中でたくましく育てるという本来の大義名分の陰に、親にふつごうな子の一時預かり所、学校にうまく適応できない子の緊急避難所、家族とうまくいかない子の隔離場という要素がある。そこには高い安心料を払って「子捨て」する親の「家族」を守りたいエゴイズムがある。だが逆に、自分から山村留学を希望する子どもの中には、子の「親捨て」の契機もまた含まれている。

家族の世帯分離は、しばしば「夫捨て」「親捨て」「子捨て」と結びついている。FIは別居した家族にまではなかなか及ばない。しかもうまくいっている場合はいいが、いったんつごうが悪くなると、残りの家族を守るために、問題のあるファミリィ・メンバーは切り捨てられる。それがあからさまに出るのは、中途障害者の場合である。

▼Dさん(男・五二歳・中途失明者)の場合

公務員だったが、働きすぎから突然網膜剝離になり失明。三度自殺未遂をくり返し、七度入退院した。妻にはずい分迷惑をかけたので何かしてもらうたびに「ありがとう」と言っている。気を使ってはいるが妻との関係はうまくいっていない。妻は恥ずかしいからと言って一緒に外出してくれない。それで失明してからの二年間はずっと家に閉じこもっていた。外へ行くようになったのはボランティアのおかげ。妻と離婚にならないのは、自分にお金があるからだとわかっている。

つごうのよい時だけ家族、つごうが悪くなると捨てられるという事実を、衝撃的なかたちで示したのは、一九九〇年九月の長野県のアルツハイマー離婚訴訟判決だった。(4)アルツハイマー病の妻との離婚を夫に認めたこの判決は、家族が個人の危機に対する保障であるという考え方を根底からくつがえした。だが現実には、法が認めなくても、危機をかかえた家族は、病んだ部分を切り捨てることで自衛をはかっている。現代家族の危機に対する耐性はすこぶる弱い。『大草原の小さな家』の家族のように、外から訪れる危機に家族が一致団結してたち向かうというイメージは、神話に属している。家族は危機に対して結束する以上に、危機に耐えきれずに崩壊する可能性の方が高い[5]。家族が危機の担保にならないという現実は、家族の物質基盤がそれだけ脆弱になったことを反映している。血縁幻想だけでは、FIをつなぎとめるには不十分なのである。

逆に世帯分離が積極的な理由から起きることもある。例えば三人家族で夫がドイツに赴任、妻が東京で仕事を持ち、一人娘がイギリスのサマーヒルスクールに通うというように一家族が三世帯に分離するケースがある。この場合は世帯分離の距離に関わらず、FIは保たれている[図7]。この場合は同居よりも家族の個々のメンバーの個人的な利益が優先されている。だがこの家族のFIを支えるのは、三世帯の維持を可能にす

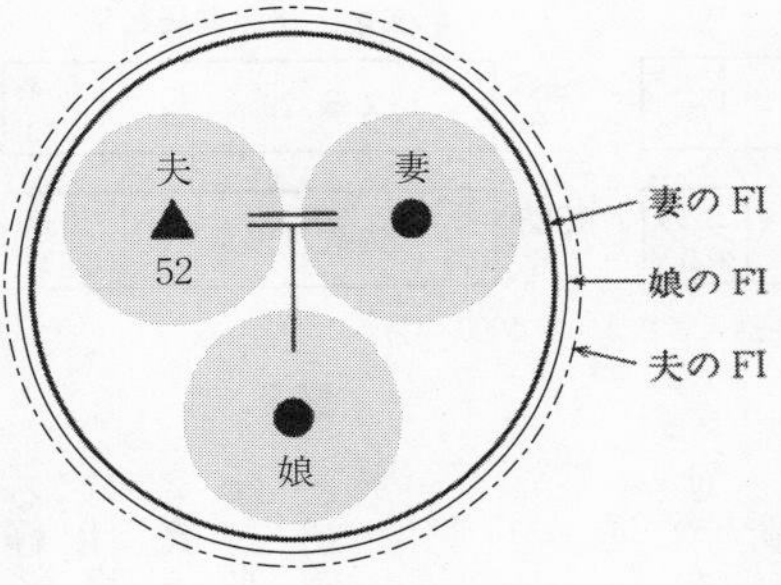

図7

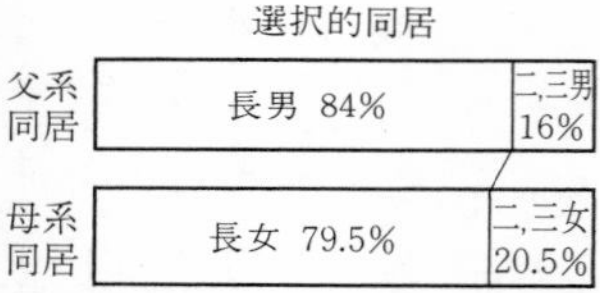

（出典：旭化成の二世帯住宅購入者数より，1990 年）

図 9

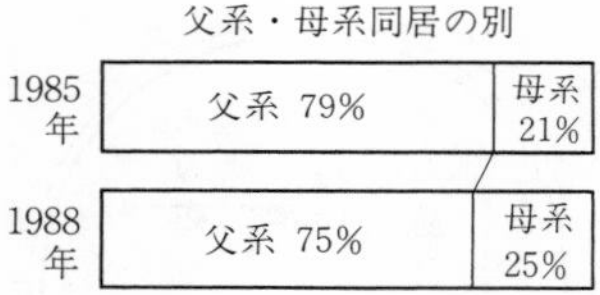

図 8

る経済力と血縁の共同である。選択的な別居をしているが、それは仕事や子どもの個性の尊重のためやむをえない一時的な選択と考えられており、きわめて異例な形態をとっていても、家族意識は古典的なものである。彼らは世帯分離をいずれ回復して、形態と意識の一致をはかろうという意図を持っている。

5　形態＝伝統型・意識＝非伝統型の家族

逆に家族の形態は従来型のままだが、それを支える意識の方がすっかり変わった例が、第Ⅳ象限には集中している。

新しい都市型の三世代同居がその例である。見かけは伝統的家族制度にのっとっているように見えるが、同居の相手が父系から母系へ移行する傾向を見せたり[6]［図8］、また長男・長女に限らず親子がともに選びあう選択的同居もふえている［図9］。

もっとも非伝統的な三世代同居は、双系同居の例であろう。

▼Eさん（女・三九歳・公務員）の場合

学生の時知りあった夫との間に小学一年の娘一人。結婚当初は公営住宅、その後マンションを購入。子どもができてから、夫婦とも仕事がだんだん忙しくなり、弟一家を巻きこんで、親に家を建て替えることを持ち掛けた。建て替えの費用は全部自分たちが出した。Eさん家族と親が二世帯住宅、同じ敷地内に弟は別棟を建てる。家事は最低限。子どもはほとんど母に任せている。

Eさん家族のFIは図10のとおり。Eさんは母親をFIの範囲に含めているが、夫にとっては妻と子どもだけの核家族がFIの範囲である。

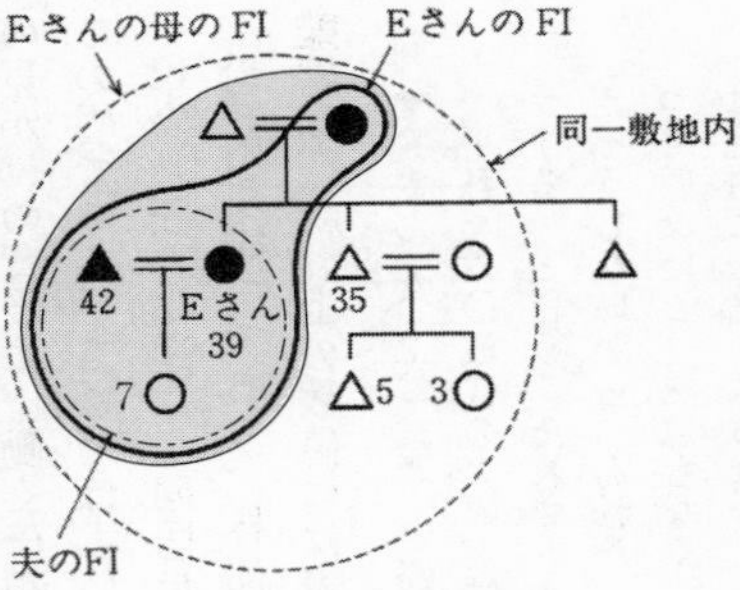

図 10

ここでは居住の共同に単系の原理が働かず、都市部の地上げの影響を背景に、結局不動産を持っている側に娘世帯も息子世帯も集中するという現象が起きている。単系的な家イデオロギーより家産という物質基盤の決定因が大きいばかりでなく、家産が新しい都市型家族の世代間凝集力の基盤になっていることがわかる。しかもそのイニシアチブをとるのは、多くの場合仕事を持っている娘の家族である。父系・母系を問わず、六歳未満の子どもを持つフルタイム就労の女性の三世代同居率は、同じ条件下にある無業の妻の場合より高いというデータもある。三世代同居という伝統型家族の見かけの背後に、働く母親のニーズが控えている。母系同居率を押し上げているのもこの層である。ここでは古い革袋に新しい酒が盛られている。

単身赴任とは逆に、同居はつづけているが、実質上家族が解体してしまっている例が「家庭内離婚」である。林郁の同名の著書[林(郁) 1985]でいちやく有名になった家庭内離婚は、統計上の数値には表われないが、潜在的には大きな数にのぼると見られる。

▼Fさん(女・六二歳・主婦)の場合

平凡な六〇歳代の夫婦。結婚して四〇年。今は「お父ちゃんのご飯食べるのみてるとイライラする」と言う。それでも一緒にいるのは、別れても食べていけないし、慰謝料はとてももらえそうもないから。別れたらソンになる。それにもう年をとって別れるほどのエネルギーは残っていないし、熱意もなくなっている。しかし食事の仕度はしても一緒には食べない。お墓には絶対に一緒に入らない。お墓のことは娘によく頼んでおこうと思っている。

図11はFさんのFIである。夫も妻もFIは同居の相手には及ばないが、結婚した娘や孫は自分にとっての家族だと思いこんでいる。娘の方はどう思っているかわからない。

林郁の『家庭内離婚』によると、心理的に離婚状態にある夫婦が、別居にも法的な離婚にも踏み切らない理由は、主として家、つまり不動産の共有にある。同じ屋根の下で、彼らは家庭内別居を続けている。(7) 林のルポしたケースでは、妻の側が口をそろえて「セックスがないから家庭内離婚状態が続けられた」と述懐する。「居住の共同」をともなう夫婦の間でも、「性の共同」はすでに失われているのである。

養子縁組は、伝統的な家制度の産物だが、これにも異変が起きている。もともと「家」の男子後継者がいない場合にそれを求めて縁組したものが、今日では養子縁組を希望する養親の八〇%以上がゼロ歳から三歳までの女の子を希望するという。ここでは後継者意識よりも、見返りを要求しない子育ての楽しみが優先されている。別な見方をすれば、子育てには「老後の安心」料が含まれているから、老人介護に貨幣費用より現物費用の方が高くつく現実を背景に、娘に対する老後期待が高まっていると解釈することもできる。

養子縁組の今日的な形態は、ボランティアの里親制度である。

▼Gさん(男・四二歳・市役所職員)の場合

職場結婚した妻と、高校生、中学生の子ども二人、母の五人家族。仕事の関係でフィリピン人の女性と知りあったのが、ネグロスの子の里親になったきっかけ。三年前から現在一一歳の女の子の里親になっている。ネグロスの里子の一年間の学費は一万円。Gさんの妻はこのネグロスの里子にいたって無関心で

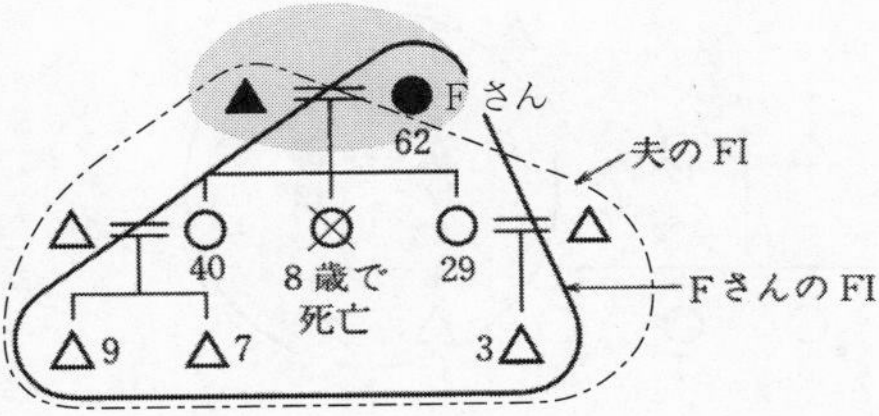

図11

「二人の子どもは自分のもの、里子は夫のもの」と考えている。二カ月に一度出す手紙には必ず返事がくる。この夏ネグロスまで会いに行ってきた。

Gさんのフォスター家族は、ポケットマネーでたのしむ家族ごっこと言える。円高が可能にしたこの日本版足長おじさんの条件は、ほんのちょっとの経済力とほんのちょっとのボランティア精神。GさんのFIは図12のとおり。母子密着の妻や子から疎外された男の、擬似家族づくりと言えなくもない。

見かけは「古い革袋」だがなかみが全く「新しい酒」に変わってしまった極端な例がHさんのケースである。

▼Hさん(女・五一歳・ライター)の場合

四七歳で夫と離婚。しゅうとの「あんたと別れたくない」という言葉に負けて同居するようになる。嫁として同居していた時は旧家ということもあり、古い町で親族に囲まれ、まるで殿様とそれに仕える家来の関係だった。「早く死ねばいい」と何度も思ったくらいなのに、離婚してまで一緒に暮らすとは思ってもみなかった。だから同居を始めるや「これからは自分のことは自分でする」よう言い渡した。家事もどんどん叱りとばして仕込み、容赦しなかった。

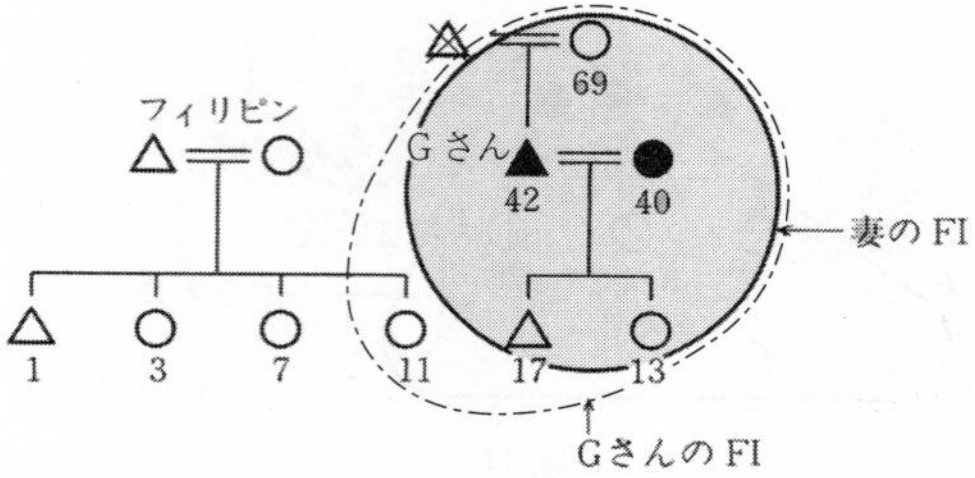

図12

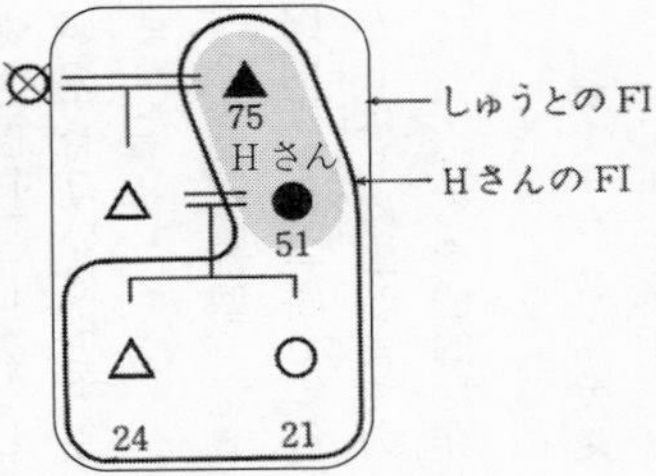

図14

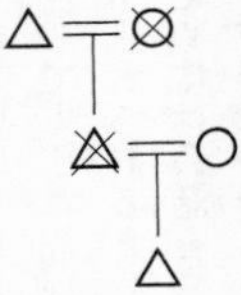

図13

そうすれば音《ね》をあげて実の息子のところに逃げ出すだろうくらいに思っていた。ところがしゅうとはどんどん家事を覚えて、やがて「家事は楽しい」とまで言うようになった。そしていつのまにかしゅうとはなくてはならない人に。家事も分業してくれるので助かるし、昼間電話番をしてくれるので秘書の役も果たしてくれる。現在成人した子ども二人はそれぞれ別居、Hさんとしゅうとの二人世帯である。

死別した夫の親に嫁と孫という組み合わせ［図13］は、戦没者の家族では珍しくなかった。子どもがいなければ嫁は実家へ帰されるが、子どもがいれば家の後継者の養育責任者として、婚家にとどまることが多かった(8)。

Hさんのケースは家族構成からだけ見ると、敗戦後の因襲的な家族とすこぶる似ている。家族構成の統計的データからだけでは、Hさんの事例を伝統型直系家族(その欠損形態)から区別することはむずかしい。だがHさんのケースは、夫と死別ではなく離別であること、しゅうとの同居が自発的な選択であることで伝統型と大きくちがっている。

Hさんの場合は、たまたま縁あった他人同士(Hさんとしゅうととは全くの赤の他人である[図14]。しかもしゅうとの同居理由は血縁の孫と離れたくないというものではない)がお互いに相手を選択しあった結果が、因襲的な家族形態と結果的に似かよってしまった。

形態は伝統型、意識は非伝統型の典型的な例は、非入籍カップルのケースである。夫婦別姓を事実婚で実行しているカップルには、このケースが多い。だが事実婚カップルがしばしば出産までのモラトリアムDINKSであるのにくらべると、Iさんは出産しても子どもを法的に非嫡出子として届け出るという確信犯事実婚の実行者である。

▼Iさん(女・四六歳・大学講師)の場合

現在一三歳年下の夫と七歳の娘と同居。夫とはどちらの戸籍にも入っていない関係。日本の父系社会的なあり方が女性差別とつながっていると思うし、社会がうまく機能するには母系社会の方がよいのではと思い、夫には子どもの認知をさせていない。夫との緊張関係はいつもある。少しでもすれ違いを感じたりすると、ベッドを別にするなど警告を発することもある。いつでも別れられるという意識があるので、ずっときちんと向きあっていなければ壊れてしまう。そのためには会話を大切にし、できるだけ話し合うように心がけている。子どもにも自分たちの生き方を知ってほしいし、社会にも目を向けてほしいので何でも話し、集会などにも連れていくようにしている。

Iさんの夫の育児への関与は大きく、法律上の親子関係はないが、事実上の親子関係はふつうの父子以上につよい。現在事実婚カップルは法律的にはさまざまな不利があるが、法律が事実婚を認めれば(それとともに非嫡出子差別が解消すれば)Iさんのケースは一般の核家族と変わらない。法的にはIさんもIさんの夫もシングルだが、国勢調査のような徹底的な現住所主義(「血縁関係にない男女が同居している場合」と徹底的な事実婚主義が採用されている)によれば、Iさんの世帯も他の核家族世帯と同じカテゴリーに分類される。Iさんの場合も同居の範囲とFIはきれいに重なり、かつ当事者相互の間にFIのズレはない[図15]。

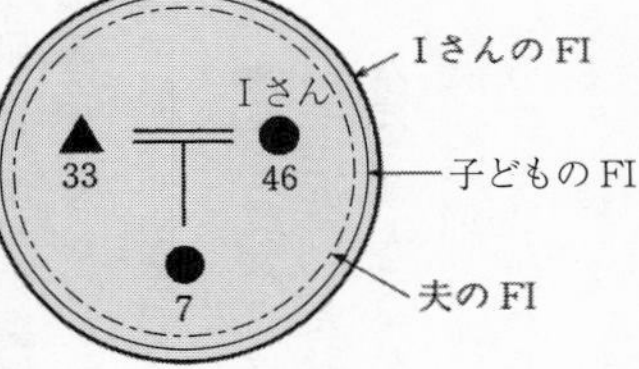

図 15

興味深いのは同居・別居を問わず、法律婚を否定する事実婚カップルの方が「私たちこそほんものの家族」と家族の実質を強調する傾向を共有することである。「愛しあう夫婦に強い親子の情愛の絆」という近代家族のイデオロギー[落合 1989]は、逆説的にも事実婚カップルの方に、より純化された形で分け持たれているように見える。タテマエとホンネを一致させようとする点で、彼らの方がよりピューリタン的である。もしタテマエ(法的整備)の方がホンネに追いついたら、法律婚と事実婚を区別するものはなくなる。事実、夫婦別姓の法制化、非嫡出子差別の撤廃、戸籍制度廃止などの要求は、彼らが意識において非伝統型であることの存在基盤そのものを解体する。それが実現した暁には、事実婚カップルは第I象限の意識・形態＝伝統型に分類されるのだろうか。

▼Jさん(女・三二歳・会社員)の場合

二四歳のとき妻子ある男性と出会い、二五歳、二八歳の時それぞれ子どもを産む。相手の男性は「一人で産んで育てると思っていた」ということで、すんなり出産を受けいれる。彼は週に一、二回ウィークデーにやってくる。養育費は仕事でお金が入った時、二、三カ月に一度くらいの割合で持ってくる。子どもは保育園に預けフルタイムで働いているが、何もかも一人でするのは疲れる。彼と結婚したいとは思わないが、もう少し育児に関わってほしいと思っている。相手の妻は「形だけでもいいから家庭は絶対守る」と言っている。彼も妻と別れる気はなく、儀礼や正月・盆、親戚づきあいなどはきちんとやっている。

法律婚否定派が別居している場合、しかも当事者の一方が事実上の重婚状況にある場合はどうか。

Jさんのケースは、彼女がそれを自発的に選択したという進歩的な意識にもかかわらず、愛人や妾を持つ男の重婚状況と変わらない。Jさんは男の家族と男を「共有」していると思っているが、実際には男の育児への関与は低く、Jさんはそれに不満を抱いている。従来型との大きな違いは、Jさんが経済的にも精神的にも独立しているために、男に経済的な負担をかけないばかりか、男の「家族」を壊さない点である。Jさんは婚姻制度への反発から自分のケースを「不倫」とは認めず、男をFＩの範囲に入れるが、相手の男にとって家族とは「結婚した家族」のことである[図16]。事実上の母子家庭では女性の育児負担は大きく、男はたまに「家族ごっこ」をするくらいである。Jさんのケースは現代版愛人生活だが、昔は妾を囲うのに維持費がかかったのに比べると女の側が自立した分だけ、男にとっては「甲斐性」が問われなくなるという皮肉な結果が起きている。

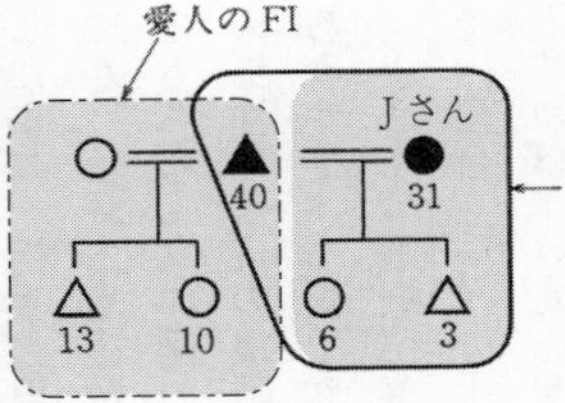

図 16

事実婚が重婚状況と重なる場合には、法律婚の方がつねに有利である。Jさんと同じような状態にあるべつな女性のケースでは、出産後男に認知請求をしたところ、逆に妻から「妻の座権」を侵害されたとして慰謝料を請求されている。「妻の座権」はあいかわらず強いのである。

Jさんの事実婚主義が、理念的に単婚主義に行くか重婚主義に行くかの判定はむずかしい。相手の妻が離婚に同意すれば、Jさんは相手の男性が法律婚を解消し彼女と同居を開始することをのぞむだろうか？ その場合、居住とFＩの範囲は一致することになる。それともシングルマザー世帯は維持したまま、相手の男性と別居をつづけるのだろうか？　その場合、別居型の単婚になるのか、それとも複数のパートナーを同時に持つ重婚の可能性もあるのだろうか。それにはもちろん女の側の重婚の可能性も含まれる。性の二重基準から言えば、Jさんの相手の男性は自分の重婚状態はタナに上げて、Jさんの重婚状態を許容しないのではないだろうか？……さまざまな疑問が湧いてくる。

Jさんの選択が事実婚＋単婚主義なら、Iさんの場合の近代家族イデオロギーと近い。その場合、現在のJさんの状況は、法律に規制された余儀ない過渡期の姿にすぎない。とすればJさんのケースは意識の上でも少しも新しくはない。Jさんが揺れ動いているのは確かだし、その彼女の中途半端な「新しさ」に男の側がつけこんでいることも確かである。

これからますます増加傾向にあるのが再婚による合体家族。とくに双方子連れの場合は二つの異文化のドッキングである。形態・意識両面での新しさは、女が子連れ再婚をするようになったことである。第一に伝統的直系家族では女にとって離婚とは子どもを置いて婚家を出ることを意味していた。今でも法的に共同親権を認めていない日本で、離婚と同時に母親が親権を取得するケースがその逆の場合より上まわったのは、六〇年代以降のことにすぎない。第二に離別母子家庭になった女が再婚することは、これまでは稀だっただけでなく、再婚の場合には子を置いての再婚が多かった。再婚相手が女の連れ子を受け容れるというのは比較的新しい現象である。相手の男性が初婚の場合には、年下のケースが多い。

▼Kさん(女・五〇歳・薬剤師)の場合

子どもが生まれてすぐ夫が病死。その後三歳の娘を連れて再婚。相手の男性にも息子がいた。再婚してまもなく夫が酔って帰って娘を殴ったため「この子がいてはうまくいかない」と思い、母のところに養女に出す。その後息子の教育に力を注ぐが、小学校五年生頃になると成績が下がり、自分の期待に反するようになったので、やがて親権をとり消す。現在息子は就職し一人暮らし。養女にやった娘とは同じ母に育てられ仲がいいが、娘の方はどこか冷ややかに見ているところがある。自分には何も言う資格がないからしかたないと思っている。

双方子連れの再婚は、夫婦関係の他に、それぞれの子どもとの関係が入り組んで人間関係が錯綜する。Kさんの場合は、親子関係より夫婦関係を優先して、新生活に邪魔な子どもは実の子でも捨てるという選択をした。再婚した夫の連れ子とは養親子関係をいったん結んだが(9)、あとになって継子の出来が悪いことが判明すると、親権をとり消している。Kさんにとっては、夫婦関係も親子関係も、契約で合意したり破棄したりできるようなものと見なされている。だがその結果、血縁の優位を否認した実子からは、あとになって「親捨て」されるという結果をも甘受している[図17]。

一見するとKさんのケースは、女が再婚のために自分の子を捨て、再婚先の子どもの

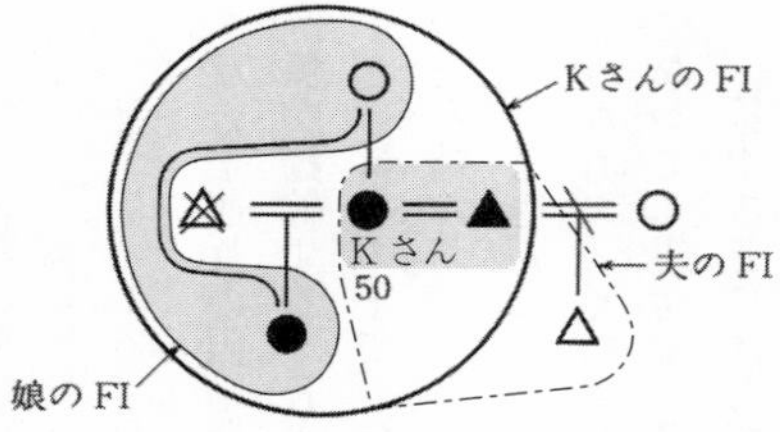

図17

育児に献身するという伝統型に見えるかもしれない。だが家族内の入り組んだ葛藤の中で、Kさんが夫婦関係にプライオリティを置き、それを救うために他のノイズを切ってきたという選択の上では、彼女はすこぶる自覚的・合理的である。再婚子連れ合体家族の中には、もちろんKさんの場合と違ってうまくいっているケースも多いが、アメリカの例を見ても妻の連れ子に対する夫の性的虐待とか、新しくできたステップ・ブラザーズ&シスターズ相互の間の葛藤とか、離別した父や母の介入とか、人間関係が入りくんでいるだけ、ステップ・ファミリィの経営は容易でない。血縁幻想のないところでFIを保つには、当事者のより大きな努力が要求される。

6　意識・形態＝非伝統型の家族

第Ⅲ象限の意識・形態ともに非伝統型の家族には次のようなものが含まれる。まず形態が「家族」の規範から逸脱しているという意味では、血縁と居住の不一致という指標を挙げることができる。その第一の類型は非血縁者の同居であり、第二の類型は血縁者の非同居、それもミニマムに切りつめられた単身世帯のケースである。

非血縁者の同居といえば、夫婦がそうである。夫婦はもともと家族でなかったものを家族にするための出発点である。家庭内離婚のケースに見られるように「性の共同」の有無は、「夫婦関係」にとって不可欠の条件ではない。「性の共同」は、ただその結果として、子どもという血縁関係の発生によって追認されるにすぎない。最近のセックスレス・カップルのように性的に不活発な若いカップルや、性交渉を必ずしも重要視しない老婚カップル、またDINKSのように子どもを持たないカップル、または不幸にして産めないカップルなどは、従来型の定義では「家族」と呼べないことになる。「血縁の発生」が「性の共同」の目的からはずれ、「性の共同」もまた不可欠の条件ではなくなると、同居の相手は同性同士でもかまわないし、人数も二人以上でもかまわなくなる。当事者たちがFIを持ってさえいれば、どんな集団でも「家族」になる。コレクティブやコンミューンと呼ばれてきた集団には、このタイプの「家族」がある。

▼Lさん(女・三九歳・印刷所経営)の場合

現在三人の女たちで同居している。全員で小さな印刷所を経営する。八年前からだが、メンバーは入れ替わったり減ったりしている。リブの運動を通して出会った女たちで自分たちの仕事場を作り、血縁や男をつくらない新しい暮らし方をしてみたかったのが共同生活の動機。一緒に暮らした方が経済的という面もあった。最初は毎日のようにケンカになった。思想的には一致していると思っていても、日常的な暮らし方はそれぞれ違ったので、だらしなく思えたり、細かいと思ったりで疲れることも多かった。現在では自然淘汰される形で、似た者同士が暮らしている。ケンカもほとんどなく、仕事、家事もうまく役割分担できている。間に男との恋愛もあったが、結局は女との暮らしの方がラクだというところに落ちついた。

コレクティブのシニア版もある。『スクランブル家族』［吉廣 1989］には退職看護婦の例が挙げられている。

▼Mさん（女・六五歳・元日赤看護婦）の例

第二次大戦をはさむ激動の時代を、日赤の病院で看護婦として働き通した四名は、現在四軒並ぶ住宅を建て「一番大事なのは四人」と共同生活をしながらシニアライフを存分に味わっている。九十余坪の敷地に建てられた前庭付きの二階建て住まいは、各々別々。インターホンと非常ベル、自由往来の庭でつながり、各戸のリビングルームは渡り廊下にもなっている。食事は四人共同、風呂は二人ずつ。あとは適当に集まってお茶を飲んだり、毎朝散歩をしたりする。四人とも趣味や研究テーマを持ち、日夜それぞれ励む生活をおくっている。「私たちは姉妹よりも親しく、強い同志的家族であり、変則的共同体である」と言う。

コレクティブが同性集団か混性集団か、性関係を許容するかしないかにはさまざまなケースがあるが、目下のところ比較的安定した集団は、女だけの同性集団、しかも性関係の不在という共通点を持っている。もちろん歴史的には男性同性集団が居住を共同する寮や軍隊はあったが、彼らはそれを「家族」とは呼ばなかったし、一時的に強制された通過点と考えていた。男性だけの集団が自発的に居住の共同をともなうFI意識を形成したという例は、今回の調査では一例も見出せなかった。他のドキュメントで報告されている例には「皆農塾」や「ミルキーウェイ」のようなエコロジー志向の共同体があるが、これは男女混成、中には「夫婦」「親子」の関係が存在し、たしかに非伝統型ではあるが、広い意味では「他人の同居した血縁家族」＝拡大家族に近い。しかもこの拡大家族には、農場など経営体としての物質基盤の共有がある。コレクティブに男性だけの同性集団の例が見当たらないというのは、男性集団が手段的性格を持ちやすく、自己充足的な情緒的共同性だけに依拠できないという性別社会化の限界を示しているのかもしれない。

その代わり男性たちがつくるのは、擬似家族的な「酒縁家族」である。

▼オリーブ（大阪ミナミのスナック）の場合

オリーブは大阪ミナミにあるスナック。全部カウンター席で一〇人も入ればいっぱい。ママさんは四〇代後半で姐御肌。客は企業に勤めるサラリーマンだが、大半は常連客。カラオケでうたったり、ママを中心に話をしたり毎晩にぎわう。バレンタインデーはもちろんのこと、バースデーにはプレゼントが用意され、客がみんなで「ハッピーバースデー」の歌をうたう。時には飲んだ後、ママを中心に連れ立って近くで「外食」をして帰ることもある。また客の差し

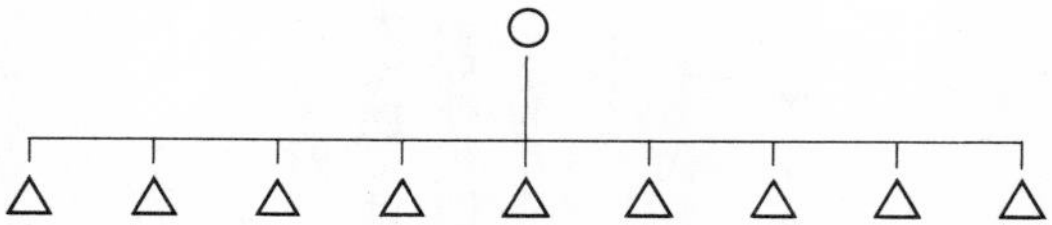

図18

入れの寿司やお菓子などをみんなで分け合う。年に一度は温泉旅行。費用は店と客で半分ずつ出す。

「ママ」と呼ばれる女性の存在、「飲食の共同」と「ママの共同」で、客は兄弟同士のような関係になる［図18］。実の家族には忘れられた「バースデーパーティ」をここではしてくれるという、ファミリィ・リチュアル(家族儀礼)もある。年に一回の家族旅行もある。だが、正月や盆のような本物の家族儀礼の際には、この擬似家族は実の家族に席を譲る。客は金を出してつかのまの「家族ごっこ」を買っているが、それは父の責任を要求されない気楽な子どもの座である。

同性同士の間に「性の共同」が存在すれば、レズビアンやゲイのカップルが成り立つ。従来型の用法では「性の共同」+「異性間の組み合わせ」しか夫婦と認めてこなかったが、「性の共同」の有無、同性・異性の組み合わせがそれぞれ独立すれば、表2のようにさまざまな形態がありうる。もちろん昔から「姉妹のように」暮らす女同士の世帯はあったが、フェミニズムの影響を受けたゲイ・レズビアン解放運動の中で、関係の公認や法的保証を求める声が公然化した。アメリカのカリフォルニア州では、同性愛カップルの「結婚」を法的に認めている。もちろんこの「結婚」から血縁は発生しないが、養子縁組や人工生殖によって「親子関係」を発生させることはできる。だがブルームスティーンとシュワルツの『アメリカン・カップルズ』[Blumstein & Schwartz 1985/ブルームスティーン&シュワルツ 1985]でも明らかなように、ゲイはよりポリガマス(複婚的)な傾向が強いのに対して、レズビアンはよりモノガマス(単婚的)な傾向が強い。つまり一定のパートナーと比較的長期の安定した関係をつくる傾向があり、「家族」志向も強い。次はレズビアン・カップルの例である。

表2

	性の共同	
	＋	−
異性	夫婦	家庭内離婚 セックスレス・カップル
同性	レズビアン ゲイ　　　　} カップル	コレクティブ シニアハウス

▼Nさん(女・四〇歳・会社員)の場合

一九歳の時学生結婚。夫は一歳年上の誠実な男性。マイホームも買って、子どもも一八歳と一四歳になったが、夫と別居して現在は二七歳の女性と同居している。二〇年間夫とはコミュニケーションの努力をしたが、分かりあうことはできなかった。男としては抑圧的でもなくいい人だったが、結局感性や意識がどれだけ話してもすれ違って、うまく関われなかった。一人で生きていけることが基本。だが支え合うことも大切だとは考えている。彼女とは一緒に暮らしてラク。彼女も人との関係が信じられるようになったと言う。近い将来、彼女と養子縁組することも考えている。

非血縁者の同居では、しばしば「姉妹のような」「姉妹よりも親しい」「親子のような」という血縁関係のメタファーが使われる。どんな実体的基盤にもよらない関係では、むしろ親族関係の用語で関係を補強しようとする傾向が働く［図19］。

その反対に、家族を非伝統的な方向に開放していこうとする意識は、家族の中に親族関係以外の用語、例えば「友だちのような夫婦」「友だちのような親子」という比喩を持ちこむことによって表現される。ニューファミリィに代表される「友だち夫婦」は、本来家族の伝統意識を打ち破る方向を持つものだった。ベビーブーム世代の「友だち夫婦」は掛け声だけで、実質的には伝統的性別役割分担型のオールドファミリィをつくったと言われているが、この方向を受けついだのが、新人類の「同好会カップル」である。年齢差のないカップル、趣味と行動の共有、モラトリアム型でしばしば子どもの拒否がともなう。アルトマン・システム[10]が背後仮説にしている「補い合う夫婦」ではなく、「似た者夫婦」である。DINKSはこの「友だち夫婦」のヴァージョンであるが、彼らは「同好会型」活動を阻む束縛を嫌うだけでなく、子どもの誕生によって不可避に父と母の分業が始まり、自分たちの「友だちのような」関係がそこなわれることを怖れる。

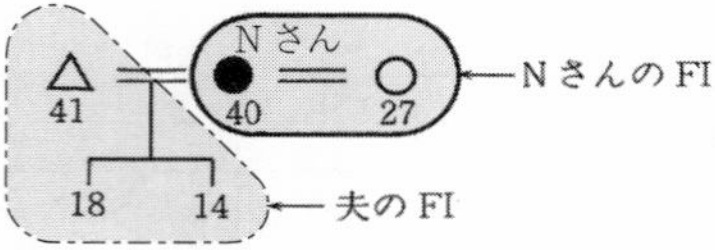

図19

▼Oさん(女・三七歳・ダンサー)の場合

サラリーマンである夫とは、二〇歳の時結婚。二一、二歳で「子どもは持たない」と決心。子どもがいると考え方が保守的になるような気がするから。夫婦二人だったら自由に生きていける。自由であることはOさんにとってとても大事なこと。それに夫婦二人の間に子どもが入るのは耐えられないという。何でも子どもが中心になって、夫婦が「お父さん、お母さん」と呼び合う関係がイヤ。が、夫の方は子どもを欲しがっている。彼女の生き方を尊重してガマンしている状態。避妊はピルで。ときどき夫のつぶやく「子どもがいないから家族じゃない」という言葉に、「この結婚はつぶれるかもしれない」という不安に襲われることもある。

「同好会カップル」の理想は、しばしば少女マンガの中に「ツインズ・カップル」として描かれている。(11) ツインズ(双生児)は宿命の対だが、同時に性関係に禁止の柵が置かれた「きょうだい」の関係でもある。夫婦関係に「きょうだいのような」という性的にニュートラルな比喩を持ちこむことは、同好会カップルには歓迎されるが、それは第一に性的な要素を二者間でミニマムにしておきたいという動機と、第二にそれによって二者関係にさらに第三者、第四者を呼びこむ(文字どおり同好会的な)開放性を確保しておきたいという動機に支えられている。事実、同好会カップルは、結婚後も他のカップルと余暇を共にするなど、あまり排他的な行動をとらない傾向がある。

ツインズは性を禁止された宿命の対である。ツインズ・カップルが排他的な「性の共同」をミニマムにして――それは目下のところ、かつてのように「性の解放」には向か

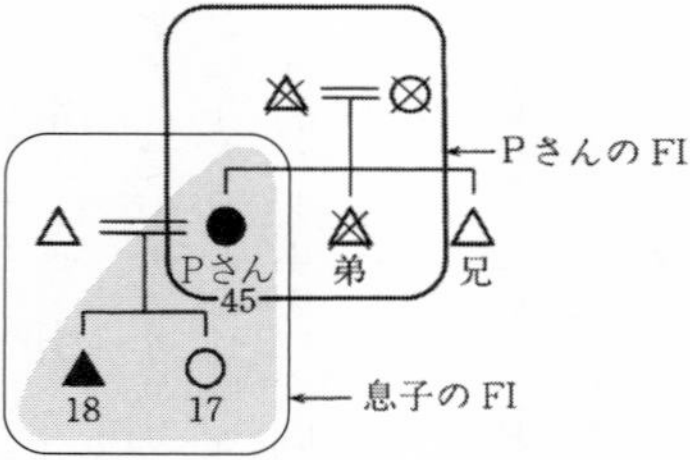

図 20

わずに「性の不在」の方向に向かっている——「家族」を解体もしくは開放する試みなのか、それともその逆なのかは、にわかには判定しがたい。というのも、夫婦関係に「母—息子」「兄—妹」のような親族関係の用語を持ちこむのは、は、もともと非血縁者同士で家族でも何でもなかったものに、擬似的な安定の基盤を与える手段の定石だからである。家族の基盤が脆弱になった時代には、「夫婦」の幻想よりは「ツインズ」の幻想の方が、より強固な心理的安定を与えるかもしれない。何と言っても夫婦は他人だが、ツインズは血族だからである。

FIが人間以外のもの、例えばペット、水子、死者などに向けられている場合もある。

▼Pさん(女・四五歳・会社員)の場合

夫とはずっと別居状態。一八歳の息子と一七歳の娘がいるが、二人ともももう自分とは独立の存在になったと思っている。二人ともももうすぐ家を出ていくだろう。寂しい気持ちはあるが、誰かに癒してもらおうとは思わない。男は夫だけでたくさん。両親は死亡、兄が生存しているが疎遠。このごろ二七歳で死んだ弟がしみじみなつかしく思われる。本当のミウチは、死んだ両親と弟だけだと思っている。

PさんのFI［図20］が、生殖家族（自分がつくった家族）より定位家族（自分が生まれた家族）に向かっているのは、心理的な退行の表われかもしれない。自分の産んだ子でも、成長して日に日に自分の思うようにならなくなっていく子どもより、死者の方が変わらない分だけ美化できる。

次は確信犯シングルのゲイの男性のケースである。

▼Qさん（男・三五歳・高校教員）の場合

現在同居家族はネコだけ。大学卒業後同じゲイの男性と同棲したことがあるが、一人で暮らすのが一番自然だと思い解消。以来ずっと一人暮らし。現在も恋愛中の彼はいるが、ぜったい一緒に住みたくないと思っている。両親はいつか「足を洗う」と思っているようだ。長男だが親が死んでも葬式には出たくないし、妹の結婚式にも出なかった。仏壇も処分しておいてくれと言っている。もちろん家の財産などアテにしていないし、年をとってのたれ死にすることも覚悟している。ここ数年は、正月・盆にも両親の家には帰らなくなった。

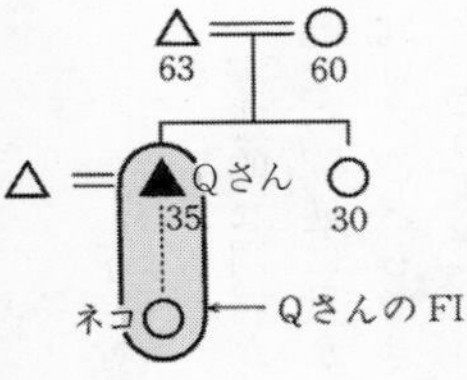

図21

Qさんの場合は確信犯的反家族主義者だが、彼の場合でもネコと同居しているし、ペットにだけは責任を感じるという［図21］。

実態的な同居が伴わなくても、死者、同志、人間以外のものにＦＩを感じることが可能なら、逆に見かけは血縁者とふつうに同居生活を営みながら、ＦＩを想像上の家族に向けることもできる。家族が実態よりもより多く幻想ならば、最初から幻想の中の家族（架空の家族）というものもありうる。宗教的な共同性が、しばしば血縁の用語を用いて、虚構の家族に依拠しようとすることはよく知られている。

7　新しい家族幻想

ここでは、新しく大衆文化シーンに登場した家族幻想の内容を検討することで、家族のゆくえを占ってみよう。

少女マンガの影響を受け、その文体と感性で同世代の女性読者から爆発的な支持を受けた吉本ばななの作品には、「みなしご」というキイワードが頻出する[吉本(ば) 1988]。主人公が物語の冒頭から、これという説明もなくみなしごとして登場するのは物語としては不自然な設定だが、この設定は少女小説の歴史の中では長い伝統を持っている。主人公をみなしごと設定しそれに自己同一化することで、読者は現実の親子関係を否認し、思うがままに空想の世界に遊ぶことができるからである。団塊の世代を両親に持つある一二歳の少女は、自分はほんとうは「もらわれっ子」だと想定して、架空の「ほんとうの父親」にあててせっせと手紙を書いている。彼女は理想化された虚構の父親を設定することで、実在の親子関係を否認しているのである。

この少女たちの世界で流通しているメディア、少女マンガやオカルト誌では、数年前の「幻魔大戦」ブームのように、前世の家族がテーマになったものがしばしば見られる。一九八九年八月には、徳島で女子小中学生三人が前世を見るためにシナリオを書いて自殺した事件があった。仏教的な世界観に縁遠い彼女たちの間で「前世」というキイワードは、いったいどんな働きをしているのだろうか。

まず第一に、「前世」は「現世」と対比される。みなしご幻想同様、前世の縁は現世の縁がかりそめのものにすぎず、前世の縁の方が絶対的であることを教えて、現実否認と空想への逃避を助ける。第二に、「前世」は必ず特定の関係、つまり縁と結びついている。これもまたみなしご幻想同様、みなしごであることは孤立や断絶を意味するのではなく、そこから自由に関係を発生させるためのスタート地点なのである。第三に、「前世」の縁は、しばしば本人の記憶にはとどまらず、逃れられない宿命として第三者から言いわたされる。その点で絶対的で選択の余地のないものである。無意識界にある（と他者から示される）ものには、従うほかない。現実の親子関係は、子どもにとって選択の余地がなく絶対的なものと経験されるはずなのに、子どもたちが現実の親子関係を否認して、それより更に絶対的で選択の余地のない関係を求めるのは何故だろうか？

おそらくその背後にあるものとして、戦前の「みなしご」幻想と今日の「前世の家族」幻想との落差を指摘しなければならない。かつては現実の家族はそれを強力に否定して逃れなければならないような実体的な力を持っていたのに対し、現代のティーンエージャーたちが経験している家族は、もはや両親の気紛れによっていつ解散するかわからないような不安定なものに化している。紡木たくがマンガ『ホットロード』[1986–87]で死別母子家庭の少女に、その夢見がちな母親に対して「ちょっとは母親らしくしてよね」と言わせているのも、この家族の不安定さを象徴している。とはいえその原因は、現代の新・新人類、団塊ジュニアの両親たちの世代的なパーソナリティの限界や欠陥に帰せられるわけではない。これまで論じてきたように、家族が家産・家業・家名のような実体的な基盤を失い「居住の共同」「食の共同」も揺らぎ、さらに「性の共同」「血縁の共同」さえあやしくなっている現在、FIはその根拠を求めてさまよっている。その一つの着地点が「前世」という絶対的、無意識的、非選択的な関係を表わすキイワードだったという符合は興味深い。家族が自由度(したがって不安定度)を高めている時代に、子どもたちは、実の家族よりももっと絶対的な関係を求めているように見える。

この事実は、家族(したがって家族幻想)とは何か、という問いに一つのヒントを与える。FIが、伝統型から非伝統型へと形態も意識も移行してきた果てに、(理想化されているにせよ)現実の家族以上に絶対的で宿命的な関係が構想されているというパラドックスは、「家族」という言葉で人が言い表わすものの一つの本質を衝いている。自発的で選択的な関係――結成も解消も可能な関係――を、人は「家族」とは呼ばないということ、したがってある選択的な関係が「家族のような」という比喩で呼ばれる時には、その関係の基盤を選択的なものから絶対的なものに置き換えたいという動機が働いているということである。

ＦＩは非選択的な関係から選択的な関係へと移行してきたが、同時にそれへの反動から、より強固な非選択性を虚構するという方向にも向かった。宗教やオカルトが力を発揮するのはこういう時である。ツインズ幻想もまた、そのヴァージョンの一つである。「私たち、愛し合っているのよ」というより「私たち(宿命的に)似た者同士なのよ」という自他認識の方が、カップルの安定性に貢献する。「似た者同士が出会ってみたらたまたま異性だった」というＦＩのもとでは、性差やセクシュアリティもノイズになる。同じように「前世の縁」というおそろしくレトロな言葉で子どもたちが求めているのも、現世に生まれたのは前世の宿命であって両親の不確かな愛の産物なんかじゃない、という存在根拠である。

戦前の「家」という観念もその物質的根拠を奪われてしまえば、ただの幻想だということがはっきりした。それに代わる新しい家族幻想を求めて、ＦＩは「前世」や「ツインズ」のようなボキャブラリーの上を往きつ戻りつしている。「家」に代わる強力な次の回答は現われていないが、FIが、超個人的な幻想、自分をこの世に送り出したものの必然についての根拠と結びついているのは確かである。その意味で家族は、永遠の心理的な「セキュリティ・グッズ」(保険財)なのである。

こわれない見かけの背後で現実に家族は危機によって解散し、ふつごうなメンバーを捨てていく。他方、自発性と選択性を加えるように見える方向の背後で、それに絶対性を付与する幻想もまた強化される。家族は「解体」の方向に、必ずしも一方向的に移行するものではなさそうである。

(付記)　本論文は、一九九〇年度小田急学会助成研究「ファミリィ・アイデンティティ」をもとに書かれた。共同研究者は、向田貞子、山田芳子、大島美樹子、山本美穂子、高橋もと子、森綾子、宮井里佳、井面和子、辻中俊樹の各氏である。小田急学会と共同研究者の各氏には、記して感謝したい。なお、二次資料の出典を明らかにしたもの以外は、すべてこの研究プロジェクトによって得られたオリジナルデータである。

注

(1)　最近はCIの名のもとに、コミュニティ・アイデンティティ community identity を指す用法もあるが、それもまた、住民の移動率が高まり、地域コミュニティが加入・脱退の自由な人為的集団化してきた現実を反映している。

(2) 例えば平安朝の妻問い婚は父系母方居住であり、子どもは父とは居住を共同しないが、父系出自原理のもとでは同居の母とは異族である。文化人類学の親族研究では、母系父方居住は理論的には存在するが現実には観察されないことが知られている[Lévi-Strauss 1947, 1968/レヴィ＝ストロース 1977-78]。

(3) 戸塚宏によって設立された、スパルタ教育で非行少年らを鍛え直すというヨットスクール。一九八三年に訓練生の死亡事件が発覚した。

(4) 「アルツハイマー病離婚理由に」『読売新聞』夕刊、一九九〇年九月一七日。

(5) 障害児を抱えた家庭で離婚が多いこと、障害児に対する対応に父親と母親で大きな性差があることは、調査から明らかになっている[要田 1986]。

(6) 母系同居の増加は、出生児数の減少にともなって娘だけの世帯がふえたからという理由も考えられる。他方結婚改姓の動向を見ると九五％以上が夫方の姓を名のっているから、このデータにあらわれた妻方同居は、旧来型の養子縁組ではないことがわかる。

(7) 私たちが実施した別な調査によると、四〇歳以降の夫婦の間では夫婦別寝室のケースがふえ、その場合、性生活の頻度も低下するという傾向がある。

(8) 死別した夫に未婚の弟がいればそれと結婚するというレヴィレート(兄弟逆縁)婚の慣習も戦後までねづよく続いていた。嫁も弟も「家の存続」のための犠牲者だった。戦死の公報を受けた長兄が実は生存していて、既に弟と結婚した妻のもとへ復員してくるという笑えない悲喜劇も、敗戦直後は各地にあった。

(9) 日本の法制度では、再婚によって相手の子どもとの親子関係は自動的には発生しない。婚姻関係とは別に、養親子関係を結ぶ必要がある。

(10) 会費を支払って登録するマッチング産業の一つ。

(11) 少女マンガの中には、竹宮惠子『風と木の詩』のジルベールとセルジュ[1977-84]、木原敏江『摩利と新吾』の鷹塔摩利と印南新吾[1979-84]、吉野朔実『ジュリエットの卵』のミナトと螢[1988-89]のように、宿命的な対がくり返し描かれる。その対が非血縁者の場合には同性という性の禁止が、異性の場合には血縁という性の禁止がそれぞれ働いて、類似と接近との間のバランスをとっている[上野 1989b]。

二　家族の臨界──ケアの分配公正をめぐって

［初出二〇〇九年］

はじめに

「家族」の「解体」や「危機」が叫ばれるなかで、家族はどこまでいけば家族でなくなるのだろうか？　家族の個人化といわれる趨勢のもとで、家族は個人に還元されてしまうのだろうか？　多くの家族論が、「個人化」［目黒 1987］、「個族化」［毎日新聞社生活家庭部編 2000］、「シングル単位制」［伊田 1995］を唱えるなかで、家族が自立した成人間の契約関係に還元されてしまえば、「家族」という領域は最終的に解体されてもかまわないように思える。だが、現実には家族は変容したようにみえても、なくなっているわけではないし、これまで家族が果たしてきた機能を代替する制度が登場したようにも思えない。本稿は、「家族の臨界」をめぐる問いを、「依存的な他者との関係」、すなわちケアの分配問題として解く試みである。

1 「ファミリィ・アイデンティティ」研究における家族の臨界

家族の境界

九〇年代の初めに『近代家族の成立と終焉』[上野 1994]のなかで提示したファミリィ・アイデンティティ研究(本書第I部一章)は、当時はまだ先駆的であった「主観的」家族研究として家族社会学の研究者から一定の評価を得た。それというのも、この時点までに、社会学のなかでも人類学のなかでも「家族」の客観的な定義はほぼ解体しており(1)、代わって「家族」に対する解釈学的で構築主義的なアプローチが要請されたからである。後者のアプローチは、「家族とは何か?」を問う代わりに、「家族を何であると人びとは考えるか?」という問いの方へ、対象をシフトした。それまでの家族の定義要件のなかには、居住の共同、血縁の共同、性の共同、家計の共同、家業の共同、家名・家産の共同等々があったが、それらの共同性の基盤がそれぞれ分離、解体し、何をもって「家族」を定義すればよいかについて、研究者のあいだでも合意がむずかしくなっていた。

わたしの「FI」(ファミリィ・アイデンティティ)研究は、そうした家族の変貌と解体現象を反映したものである。「ファミリィ・アイデンティティ」という概念を当てたのは、自己アイデンティティと同じく、「アイデンティティ」という概念が集団の自己定義にも適用可能だからである。そのうえで、「家族とは何か」という問いに対して、当事者による自己定義をあれこれの記述的な言説で語ってもらうのではなく、「あなたにとって家族とはどの人をさしますか?」という操作化可能で客観的に検証可能な問いを設定したことが、アプローチの独自性であり、分析を効果的なものとした。「どの人びとまでを「家族」の範囲に含めるか」という問いを立てることで、家族の境界の同定が当事者によってのみならず、第三者にも判定可能になった。そのような「主観的」境界と、「世帯」という居住単位に見られる「客観的(空間的)」境界とが一致するかどうかを、第三者の目から判定できることも、この概念に分析的な有効性を与えた。

そのうえで、形態と意識のあいだのずれをあきらかにするために、図1のような4象限図式を構成し、家族の形態もしくは意識、あるいはその両方において「非伝統的な」家族、従来なら「家族」と呼ばれないような「境界家族 borderline families」を、戦略的に分析対象とした。IIまたはIV象限の家族なら、意識と形態とのあいだにずれがある、といえばすむ。だが、意識も形態も「非伝統的」な集団、伝統的な基準からは「家族」とには見えない逸脱的な事例において、それでも当事者たちがそのつながりを「家族」と呼ぶとしたら、それはなぜなのかという「家族の臨界」をあきらかにするためであった。

形態のうえで家族と見えるもののなかでも、その意識が大きく変容していることをあきらかにすることをもめざした。

たとえば、夫婦関係、親子関係にある三人のメンバーが、ひとりは東京、ひとりはシンガポール、もうひとりはイギリスにそれぞれ単身世帯で居住している「国際分散家族」の事例では、世帯分離にもかかわらず互いに「家族」と認識するＦＩの範囲は完全に重複していた［図２］。その反対に、婚姻制度を排して、未婚の母を選んだ母子とその男性パートナーが同一世帯に居住している「事実婚カップル」の事例では、当事者たちの家族意識がどれほど先鋭的なものであっても、主観的な「家族」の境界と、客観的な「世帯」の境界とが完全に重複するコンベンショナルな「近代家族」と見分けがつかない、いなむしろそのものである、ということがわかる［図３］。

このＦＩ研究の発見には、以下のようなものがある。第一は、ファミリィ・アイデンティティが複数の当事者のあいだでかならずしも一致しないことである。ＦＩは居住の共同や血縁の共同によっては決まらない。同じ敷地内に近接異居している妻方拡大家族の例では、妻のＦＩは実の母を含むが、夫のＦＩは自分のつくった核家族に限定されている。妻の母にとっては、同一敷地内に住む娘世帯と息子世帯のすべてがＦＩに含まれる［図４］。第二に、異性間の婚姻関係によらないレズビアンやゲイの「家族」だけでなく、死者やペットを「家族」の境界に含める事例があることがわかった(2)。

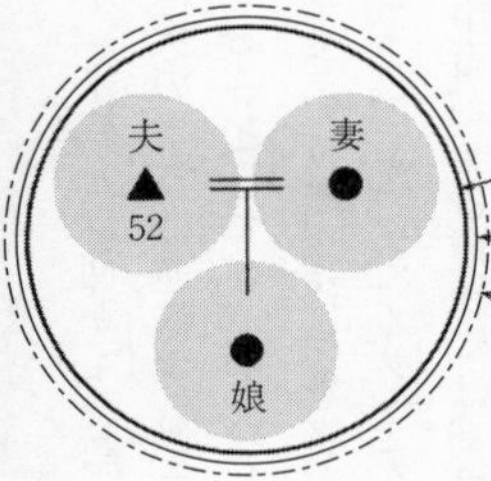

図 2　国際分散家族

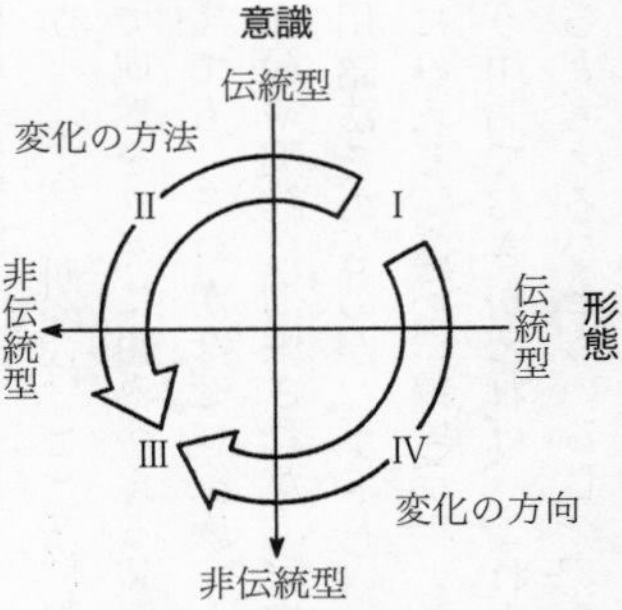

図 1　家族の変動過程

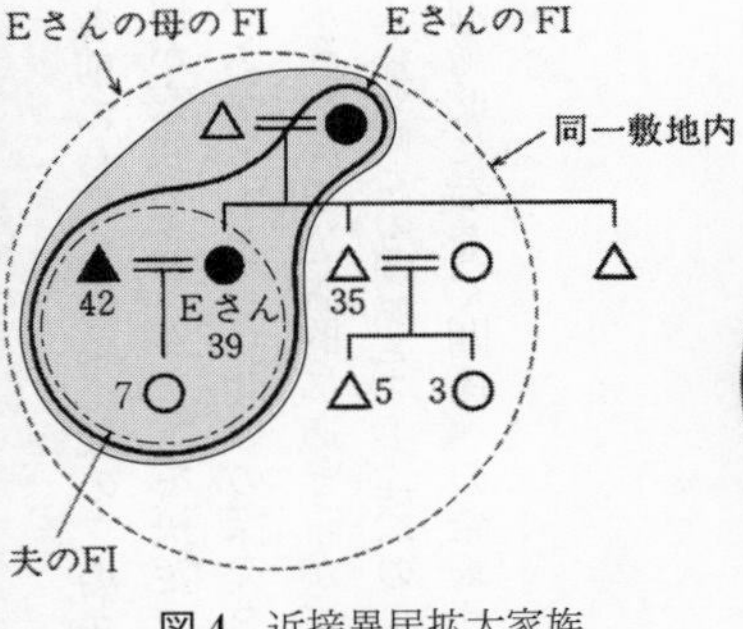

図 4　近接異居拡大家族

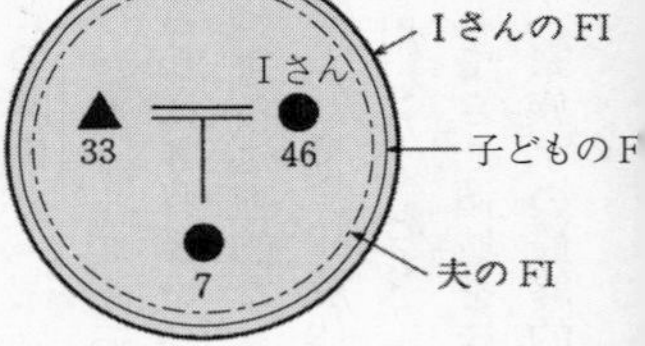

図 3　事実婚家族

▭は図 2-4 の同居の範囲

人びとが「家族とは何か」を語る言説の多様性を前にして、構築主義の立場からすれば、問いは次のように逆転することができる。「何が家族であるか？」を決定することが不可能であるとしても、「人びとが何を家族と呼ぶか？」という問いの探究をつうじて、「家族」という概念に当事者が託した価値や規範意識を逆説的にあきらかにすることができる、と。たとえメタファーであれペットや死者との関係を「家族（のようなもの）」と当事者が語る背後には、自らをこの世に運命的につなぐ関係への希求や、ほんとうに信頼できる親密圏への要求があることがわかる。

親密圏への疑問

だが、「家族」研究はここで終わりではない。親密な他者との関係を「家族」と呼ぶことで偶然を必然に組みかえる装置が「家族」というマジック・ワードであることがうかがえても、それがなぜ「家族」なのか、という理由はあきらかにされない。このところ、血縁や契約に拘束された「家族」観から、自立した個人による選択的な「親密圏」へと用語法そのものがシフトし、「家族」研究は最終的に概念としてすら解体したかのようにみえる[齋藤（純）編 2003]。もはや「家族」という用語を用いなくとも、「親密圏」という用語でおきかえれば、これまで「家族」研究が対象としてきた領域をほぼカバーできると考えるひともいるし、「シングル単位制」を唱えて、「家族」の最終的な解体を主張する論者もいる[伊田 1995]。そうなれば、「親密圏」とは、自立した個人が選択によって維持する私的な領域にほかならず、そこに法や制度が介入する必要はないということになる。裏返しにいえば、自立した個人間の関係は、すべて市民社会の法と契約関係で処理できることになるから、とくべつに私領域を扱う法は必要ないともいえる。だが、ほんとうにそうだろうか?

「親密圏」という用語を「家族」に代わって採用する論者に対するわたしの疑問は、(1)ほとんどの場合、「親密圏」が「家族」の代替用語として用いられ、新しい概念を採用することによる積極的な意義と効果が感じられないこと、(2)「親密圏」を採用することで、公私の領域分離を維持・再生産し、「プライバシー」の語源である「公の不介入原則」を支持してしまうこと、(3)「親密であること」は、「家族」以上に定義がむずかしい主観的な概念であり、実際には少しも「親密でない」関係を、「親密圏」と誤認する可能性が高いこと、などにある。だが、それ以上に、大きな疑問は、(4)自立した成人のあいだでなら成り立つかもしれない「親密圏」の概念を、子どもや高齢者など依存的な存在にまで拡張することが可能だろうか、ということにある。彼らはたとえ「親密でない」他者にでも、依存しなければ生きていくことができない存在だからである。そのことは虐待の事例を見ればよくわかる。「家族」が「親密圏」とは限らない、ということがとっくにあきらかになった今日において、「親密圏」という概念だけではカバーできない領域が、「家族」にはまだ残っている。したがって「家族」研究を「親密圏」研究に還元するまえに、まだやらなければならないことがある。

2　平等主義家族論批判

ファインマンの家族論

近代家族 modern family は、論者によって婚姻家族 conjugal family、単婚家族 monogamous family、性的家族 sexual family、ジェンダー家族 gendered family[Fineman 1995/ファインマン 2003／牟田 2006／落合 1994／山田(昌)1999]などと呼ばれ、そのジェンダー的な抑圧性が暴かれ、批判されてきた。これらの用語法に共通するのは、一対の性ダイアドからなる関係を家族と呼ぶという強制異性愛秩序 compulsory heterosexism への批判であった。

これを乗りこえる方向は、(1)異性愛秩序を解体する方向と、(2)モノガミーを解体する方向との二つに分岐する。前者はフランスのパクス法やアメリカの同性婚に見られるように、ゲイやレズビアンのカップルにも異性愛の婚姻関係と同じ法的保護を与えようというものである。だが、これにはいぜんとして、モノガミーとカップル主義がつきまとうばかりか、ゲイやレズビアンが、異性愛の単婚家族を「モデル」として模倣することによる限界が指摘されてきた。他方、後者の方向を主張するのがアメリカのジェンダー法学者、マーサ・ファインマン[Fineman 1995/ファインマン 2003]である。モノガミーの解体が、乱婚状態への回帰と家族の最終的な解体を招くと危惧する人びとに対して、ファインマンは家族の解体ではなく、再編を提唱する。

性の絆よりケアの絆

彼女の主張の根拠にあるのは、彼女が「性的家族」と呼ぶ一対の男女の「性の絆」からなる近代家族の耐用年数が、理論的にも実践的にも尽きてきた、という認識である。その背後には、彼女が生きるアメリカ社会のなかで「性の絆」の永続性と安定性がいちじるしく低下してきた、という現実がある。具体的には、離婚率が急上昇し、シングル・ペアレント・ファミリィが増加した。いまやアメリカの出生数のうち、婚外子が約三分の一を占めている。だからといって必ずしも家族が崩壊したといえないのは、今日においてもほとんどの子どもが(単親であれ両親であれ)親のもとで育っているからである。言い換えれば、単親世帯(その九〇%以上がシングルマザー世帯である)は貧困率が高くさまざまな経済的・社会的困難を経験しているにもかかわらず、ほとんどの(母)親は子捨ても子殺しもしていないばかりか、子どもを施設に預けることもせずに自分の手で育てている。

マードックが定義した「核家族」とは、一組の性ダイアドと母子ダイアドの結合からなる社会集団の最小単位のことだった。原子核物理学の用語を借用して「核 nuclear」と名づけられた「最小単位」は、現実には、さらに分裂を繰り返し「素粒子家族」というべき単位へと解体していった。近代家族は性ダイアドと母子ダイアドとが重複している、すなわち子どもの父が母の夫であることを前提としていたが、離婚・再婚・再々婚が増加するなかで、性ダイアドと母子ダイアドとの分離が進行した。その過程で、「性ダイアド」の安定性と永続性とがいちじるしく低下する一方で、「母子ダイアド」の安定性と永続性とは相対的に大きくなった。この母子ダイアドすら解体に至れば、社会の最小単位は「個人」だということになるが、現実にはそうなっていない。母子ダイアドが依然として再生産の単位として機能していることを見れば、「家族」の名において法的な保護の対象とすべきは、性ダイアド(性の絆)ではなく、母子ダイアド(ケアの絆)である、というのがファインマンの主張の骨子である。

その結論に至る過程で、ファインマンは近代家族の抑圧性を解決するためにフェミニストが提示した解である、「平等主義家族 egalitarian family」をきびしく批判する。フェミニストの多くは、近代家族における性別役割分担を、抑圧の主たる原因と見なしてきた。彼女たちは近代家族の規範性、すなわち異性愛主義に基づく単婚制そのものは不問に付したままで、性別役割分担を解消する「平等主義家族」をめざしてきた。(3)

フェミニストによる多くの実証的な家族研究、ホックシールドの『セカンド・シフト』[Hochschild 1989/ホックシールド 1990]や舩橋惠子の『育児のジェンダー・ポリティクス』[2006]なども、家庭内の性別役割分担の問題を指摘し、それを乗りこえる道を示唆するものであった。

ファインマンは、「平等主義家族」を、たとえフェミニストの理想ではあっても限定的な実現可能性しかもたない、と指摘する。この「平等主義家族」が成立するには、(1)婚姻関係が安定的に継続していること、(2)夫婦の双方が比較的所得差の小さい職業に従事していること、(3)しかも夫婦の双方が、子育てに関わることができるような、これも比較的時間的に余裕のある職種に就いていることを条件とする。このような条件は、フェミニストの多くが実際にそうであるような、大学教員などのエリート的な職業に就いているカップルに限られる。現実には、以上の三つの条件にあてはまらない人びとが多いばかりか、そもそも性別役割分担すら成り立たない単親世帯が増加する一方なのだ。

「法的制度としての婚姻を廃止せよ」というファインマンの主張は、一見したところ過激に聞こえるかもしれないが、その実、きわめて現実的なものである。これだけ安定性と永続性を失った「性の絆」を、ほかのあらゆる社会関係に優越して法的制度的に特権化するどのような根拠もない、と彼女は主張する。成人の男女が、同性もしくは異性とどのような性的関係を結ぼうが、それを法の保護や制裁の対象にする必要はない。法は、このような性的関係に不介入の立場をつらぬけば足りる。その成人間で、暴力や人権侵害行為があれば、市民社会の法で裁けば十分である。[4]

だが、子どもや高齢者など、依存的な他者との多少なりとも持続的な関係である「ケアの絆」は別である。「性の絆」にくらべて相対的に安定性と永続性とをもち、実際にそれが必要とされる「ケアの絆」は、法的保護の対象とする現実的な根拠があるからである。それというのも実際に増加している母子世帯において、シングルマザーの責任能力の無能力化にともなう公的権力のプライバシーへの介入が起きているからである。

依存の私事化

シングルマザー世帯の増加にともなって、彼女たちは福祉アンダードッグ叩きの対象となってきた。アメリカにおけるシングルマザー世帯の貧困率は高く、これらの人びとは公的福祉の対象となり、納税者に負担感をもたらしてきた。シングルマザーになる原因には死別、離別、非婚があるが、このあいだには規範的な序列がある。死別は同情に値するが、離別と非婚とは、家父長制の規範に従わない「自分勝手な女」として、制裁の対象となる。だが現実に増えているのは離別と非婚によるシングルマザー世帯である。

育児の社会化が実現していない社会では、「依存の私事化 privatization of dependency」（ファインマン）が起きる。子どもや高齢者などの「一次的依存 primary dependency」

に対して、依存的な他者を抱えこんだことによって発生する状態を、ファインマンは「二次的依存 secondary dependency」と呼ぶ。近代家族における性別役割分担は、この女性の「二次的依存」原因となってきたが、シングルマザー世帯では、依存すべきパートナーがいないために、公的福祉に依存せざるをえない。これが「福祉に依存して働こうとしないシングルマザー」という表象を生み、バッシングの対象となってきた。ウェルフェア welfare よりワークフェア workfare をというかけ声は、シングルマザー世帯に関しては無効であることが証明されている。というのも働くシングルマザー世帯の年収が、生活保護基準を下まわることがわかっているからである。

公的福祉の受給者となることで、シングルマザー世帯はありとあらゆる公的監視や介入の対象となってきた。福祉の受給者であるだけで親権の行使者としての能力を疑われたり、別れた夫やボーイフレンドなどの出入りを公的機関によって事細かにチェックされたりすることになった。ファインマンは、「ケアの絆」を法的保護の対象とし、これを「プライバシー」として擁護することを主張する。それは公的支援を受けても、シングルマザーの親子関係や性的関係に(不法行為がない限り)公的権力の介入を受けない権利を意味する。

3　プライバシーの再定義

プライバシーが市民社会の外部にある私的領域であり、公的権力の介入からの「砦」になるばかりでなく、市民社会のルールが適用されない「無法地帯」でもあることは、近年になってさまざまな論者によって指摘されてきた[上野 2000a／上野 2006]。近代社会は「公私の分離」原則のもとに成り立つと考えられてきたが、この「私的領域」は、たんに「外部」であるわけではなく、むしろ「公的領域」を支えるべく、公私の相互依存関係のもとにおかれてきた[上野 1990a]。これをジョーン・スコットは「私的領域とは公的につくられたものである」と喝破する[Scott 1988/スコット 1992, 2004]。

そうなれば公的権力のプライバシー不介入の原則も、異なる理解のしかたが可能になる。フェミニスト法学者、フランセス・オルセンは、この原則を「不介入もまた介入の一種である No intervention is an intervention」と解釈する[Olsen 1995]。私的領域における暴力、DVや、児童虐待、高齢者虐待などは、これまで「プライバシー」の名において公的権力の介入の対象となってこなかった。裏返しにいえば、不介入の原則によって、公権力は、市民社会においてなら犯罪とされるような不法行為を、私的領域においては黙認または許容してきたのである。「プライバシー」の概念は、強者にとっては専制と支配を、弱者にとっては抑圧と犠牲を意味してきた。

フェミニストが私的領域における暴力や虐待を問題化するにつれて、公的権力が私的領域に介入することを正当化する法理がつぎつぎに整備されてきた。路上で人を殴ったり、強姦したりすれば犯罪になるなら、家庭のなかで同じことをしても犯罪になるはずである。こうして夫婦間強姦が犯罪として裁かれた。DVや虐待の場合には、公権力の介入による緊急避難、隔離、世帯分離等が可能になった。市民社会の法が、私的領域にもようやく入ってきたのである。

『セックス・イン・アメリカ』の共著者らは、「プライベート・セックス／パブリック・セックス」というおどろくべき概念を提案する[Michael, Gagnon, Laumann & Kolata 1994/マイケル他 1996]。彼らによれば、すべてのセックスが「プライベート」なのではなく、他者の身体が関与する性的行為が「パブリック・セックス」だという。だとすれば複数の行為者のあいだで行われる性的行為は、すべて「パブリック・セックス」となるから、相手の同意を得ない「性の強要」は、相手が妻であれ子どもであれ、性的人権の侵害行為となる。「プライベート・セックス」とは、個人が自己身体と関係する行為、すなわちマスターベーションに限定される。べつな言い方をすれば、「プライバシー」とは、自己身体の領域にまで切り詰められることになる。

「プライバシー」を彼らのように再定義すれば、これまで夫婦間の性の強要を「プライバシー」の名において犯罪化してこなかったことも、また「プライバシー」の名において、セクシュアル・ハラスメントを問題化することを使用者のみならず労働組合まで拒否してきたことも、正当性をもたなくなる。

だとすれば、自分以外の他者が関与するすべての相互行為には、市民社会の法が適用されればそれでよいか？　「プライバシー」は個人の身体の領域にまで切り詰められ、他者との関係においては、不必要な概念になってしまうのだろうか？

だがここでまた、わたしたちは「自立できない個人」、「依存的な他者」の問題につきあたる。近代市民社会の法は、「自己決定できる個人」したがって「責任能力のある個人」を「法的主体」として措定している。市民社会の成員がすべてそのような「法的主体」であれば、問題はない。だが、そのような「法的主体」たりえない存在に対しては、市民社会の法は、限界と無力を露呈する。そしてそのような「依存的な他者」を、市民社会はその「外部」に配置し、その領域を「家族」と呼んできたのだ。この「依存」をめぐる問題が解かれない限り、個人主義的な家族論がいかに家族を個人に還元しつづけようとも、「家族」はくりかえしゾンビのように甦ることになる。

4　再生産の制度としての「家族」の意義

近代家族は「依存の私事化 privatization of dependency」によって成立した。「女性問題」と呼ばれるもののほとんどは、子どもや高齢者などの「一次的依存」から派生する「二次的依存」によって生じたものである。たとえ近代家族が解体しても、「依存」の現実そのものはなくならない。たとえ「依存の脱私事化」が進行したとしても、その完全な「社会化」(すなわち「再生産工場」や「子ども牧場」!)が成立するとは考えにくい。というのも、ヒトがヒトになる過程は市場化や公共化され尽くすには、あまりに厖大なコストがかかるからである。生殖テクノロジーが発達した今日においても、子どもは個別の家庭のなかで育っているし、子どもの親権者はその子どもを産み育てている(あるいは子どもと持続的な関係を維持している)個人である。したがって再生産の制度としての「家族」の意義は、今日に至るまでなくなっていない。「家族」を「個人」の集合に還元することができないのは、この「依存的な他者」を家族が抱えこむからである。

ファインマンのいう「ケアの絆」とは、この依存的な他者とのあいだの多少とも持続的な関係をさす。「ケアの絆」を法的制度の基礎単位にという時には、その権利擁護(利益代弁)と責任が問われていることになる[Fineman 1995/ファインマン 2003]。

ファインマンはこのケア役割を、リスクを承知で「母性」と呼ぶ。その背後には「父親には母親では果たせない役割がある」という「父性」イデオロギーの否定がある。子育てには父親業も母親業もない、男女いずれが担おうが、ケア役割があるのみで、男にしか担えない「父性」など存在しない。逆にいえば、「ケアの絆」では、男も女も「母性」的な役割を発揮するほかない。

ここでわたしたちは再び、「再生産費用の分配問題」[瀬地山 1996]と呼ばれる問いに立ち返ることになる。思えばフェミニストの近代家族批判とは、あげて「依存の私事化」のもとでのケア負担の不平等分配にかかっていた。フェミニストは、ケアを投げ出す代わりに、ケアをめぐる権利と責任の「分配公正 distribution justice」、とりわけジェンダー公正を求めた。ファインマンが批判した「平等主義家族」も、この「再生産費用の分配問題」を解く選択肢のひとつであった。エスピン＝アンデルセンの提唱した福祉国家におけるケアの「脱家族化 defamiliarization」[Esping-Andersen 1999/エスピン＝アンデルセン 2000]もその解のひとつと見なすことができる。また脱家族化がそのまま自動的にジェンダー公正をもたらすとは限らないという立場から、武川正吾のように「脱家父長制化」[武川 1999]という概念を提唱する論者もいる。

近代家族が依存＝ケアの私事化を前提に成り立っているとすれば、ケアの脱私事化とは脱近代家族を意味するはずである。それは最終的に家族の解体を意味するのだろうか。

5　人権としてのケア――ケアの権利の4象限

再生産費用の分配問題

ファインマンのいう「ケアの絆」を、まとめなおせば、「持続的かつ個別的な、権利と責任をともなう、ケアの受け手と与え手のあいだの非対称な相互関係」と定義することができる。その前提となるケアは、メアリー・デイリーにならって、以下のように定義することができる。

「依存的な存在である成人または子どもの身体的かつ情緒的な要求を、それが担われ、遂行される規範的・経済的・社会的枠組みのもとにおいて、満たすことに関わる行為と関係。」[Daly (ed.) 2001: 37]

わたしは、上述の「相互行為としてのケア care as interaction」の定義に基づいて、社会権としてのケアを、ケアする側、ケアされる側の双方からアプローチする「ケアの人権アプローチ」を採用した[上野 2005-09]。この「ケアの人権アプローチ」を手がかりに、「再生産費用の分配問題」を再考してみよう。

権利の束としての「ケアの人権 human rights of care」は、次の四つの権利の集合から成り立っている。以下を4象限ダイアグラムに配置すれば図5のようになる。

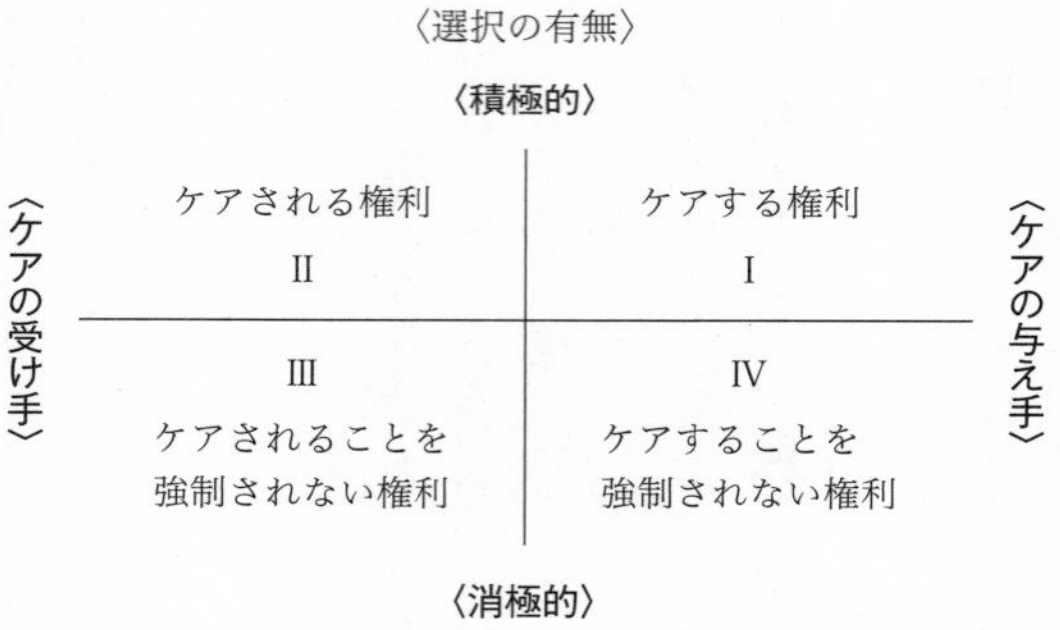

図5　ケアの人権の4象限

Ⅰ　ケアする権利 a right to care
Ⅱ　ケアされる権利 a right to be cared
Ⅲ　ケアされることを強制されない権利 a right not to be forced to be cared
Ⅳ　ケアすることを強制されない権利 a right not to be forced to care

相互行為としてのケアの人権は、基本的にはⅠ「ケアする権利」とⅡ「ケアされる権利」の組み合わせから成り立っているが、Ⅰ「ケアする権利」はその消極的な形態であるⅣ「ケアすることを強制されない権利」に裏づけられていなければ、「権利」とはいえない。そう考えれば、現実に行われている家族介護はほとんどの場合、「強制労働 forced labor」[Daly (ed.) 2001]であり、「ケアする義務」のみがあって「ケアする権利」が存在しないことを意味する。「だれが家族介護者になるか？」という問いをめぐってミクロなライフコース研究を行ったクレア・アンガーソン[Ungerson 1987/アンガーソン1999]は、「だれが適切な介護者か」という規範的な優先順位に従って、家族のなかの女性成員が「自発的」に介護負担を引き受ける事例を分析しているが、それが選択の余地の少ない「強制」であることをも指摘する。なかには、「愛情から」自発的に介護を引き受ける事例も紹介されているが、介護責任を引き受けたとたん、ファインマンのいう「二次的依存」によって介護者はありとあらゆる社会的不利益をこうむらざるをえない。

ケアの権利＝義務関係

「ケアする権利」は、ケアを選好する選択(愛する家族のケアを、自分自身の手で行いたい)を少しも排除するものではないが、その選択によって社会的に不利益をこうむらない権利をともなわなければ、「ケアする権利」が保障されているとはいえない。ケアを選択することによってこうむる「社会的不利益」とは、職業生活を犠牲にすることや、収入を失うことで逸失利益を生じること、生活空間の縮小や拘束、それに第三者(多くの場合は夫)への経済的依存にともなう権力関係の格差に甘んじることなどが含まれる(そのなかにはＤＶに耐えることも含まれよう)。

「ケア」を育児に限定すれば、近代家族のなかで多くの母親は「わが子を自分の手で育てる」ことを「自発的」に選択したせいで、以上のさまざまな不利益を甘受してきたのである。近代家族論は、「ケア(育児)の私事化 privatization of care」を、多くの女性が自ら選好してきたこと、母乳育児や家庭育児、「三歳児神話」などを、母親自身が支持してきたことを指摘する。育児規範の変容は、社会的強制だけではなく、それに自ら積極的にまきこまれる当事者たちの主体的関与 agency がともなわなければ成立しない。家庭育児や個別育児はたしかに多くの女性たちから積極的に支持され、選択された。だが、この選択は「ケア(育児)を選択することで社会的不利益をこうむらない権利」をともなわなかった。したがって「育児専従者」となることを選んだ女性たちは、「ケアの義務」だけは負ったが、「ケアの権利」を行使したとはいいがたいことになる。

育児をめぐる「ケアの権利」は、介護についても同様にあてはまるだろう。愛する父や母を、自分の手で介護したいと選択した者は、そのことによって育児者同様の、さまざまな社会的不利益を経験する。これに対して、「ケア(育児・介護)を選択することで社会的不利益をこうむらない権利」を保障するには、ケアに従事している期間の年金や所得保障、それも選択の前後で経済水準が変化しない程度にじゅうぶんな、もしくは第三者に私的な依存をしなくてもすむ程度に自活できる額の現金給付が必要であることを、森川美絵[2004]は論じる。日本の介護保険制度に、家族介護者の現金給付が選択肢としてないことを批判する人びとがいるが、もしそれを制度化するならば、中途半端な金額ではなく、上述の条件を満たすに足るだけの額面でなければ「ケアする権利」が保障されているとはいえないだろう(5)。

そう考えれば、家族のなかでケア役割を引き受けてきた多くの女性たちは、「ケアすることを強制されない権利」をもたないばかりか、「ケアを選択することで社会的不利益をこうむらない権利」を保障されないことで、「ケアする権利」を少しも守られていないことになる。彼女たちに「ケアする義務」のみが不均等に配分されることは、「再生産費用の分配公正」に反している。

他方、ケアを受ける側の権利はどうか？　介護保険制度の施行にともなってケアが恩恵から権利へと転換するごく最近まで、「ケアされる権利」は保障されてこなかった。それどころか、家族介護ですら、どのような法的権利＝義務関係にもないことは、法学者たちによってあきらかにされてきた。高齢者は、慣習や規範によってもたらされる恩恵としてのケアを、肩身の狭い思いで受けてきた。

そのように最近になってようやく「ケアされる権利」が認められるようになった現実に対して、「ケアを受けることを強制されない権利」を対置することは、理解に苦しむかもしれない。だがこの権利についても、「不適切なケアを受けることを強制されない権利」と表現を変えれば、これが守られる必要のある重要な権利であることが理解されるだろう。子どもや高齢者の虐待が事件として報道されている今日、暴力、侵害、遺棄、放置のような「不適切なケア」は、実の親や子のあいだでもしばしば行われている。「ケアを受ける権利」は「不適切なケアを受けることを強制されない権利」をともなわない限り、保障されているとはいえない。

以上のような権利の集合を、「ケアの人権」と呼ぶとすれば、今日においても権利としてのケアは社会的に保障されているとはとうていいえない。その反面、ケアの義務の方だけは、もっぱらジェンダーに不均等に分配されている現実がある。

ケアの絆としての家族

ケアの権利＝義務関係を、完全に自己決定できる個人間の契約関係だけで処理できると仮定することができれば、「家族」の領域は最終的に解体する。だが、家族が抱えた「依存的な他者」のなかには、自己決定能力をもたない子どもや、認知症者のように自己決定能力を失った高齢者が含まれる。家族は、それらの「依存的な他者」の意思決定を代行する権限を移譲されている。高齢者の場合には、成年後見制度によって代行者を指定することも可能だが、子どもはそうでない。家族(と呼ばれる領域)が、依然として「自立できない個人」を抱えた「ケアの絆」が成立する領域であるとすれば、そして家族がこれから先もとうぶんのあいだ、人間の命を産み育て、看取るための「再生産の制度」であることをやめないとすれば(その代替案は、目下のところ存在しない)[6]、「ケアの絆」としての「家族」を法的制度的に守ることは必要である。逆にいえば、多少とも継続的で個別的な「ケアの絆」が成立する領域を、事後的に「家族」と呼ぶことも可能である。

「ケアの絆」は、「家族」がすでにそうであるように、血縁や性、居住の共同に依存しない。そしてこの解は、一見保守的にみえたとしても、その実ラディカルな解なのである。

注

(1) ただし「世帯」はそうではない。世帯は客観的に観察可能だからである。

(2) ペットを家族と見なす事例は、決して例外的とはいえないことを、のちに山田昌弘[2007]が論じている。文部科学省は家庭科の教科書検定で、この「ペット家族」についての記述を、「不適切」と退けたが、主観的家族研究があきらかにした「生きられた家族」のリアリティを国家が否認し、規範的家族観を教科書によって押しつけることの方がはるかに不適切であろう。

(3) 日本では、「女も男も育児時間を！連絡会」がこれを「「半分こ」イズム」[育時連編 1989]と呼んでいる。

(4) こういう言い方をするとただちに「フリーセックス」を認めるのか、という非難が寄せられるが、それに対するファインマンの答えはこうである。永続的なモノガミーを選択する者は、そうすればよい。それは同性愛やポリガミーと同じ性的嗜好の選択肢のひとつと見なされるべきであり、それだけを特権的に法の保護の対象にする理由はない。そうなれば、「同性愛」や「婚外性関係」の逸脱化は自動的に解消する。

(5)　現行の介護保険導入時に、家族介護者が介護サービスを利用しない場合に限って現金給付を受けることが可能な制度が実施されたが、年間一〇万円程度の金額ではまったくお話にならない。

(6)　歴史的に見て実験的な「再生産工場」の試みはすべて挫折した。また進化論的に見て、ヒト科の動物が、家族と社会との調和を達成した霊長類だという見方からすれば、もし家族が解体すれば、ヒトはヒトとはべつな何者かに「進化(変化)」しているということになろう。

ブックガイド

①上野千鶴子、一九九〇『家父長制と資本制――マルクス主義フェミニズムの地平』岩波書店／岩波現代文庫、二〇〇九。

「再生産費用の分配問題」を最初に提示したのは本書である。生産に対して再生産という概念を、そしてそのためには費用負担がかかることを、それがジェンダー非対称に分配されていることを、理論化した。二〇〇九年に「自著解題」をつけて文庫化され、入手が容易になった。

②マーサ・アルバートソン・ファインマン、二〇〇三『家族、積みすぎた方舟――ポスト平等主義のフェミニズム法理論』上野千鶴子監訳・解説／速水葉子・穐田信子訳、学陽書房。

「性的家族」から「ケアする家族」へ転換せよ、という大胆な提言の書。翻訳書は日本国内でさまざまな反響を呼んだ。その後、同一の著者による『ケアの絆――自律神話を超えて』

[2009]も翻訳出版された。

③上野千鶴子・中西正司編、二〇〇八『ニーズ中心の福祉社会へ――当事者主権の次世代福祉戦略』医学書院。

共著『当事者主権』[上野・中西 2003]から次のステップへと、福祉社会の構想を提示した共編著。家族社会学者の笹谷春美、春日キスヨ、齋藤暁子による家族介護の現実についての犀利な分析のほか、介護をいかに社会化すべきかについて、大沢真理、広井良典らの制度的な提言、立岩真也、池田徹らによる実践的な提言がある。

三　家族、積みすぎた方舟

［初出二〇〇三年］

1　フェミニズム法理論の意義

本書『家族、積みすぎた方舟――ポスト平等主義のフェミニズム理論』の著者マーサ・ファインマンはコーネル大学法学部教授(当時)。一九九九年にコロンビア大学から移った。フェミニズム法学の中心的な担い手のひとりだが、必ずしも主流ではない。ジェンダー平等の形式主義に傾きがちだった平等主義フェミニズム法学に対して、「母性」という概念を持ちこもうとするファインマンは、一見「保守的」だが、その実アメリカの家族の実情にもとづいた透徹したリアリズムと、反家父長制の徹底したラディカリズムとを併せ持った稀有な法学者である。

わたしがファインマンに会ったのは一九九六年、ニューヨークのコロンビア大学バーナード校に客員教授として滞在中のことである。バーナード校で開催された講演を聞いて、彼女の論旨の明晰さと、誤解を招きかねないほどの提言のラディカリズム、そしてそれに似合わない温厚な風貌との組み合わせに強い印象を受けた。その後、彼女が主催するフェミニズム法学の会議などに出席して親交を深め、本書の訳出を決めるに至った。

日本ではフェミニズム法学といえば、ポルノグラフィー批判やセクシュアル・ハラスメントの理論化で有名なキャサリン・マッキノンぐらいしか知られていない。数年前にフランセス・オルセンが来日し、東大やお茶の水女子大学で批判的法理論の講座を持ってオルセン旋風をまきおこしていったが、それも一部の人々に知られているにすぎない。日ドゥルシラ・コーネルも注目を集めているが、その影響力は一部の人々に限られる。日本の大学の法学部では、このところ年々女子学生の入学比率が増加し、東大法学部でも二〇〇二年度に入学者の二割、私立大学のなかでは五割近くに達しているところもある。それにともなって司法試験の女性合格者比率も三割近くに達している。それというのも専門職ならば性によらない「処遇の平等」が実現されるであろうという「幻想」からくる、女子学生とその親の専門職志向のせいなのだが、その期待や幻想を支える平等志向に応えるカリキュラムが現在の法学教育のなかに用意されているとは言いがたい。法学系大学院の女子院生比率も年々上昇し、彼女らが次世代の研究者予備軍にあたるが、にもかかわらず、法学部の女性教員の比率は高いとは言えず、ましてやフェミニズム法学を講じている大学は皆無にひとしい。法学は経済学とならんで、社会科学のなかでは、フェミニズムの浸透がもっとも遅れた保守的なディシプリンのひとつなのである。

日本にはこれまで、法女性学はいくらか存在したが、いずれも弁護士などの法の実務家によるもので、現行法の女性への適用とその結果を論じることで、法のジェンダー・バイアスを指摘するものが多く、法理論そのものを俎上に載せることは少なかったように思われる。ファインマンが本書で批判する平等主義フェミニズム法理論さえ、じゅうぶんに日本に紹介され検討されているとは言えないのに、さらにそれに対して批判的なスタンスを持つ本書を、「ポスト平等主義」のフェミニズム法理論として紹介する意義は、何よりもファインマンの理論が、たんに平等主義のあとに来た新しいフェミニズム法理論というよりも、同じ現実に対して異なったアプローチをとることで、よりリアリスティックな処方箋を提示していることにある。そして、アメリカの「家族の失敗」と日本の「家族の失敗」が、一見対照的なみかけをとりながら、深いところで通底していると、わたしが考えるからである。本書の刊行が、日本におけるフェミニズム法学の発展のためのきっかけになることを期待して、本書の訳出を決意した。

2　積みすぎた方舟──「近代家族」の宿命

わたしがファインマンの仕事を評価するもうひとつの理由は、本書が法学のディシプリンの枠にとどまらず、社会規範としての「自然」で「性的」な「家族」について徹底的な解剖を行っているからである。彼女は、法の限界をくりかえし指摘する。法は社会規範を反映し、追随するものであって、したがってすこぶるつきの保守的な存在であり、社会変革の道具にはなりえない、と。

「法は、支配的な文化的、社会的イデオロギーを反映したより大きな規範的体系のもとに編みこまれ、それによって制約を受けている。」[ファインマン 2003 : 33] したがって法は「社会変革の主要な触媒や文化の変化にとって強力な道具になりえない」[ファインマン 2003 : 34]。

だからこそ、法をさまざまな言説のひとつとして編みこんでいる、より上位の社会の規範体系を取り扱わなければならない。その規範とは、ここでファインマンが「自然な家族」、「性的家族」と呼ぶ家族イデオロギーである。これまでの法理論――フェミニズム法学を含めて――に対する彼女の不満は、多くの法学者が法の言説を社会から相対的に独立したものと見なして、それが前提とする「家族」の規範的前提そのものを、問題にしてこなかったことにある。

ファインマンによれば、「性的家族」は次のように定義される。

「性的家族とは伝統的家族、すなわち核家族のことであり、正式に認められた異性愛による夫婦の絆を核とした単位である。」[ファインマン 2003 : 153]

この定義は、家族史でいう「近代家族」に対応する。すなわち結婚によって結成され、離死別によって解散する単婚制(一夫一婦制)の夫婦家族conjugal familyのことを指す。本文中から推測すると、ファインマンが近代家族パラダイムに通暁しているとは思えないが、(1)彼女が「核家族」を「伝統的」と呼んでいるのはおもしろい。アメリカにおいて核家族は、建国以来の「伝統」であったかもしれない。だが、近代家族論においては単婚制の夫婦家族すなわち「近代家族」が「伝統」となったのは、ヨーロッパでもたかだかここ二世紀くらいのことである。ここでいう「伝統」とは、「わたしたちが常識だと思って疑わないもの」の代名詞にすぎない。そしてそれが、あとになって「自然」と呼ばれるようになる。

ファインマンは「自然な家族」を、こう定義する。

「「自然な」家族とは、子どもを育て、病人や貧者や文化的に依存的存在とされる者をケアする際の拠り所となる社会制度である。つまりその理想的なかたちでは、家族はケアの使命を果たすときに自己完結的、自給自足的な単位となる。」[ファインマン 2003:179]

ここで「「自然な」(とされる)家族」の核心にあるのは、ファインマンが「依存の私事化privatization of dependency」と呼ぶ概念である。言いかえれば、育児・介護のようなケアが、私的な領域に封じ込められ、家族の責任とされるような家族のことであり、日本においてもわたしたちが「あたりまえ」であり「常識だと思って疑わない」、したがって「伝統的」とされる家族である。

だが、近代家族論は、こうした家族が「自然」でも「伝統」でもないことを教える。「近代家族」とは、それまでコミュナル(共同体的)な協同のもとで行われていた育児・介護(以下、ケアと総称する)の負担が家族の内部に封じ込められ、すなわち「私事化」されたことによって成立する。ひるがえって考えれば、歴史上、ケアが家族だけの負担であった時代や社会はなかったとも言えるし(2)、うらがえせば、ケアが脱私事化することをもって「近代家族」の終わり、と見なすこともできる(3)。

ファインマンがこの文章に「その理想的なかたちでは」というフレーズを挿入していることに注意してほしい。すなわち「ケアの私事化」は規範ではあったが、実態ではなかった。多くの家族は、ケアの負担に呻吟し、場合によっては崩壊しさえした。そして、その負担のしわよせがもっぱら女性に集中したことは周知のとおりである。

「私は伝統的な家族にケアの管理が割りあてられていることが、子どもの貧困や離婚、福祉改革についての今日の政治的言説にはかりしれない影響を与えている点を深く憂慮している。上昇する離婚率、一度も結婚の経験のない母親の増加、平均寿命の延長(とくに女性の)などの現象がこれだけ重なっては、家族が昔からの任務であった依存の管理やその隠蔽に失敗するのは必定ではないだろうか」[ファインマン 2003：184]とファインマンは書くが、近代家族が機能しなくなったのは昨日・今日のことではない。

わたしは「近代家族」を「積みすぎた方舟」と呼んでいる。ココロは、「出航したときから座礁を運命づけられていた」という意味である。このような最小家族が、ケアの負担を他からのいっさいの援助なしにかかえこみ、しかもその負担が家族のなかのたったひとりの成人女性(妻＝母という名の)の肩にかかるのは、最初から無理な相談だったとは言えないだろうか。近代家族は破綻すべくして破綻した、のである。

「近代家族」も、それをめぐる家族規範も、「社会的に構築されたもの」であることが明らかになったが、だからといって「何かが社会的に構築されたものだと述べることは、私の考えでは、それが強力で、変化に抵抗すると認めるのに等しい」[ファインマン 2003:52]。「社会はかんたんに操作できるものではない。」[ファインマン 2003:52] だからこそ、法には社会変革の道具としては限界があることを認めた上で、それでも彼女はフェミニズム法理論に期待を寄せる。

「法自体には象徴的役割があり、そのためだけにでも闘う価値がある。」[ファインマン 2003:34]

それだけではない。「法は女性の生活にただちに具体的な影響力を及ぼす」から、「女性にこれまで不利に働き、現在もなお不利を押しつけつづける不平等を、法律でどう救済できるか」[ファインマン 2003:52]について、フェミニズム法学者は考察する役割がある。それは法を「規範に抗して」使うことができるかどうかの、実験でもある。

3　平等主義法理論の罠

ファインマンの批判は、一方で「自然な家族」を前提とした従来の「家父長制的」な法理論にも向けられるが、他方で「法はジェンダー中立的であるべきである」とする（主流の）フェミニズム法学の平等主義法理論にも向けられる。

過去のフェミニズム法改革の成果は、たしかに法のジェンダー中立性をもたらした。だが、法の言説上のジェンダー平等は、現実のジェンダー平等をもたらすわけでも保証するわけでもない。それどころか性差別的な現状のもとでは、理念上のジェンダー中立性が、かえって現実の性差別を隠蔽し、強化することさえある。フェミニズム法理論は、その達成のおかげで「第二段階」にはいったと言ってよい。ここで論じられているのは「第二段階」にあるフェミニズム法理論である。

ファインマンによれば「フェミニズム法学の創設者世代」は、「もっぱら男女の間に法的に妥当な差異はない、と考える平等化戦略をとった」［ファインマン 2003：55］。「同化」が目標とされ、平等が明確な基準となった」［ファインマン 2003：55］が、この「同化」とは「男性との同化」のことであった。「平等を男性との処遇の同一としてとらえる法理上の解釈は、女性が現状の社会的制約の中で遭遇する経済的、社会的問題に対する解決策の立案と実行にとって、概念上の障害となっている」とファインマンは主張し、「ポスト平等主義のフェミニスト」[ファインマン 2003 : 61]と自称する。

「一九六〇年代と七〇年代のフェミニズム法学者にとって、男女間に想定された差異が女性を不利にする口実に使われないようにする最善の方法は、どのような差異にも法的妥当性を認めないという立場をとることだった。しかし、今や社会の変化に対応するため、差異の問題とフェミニズム法理論とを再検討するべき時がきている。」[ファインマン 2003 : 56]

平等主義フェミニストの「代表格」が、キャサリン・マッキノンである。

「彼(女)らは、差異に何らかの注意を払うこと自体、男性の権力への譲歩であり、男性権力に定義の権力としての妥当性を認めることになると主張する。というのは差異をめぐる議論は最初から最後まで男性を基準とすることになるからである。」[ファインマン 2003 : 63]

「初期のフェミニズム法学者の平等原則へのこだわり」[ファインマン 2003 : 59]は、ゆきすぎた平等主義をもたらすことさえあった。とりわけそれは妊娠・出産という女性の「差異」をめぐって顕著である。アメリカのフェミニストは「処遇の平等」を求めるあまり、妊娠・出産を「病気」と同様に扱うように要求したのである。アメリカの労働法は一九七八年まで、日本の労働基準法にあるような女性保護規定、たとえば妊娠・出産を理由に女性労働者の解雇を禁ずるという禁止規定さえ、持っていなかった。妊娠・出産を「病気」と同じように扱う、という見方の背後には、女性の再生産機能をハンディキャップと同一視する見方が結びついている。日本のように妊娠・出産が健康な女性の正常な機能であり、したがって健康保険の対象にならない(実のところ、この論理は医療保険財政の節約の口実にすぎないが)という母性への評価があるところでは、妊娠を病気と同じようにとりあつかうということには、かえって抵抗がある。ファインマンはこのようなゆきすぎた「平等要求」を、一九八二年のウェンディ・ウィリアムズの議論を例に引きながら、「古典的主張」と呼ぶ。「機会均等」のもとでの「公正な競争」のもとに、女性を男性と同様に投げこむという平等主義は、ハイディ・ハートマンが指摘するように粗野な「カウボーイ資本主義」への、女性の適応にほかならなかった。というのも、この競争のルールは、もっぱら男性を標準として組み立てられているからである。

同じトリックは、日本においても男女雇用機会均等法のなかに見られる。当初、「男女雇用平等法」として出発した法案は、労使の交渉の過程で「結果の平等」から「機会の平等」へと後退し、成立したときには「機会均等法」となりかわっていた。この法律を「男仕立ての male tailored」、すなわち企業利益にそって仕立て上げられた、と呼んだのは、大沢真理である。「機会均等」とは、男仕立ての競争のルールの別名であり、それは女性の男性標準への強制的な「適応」をもたらすことにほかならなかった事情は、その後の総合職女性の働き方が、如実に示している。「平等」を既存の法体系の言語のうちで「ジェンダー中立的」に追求する試みのすべては、既存の法体系のジェンダー・バイアスそのものを隠蔽し、不可視化する結果になる。

にもかかわらず「法律は、少なくともあるべき姿においては、ジェンダー中立であることが望ましいと考えられている」[ファインマン 2003 : 58]と、ファインマンは指摘する。

「実際、制定法においても判例においても、家族法の用語はおどろくほどジェンダー中立的である。実際問題、女性が扶養家族であることが、離婚の際の夫婦間の財産分与にあたっての判断材料にはならなくなった。むしろ夫婦のパートナーとしての取り分は、家族への貢献度によって測られるようになった。」[ファインマン 2003 : 175]

日本においても夫婦の財産法は個人主義(夫婦別産制)に徹しており、その意味で「先進的」である。だが一見して「ジェンダー中立的」なこの法理のもとでは、家計への経済的な寄与の格差がそのまま財産の取り分の格差となる。結婚した女性の多くが無業の主婦になる現実のもとでは、女性の「内助の功」を「寄与分」として計算しないかぎり、妻の取り分はない。現行の判例では、結婚歴二〇年以上をもって初めて「妻の寄与分」を認めているが(その後変更された)、それ以前に離婚すれば、「夫の名義で取得したものは夫のもの」(逆も同じ)という法の個人主義的な「ジェンダー中立性」が、多くの場合女性に不利にはたらく結果になる。

もうひとつの例をあげれば、離婚の有責主義から破綻主義への移行を考えてみればよい。破綻主義は、たしかに個人主義の徹底によるジェンダー中立性のあらわれだが、多くの妻が離婚後の生活に不安を抱いている現状では、中高年女性には不利にはたらく現実がある。破綻主義の導入にあたって、女性法曹家は四〇歳以上と以下で、賛否がみごとに逆転したと聞く。女性のどんな現実を見ているかで、破綻主義の効果の判定は変わってくる。

4　平等主義家族の幻想

「改革者が思い描いた平等主義家族は、根本的な問題解決の可能性を秘めていたかもしれないが、それが送り出された社会的な文脈は、象徴的なレトリックの変化以上に何ら希望をもたらさないことがはっきりしていた」[ファインマン 2003：178]と、ファインマンは言う。

「改革者が思い描いた平等主義家族」とは、「男も女も仕事も家事も」の「半分こイズム」、いわゆる性別役割分担を否定した家族のことである。こういう平等主義家族は、日本においても「パートナーシップ型の結婚」として、フェミニストによって理想化されてきた。だが、ファインマンのリアリズムはこう指摘する。

「しかし、経験が教えるところでは、この（ケアの）「分担」は生じなかった。統計数値を見れば圧倒的な事実が判明する。だれが家事を担うかという点においてはあまり変化がなかった。」[ファインマン 2003 : 186]

アメリカの「男女平等」を理想化しがちな日本のフェミニストにとっては、この発言はショッキングであろう。日本の統計もまた、女性の職場進出がすすんだ過去二〇年間のあいだに、おどろくほど、男性の「家事分担」はすすまなかったことをあきらかにする。総務庁（当時）の社会生活基本調査によれば一九八六年には一日平均八分だった男性の家事時間は一九九一年には一一分へとわずかに変化、二〇〇一年には倍増したとはいえ三〇分に満たないこと、しかも夫の家事参加の時間は妻の有業無業によってほとんど影響を受けない、というショッキングな事実が、統計からあきらかになっている。

「家族における平等」は「虚構」だと、ファインマンは冷徹に宣告する。「女性の低賃金という市場での不平等」が続いているかぎり、ケア役割が女性に割り当てられるのは「はじめから決まりきっている」[ファインマン 2003 : 186]。

わたしは一九九〇年に刊行した『家父長制と資本制』[上野 1990a, 2009]のなかで、女性の家事労働の軽減は次の順序でおこなわれるであろう、と予測した。第一は家事のロボット化（家庭電化やホーム・オートメーション）によって。第二は家事サービス商品の購入という「外注（アウトソーシング）」によって。第三は低賃金の外国人労働力を家事労働者として導入することによって。いちばん「ありそうもない most unlikely」のが、男性の家事参加であろう、と。いささかグルーミィなこの予言は、統計を見るかぎり、残念ながらあたっていると言わざるをえない。そして日本ではさまざまな制約のために現在は選択肢にない第三のオプションは、人種間の階級格差の大きいアメリカでは、現実の選択肢となっている。

「依存的存在がケアを必要とする際の「解決策」が、他の女性の育児労働の「搾取」に終わることも決してめずらしくない。平等主義家族は、子どもや他の依存的存在のケアをしてくれる者を雇うのが一般的だ。しかしケアが家庭内同様、商業的な文脈においても過小評価され、賃金がじゅうぶんでない条件のもとでは、こうした解決策はフェミニズム的解決方法とはいいがたい。中流階級の女性の結婚における平等なパートナーシップの理想を支えるのに招集されるのは、あまりにしばしば、アフリカ系アメリカ人や、ヒスパニックの出自をもつ女性たちなのである。」[ファインマン 2003：186]

この指摘は、ただちにクリントン大統領がその政権の一期めに、女性の司法長官の指名で一度ならず二度までもつまずいた事件を思い起こさせる。最初の女性指名候補者は、ベビーシッターに不法滞在の移民女性を雇っていたことを反対陣営から暴かれて失格し(司法長官という「法の番人」であるからには、みずから違法行為を犯していてはしめしがつかないという理由で)、二番目に指名された候補者も、同じ過去を持っていたことが判明した。「初の女性司法長官」を指名しようとしたクリントンの計画は難航したのだが、キャリアを持った子持ち女性で、この件で「潔白」な者はなきに等しいことをも、この事件は示した。

アメリカは、その国内に巨大な「南北格差」をかかえた社会であることで、わたしに「先進国」と呼ぶことをためらわせる。女性のあいだで機会費用の格差の大きいところでは、ケアを「アウトソーシング」することは、夫を説得するよりも、もっと容易な解決の手段であろう。発展途上国のように階級間の賃金格差が大きければ、エリートの女性にとっては出産も育児もハンディにならない。生まれた子どもにはひとりひとり乳母をつけ、家事使用人を雇うことが容易におこなわれるからである。そしてこのオプションがあるかぎり、男性の家事・育児参加はもっとも起こりそうにない。夫は無償の家事労働を分担するくらいなら、自分の収入で使用人を雇う方を妻にすすめるだろう。労働市場が国際化した今日では、国内に家事労働力がなければ、通貨価値の格差を利用して外国人労働力を雇うこともできる。事実、香港やシンガポールのキャリア女性の就労を支えているのは、多くはフィリピンからの移民女性である。フィリピン経済にとっては、こうした女性の出稼ぎ労働が大きな外貨獲得源となっている。日本では現在の入管法が外国人労働力の導入を制限しているが、これがいったん緩和されれば、ケアの担い手としてアジア各地から女性の移民労働力が大量に流入する可能性がある。そのような安価な「選択肢」が与えられたとき、それに抗して夫婦で「半分こイズム」を実践する理想主義的なカップルが多くいるだろうとは、あまり予想しにくい。たとえ外国人労働力が入らないとしても、現在のネオ・リベラリズム改革のもとですすむ中産階級の分解と女性のあいだの賃金格差の拡大は、ケアのアウトソーシングのオプションを増やすだろう。保育ママやファミリー・サポートセンターもまた、女性のあいだの機会費用格差を前提として成り立っている。

平等主義家族の理想は、学歴の高い専門職の女性、すなわち法曹界の女性たちによって担われ、彼女たちはその成果を、「ジェンダー中立的な法」として獲得した。だが、その「階級的」な理想の背後に、貧しい女性の搾取があることをファインマンは指摘する。この平等主義家族の理想は、第一に少しも現実的でなく(なぜなら彼女たち自身の家庭においてすらめったに実現していないのだから)、第二に、その理想をとうてい実現できそうもない下層の女性や、負担を分担すべきパートナーを欠いたひとり親の家庭にとっては、抑圧にしかならないことを、ファインマンのリアリズムは見抜いている。というのも、平等主義家族の理念は、あいかわらず、ケアは家族の役目という「依存の私事化」を前提としており、たんにカップルのあいだの負担の分配平等を問題にしているにすぎないからである。問われなければならないのは、この「自然な」「性的家族」の理念そのものだと、ファインマンは主張する。

5　アメリカ家族の現状

ファインマンが平等主義の罠を強調する背景には、アメリカの家族解体の現実がある。七〇年代以降の性革命のもとで、急激な離婚率の上昇と婚外子出生率の上昇とがもたらされた。今日、アメリカの夫婦は二組に一組が離婚すると言われているし、新生児の三人に一人は婚外子である。その結果は、シングルマザー世帯の急速な増大である。しかもその多くはエスニック・マイノリティや貧困層に集中している。

先進工業諸国の大半がいわゆる性革命を経験した時期に、日本は家族の安定を誇っていた。性革命といっても、スワッピングやフリーセックスのような耳目をそばだてる風俗現象を思いおこす必要はない。性革命とは、なによりも近代家族を成り立たせている性規範のゆらぎを意味しており、ある社会が性革命を通過したかどうかの人口学的指標は、(1)離婚率の増加と、(2)婚外子出生率の上昇とで、明示的にあらわされる。ほとんどの西欧諸国がこのような人口学的変化を経験したと同じ時期に、日本の離婚率と婚外子出生率とは微々たる変化しか示さなかった。言いかえれば、日本の婚姻は世界に誇る安定性を維持しており、人口学的にはきわめて変化に乏しい社会といえた。保守系の評論家のなかには、アメリカの家族の失敗に比べて、日本の家族の安定性は誇るべき「文化伝統」だと胸を張る者もいた。だが、統計数値の変化をともなわない制度の安定性の陰に、婚姻の空洞化が起きており、婚外出産に至らない十代の妊娠や中絶が増大している。九〇年代にはいってから日本型の「ひきのばされた性革命」は、おそらく世界でもっとも晩婚の若者たち[(4)]と極端な少子化とをもたらした。別な言い方をすれば、日本型性革命は、離婚率と婚外子出生率の上昇の代わりに、非婚化と少子化というデモグラフィックな変化をひきおこした、と言えるかもしれない。

だが、婚姻の安定性が離婚の自由のない抑圧によって維持されるよりも、離婚したいときに離婚する自由を行使できる社会のほうが、女性にとってはまだましにちがいない。また、婚外の妊娠を中絶で闇に葬るという選択を強いられる社会よりは、産みたければ婚外でも産める社会のほうが、やはり女性にはのぞましいだろう。とはいえ、離婚の自由や婚外子出産の自由を行使した女性が、結果として貧困に陥るのは避けられない。それは家父長制の外で子どもを産んだ女性に対する、ペナルティとして作用している。

アメリカでシングルマザー世帯が急速に増えたと同じ時期に、平等主義の法改革が進行した。その結果、「ジェンダー中立的」な法のもとで「母親の地位は相対的に悪化した」[ファインマン 2003：47]とファインマンは指摘する。とりわけ法の見かけ上の「ジェンダー中立性」は、離婚や非婚のシングルマザーに対して、「父親の権利」主張をする法的根拠を与える結果となった。

「父親の権利」団体は、「養育費を期日までに支払わない父親からの取り立てを、州や連邦政府が法令できびしく定めたことをきっかけ」[ファインマン 2003 : 102] に生まれた。彼らは「男性が子どもの親権に関して対等のパートナーではないと不満の声をあげた」[ファインマン 2003 : 102]。だが、それ以前にまず、離婚した父親たちがほとんど養育費を払わないことで「無責任な再生産者」としてふるまっていること、そして養育費の公的機関による代理徴収が「女性にやさしい政策」であるより前に、シングルマザーを援助する納税者の負担を軽減するための、「無責任な再生産者」へのペナルティであることを理解しておかなければならない。義務を強制されてはじめて、父親たちは代償としての権利を求め、子どもの親権や訪問権を母親と争い始めた。ハリウッド映画には『クレイマー・クレイマー』のような子どもとの愛情にめざめる父親が出てくるが、離婚した父親の多くが、ミスター・クレイマーのように子どもとの愛情の絆を求めている、とセンチメンタルな幻想を持つことはできない。そういう例がないとは言わないが——逆に言えば稀有だからこそ、「物語」になる——現実には離婚した父親の多くは、扶養義務を果たさないことで子どもを遺棄してきたからである。そして子どもとの訪問権や親権は、「父親の権利」を主張するための取り引きの道具とされた。養育費を支払わないことは、子どもとの訪問権を認めない母親に対するペナルティである、と彼らは主張したのである。養育費の取り立てが行われるようになると、彼らは親権や訪問権を逆に取り引きの道具に使うようになった。母親のなかには、父親に親権や訪問権を与えたくないために養育費を放棄する者もあらわれた。なかには子どもの性的虐待を疑わせるケースもあり、母親は子どもを別れた父親から守ろうとしたからである。

平等主義的な法の形式的な双務性は、いちじるしくバランスを欠いた現実の片務性をおおいかくすはたらきをする。実際には離婚した母親のほとんどが子どもを引き取り、ふじゅうぶんとはいえ経済的な困難に耐えながら子どもを育てる責任を果たしているのに、法の形式平等は別れた両親の権利を対等なものと見なすことで、母親の立場を相対的に不利にする結果となった。それどころか離婚以前から、父親の子どもへの関わりが母親に比して自慢できるものではないことは、多くのデータが示している。

ファインマンは男性の「無責任な再生産」の抑止策が、結果として女性に対して懲罰的なものになることをも憂慮している。公的なシングルマザー支援策は、「無責任な再生産者」として食い逃げをした男性に対する納税者の怒りを反映しており、窮地におちいった母子に対してありとあらゆるプライバシーの詮索をしたうえで、しぶしぶながらの支援を与える。そのうえ自助能力がないために公的支援を受ける家族は――したがって「公的家族」と呼ばれる――自己管理能力や育児能力もないと見なされて、公権力からの介入や干渉にさらされる。そしてそのような状況下にある女性が、ふたたび妊娠や出産をすれば――彼女がもうひとりの「無責任な再生産者」の犠牲者である場合でさえ

——公的支援の打ち切りや減額というペナルティが、女性の側に科されるのである。

"It takes two to make it happen."という言い方がある。妊娠や出産には男女の双方が必要で、ひとりでは成立しない、という事実を指すために使われる。だがセックスは「対等」でも、それにひきつづく妊娠や出産には、両性のあいだにいちじるしい不均衡がある。法の形式平等は、この負担の不均衡という差異をおおいかくすはたらきをする。そのうえ「無責任な再生産者」である父親を法が把捉することはむずかしいが、子どもを胎内にかかえ手もとで育てているシングルマザーを法的処遇のピンポイントの対象にすることは容易だから、たとえ「平等に」かけられたペナルティであっても、現実には女性に対してより重い懲罰的効果を持つ結果になる。

6　日本のシングルマザー

日本のシングルマザーの状況についても、ここで触れておこう。一九九八年度の厚生省(当時)による母子世帯等実態調査によれば、シングルマザー世帯は一九七八年の六三万世帯から九八年の九五万世帯へと増加、うち六割以上が離婚による。五年前にくらべると、離別母子家庭は二八%の増加、非婚のシングルマザーは八五%急増した。女性全体のなかでシングルマザーの占める比率は年代を問わず五%、つまり約二〇人に一人の女性はシングルマザーだということになる。年間収入は平均二二九万円、一般世帯の平均六五八万円の半分以下である(ちなみに父子家庭の年収平均は四二二万円)。うち約三分の二が賃金収入、残りが公的給付(生活保護や児童手当)や離別した夫からの養育費である。八五%が就労しているが、そのうちパートが三八%。パートでは収入階層が一五〇万から二〇〇万円の範囲にはいる人々がいちばん多い。

日本の法律は今でも単独親権で共同親権を認めていないから、離婚の際の親権帰属は九割以上が母親となっている。興味深いことに、五〇年代までは、離婚の際の親権帰属は圧倒的に父親の側だった。それが逆転したのは六〇年代のことである。それ以前は、離婚することは女性にとっては即子どもと別れることを意味しており、それが離婚の抑止力にもなっていた。五〇年代までの父親がとりわけ子どもに愛情が深かったとも、離婚した父親が自分の手で子どもを育てたとも考えにくい。むしろ拡大家族のなかで、祖母や叔母のような母親以外の女手があったからこそ、父親が親権を確保できたと言えるだろう。六〇年代は核家族化が進行した時代であり、家族が急速に妻以外の女手を失っていく過程だと考えれば、この時期に親権帰属が父親から母親へと逆転した理由も納得できる。

母親にしてみれば、子どもをかかえて路頭に迷う不安はべつの意味で離婚の抑止力になったが、少なくとも離婚によって子どもと引き離される可能性は少なくなった。これに女性の経済力が加われば、離婚の抑止力は大幅に低下する。事実七〇年代以降の離婚の増加は女性の職業参加とむすびついており、昨今では子どもが小さいことも、離婚を思いとどまる理由にしだいにならなくなってきた。アメリカとくらべて親権をめぐる訴訟がいちじるしく少ないことも、日本の特徴である。六〇年代以降の母親への親権の移行のあとも、日本の父親は共同親権や訪問権をアメリカの父親のようには主張してこなかった。それどころかほとんど抵抗なく親権を手放しているのが実状である。九八年の実態調査によれば、離婚に際しての養育費は「取り決めをしていない」のが約六割、「現在も受けている」が二割にとどまる。養育費の取り決め額は月に平均四万円から五万円、子ども一人あたりの月額についてみると二万円から三万円がもっとも多く、しかも半年から一年たつと「期限通り受け取っている」が減少することが知られている(5)。その後時間が経過するにつれ、父親の失業や再婚を理由に、支払いはとだえがちになる。離婚前からの父親の子育て参加の実態を見るにつけ、日本の父親は結婚期間中から子育てに関与しないことで子捨てをしており、離婚に際しても親権をかんたんに放棄することで子捨てをし、さらに離婚後にも養育費を支払わないことで何重にも子捨てをしていると言わざるをえない。

シングルマザーによる子どもの遺棄やネグレクトが事件として報道されるが、それも母集団の大きさを考えれば、稀少だからこそ「事件」になる、と言わなければならないだろう。多くのシングルマザーは問題を抱えた状況のなかで悪戦苦闘しながらも、とにもかくにもシングルマザー世帯を維持している。母親の子捨ては「事件」になるが、父親の子捨ては事件にもならないほどに自明視されている。別な言い方をすれば、父親が子捨てをしても、歯をくいしばって子どもを引き受ける母親がいるが、母親が子捨てをすればもはや引き受けるあとがないことが、母親による子捨てをより深刻なものにしているとも言える。

このところ、日本でも養育費の取り立てに公的機関が関与すべきだという意見があるが、その考え方の背後にあるのは再生産費用は私的に負担されるべきだという、ファインマンのいう「自然な家族」の前提、言いかえれば近代家族イデオロギーである。そして「無責任な再生産者」の肩代わりを公的費用で行う場合には、シングルマザーのプライバシーに対して、公的機関のことこまかな詮索がはいる。男の出入りがないか、だれかと同居していないか……。養育費の支払い義務も、公的援助も、シングルマザーが再婚すればうち切られる。この規則の前提となっているのは、女は所属する男によって養われるべきだという通念であり、したがって所属する男が変われば、もとの男は扶養義務を免じられるのである。シングルマザーの性的プライバシーの詮索は、別れた妻がもとの夫に貞節を尽くす限りにおいて、その子の養育に責任を持つ、というあざといまでの家父長制イデオロギーのあらわれである。母親がどんな性的自由を行使しようが、男の自分の子どもに対する父親としての責任はなくならない、という考え方はそこにはない。再婚(すなわち他の男に所属すること)によって自分に所属しない(ことが明白になった)女とその子どもには、男が責任を放棄することを法律は許している。

7　父性の復権？

見てきたようにシングルマザーの支援策は、基本的には「依存の私事化」——「再生産費用の私的負担」とも言う——を原則としている。離婚した夫からの養育費の代替徴収という一見「女性にやさしい」政策でさえ、再生産費用が公的に負担されるいわれはない、という納税者の合意にもとづいている。そしてシングルマザーがひとりで子育てをするのは実際に困難だから、唯一の解決策は彼らにもういちど「父親」を与える——実際の父親であれ、代替的な父親であれ——ことになる。つまり「両親のそろった「自然な」家族」への復帰を強制することである。言いかえれば法と社会は、だれであれ男に帰属しない女と子どもにペナルティを与えているのである。

その際に登場するのが、子どもには父親が必要だ、というイデオロギーである。「父親の権利」運動のイデオロギー的基盤には、両親の双務性という平等主義な法理に加えて、「父親には母親では果たせない役割がある」という「父性」イデオロギーがある。

日本でもなにかといえば登場する『父性の復権』[林(道)1996]や「かみなりおやじの会」のような時代錯誤でノスタルジックな動きのなかには、こういうわかりやすい信念集合がある。

ところで「父親の子育て」は、母親の子育てとどこが違うのだろうか？と、ファインマンは問いかける。そして「父親の権利をめぐる言説においては……まともに父親業を考えていない」[ファインマン 2003：227]と批判する。子育てに父親業も母親業もない、ただ親業というものがあるだけである。もし親業に慈愛のほかに厳しさというものが必要だとしたら、それを母親と父親にそれぞれ割り当てるまでもなく、性別にかかわらずどんな親もやさしさときびしさとを文脈に応じて使い分けている。やさしいばかりの母親やきびしいだけの父親など現実にはいないし、いたら有害でもあるだろう。もし「育てる(ケアする)」という役割が、社会的に「母親業」という名前で代表されているとするなら、「男性は(母)親役割をやれるし、するべきである。もし男性が子どもたち……に近づく法的権利を得たいのなら、「母親」業をみずから実践しなければならない。つまりケアに直接手を染めるべきだ」[ファインマン 2003：259]とファインマンは主張する。

もし男性が「親」としての関わりを(生活費をかせいでくるということ以外に)自分の子どもたちに対して持ちたければ、これ以外の方法はないだろう。それは父子家庭になって「母親役割」の遂行者を失ったシングルファザーたちが実感し、実践していることでもある[春日 1989]。そしてまた荒れる子どもを抱えた父親たちが、一家の大黒柱であるだけでは親として子どもに関わったことにならないと、痛感していることでもある。事実、ファインマンが本書で紹介している親権訴訟のいくつかの判例は、父親の生物学的絆や家計の責任以上に、養育者として実際に子どもとどれだけ関わったかを判定の根拠にするようになってきた。

これは仕事人間を任じている多くの男性にとって、耳が痛いことだろう。ファインマンがこう言うところを見れば、アメリカでも多くの父親が親業を軽視していることが推測できる。日本の既婚男性は、家事・育児・介護などの家庭参加の時間が女性にくらべていちじるしく少ないことがわかっている。しかも男性の家庭参加のうち、彼らは家事よりも喜びをともなう育児のほうに手を出したがる傾向があるが、とはいえ一日平均三〇分以下の家庭参加ではなにほどのこともできないだろう。一部の地方自治体の調査では、三五歳以下の若い父親に、「仕事に支障が出る程度の育児参加」の傾向が見られる。それというのも残業を控えたり、出張を減らしたりという程度の変化だが、多くの女性が子育てのために仕事を辞めたり職場を変えたりすることで「仕事に支障」が生じていることとくらべれば、まだまだ男性にとって、育児は気の向いたときや片手間のプレジャーの域を出ないようである。

それでもなお「父親には母親にはできない役割がある」と言いつのるとしたら、その

「父性」の特性とは何だろうか？ ファインマンは、その答を「男性的文化」の(世代間の)継承であると考える。そしてそのうえで、この「男性的文化」は、「暴力的(少なくとも競争的)、対立的、個人主義的」であり「女性に対して懲罰的、抑圧的、蔑視的である」[ファインマン 2003：226]と見なす。もし「彼らに子どもへの接近を許す目的や意味」が、この「男性的文化」の再生産にあるなら、フェミニストはむしろ「男性的文化の洗脳の連鎖を断ち切る」べきだと主張する[ファインマン 2003：227]。事実、両親がそろったふつうの(つまり家父長的な)家庭で、息子は父親と同じように支配的にふるまうことを学び、娘は母親の従属をつうじて女性蔑視を内面化するのだ。ファインマンの処方箋は明快である――もしあなたがほんとうに(父)親らしくふるまいたいのなら、あなたも(母)親業をおやりなさい。

8　法的カテゴリーとしての婚姻の廃止

そのうえで、ファインマンは画期的な提案をする。

「私は法改革について、二つの提案をしたい。性的家族に対する法的支援の廃止と、「母子」対に体現されるケアの担い手と依存者とからなる養育家族単位 nurturing family unit に対して保護を講ずること、の二つである。」[ファインマン 2003：249]

この提案は、目からウロコが落ちるような明快なものであるが、同時にある種の人々にとっては意表を衝き、困惑をもたらすものでもあるだろう。彼女はこの提案の意図を、「法的な家族単位の核を……定義し直し、家族の親密性の再概念化をはかるもの」[ファインマン 2003 : 23]と言うが、同時にこの見解が「多くの読者の怒りと驚きを招くおそれは承知している」[ファインマン 2003 : 23]とも言う。

この二つの提案は、セットになっているが、順にときほぐして解説しよう。

第一の提案は、「法的カテゴリーとしての婚姻の廃止」[ファインマン 2003 : 23]と言いかえられる。このように言えば、ただちに返ってくる誤解にみちた反応が、「あなたはフリーセックスを認めるのか」というモラル・マジョリティの側からの批判であろう。事実、わたしは、彼女がコロンビア大学バーナード校という名門の女子カレッジで講演をしたとき、聴衆の女性(高学歴の女子学生)から譴責《けんせき》に近い質問を受ける現場に立ち会った。彼女の答は「ノー」――あくまで簡明で明晰だった。

「モノガミー(一夫一婦制)を守りたい人はそうすればいいでしょうし、守りたくない人はそうしなければいいでしょう。法律はそれに関与しない、というだけのことです。」

「国家が推奨し、法的に保護する特権的な性関係」というものがなくなれば、「成人間の自由意志による性的な相互行為は国家の関心事ではなくなる。したがって、成人間のあらゆる性関係は許容される。特定の性関係が禁止されたり、逆に特権的に扱われることもない」[ファインマン 2003 : 251]。こう言えば、ただちに短絡にもとづく誤解が発生するから、あわててつけ加えておかなければならない。「もちろん、子どもは依然として近親姦(性的虐待)を禁ずる法律や、その他の法律で守られる存在でありつづけるだろうし、強姦はやはり刑事罰の対象とされるだろう。」[ファインマン 2003 : 251] だが、「成人同士の「合意による」性関係は、法的に規制されることはない」[ファインマン 2003 : 251]。そうなれば婚姻上の地位の違いからくる区別、すなわち夫とのセックスなら合法、愛人とのセックスなら違法ということもなくなるし、したがって「不倫」や「姦通」という言葉もいらなくなる。逆に夫婦間レイプを問うことをむずかしくしている配偶者間の性的義務もなくなる。妻であれ誰であれ、成人間のセックスには当事者の「合意」が必要だし、それがなければ「性の強要」となるのはあたりまえのことであろう。

「法的カテゴリーとしての婚姻の廃止を求めるこの提案は、きわめて過激だとみられがちなのは自覚している」[ファインマン 2003 : 252]と彼女は言うが、他方で、現実の変化から見れば、この提案が見かけほどは過激でも破壊的でもなく、むしろ変化した現実の追認であることも指摘している。すなわち、すでに法はパートナー間の権利義務関係を保証する婚前契約を可能にしているし、離婚法における破綻主義も、婚姻を「根拠の薄弱な」[ファインマン 2003 : 250]関係にしている、という。財産分与や貢献に対する賠償については、市民間の関係を規定する契約法があれば、それでじゅうぶんだとファインマンは考える。カップルの当事者が自分の利益を守りたければ、関係が破綻する前に交渉しておくことを彼女はすすめる。そして事実、「婚姻類似の関係」[ファインマン 2003 : 251]において、こうした判例が積み重ねられてきている。婚姻が「一生もの」でなくなった今日、どんな性的絆も永続の保証はなくなった。一見「過激」に見える彼女の提案は、こういう現実を反映しているだけと考えれば、個人が自分の利益を守るためにも納得のいく方策であろう。

この提案のもうひとつの効果は、「成人同士の合意による性関係」に同性・異性を問わないことである。となれば同性間のカップルでもかまわないことになる。このところ、カリフォルニアではドメスティック・パートナー法が、フランスではパクス法が、カップルの性別を問わないことで同性愛者の権利を保護する立法としてリベラル派に高く評価されているが、それに対してもファインマンは批判的である。

「こうした改革はたんに、性的家族の概念を強めるだけである。特権化された家族形態をコピーするだけであれば、オルターナティブな関係は、ただ社会の基本的な秩序や親密性の性格に対する、セクシュアリティの中心性を追認するだけに終わるであろう。……実際、非伝統的なカップルが正式な家族の法的カテゴリーに含められるべきだという議論は、まさにこうした性的な結びつきを土台としている。そのアナロジーから、これらの非伝統的カップルは異性愛の夫婦と法的に置き換え可能だと考えられている。」

［ファインマン 2003：154］

したがって、彼女の提言は以下のようなものになる。

「制度としての性的家族が存在するかぎり、それは特権的な地位を占めつづけるだろうし、理想のモデルとして他の親密な関係を逸脱と決めつけることになるだろう。他の親密な関係を婚姻に類似したものとして次々と認めることでこのスティグマを無効にしようとするよりは、婚姻というカテゴリーそのものを法的地位としてたんに廃止してはどうか……。」［ファインマン 2003：252］

理論的な考察から煮詰められたファインマンのこの結論を見て、わたしは自分自身の見解とのあまりの符合におどろいたことを覚えている。というのも、ドメスティック・パートナー法やパクス法に対して、わたしも彼女と同様のおそれを感じていたからである。(6)現在懸案になっている民法改正案の中の夫婦別姓選択制に対してわたしの感じる不信感も、これと共通している。しかしゲイ解放運動のアクティビストがドメスティック・パートナー法を支持し、またフェミニストの多数派が別姓選択制を支持するのを見て、しかもそれすら実現がむずかしいという硬直した状況のもとでは、それらの法改革に対するわたしの疑念や批判の表明を控えてきた。だが、自分の直観をうらづける理論を、わたしはファインマンから与えられた思いを持った。とはいえ、わたしの見解が日本におけるフェミニズムの主流でないように、ファインマンの見解もアメリカにおけるフェミニズム主流派の考えとはとうてい言えないことを、念のため付け加えておくべきだろう。

9 「ケアの絆」

「成人間の合意にもとづくあらゆる性関係」を自由化し、というよりも異性愛の排他的なカップル関係だけを法的に特権化することをやめ、あらゆる成人間の関係を、個人同士の契約関係に置きかえるという主張は、ファインマンでなくても言いそうなことであり、実のところ見かけほどとっぴな考えではない。「選択に中立的な」政策を推進する方向は、結婚してもしなくても、離婚してもしなくても、婚姻上の地位の変化によって左右されない社会政策の構築として、すでに小泉構造改革のもとですら日程にのぼっているし、それは世帯単位制から個人単位制の税制・年金制度の改革としておしすすめられている。(7)「カップル単位からシングル単位へ」というわかりやすい標語はかねてから伊田広行[1995]らが唱えているし、フェミニストたちの運動によってではなく、税制の合理化と税収の逼迫という「不純な」動機から、いちはやく配偶者特別控除は廃止されそうな気配である。だが、ファインマンの提案はここで終わらない。ふたつめの提案、「養育家族単位としての母子対の法的保護」に移ろう。

もし社会が自立した成人の集合からできているならば、家族を解体して個人に還元すれば足りる。あとは自立した成人間で、どのような性関係や契約関係があろうとも、市民社会を律する法があれば必要かつ十分である。家族の個人化や、家族ならぬ「個族」化の概念を提示する研究者たちは、そこまでの指摘でとどまる。

だが、家族が家族である必要をもちつづけるのは、それが依存的な存在をかかえこむからではないのか？　家族は「性的な絆」であるよりはもっと、「ケアする絆」ではないのか？――ファインマンはこの根元的な問いに応えようとする。そしてそのために「母子」対という、イデオロギーの負荷にまみれた概念を採用するリスクを、あえて冒そうとする。

近代家族論の知見によれば、再生産の制度としての家族の成り立ちとその「私的領域」としての構築、一言でいえば「ケアの私事化」――ファインマンは「依存の私事化」という概念を使っている――こそが、近代家族の核心にあった。そしてこの「私的領域」とは公的に構築されたものである、とフェミニストは喝破した。近代になって「女性問題」と呼ばれるもののほとんどは、この「ケアの私事化」から派生している。女性が私的領域に配当され、「ケアする性」と見なされるようになったからこそ、二流の労働者として扱われることや不払い労働の負担など、女性の抑圧と見なされるさまざまな問題群がいっきょに噴きだした。これまでは女性は「産む性」だからケアを負担するのが当然、と本質主義的な説明を与えられてきたが、逆にケアを負担するからこそ「二流の性」と見なされる、と言うほうが適切だろう。実際、依存的な存在をかかえてケアを負担したとたん、女にかぎらず男も、自立した個人としてはふるまえなくなる。ファインマンはこれを「必然的な依存」(人間が生まれ、育ち、老いていく過程で避けられない依存)に対して、それから派生する「二次的な依存」と呼んでいる。

この抑圧的な状況から逃れるための方法は、すこぶるかんたんである。すなわち「ケアの負担」を背負わないという選択である。ひとつは子どもを産まないという選択によって。もうひとつは、ケア役割を自分以外のだれかに代替してもらうことによって。前者は、だが、女を「産む性」と規定する家父長制的なイデオロギーのもとでは、「女としての価値」を自己否定する結果になる。後者は、親族による育児支援やメイドを雇う経済力のあるところでしばしば採用される解決法だが、世代間や階級間に女女格差があることが前提となる。どちらの場合も、個人の生存戦略としては採用可能だが、前者はケアを否定することによって、後者はケアを代替することによって、問題を目の前から追いやっただけであり、どちらもケアの問題を根本的に解決したことにはならない。

ところで現実にケアを現場で担ってきたのは、圧倒的に女性である。虐待や遺棄が報道されるにせよ、それ以上に多くの女性が、結婚の中でも結婚の外でも、心理的・社会的・経済的に父親から遺棄された子どもたちを必死でケアしてきた。こう言えばすぐに、母親の子捨てや父子家庭もあるとか、虐待は女親もやっているという「反論」が返ってくるが、統計は圧倒的な蓋然性で離婚後の子育てを女性が担っていること、そして虐待者の多くが男性であることを証明する。(8) ファインマンの提案は、ここでも見かけの過激さに反して、すこぶる現実的なものである。現に依存的な存在をケアしている当事者――それを「母親」と便宜的に呼んでおこう――を、法の直接的な保護の対象としよう、という提案である。ますます増えつつあるアメリカのシングルマザー世帯の現実を目の前にすれば、彼女たちを再婚によって核家族に復帰させるより、これはもっと実際的な提案だし、結婚しているにせよしていないにせよ「母子」対が保護の単位になるなら、母親が一時的または永続的に持つ性的パートナーの地位や性別に、法は非関与となる。

だが、この提案が受けるかもしれない誤解は、それが「ラディカル」であるよりは、「保守的」であるという批判であることを、ファインマンは承知している。「「母性」という社会的文化的制度ですら、私に言わせれば、まず男性が定義し、統制し、法的内容を与えた、「植民地化されたカテゴリー」でしかない」[ファインマン 2003 : 57]と批判するファインマンが、思いきり家父長制のイデオロギーの手あかにまみれた「母親」という概念を採用することにはリスクがともなう。そもそも引用の文中にある「「母性」という社会的文化的制度」という表現にすら、違和感を覚える人々は多いだろう。というのも「母性」は家父長制によって、「自然化」されてきたからである。歴史がつくりだしたものを「自然」や「本能」と言いかえることは、「その起源を問うなかれ」と禁止することに等しい。「母性」が「本能」によって刷りこまれたものであるなら、その「喪失」や「崩壊」はありえないし、歴史によって変動することも考えられない。家族史の知見は、「母性」が「本能」でもなく「自然」でもなく、「社会的文化的制度」であることを次々にあきらかにしてきたが、そのように「母性」を脱自然化することによってはじめて、いつ、どのようにして「母性」が自然化されたか？という歴史的な問いにさかのぼることも可能になった[田間 2001]。

「母性」や「母親業」というカテゴリーの持つ、強力な象徴的な呪縛力を避けるために、「親性」や「親業」、さらに「次世代育成力」のような「ジェンダー中立的」な概念を採用しようとする人々もいる。だが、ここでのファインマンの選択は、「母性」のメタファーとしての象徴的な力を、逆に利用しようという戦略的なものである。これまでの家族法を支える「自然な家族」のイデオロギーがあまりに強力なために、「母子」対は、「「自然な」性的家族の主導権に対抗するのに必要な」「そのイメージと同等の力をもつ文化的シンボル」[ファインマン 2003 : 257]として、ファインマンによってメタフォリカルに採用された。

「母親とは、私事化された依存を可視的なものとして示す力をもったメタファーなのである。」[ファインマン 2003 : 258]

そして彼女は慎重に付け加える。「子ども」とは「病人、高齢者、障害者など」のすべての依存的な存在を含んだ「必然的な依存のあらゆる形態」[ファインマン 2003 : 259]を代表する象徴的なメタファーであり、「母親」とは「ケアの担い手」の代名詞にほかならない。そして彼女が、あくまで「母親」というジェンダー化された用語にこだわるのは、先に述べたように、この「ケアする絆」にとっては「母親業」以外の接触のしかたがありえない(すなわち「父親でなくては果たせない役割」など、存在しない)と信じるからである。念のために言っておけば、「ケアの担い手」を「母親」というジェンダー的なメタファーで呼ぶことは、男性の排除を意味しない。「父性の復権？」の節で述べたように、男性もまた「母親業」をになうべきだし、になうことが可能である。そしてひとり親の子育てがむずかしければ、ケアをわかちあうパートナーは排他的な異性愛のカップルだけで閉じる必要はなく、同性・異性を問わず、ひとりでもふたりでも「家族」を呼びこめばよい。そして子どもと関わりを持ったという事実だけが、親としての権利や義務をかたちづくる、という「常識」は、法のなかでも追認されつつある。

このような提案が「ユートピア的」だとする当然予想される批判に対しても、彼女はあらかじめ答えている。むしろこれまでの「自然な家族」が、現在生じているさまざまな家族の問題に対する処方箋だと考えること自体が「ユートピア的(空想的)」だと。「伝統的家族は社会が直面している問題の万能薬ではない。」[ファインマン 2003 : 261]

「わたしたちの家族に対するイデオロギーが、それ自身があらわにしている変化の必要に対応できると想定すること自体、実にユートピア的といえるだろう。」［ファインマン 2003：256］

「性の絆」に代わって「ケアの絆」を家族の単位とし法的保護を与えようとするのは、これも見かけほど現実離れした考えではない。というのも、現実に増大するシングルマザー世帯では、それが喫緊の必要になっているからである。ファインマンの提案は、「自然な家族」を標準としてシングルマザー世帯を逸脱と見なし、「私的家族」には与えられる保護や権利を「公的家族」からは剝奪するという現行の家族法に対する批判から生まれている。現実の家族が変化してしまっているなら変化をありのままに認め、現実を規範に合わせようとするよりは、規範を現実に合わせて変更しようというのが、彼女の法改革の趣旨である。そしてわたしがファインマンを評価するのは、理想主義のみかけをとった、このリアリズムにある。

「性の絆」から「ケアの絆」へ。ファインマンの意図は法と政策の基礎となる「親密性の単位」を再定義することにある。「ケアする性」に「母性」を持ってくるファインマンの戦略は、たとえそれがメタファーであっても、「母性」が過剰に象徴化される文化的文脈のもとでは危険をともなうから、注意する必要があるが、それを「ケアの絆」と言いかえれば、彼女の意図するところはより正確に伝わるだろう。わたしは本書の邦題に「ケアの絆」を採用しようと、一度は考えたほどである。

10 福祉アンダークラスとしてのシングルマザー

少子化に悩む日本が、婚外子の奨励にのりださないのを、かねてよりわたしは不思議に思ってきた。出生率が婚姻率、婚内出生率、婚外出生率の三つにブレイクダウンできることは知られているが、現在の日本で婚姻率の上昇は望めず、婚内出生率も横這いもしくは低下の傾向にあることが確実なら、論理的にも実践的にも処方箋は残るひとつ、婚外出生率の上昇に期待するしかない。事実、日本をのぞく先進工業諸国の出生率には、婚外出生率の上昇が大きく寄与している。スウェーデンでは新生児の二人に一人が婚外子、アメリカでは三人に一人、フランスでは四割を超え、ドイツでも二割台に達する。婚外子に対する差別や偏見がなく、シングルマザーでも子育てが保障されれば、日本の女性も婚外で妊娠した子どもを闇に葬ることをせず、出産に踏み切るだろう。実際に日本の男女は、婚前・婚外の性活動をじゅうぶんに活発に実践しているのだから。日本における極端な婚外子出生率の低さは、諸外国の研究者の目からは謎と映る。

「女がひとりでも安心して子どもを産み育てられる社会を」は、久しくフェミニズムの目標だった。少子化はその方向へ向かうための好機と考えられるのに、それどころか福祉改革のもとでシングルマザー世帯の児童手当の減額が行われようとしている。これは少子化対策の方向に逆行していないか？――それがわたしの素朴な疑問だった。

だが「素朴な疑問」は、見かけほど「素朴」ではなく、実はラディカルな問いを含んでいる。政府は家族のもとで子どもが生まれることをのぞんでいるが、家族のそとで子どもが生まれることは望んでいない。つまり「ケアの私事化」を彼らは変更する気がなく（日本型福祉の含み資産としての家族！）、ひとり親世帯が増えることで発生する福祉のコストを負担したくないと考えていることがわかる。そしてこのような家族政策こそが、家父長的と呼ばれるものである。

家父長制とは、子どもの帰属を父親によって決定するルールでもある。したがって婚外子が増えることは、父親に帰属しない子どもが増えることを意味する。この事情は非婚のシングルマザーでも、離別したシングルマザーでも変わらない。先に述べたように、離婚に際して母親に親権を委譲することで、父親は子どもの帰属を放棄しているからである。

この原理からすれば、シングルマザーであること自体が、「逸脱」的であるとされる。そして懲罰的な法規制の対象となる。しかも「無責任な再生産者」として社会のお荷物扱いされ、福祉アンダークラスとしてつねに攻撃のターゲットにされる。アメリカでは福祉改革の議論が出るたびに、増大するシングルマザー世帯が攻撃の対象となる。ヨーロッパにおける外国人移民に対する排外主義と同じように、アメリカでは国内のトラブルメーカーとして、シングルマザーが「スケープゴート」化される。だが、実際には、福祉後進国であるアメリカでは、シングルマザー世帯に対する財政支出は、標準世帯が享受している税制上の恩恵の総額にもおよばない。じつのところ、アメリカの福祉政策は、両親のそろった中産階級の家族に手厚く、経済階層の低いシングルマザー世帯に冷淡なのである。

シングルマザーが、一種の見せしめと言ってよいほどの懲罰的措置の対象となるには、たんに福祉のお荷物という以上の、もっと根深い理由がある。それは「自然な家族」に体現される家父長制イデオロギーの、アキレス腱に抵触するからだ。ファインマンは言う。

「スティグマを押されることもなく無難に母親業をこなしている母親の存在が、家父長制イデオロギーの基本的な諸要素を揺るがしかねないからだろう。」［ファインマン 2003：113］

「これらの母親が独身だという事実が、しばしば反社会的な脅威だと主張される」［ファインマン 2003：94］と、彼女は指摘する。「独身」であるとは男に所属していないということを意味する。こうした非難の背後には、女と子どもは男に所属しなければならず、男に所属しない女と子どもにはペナルティが与えられなければならない、という考え方がある。シングルマザーを非難する人々には、子育ての失敗や国の財政負担のような道徳的・経済的理由にかくれて、どこかにこのホンネがひそんでいるように思える。だからこそ、「女がひとりでも安心して子どもを産み育てることのできる社会」は、彼らにとっては、実現してはならない目標なのだ。

このような家父長制の社会が、シングルマザーに与える最大の懲罰は、実は福祉以前に、シングルマザーが労働市場で圧倒的に不利な状況にあるという事実である。それを、ファインマンは「福祉の罠」という表現で説明する。少し長いが引用しよう。

「いわゆる「福祉の罠」とは、福祉が……彼女たちを病理的な依存状態にさせることでもない。……本当の「罠」は実は、福祉の支給額がよいとは言えないながらも、低賃金の仕事の比ではない、というところにある。働いて可処分所得がもっと増えるなら、生活保護を受給している多くの母親にも働く意志がある。しかし働いても家にいるのと変わらないくらいの貧しさなら、彼女らに働く意志はない。……これらの計算をしてみると、一つの動かしがたい結論に至る。手に職のないシングルマザーは、今日の労働市場において、仕事によっても福祉によっても自分自身と子どもを養える見こみがないのだ。」[ファインマン 2003：128]

「福祉アンダークラス」への非難には、彼/彼女ら福祉の受給者が福祉に依存して自助努力をしない、という納税者の反感がこめられているが、その実、これが「つくられた問題」で、貧困層の不満をさらに弱者に向けるある種の「スケープゴート」であることは、日本における「生活保護不正受給問題」においても検証されている。一部にたしかに「不正受給」はあったかもしれないが、それを針小棒大にフレームアップすることを通じて、窓口行政は運用を厳格化し、その結果、ほんとうに保護を必要とする人々が生活保護を受給できずに困窮に至ったことは、母子家庭の餓死事件などでも報道されている。「スケープゴート」化は、この飽食の日本で、餓死という犠牲者すら生んだ。

実際に調査をしてみると、福祉受給者のシングルマザーの多くが、就労意欲を持っていることは証明されている。が、福祉給付のさまざまな制限や、両立のむずかしい職場環境、そして何よりあまりの労働条件の悪さが、彼女たちを足踏みさせている。労働市場が彼女たちに与えるこの評価、すなわち低賃金こそ、シングルマザーに対して社会が与える最大のペナルティでなくてなんであろうか。これこそ男に依存せずには母親になれない、家父長制の構造的暴力と言ってよい。この構造的暴力のもとで、女と子どもはしつように男への帰属を求めるようにしむけられ、また男に帰属しない女と子どもは見せしめのために懲罰の対象となる。

シングルマザーへの公的支援とは、「ケアの負担」を背負おうとしない「無責任な再生産者」である個々の父親に代わって、社会全体が一種の「集合的親性」を分担するという性格を持っている。そして財政支出のもとになる財源は、国民の税金から出ており、一般に男性のほうが税金に対する寄与が高いから、納税者の男性にしてみれば、他の同性の無責任な行動のつけを集団で払わされるという論理になる。(9)その怒りは、同性の無責任さ(とそれを生み出した男性中心の性文化)に向けられるべきであり、シングルマザーに向かうのはおかどちがいであろう。そしてその怒りの感情の背後には、「ケアの私事化」という家父長制の前提がしっかりと根を張っている。

日本を含むヨーロッパの社会は、いま「ケアの脱私事化」――福祉社会論では「脱家族化」とも呼ばれている――という壮大な歴史的な実験にのりだそうとしている。「介護の社会化」はその巨大な一歩であり、次にくるのは「育児の社会化」であろう。歴史的にみて「ケアの私事化」が近代家族の成立の核心にあるなら、「ケアの脱私事化」は脱近代家族を意味するだろう。ケアの公共的な費用負担の財源は、もはや働く男たちばかりでなく、働く女たちの税金や保険料でもある。ケアを個別の家族の責任とする――それがつづく限り、女と子どもの男性への帰属はなくならない――という通念から、ケアを公共的な責任へとシフトする国民的な合意がようやくできつつある。その際、公的な支援を受ける家族を、それとひきかえに監視と干渉のもとにおくという法に対して、ファインマンは「プライバシー」という概念を盾にして必死で闘っている。あたかも個別の家父長の支配を離れたシングルマザー世帯に対しては、今度は国家という集合的な家父長が支配権を行使しなければならない、とでもいうように。ファインマンは宣言する。

「フェミニストは、社会現象としてのシングルマザーを、家父長制イデオロギーに抵抗する実践と見なければならない。」[ファインマン 2003 : 148-149]

彼女が本文中にさりげなく置いた一文を、ことさらに結論にとりあげることで、わたしは彼女の家父長制との闘いというかくれた意図を、顕在化させてしまっただろうか？そうなればおそらく、「法的カテゴリーとしての婚姻の廃止」というリベラルな主張がひきおこす困惑よりも、もっとあからさまな憤激がひきおこされるかもしれないというのに？

だが、何度でもくりかえさなければならない。女がひとりでも安心して子どもを産み育てることができる社会を。そしてシングルマザーであることに(したがって婚外子にも)どのような社会的なスティグマもペナルティも与えられない社会を。そうしなければ、少子化問題の解決すら、ありえないだろう。

注

(1) 近代家族論については次の書物を参照してほしい。落合恵美子[1989]、上野千鶴子[1994]など。

(2) 前近代社会には「共同体的母性 communal motherhood」(最近ではジェンダー中立的に

「共同体的親性 communal parenthood」とも呼ばれている)という概念があったことが知られている。また取りあげ親、名づけ親、乳親《ちおや》、烏帽子《えぼし》親等々の擬制的親子関係も、子どもに対する責任と負担を分散するための共同体的なしくみと考えられる。

(3) したがって二〇〇〇年四月施行の介護保険法は、「介護の社会化」をめざしたことで(言い換えれば、介護が家族だけの責任ではないという国民的合意を達成したことで)ポスト近代家族への、あともどりできない重要なステップであった、と考えられる。

(4) 先進工業諸国で婚外子の出生率が上昇する原因のひとつに、婚前の同棲率の高さがあげられる。つまり法律婚の年齢はたしかに晩婚化しているが、カップルの同居の開始年齢はかならずしも変化していないことが見てとれる。他方、日本社会だけは、先進工業諸国のなかで婚前同棲率が極端に少ない。すなわち日本では、法律婚の開始と同居の開始がほぼ同時期であり、そのために法律上の晩婚化が事実上の晩婚化と一致している例外的な社会なのである。

(5) 二〇〇一年に実施された東京家裁および大阪家裁で成立した調停離婚に対する最高裁家庭局の調査による。

(6) 上野千鶴子[1997a]。本書に収録された上野と伏見の対談のなかで、上野は伏見が支持するドメスティック・パートナー法に対して懸念と反対の意を表明している。

(7) 世帯単位制から個人単位制の税制・年金制度の改革については、大沢真理[2002]参照。個人単位の年金は、世帯の移動に関わらずどこへでも持って歩けるから、別名ポータブル型とも呼ばれている。

(8) 児童相談所に報告された子どもの虐待の六割が、母親が加害者であると報告されているが、それは実際の養育にあたっているのが圧倒的に母親である、という現実を反映しており、また性的虐待については九割以上が、父親が加害者であることがわかっている。

(9) 事情は実はそれほど単純ではない。アメリカのシングルマザー問題の背後には、エスニック・マイノリティと階層問題がはっきり結びついており、妊娠させた男が「無責任な再生産者」にならざるをえないのも、彼らが失業や貧困によって負担能力を持たない、という事情がある。そして彼らエスニック・マイノリティの差別や貧困については、高額納税者である中産階級の男性たちに責任がある。後者はつまるところ自分たちが生み出したシステムの構造的なゆがみに対して、そのコストを支払っていることになる。

四　女性の変貌と家族

［初出一九九一年］

1　産業構造転換期の女性の変貌

「女性の職場進出」の実態

高度成長期以降の女性の変化を一言でまとめるとすれば、「女性の職場進出」と表現することができる。一九八三年に発表された「昭和五七年度就業構造基本調査」によれば、有配偶女子の有業率は五〇・八％と、ついに半数を超えた。既婚女性のうち「働く主婦」は「専業主婦」を上まわり、「結婚したら家庭婦人」という女性のライフコースは、少数派に転落した。

過去二〇年間、日本の女性はどう変化したのだろうか？

一九七三年オイルショック以降の女子労働の変化を、女子労働経済学の柴山恵美子は、次の八点にわたってまとめている［『国民の経済白書　一九八七』1987］。

1　中高年女子の労働力率が五割を突破した。

2　労働力総人口に占める女子比率が四割に上昇した。
3　女子就業者に占める雇用者比率が約七割に上昇した。
4　雇用者総数に占める女子比率が約四割に上昇した。
5　女子雇用者の平均年齢が三〇代半ばに上昇し、既婚者(有配偶・死別・離別)比率が七割に上昇した。
6　女子雇用者の約七割が第三次産業に集中した。
7　女子雇用者に占めるパートタイム労働比率は二割強に上昇し、派遣労働、臨時・日雇労働その他女子労働の雇用形態が多様化・不安定化した。
8　就業分野がハイテク化してきた。

これを見ると、「女性の職場進出」の実態は、ひところもてはやされたような「とんでる女」や「キャリア・ウーマン」の増加ではなく、中高年女子労働者の不安定雇用の増加、すなわち「女子労働の周辺化 marginalization of women's labor」という事態であったことがわかる。

ライフコース・パタンで言うと、この職場進出を果たした「中高年女子」は、結婚もしくは出産で一時期職場を離れた「中断-再就労」型である。これに対して、出産・育児期も一度も職場を離れなかった「就労継続」型は、予想に反して驚くほど増えていない。

経済企画庁国民生活局が森岡清美らに委嘱して一九八七年に刊行した『新しい女性の生き方を求めて』[経済企画庁国民生活局編 1987]は、ライフコース別に女性の就労と家庭の関係をこくめいに調査したものだが、それによるとライフコース・パタンをパタンⅠ「未婚就業」、パタンⅡ「子供なし就業」、パタンⅢ「出産就業継続」、パタンⅣ「結婚・出産後専業主婦」、パタンⅤ「出産後再就職」、パタンⅥ「職業経験なし」の六つに分けている。そのうちパタンⅢ「出産就業継続」は全サンプル中二一・七％を占めるにすぎない。年齢別に見ていくと、パタンⅢ「出産就業継続」組は、三〇歳台で二七・八％、四〇歳台で二五・二％、五〇歳台で二七・九％、このうち雇用者だけをとってみると、三〇歳台で一四・三％、四〇歳台で一四・四％、五〇歳台で一二・一％と、ほぼ横ばいでほとんど増えていない。自営業者の比率が減少していることを考えると、雇用者の中で育児期中断をしない女性が徐々にパーセンテージを押し上げていることがうかがわれるが、それも「結婚しても出産しても仕事を辞めないキャリア・ウーマンの増加」と呼ぶほどには、マジョリティの変化を反映しているわけではない。三〇歳台でもマジョリティの女性は結婚・出産でいったん職場を離れている(パタンⅣ「結婚・出産後専業主婦」組とパタンⅤ「出産後再就職」組とを合計して、五七・二％)。結局、高度成長期以降の女性のライフコースで最大の変化は、高度成長期の開始期には雇用者の間でほとんど皆無に等しかった「中断 - 再就労」型が、この二〇年ぐらいの間に、最大多数派のライフコース選択になったことである。

だが、周知のように、再就労期の中高年女子を待ち受けていた雇用条件は、きわめて劣悪なものであった。非熟練部門の低賃金、不安定雇用。柴山は「女子労働の雇用形態が多様化」してきたと言うが、「多様化」の内容が同時に「不安定化」であることも見逃していない。「女子雇用者に占めるパートタイム労働比率は二割強」というデータにも注意する必要がある。三五歳以上の年齢層をとってみれば、パートタイム労働比率は約三人に一人にはね上がる。その上、政府による「パートタイム労働」の定義は「週三五時間以下の就労」だが、現実には、フルタイム労働者と同じくらい長時間、その上残業まで含めて働きながら時給日給制という「パート待遇」の労働者まで含めれば、この「不安定雇用」の実態はもっと範囲が広いと思われる。したがって、「女性の職場進出」を担ったのは、(1)主として中高年女子の変化であったこと、(2)その実態は「女子労働の周辺化」であったことが指摘できる。

産業構造の転換

「女性の職場進出」という社会現象が成立するためには、労働市場で需要側 demand side と供給側 supply side の条件が一致しなければならない。供給側で女性を家庭から押し出すプッシュ要因は、少産化や家庭電化によって五〇年代頃から一貫して高まってきている[上野 1982a]が、需要側で女子雇用を受けいれる条件がこれまで整ってきているとは言いがたかった。その点で、中高年女子の雇用機会の増大という需要側の変化をもたらしたのは、柴山も指摘するとおり、一九七三年のオイルショック以降の産業構造の転換、いわゆる経済のリストラ restructuring 過程である。

産業構造の転換は、日本経済の中の第三次産業の比率を大きく押し上げた。経済のソフト化――情報化・サーヴィス化――である。鉄鋼、造船のような六〇年代の成長経済を支えた重厚長大型の産業が行きづまり、金融・流通のような軽薄短小型の産業が成長を支えるようになった。日本経済は、工業の時代から脱工業の時代に突入したのである。

一九七三年のオイルショック以降、日本やヨーロッパのような資源小国でかつ先進工業諸国において、女子雇用が厖大に創出されたことを、ヴェロニカ・ビーチイはOECD諸国の例で立証している[Beechey 1987]。構造不況期の、したがって「高い失業率のもとでの、女子雇用の増大というこの逆説」とビーチイは指摘する。「高い失業率」は成人男子フルタイム労働者の間の失業率であり、「女子雇用の増大」は、中高年女子向けの不安定雇用の増大である。巷間言われるように、これは「女性が男性の職場を奪った」ことにはならない。第一に女性が就いた職は、それ以前には存在しなかった成長産業部門の新しい職種であったし、第二に、女性が就くような職は、条件が悪すぎて一人前の男なら就くはずのない職種だったからである。

産業構造の転換は、熟練部門の中高年男子労働者を直撃した。OECD諸国では、それは高い失業率として現象したが、日本では失業率は上昇しなかった。それは産業構造の転換――衰退産業部門と成長産業部門との入れかえ――が日本ではほとんど時差なく急速に行なわれたことと、それに伴う人的資源の配置転換が、旧国鉄の人材活用センターのような犠牲を伴いながらも、比較的スムーズに行なわれたからである。さらに言えば、日本では産業構造の転換に伴う犠牲者は中高年男子労働者に集中したが、OECD諸国では、失業率は、労働市場に参入する前の若年男子に集中的に現われ、中高年男子労働者は既得権を守った。これは労働組合の強さと関係がある。

産業構造転換期に女子雇用が増えるのは、次のような理由による。(1)経済のソフト化によって労働の性差が相対的に問題でなくなること、(2)サーヴィス部門では、季節的・時間的変動の大きいイレギュラー・シフトの仕事が増えること、そして、(3)その種の「女向きの仕事」は、「パートタイム労働」としてつくられたことである。なぜなら「それは女の仕事だから」[Beechey 1987 : 163]。したがって、女性に新しく開かれた就労機会は、成人男子が就くはずもない低賃金・不安定雇用の「はした金稼ぎの仕事 job for pin money」だった。

ここでOECD諸国とは違う日本だけの特殊事情を述べておくと、移民労働者の不在という事情がある。六〇年代以来の成長経済のもとで、日本の労働市場は一貫して人手不足に悩んできたが、日本には他の先進工業諸国ならありえたはずのオプション、すなわち移民労働者の導入という選択肢が断たれていた。厳しい出入国管理法下で、許可されている外国人労働者は「他によって代えがたい」熟練部門の労働者であるが、成長経済下で人手不足に陥ったのはむしろ非熟練部門の労働力であった。企業はこの人手不足を一部はＦＡ(Factory Automation)化や、ロボット化によってのり切ったが、それでも不足する人手を、既婚女子の間の潜在的失業者層に頼らざるをえなかった。したがって既婚・中高年女子労働者は、主として、(1)機械化によっては置きかえることのできない非熟練部門の労働で、かつ、(2)他の先進工業諸国なら移民労働者が就いたであろう職種に就いていったのである。議論を先取りしておけば、移民労働者の導入の趨勢と、女子雇用とは、したがって密接な関係にある。両者は非熟練部門で直接の競合関係に入るからである。

この「女子労働の周辺化」を、クラウディア・フォン・ヴェールホフは、逆説的に「労働の主婦化 housewifezation of labor」と呼ぶ[ドゥーデン&ヴェールホーフ 1986]。そしてこの「主婦化」のプロセスには、女のみならず男も巻きこまれていると指摘する。女性の「周辺労働市場への参入」は、フォーマル・セクターの賃労働 paid labor とインフォーマル・セクターの不払い労働 unpaid labor との間の垣根が低くなって、女性がその間をかんたんに行ったり来たりする状態をさす。そして「主婦」とは、インフォーマル・セクターの要請に応じていつでも待機していなければならない存在を言うが(それだからこそ「主婦」は「二流の労働者」にしかなれない)、男もまた周辺労働市場に組みこまれることによって「主婦的存在」になる。「男は労働市場から離れること(失業)によって、女は労働市場に参入することによって」両者は共に「周辺労働力」という「労働力予備軍 reserve army of labor」を形成するのである。

2　女性のライフコース・パタンの多様化

中断‐再就労型の増加

このように考えてくると、「女性の職場進出」の実態が、必ずしも女性にとって歓迎すべき変化ではなかったことが明らかになる。いま、雇用経験のある既婚女性でかつ子どものある女性に限ってみると、仕事と家庭をめぐるライフコース・パタンのオルターナティヴは、以下の三類型にまとめることができる。

Ⅰ　就労継続型
Ⅱ　中断‐再就労型
Ⅲ　専業主婦型

先に述べたように、このうちⅠ　就労継続型は三〇代のコーホート集団の約一四%で、さして上昇していない。雇用者だけを母集団としたデータがないのではっきりしたことは言えないが、「女子社員の退職理由」についての調査結果を見ると、「結婚もしくは出産」時に「退職」する女子社員がほぼ八割となっているところから逆算すれば、のこり二割がこのタイプと言える。これは、女子の雇用者率七〇％の二割が一四％だという数字とも一致する。

これに対してⅢ専業主婦型は減少傾向にある。八〇年代半ばで、日本の勤労者世帯のダブル・インカム率は六割を突破。四〇代の労働力率が同じく六割を突破していることから見ても、三五歳以降ライフステージⅢ期（ポスト育児期）に、「無業の妻」でいる女性は、今や三割台にすぎない。

この二〇年間に、ほとんどインビジブルな存在から最大多数派におどり出たのは、Ⅱ中断－再就労型である。現在四〇代、五〇代に属する彼女らは、高度成長期に成人し、結婚・出産年齢を迎えて職場を離脱した時には、将来、職場に復帰することがあろうとは予測していなかった人々である。その当時、中断－再就労型のライフコースは、女性の間にまだ十分な認知を得ていなかった。経済のリストラ過程が女子雇用を厖大に増やすのは、それ以後二〇年間のことであった。彼女たちは、同時にまた、職場復帰に対する準備がなく、中高年期になった自分たちを待ち受けている労働市場がどのようなものであるかについても情報のない人々であった。過去二〇年間の日本経済の構造的変化は、彼女たちに、前例のない歴史的経験をさせたと言える。

ライフコースの選択と経済要因

さて、このように、女性のライフコースのオプションは多様化した。ところで社会学的な問いは次のように立てられる——女性のライフコース選択にあたって、何が決定変数となるのか？

I〜IIIのライフコースの選択にあたっては、女性はライフステージ上、二度の意思決定を経験する。第一は、ライフステージII期（出産・育児期）に、離職するか職場にとどまるか、という選択、第二はライフステージIII期に、職場復帰をするか家庭にとどまるか、という選択である。女性の意思決定に作用する変数には、本人の学歴、自立意識、家族構成などさまざまな要因が働くが、最終的な決定変数は「夫の収入」という経済要因が強い。

一九八七年の就業構造基本調査によると、世帯主所得の五分位階級別妻の有業率は、第I分位から第IV分位までほぼ五〇％を前後して横這い。第V分位になるとそれがほぼ一〇％ダウンして三八・一％となる。第IV分位と第V分位の分岐点は、年収七〇〇万円ラインである。つまり、専業主婦をやっていられるための条件は、年収七〇〇万円以上のゆとりある経済階層だということになる。これは、パート就労に出る女性の動機の第一位が「家計補助のため」という経済動機であることからもわかる。

ちなみに、女性の学歴の高さは、有業率と必ずしも比例しない。学歴上昇婚の傾向の強い日本では、大卒女性はほぼ大卒男性と結婚する。高学歴男性は経済的にゆとりのある階層に属することが多いから、結果として高学歴女性には「無業の妻」が多くなる傾向がある。

就労継続型の女性には専門職の女性が多い。専門職に就いたから就労継続が可能なのか、もともと就労継続志向が高かったから専門職に就いたのかは定かでない。専門職と言っても、日本の女性の三大専門職は、保育士・教師・看護師という半専門職である。これに公務員をつけ加えれば、「女性が働きつづけやすい職種」のリストができ上がる。女性が専門職に就くための条件は高学歴であることだが、彼女たちは、ほぼ同じ専門職の男性と同業者同士で職場結婚する傾向にある。ところで女性が働きつづけやすい職場、「男女同一労働同一賃金」の職種とは、ひるがえって男性の立場から見れば、男性の賃金が女性なみに抑えられている職場であるとも言える。公務員や教師に結婚・出産退職者が少ないという理由は、たんに彼女たちには育児休業制度のような就労継続を容易にする条件が備わっているというだけでなく、二人のフルタイム就労者によるダブル・インカムで維持される家計規模を、縮小できないという事情もある。

博報堂が行なった調査『90年代家族』[博報堂生活総合研究所編 1989]によると、この三つのライフコース・パタンの選択には「夫の所得」というフローだけでなく、「親の資産」というストック要因も関与していることがわかる。それによれば、Ⅲ 専業主婦型になるための条件に、「夫の実家の資産」が挙がっている。たとえ夫の所得が年収七〇〇万円ラインに達していなくても、親のストックによる底上げがあれば、世帯の可処分所得は増す。他方、Ⅰ 就労継続型を支えているのは「妻の実家の資産」である。第一に、娘に専門職に就ける程度の学歴を与えるためには、生育家庭がすでに十分に高学歴か、さもなければ経済的に裕福でなければならない。日本の親の八割以上が今日でも「息子には四年制大学の、娘には短大まで」の学歴を与えたいと思っている状態では、四年制大学卒の学歴を女性が持つための条件は、親がそれを当然視するかさもなければ支持するような家庭背景を持っていることである。第二に、妻の実家のゆとりは、娘の結婚後も、陰に陽に娘の家庭に援助をもたらす。現物もしくは貨幣によるこの妻の実家からの援助を含めて、この家庭を「トリプル・インカム」と呼ぶ用語法も現われた[上野 1989d]。

博報堂の調査によれば、両方の実家からの援助を得られず、フローの面でもストックの面でも夫も妻も不利な立場にあるのが、Ⅱ 中断‐再就労型である。妻の再就労動機の多くは、夫の収入を補う「家計補助」動機であるが、他方、妻を被扶養家族にとどめる上限である「九〇万円の壁」(一九八九年から一〇〇万円にアップした)のせいで、この「家計補助」収入は、世帯収入の二五%に満たない。

したがって、Ⅲ専業主婦型は、夫のフローもストックも恵まれた経済階層に属する女性層、Ⅰ就労継続型は、妻がストックの上で恵まれた経済階層の出身で、夫とのダブル・インカムによってフローのゆとりを獲得している層、そして、Ⅱ中断-再就労型がストック面でもフロー面でも恵まれない層ということになる。女性の就労を経済ファクターだけで論じれば、働かざるをえない人々はとっくに働いており、働かなくてもすむ人々は働いていない、というミもフタもない現実が浮かびあがる。

中断-再就労型の性規範・夫婦観

問題はこの「働く女性」の中に、Ⅰ就労継続型と、Ⅱ中断-再就労型の二つが含まれることである。ⅠとⅡとは、就労形態、職種、従業上の地位、賃金等において、いちじるしく違う。タイプⅠとⅡとを「有業主婦」として一括し、タイプⅢの「無業の主婦」と対比するやり方は、事実上有効ではない。タイプⅡの人々には、「就労の意思がなかったのにやむをえず就労した人」と「就労継続の意思があったのに、諸般の事情で中断せざるをえなかった人」とが含まれるが、いずれにせよ、ライフステージのⅡ期に、職業よりも育児を優先した人々である。さまざまなデータを見れば、タイプⅡは、夫婦間の分業意識や性規範の上で、タイプⅠよりはタイプⅢにはるかに近縁性を示す［豊中市女性問題推進本部編 1989]。タイプⅡの働き方は、少なくとも夫婦間の性別役割分担をゆるがして夫の家庭内行動を変えるところにまで至っていないし、したがって、夫婦間の勢力関係も、伝統型である。タイプⅡの女性が結果として背負うのは、家事責任を一〇〇%担ったままの賃労働負担という、いわゆる「二重役割＝二重負担 dual role＝dual burden」である[上野 1985c]が、「主婦にして賃労働者」であるというこの二重役割が「役割葛藤 role conflict」をひき起こすという従来の社会学的仮説は、Ⅱ型については否定されている。第一に彼女たちが職場復帰するのは、相対的に子どもから手が離れたⅢ期以降であること、第二に、彼女たちのインカムの主たる使途は、持ち家取得のためのローン返済と、子どもの(学校外)教育費であること、第三に、第二次社会化のプロセスが専門家によって担われカネで買えるものになってからは、子どもに「よりよい教育」を与えるためにカネを獲得することは、それも「よき母」の条件の一つであることによる。ナタリー・ソコロフが指摘するように[Sokoloff 1980/ソコロフ 1987]、女は「よき母」であるという「役割遂行」のために外へ働きに出るのであって、それは「よき母」であることと必ずしも役割葛藤をひき起こさない。

タイプⅡの性規範や夫婦観の準拠集団は、Ⅲの専業主婦型である。その点から考えると、タイプⅡは、「不幸にして専業主婦になりそこねた専業主婦志向の女性たち」と言うことができる。タイプⅡとⅢとを分かつものが夫の経済階層だとすれば、この二〇年の間に「職場に復帰した女性」と「家庭にとどまった女性」とを分化する背景には、日本社会の階層分解があった。

3　女性層の分解と動向

専業主婦志向の高まり

過去二〇年間の女性のライフコースの多様化と階層分解は、日本の女性にとって歴史上前例のない経験だったが、同時にそれから学ぶに足るだけの歴史的経験をもたらした。九〇年代の今日起こりつつある変化は、この女性の経験が下した一種の歴史的判断であるとも言える。その動向を、有職女性と無職女性とに分けて探ってみよう。

レディス・フォーラムが、一九八九年に富士通、NTTなどの民間企業一一四社につとめる女性二九九〇人から得た調査結果(1)によると、就労継続型を希望するのは全体の二五％。だが若い年齢層ほどその割合は低く、二〇歳代前半で一六％、二〇歳以下で六％。「いずれの年齢層でも半数以上がいずれ家庭に入ることを望んでいる」。二〇歳以下をとると、専業主婦志向が五五％を占める。

この調査結果は、女子学生を対象にした他の調査結果とも一致する。私自身が女子短大のクラスで行なった調査によっても、一九八八年で専業主婦志向が六割強、八〇年代前半に中断‐再就労志向がマジョリティを占めていた状態と比較すると、若い女性の間で中断‐再就労型が魅力を失い、代わって専業主婦志向が浮上していることがわかる。就労継続志向は二〇％台を漸増気味だが、多数派にはまだまだ遠い。

専業主婦が現実に少数派に転落する中での専業主婦志向の高まりは、一体何を意味するのであろうか？

理由はいくつか考えられる。

第一に、専業主婦が少数派になるにつれて登場した中断‐再就労型の「働く主婦」の現実が誰の目にも明らかになって、そのモデルが魅力を失ったことである。七〇年代は中断‐再就労型の女性が急速に増加しつつある時期で、「仕事も家庭も」ライフステージに応じてバランスよく配分するこのライフコース・パタンは、当時の政府の推奨モデルでさえあった。「専業主婦」という冗長な用語が登場したのは七〇年代前半。有職主婦の増加にともなってアイデンティティを脅かされた彼女たちの間からは、「ただの主婦 just a housewife」という言い方も登場した。

にもかかわらず、中断‐再就労型の女性が多数派を占めるに至ると、彼女たちの生活の現実が明らかになった。減らない家事負担、劣悪な労働条件、「二重役割」によって負担の増える生活——ゆとりを失った代わりに手に入れたのが「はした金 pin money」だという現実を目の前にして、ボーダーラインの女性層の間には、目前に開かれた就労機会を前にしても「あえて職場に出ない」という選択をする女性たちも現われ始めた。かつて「仕事も家庭も」という女性の欲求を同時にかなえるように思われたこのライフコースは、現実を目の前にして色あせたのである。

第二に、その間に階層分解が進行して、「職場に復帰した女性」と「家庭にとどまった女性」との間を分岐するものが、実は経済階層だという現実がおおいがたく明らかになった。専業主婦であることは、今や「ゆとりの証明」となったのである。このことは、女子学生に「専業主婦」をめぐるイメージ連鎖を調査してみるとよくわかる。七〇年代には「専業主婦」は「ぬかみそくさい」「所帯やつれ」「没個性」というレッテルをはられたのに、一〇年後の八〇年代後半には、「専業主婦」は、「おしゃれ」「ゆとりがある」と表現されるようになった。七〇年代から八〇年代にかけての一〇年間で、専業主婦のイメージは、マイナスからプラスに一八〇度逆転した。

と同時に、「専業主婦」はその実「家庭にとどまった女」ではなかった。彼女たちは、職場にこそ出なかったものの、地域活動やネットワーキングのために家を留守にするようになった。金井淑子は、彼女らを「活動専業・主婦」と名づけている。専業主婦は専業主婦でも、家事専業ではなく活動専業という意味である。

私自身が行なった京阪神の主婦層の間での草の根ネットワーカーの調査[上野・電通ネットワーク研究会編 1988, 2008]によれば、主婦が出歩くための条件は、時間資源と貨幣資源である。事実、彼女たちは、平均値より高学歴・高経済階層に属している。

専業主婦はもはや、ハンナ・ギャブロンが言うような「囚われた女」ではない［ギャブロン 1970］。彼女たちは「自分がしたいことをするため」に、職場に出ないことを選んだ特権的な層になりつつある。若い女性の専業主婦志向は、したがって、結婚による階層上昇願望（「玉の輿」願望）と無縁ではない。唯一の問題は、志向と現実のギャップである。ほぼ六割近い女性が専業主婦型を希望しているにもかかわらず、現実には、彼女らに専業主婦であることを可能にさせてくれるだけの経済階層に属する男性は、現在の四〇代でも三割台、これは現在の二〇代が四〇代になる二〇年後にはもっと減少して二割台近くに落ちこむであろうと予測される。「専業主婦」になることを希望して、現実には果たせない彼女たちの多くは、育児専従期の後、やむなく「家計補助」のため外に出る中断‐再就労型にならざるをえない。その準備もなく劣悪な周辺労働市場に投げこまれる中高年の彼女たちを待ちうけているのは、今日の中断‐再就労型の女性の多くが苦しんでいる現実と同じものである。こうして準拠集団を専業主婦に置きながら、現実にはそれを達成できないフラストレーションの多い妻が再生産されることになる。

雇用機会均等法の影響

ここで指摘しておきたいのは、一九八五年に成立した男女雇用機会均等法の影響である。女子労働経済学の専門家、千本暁子によれば、若い女性の専業主婦志向は、「均等法にもかかわらず」というより「均等法のせいで」逆説的に強まったという。均等法の実態は、保護ヌキ平等、罰則なしの努力義務規定というザル法だが、その実態にもかかわらず、均等法が労働市場に参入する以前の女子学生に与えるイメージは、たとえトークニズムにせよ、男に伍して働けるという競争のイメージである。各企業は均等法対策に、総合職と一般職というコース別人事管理をただちに導入して、性差別を「個人の選択」に置きかえたが、総合職に採用される女子は新卒採用者の一%にも満たない。しかも「機会の均等」は同一学歴に対してだけ適用されるから、短大卒女子に対しては堂々と「学歴差別」がまかりとおる。均等法のお粗末な実態にもかかわらず流通しているイメージは、「女もやる気さえあれば総合職でがんばれる」という「機会均等」の幻想だが、この幻想は、今の女子学生にとってそれほど魅力的ではない。というのは、それは女性にとって「機会均等」の競争に男なみに巻きこまれるということを意味するからである。この競争を歓迎するのは、偏差値競争に勝ち抜いてきた実績と自信のある一部の偏差値エリートだけである。しかも、この競争ゲームの中でのサクセスが、女性自身のなみなみでない努力と負担のもとに達成されるということを、彼女たちは見抜いている。

(1)働く女性をとりまく育児と仕事を両立させるための客観的条件が、いっこうに改善さ過去二〇年間、就労継続型の女性がそんなにドラスティックに増えなかった背景には、れなかった事実、(2)「育児と仕事」の両立が主として本人の個人的な負担と犠牲において実現されているのを見た若い女性にとって、このライフコースが魅力的に映らなかった事情を挙げることができるだろう。

雇用機会均等法はその成立の過程で雇用平等法から大幅に後退したが、婦人問題懇話会や「私たちの男女雇用平等法をつくる会」などのフェミニズム系の女性団体が、その内容につよく反発、反対したことはあまり知られていない。彼女たちは、労働基準法の女子保護規定と抱き合わせの均等法の「保護ヌキ平等」は、女子労働者の間の競争を激化させ、女性の労働条件を悪化させると予想してこの法案に反対した。均等法の成立と同時に発足した派遣事業法、さらに労基法の変形労働時間制の導入を含めて、反対した側の予想は、その後の推移をみると、ほぼ当たったと言える。

均等法がもたらしたのはエリートと非エリートとの間の女子労働者の分解の促進である。一部エリート女子労働者は総合職を得て男なみに働く機会を得たが、大多数の非エリート女子労働者を待ちうけているのは「男なみに働けないのならば」と用意された周辺労働市場である。均等法以降、女子の雇用形態は、パートタイム勤務のみならず、契約社員、派遣社員、在宅勤務、再雇用制度と多様化した。伊勢丹のように「あなたのごつごうに合わせます」とサムタイマー制を導入したところもあるし、ジャスコは、退職社員を登録して優先的に採用するリエントリー制度を早くから持っている。ただしフルタイム社員に至るステップは、いく段階にも分かれていて、原職復帰とはいいがたい。「女性の戦力化」の掛け声は大きいが、それはあくまで女性を周辺労働力部門に組みこむという意味での多様化なのである。

こういう中で、均等法以前に入社した女子社員の中で、静かな異変が起きている。労働省の賃金構造基本統計調査によると、女子雇用者(パートタイマーを除く)の勤続年数は、一九七六年の五・三年から、一九八六年には七・〇年と、一〇年間で一・七年の延び。勤続一〇年以上の女性も、二五・四%と四人に一人に増えた。八六年に勤続七年の女性は、もちろん均等法以前に入社した女性である。彼女らは、総合職のオプションもなく、「女向きの仕事」を企業内で与えられて、配置転換や昇進もないまま、ベテランOLになった女性たちである。女性の勤続年数の延長には、晩婚化傾向も影響しているが、それだけでなく、中断－再就労型の女性の実態を見て、再就職不安から安定雇用を手離すまいとする自衛意識も働いている。彼女たちは必ずしも会社への貢献度は高くなく、会社からの期待度も高くない。彼女たちは期待の限度を超えて会社に居すわっているが、それは就労動機が高いというよりは、仕事のつまらなさにもかかわらず、安定雇用を確保するという動機からである。企業の社員研修では、このところ勤続五年以上の女子社員の再活性化セミナーがさかんであるが、それも均等法の影響で経営者の女子社員に対する態度が変わったというより、居すわる女子社員を前にして、その戦力化をまじめに考え始めたという方が当たっているだろう。企業の人事担当者にとっては、均等法以前に入社した女子社員と以後に入社した女子社員の処遇やモラルのちがいが新たな課題になりつつある。

女性のネットワーキング活動

他方、無業の主婦層の間でも新しい動きが起きている。四〇代以上で現在専業主婦の女性層には、(1)中高年女子に雇用機会が拡大したあとも再就労をあえて選ばなかった女性と、(2)労働市場の側の変化に間に合わなくて、再就労をのぞんだ時にはすでに年齢の上限を超えていた女性の二種類が含まれる。募集・採用の性差別は均等法のせいで禁止されたが、年齢制限はまだまだ大きく、四〇歳を超えた女性には雇用機会がなかなか開かれないのが現実である。

女性のネットワーキング活動の中核はこの世代、四〇代後半から五〇代である。第一の条件は、ライフステージⅣ期、いわゆる子女独立期に入って、子どもに対する育児負担や教育費負担から完全に解放されているという事情である。パート就労をしている場合でも、彼女たちの収入が一〇〇％可処分所得になるには、子女独立期を過ぎていなければならない。この年齢層は、育児負担がゼロになって、かつ夫がまだ定年前という、時間資源・貨幣資源(ついでに体力)にもっとも恵まれた年代なのである。

女性の職場進出と時期を同じくして、彼女たちは地域活動やネットワーキングの経験を積み重ねてきたが、その実績の中から育ってきているのが主婦の新自営業である。ボランティアの有償化、サークルの事業収入、生協のワーカーズ・コレクティブなど、労働の質と内容を自分で決め自己管理する都市型の新自営業 self-employment である。(2) 家業経営型の旧自営業とはちがって、彼女たちの夫は雇用者が多い。

主婦の新自営業は、女性が雇用労働から疎外された結果でもあり、彼女たちが雇用労働を選ばなかった選択の産物でもある。労働経済学によれば、自営業は、労働市場において組織的に差別をうける社会的マイノリティに多いが、その意味では、女性もまた社会的マイノリティであったからこそ、雇用以外の労働形態を自らつくり出しつつあるのだと言えよう。雇用者化の進行というおおいがたい趨勢にあって、労働の質を問うような働き方は、逆説的にも雇用から落ちこぼれた中高年の女性たちの間で試行されつつあり、なかにはサクセス事例も登場している。ただし、時給に換算すればパート労働の賃金を割るような水準での「もう一つの働き方」は、これもまた「ゆとりの産物」と言えるだろう。

4　家族の分解と生活文化の多様化

過去二〇年間の日本社会の構造変動が、女性の分解をひき起こしてきたことを論じた。その女性の変貌は、必然的に家族下位文化の分化をひき起こすであろう。「結婚したら家庭の主婦」というライフコースが唯一のオプションではなくなった今は、女性の選択によって生活の現実は大きく変わってくる。

女性のライフコースは多様化したとはいえ、今後とも当分の間、I 就労継続型、II 中断-再就労型、III 専業主婦型の三つの基本パタンとそのヴァリエーションの範囲内で推移するだろう。その分化を決める決定変数は、先述したとおり、主として経済要因——女性の階層帰属である。ただし、女性の階層帰属を決定する要因に、これまでどおりの「夫の収入」のほかに、「妻の収入」が付け加わってくるほか、「夫もしくは妻、あるいは双方の実家の資産」も影響する。経済還元主義のそしりを免れないかもしれないが、夫妻の経済力が、夫婦の勢力関係や相互依存関係に、もっとも強く影響するのは残念ながら事実である。妻方のフローとストックが大きくなれば、もともと双系的だった日本の家族構造は、母系志向をさらに強めるかもしれない。娘との同居志向の強まり、都市型母系同居の増加などはその傾向を示している。さらに、妻に独立した収入があることは、必ずしも夫婦間の相互依存関係を弱めることにならない。妻の収入を前提に成り立った家計規模の維持のために、家族の凝集力がより高まることも考えられる。さらに夫または妻の実家の資産価値の上昇にともなって、財産保全のための共同体としての家族の凝集力は、弱まるどころか強まっている。博報堂の生活総合研究所は、こういう凝集力の強い家族を、血でつながる直系家族ならぬ利でつながる「利系家族」と名づけた。

具体的には、妻がI〜III型のどのタイプであるかによって、夫婦・家族の生活文化は大きく変わる。生活構造や生活時間は、今や有職主婦と無業の主婦とでは生態系が違うと言っていいくらい違っている。出没する時間帯や空間がズレているばかりか、ＰＴＡやゴミ処理をめぐってニーズや利害が対立する場合さえある。家計支出も、有職女性は交際費や通信・交通費の比重が高くなるなど、消費行動の上でもちがいが生じる。家事の合理化についての意識や、そのプライオリティのつけ方も違う。

何より配偶者に対する期待や選択の条件が大きく違うことが考えられる。III型の女性は夫に経済力を期待するが、I型の女性はむしろ家事参加を期待する。アン今村の「日本の主婦」の調査によれば、主婦は期待と役割とが一致した時に「幸福感」を感じる[国際女性学会編 1978]。その意味では、就労志向の強い妻に専業主婦を期待する夫、逆に専業志向の強い妻に経済力のない夫というミス・マッチが「不幸感」のもとになる。問題は、女性の多様化に見合うだけの男性の多様化が起きるかどうかであろう。

したがって、妻がI〜III型のどのタイプであるかによって、家族の生活文化——趣味、余暇のすごし方、カップル単位の行動の有無、子ども中心か否か、消費行動等——が大きく変わってくるであろう。専業家事担当者の主婦と専業仕事人の夫との組み合わせからなる性別役割分担型の「近代家族」の生活文化は、多様化した家族文化の中の下位類型の一つとなるだろう。「夫婦とは」「家族とは」という一般化が成立しなくなる歴史的段階に、私たちは到達しつつある。

注

(1)「若い女性ほど「妻は家に」派――レディス・フォーラム調査・多い専業主婦希望」『朝日新聞』夕刊、一九八九年五月二三日。

(2)生協のワーカーズ・コレクティブについては、天野正子[1988]が詳しい調査を行なっている。それによればワーカーズ・コレクティブの担い手も、また平均以上の高学歴・高経済階層に属する女性たちである。

II　近代と女性

一　日本型近代家族の成立

［初出一九九四年］

1　「家」の発明

「家」制度は、ひさしく「封建遺制」と考えられてきたが、近年の家族史研究の知見は、「家」が明治民法の制定による明治政府の発明品であることをあきらかにした。厳密には排他的な父系直系家族は、なるほど明治以前に武士階級のあいだには見られたが、庶民には知られていなかった。江戸時代の武士は人口の三%、家族をふくめてせいぜい一〇%を占めるとみなされているが、のこりの九〇%の人口は多様な世帯構成のもとに暮らしていた。ホブズボームが『伝統の発明』(邦題『創られた伝統』)[Hobsbawm & Ranger (eds.) 1983/ホブズボウム&レンジャー編 1992]でいうように、「家」は近代の発明だったのである。

明治民法が排他的な父系相続制を採るに至るまでには、約二〇年間にわたるいわゆる「民法典論争」があった。その事実は、民法に父系相続制以外のオプションがありえたことを、逆に裏づける。

明治政府が民法制定を最初に構想したのは一八七〇年のことである。翌七一年、政府は法案づくりにとりかかり、七三年には暫定的な民法案ができる。そのあいだに政府は各地で相続や家族をめぐる慣習法の調査を実施した。その調査結果にもとづいて一八七八年に、最初の政府案が立案された。

各地の慣習法のなかには、母系相続や末子相続が存在していた。「姉家督」と呼ばれる母系相続は、豪農や豪商のあいだでひろくおこなわれていた。経営体としての農家や商家では、出来をえらべない息子にかわって、家付き娘の婿をひろい人材の中から探すほうが、家族戦略にかなっている。これに対して、排他的に父系的な相続は、武家、すなわち武をもって主家に奉仕する家に固有の慣習である。武家の階層では、娘しかいなければ養子縁組をしてでも、男子を家督相続者に立てなければならなかった。農家や商家では、家督相続人が男子である必然性はない。だが民法制定の過程で、この母系相続は「庶民の蛮風」として、最終的にしりぞけられている。

最初の民法案ができてから、一八九〇年に民法が制定されるまでに一〇年かかっている。制定後、三年たってこの民法は施行される予定になっていたが、そのあいだに有名な「民法典論争」が起きる。穂積八束《やつか》が「民法出でて忠孝亡ぶ」と激しく非難した「民法典論争」は大きな政治問題になり、政府はついに民法の施行を諦め、再度、法案の修正に取り組んだ。民法の最終案が施行されるにいたったのは、ようやく一八九八年のことである。民法の成立にこれだけの時間がかかったこと自体が、民法が制定する家族制度が、複数のオプションのなかから、紆余曲折を経て政治的につくられたものであることを証明する。

「家」制度は、近代国民国家に適合的に形成された家族モデルであり、逆に国民国家もまた、家族モデルに適合的に形成された。伊藤幹治は、『家族国家観の人類学』［伊藤(幹)1982］のなかで、「家」の概念がいかにして明治政府の官僚によって発明されたかを、こくめいに論じている。明治民法の制定前、一八九〇年に教育勅語が発布された。翌年、政府の御用学者、井上哲次郎は『勅語衍義』のなかで国家と国民の関係を次のように論じている。

「国君ノ臣民ニ於ケル、猶《な》ホ父母ノ子孫ニ於ケルガ如シ、即チ一国ハ一家ヲ拡充セルモノニテ、一国ノ君主ノ臣民ニ指揮命令スルハ、一家ノ父母ノ慈心ヲ以テ子孫ヲ吩咐《ふんぷ》スルト、以テ相異ナルコトナシ、故ニ今我ガ天皇陛下ハ全国ニ対シ、爾《なんじ》臣民ト呼起サル、コトナレバ、臣民タルモノ、亦皆子孫ノ厳父慈母ニ於ケル心ヲ以テ謹聴感佩セザルベカラズ」（＊〔　〕のルビは著書が補足したもの。以下同）［伊藤(幹)1982：10–11］

一九〇八年刊の『倫理と教育』のなかでも、井上は同じ主張をくり返している。

「一家族内に於て家長に孝を尽す精神を、一国内に推拡《おしひろ》めると云ふと、それが矢張《やはり》天皇に対する忠となるのであります。併し此忠と云ふものは、亦孝とも云へる訳でありますす。何故なれば、天皇は日本民族の家長の地位に立つて居られますからして、一家族に於ける家長に対する本務と同じ様に、天皇に対して忠を尽す次第でありまして、此忠は即ち孝と同じ物であります。そこで忠孝一本と云ふ民族的道徳の教が、古来伝はつて来て居る次第であります。忠孝一本と云ふやうな民族的道徳は、斯の如き社会組織があるでなければ、起つて来る者ではありませぬ。斯る社会組織の中に、必然に発達して来る首徳であります。斯の如き首徳があるでなければ斯る社会組織は存続することの出来ないものであります。」[伊藤（幹）1982：474-475]

伊藤は井上の説を次のように解説する。

「ここでは、国家レヴェルの天皇と国民の関係が、家族レヴェルの父母とその子孫の関係のアナロジーとしてとらえられ、また、天皇が親に、国民がその子に擬せられている。そして、「一国ハ一家ヲ拡充セルモノ」と述べられているように、「家」を基盤とした国家像が構想されている。」[伊藤（幹）1982：8-9]

伊藤はこの「家族国家観」の秘密を、「忠孝一本」イデオロギーに求める。明治政府は「教育勅語」の公認イデオロギーに儒教を採用したが、儒教の徳目は、「修身斉家治国平天下」に見られるように、自己を中心に同心円的に倫理を拡大していくものであった。そこでは親に対する「孝」が、君に対する「忠」に先行しており、また両者の間にはしばしば対立の可能性をはらんでいた。明治五(一八七二)年に徴兵令が発布されたときも、それに反発して各地で血税一揆が起きたし、明治三七(一九〇四)年の日露戦争の際には歌人、与謝野晶子が有名な反戦詩、「ああ、弟よ、君を泣く、君死にたまふことなかれ」を書いている。お国への奉公と、親への孝行とは、かならずしも一致しない。したがって井上の言うように「忠すなわち孝であります」というには、論理の離れ技がおこなわれなければならなかった。

それどころか、「教育勅語」の制定過程では、「孝忠」という儒教の徳目の自然的な順序を「忠孝」の順に逆転するというトリックが行なわれている。明治政府に仕えた儒学者、元田永孚《ながざね》は、一八七九年に『教学聖旨』を著わす。そのなかで彼は、天皇に対する忠が、親に対する孝にあたるという儒教の教えを強調する。このときはまだ、徳目の順序は「孝」が「忠」に優先していた。それが一八八二年の同じ著者による『幼学綱要』のなかでは、「忠」と「孝」の順序が入れ替わっている。元田の考えにもとづいて翌年、最初の修身教科書が作られるが、そこでは「親に仕えるように、君に仕える」ことが強調されていた。明治政府の採用した儒教は、江戸時代までのものとは、あきらかに異なった解釈を施されていた。

独学の映画批評家、佐藤忠男は、銀幕のうえのホームドラマをつうじて、独力で伊藤と同じ発見にたどりつく。『家庭の甦りのために――ホームドラマ論』[佐藤 1978]のなかで、彼はヨーロッパ映画のなかの家長と日本映画のなかの家長が、対照的な行動をとることに気づく。家族の一員が犯罪を犯して逃げ込んできた時、フランスやイタリアの家長は、犯人を警察に引き渡すことを拒み、むしろ自分の手で私的な制裁を加えようとする。それに対して、日本の家長は、犯人を庇うどころか官憲にひきわたし、あまつさえ累が及ぶのをおそれて、勘当して縁を切ることとすらする。ヨーロッパでは、家の倫理と社会の倫理とのあいだに対立があることが知れるのに対し、日本の家長は、あたかも外部の権力の代行者のようにふるまうことに佐藤は気づく。彼はこの謎を、家族制度の起源にさかのぼって解こうとする。そしてついに「教育勅語」からさらにその立案者である元田永孚にまで到達する。そして「明治一五年の『幼学綱要』から明治二三年の教育勅語までの間に、忠と孝の徳目の位階に逆転が生じた」[佐藤 1978 : 50] ことに気づく。そして「「忠孝」と一口に言って、孝を封建的忠誠と密接不可分の観念のようにイメージすること自体、明治国家の創作にすぎない」[佐藤 1978 : 262] と断ずる。

「忠と孝という、儒教においてはぜんぜん別のものとされている道徳思想が、日本では強引にくっつけられて「忠孝」と呼ばれるようにされ、不即不離、一体の概念であるかのようにされてしまった結果、親のために子がつくすということと、国家のために人民が犠牲になるということとはおなじことであるというふうに、われわれは思い込まされてしまった。……

こんなふうに、ぜんぜん異質であったり、むしろ逆であったりする概念を文字どおりくっつけて、国のことを国家と呼び、国家主義と家族主義は連合して個人主義と対決するものであるというイメージをつくりあげたのは、誰だかしらないが天才だと思う。」[佐藤 1978 : 176-178]

こうして明治政府は家の倫理が国の倫理に従属するように、「家」制度を人為的につくりあげたことを明らかにする。もし家族主義というものが家族の倫理を他のどの倫理に対しても優先する立場のことを指すならば、日本の「家」はヨーロッパ的な意味での家族主義ではない、と佐藤は結論する(1)。

青木やよひも、同様なプロセスを女性の視点から追認している。彼女は日本的な「女らしさ」が、伝統の産物などではなく、近代化の過程で儒教の影響から成立したものであることを論証する[青木 1983／青木 1986]。『女大学』のような女訓書の流通は、文字を読み書きできる階層に限られており、貞操や処女性の観念も庶民には無縁だった。明治の半ばまで、高い離婚率や再婚率が記録され、「貞女は二夫に見《まみ》えず」などという徳目は、庶民には非現実的だった。

2 「家」と「家父長制」

家族と国家、言い換えれば私領域と公領域とのあいだには、以上見てきたように、相互に強い依存と干渉の関係がある。それというのも、家族史の知見があきらかにしたように、公領域と私領域の分離こそ、近代がもたらしたものだからである。自律的で共同的な生存圏を、ふたつの相互依存的な領域に分離したのが近代社会であった。しかもその間にはあらかじめ非対称な関係が埋め込まれ、私領域は公領域の「シャドウ」として、見えない存在となったのである。したがってその過程でつくられた「家」制度は、すこしも「伝統的」な「封建遺制」などではなく、近代化が再編成した家族、すなわち近代家族の日本型ヴァージョンであったと言える。

だが、「家」を近代家族の一種と見なし「戦前家族と戦後家族の連続性」を強調する立場は、これまでの家族論議になじまないできた。従来の家族論では、「家」は「封建遺制」であり、その封建残渣を払拭したものが戦後新民法であり、それとともに家父長制は歴史の舞台から姿を消したと思われてきた。旧民法と新民法とでは大きな断絶があり、戦後改革で「家族の民主化」は達成され、「家」制度とともに、家父長制は過去のものとなったはずであった。[2] 七〇年代のラディカル・フェミニズムが家父長制の概念を持ち出して近代家族を批判したとき、おおかたの論者の反応は、過去の亡霊を論じているかのようなとまどいを表明し、「家父長制はすでに存在しない」と答えたものである。だが「家父長制」は近代家族に固有の性支配を説明する概念として、フェミニストによって再定義されて使われてきた。リサ・タトルの『フェミニズム事典』[Tuttle 1986/タトル 1991]によれば、「家父長制」とは「男性が女性を支配し、年長の男性が年少者を支配する」社会構造をさす。拡大家族における「父の支配」も、夫婦家族における「夫の支配」もともに「家父長制」の変種である。「両性の合意」の見かけのもとに、戦後民主的な「友愛家族」が成立したように思われたが、法的平等の背後に性別役割分担による社会・経済的不平等があるところでは、戦後家族においても、「夫の支配」は継続した。

したがってここでの課題は二重性を帯びる。第一に「家」もまた近代家族の変種であること、そして第二に戦前、戦後を通じて、近代家族に固有の抑圧性が一貫して続いていることの指摘である。

3 家族の「記述モデル」と「規範モデル」

「家」を日本版近代家族とみなす見方を妨げてきた理由には、大別してふたつのものがある。ひとつはイデオロギー的な理由であり、もうひとつは理論的な理由である。

第一のイデオロギー的理由から言えば、歴史家の多くは、「家」の歴史的起源を問うことなしに、「家」を「封建遺制」と見なしてきた。その意味では、彼ら自身が、「家」

イデオロギーの罠にはまっていたと言える。というのは、イデオロギーの機能は、その起源を隠蔽し、存在を自然視させることにあるからである。彼らは自分が生きている時代のイデオロギーを脱構築するどころか、それを「伝統」と見なすことで、イデオロギーの強化に手を貸したのである。なるほど、「家」を「伝統」と見なすことには、一半の真理がある。「家」はたしかに武家の伝統をモデルに作られたからである。文献資料に依拠する実証史学は、識字階級の歴史に研究を限定してきた。民衆史や社会史の影響で文字を持たない人々の歴史と文化の多様性が認知されるまで、歴史家は、支配層の歴史をそれ以外の民衆の歴史より上位に置くという立場をとってきた。むしろ伝統には地域や階層において多様性があり、歴史はその文脈が変わるたびに、多様な文化のマトリックス(母胎)のなかから、時代に適合的な文化項目を、「伝統」として再定義するという営みをつづけてきたと考えるべきであろう。したがって「伝統」として生きつづけてきたものは、時代に応じて変化を経験してきている。「時代を超えた伝統」などというものは存在しない。ただあるものを「伝統」と名づけるイデオロギーだけが、「伝統」の起源を隠蔽するのである。

イデオロギー要因のなかには、もうひとつ、ジェンダー・バイアスがある。私領域が公領域のなくてはならない、だが見えない半身として作りだされた時、それは競争と効率のストレスの多い公領域からの避難所、愛と慰めの聖域として作りだされた。そういう私領域としての家庭は、時間と空間を超えて普遍的に存在するものと見なされ、その存在理由を疑ってみることさえ許されなかった。だが、私領域が男に対して持っている意味と、女に対して持っている意味とはまったく違っている。男にとっては避難所であっても、そこで愛と慰めを供給するように期待されている女にとっては、家庭は職場の一種にすぎない。フェミニストが私領域のなかでの女の「シャドウ・ワーク」[Illich 1981/イリイチ 1982, 1990]を問題にし、家族の歴史的、イデオロギー的な構成を問いかけてこの「聖域」を侵犯したとき、歴史家や家族社会学者は――その多くは男性だが――困惑し怒りをあらわにした。というのは、彼らは男として、この性支配的な家族システムを現状のまま維持することに、利益を共有していたからである。

第二の要因は、理論的なものである。西欧をモデルにした「近代家族」は、核家族であることが条件の一つと見なされ、これが日本の「家」にはあてはまらないと考えられた。

落合恵美子は『近代家族とフェミニズム』[1989]のなかで、近代家族の特徴を以下の八点にまとめている。

1　家内領域と公共領域の分離
2　家族成員相互の強い情緒的関係
3　子ども中心主義

4　男は公共領域・女は家内領域という性別分業
5　家族の集団性の強化
6　社交の衰退
7　非親族の排除
8　核家族

西川祐子は「近代国家と家族モデル」[1991]のなかで、「核家族」規定をめぐる落合のゆれを指摘する。

「同じ八点は『女性学年報』第一〇号「近代家族と日本文化――日本的母子関係の解き口に」に表1、「近代家族の特徴」として載ったときには、第八項は括弧にいれられて〔8　核家族の形態をとる〕となっている。とくに日本の場合を考えるときには、第八項を括弧にいれないと、戦前家族を近代家族として扱えないからであろう。」

西川はさらに「近代家族を考えるときには、私も第八項は括弧のなかに入れたい。」としたうえで、次の二項目を付け加える。

9　この家族を統括するのは夫である
10　この家族は近代国家の基礎単位をなす

「こうすると日本の戦前家族と戦後家族をともに近代家族として扱うことが出来る。

第八項が括弧の中に入るところに日本的近代家族の特徴があるのではなかろうか」と西川は続ける。

「核家族」規定を「括弧に入れる」ことには、ふたつの理論的な含意がある。西川が指摘するように、「戦前家族と戦後家族の連続性」を強調することで、第一に戦前家族の近代的性格と、第二に戦後家族の家父長的性格とを、同時に論ずることができるようになることである。西川は第一〇項で「戦前家族の近代的性格」を、第九項で「戦後家族の家父長的性格」を、指摘している。核家族のなかでも家父長制は「父権支配」から「夫権支配」へと移行しただけだからである。

落合の八項目は、近代家族論の成果をまとめたもので、出自がはっきりしない。なぜ八項目かも、あるいは八項目で尽くされるかも明らかでない。西川のように項目を追加していけば、最終的にいくつになるかもはっきりしない。たとえば「1　家内領域と公共領域の分離」と「4　男は公共領域・女は家内領域という性別分業」はほぼ重なるし、「2　家族成員相互の強い情緒的関係」「3　子ども中心主義」「5　家族の集団性の強化」「6　社交の衰退」「7　非親族の排除」は、「家族の自律性と排他性」という一項にまとめられる。

落合はヨーロッパ家族史研究の諸成果に依拠しているが、その中でも代表的なイギリスの家族史研究者、エドワード・ショーターの『近代家族の形成』[Shorter 1975/ショーター1987]によれば、近代家族の要件は、次の三点である。

1　ロマンス革命

2　母子の情緒的絆

3　世帯の自律性

ショーター自身は、近代家族の条件に核家族であることを挙げていない。ただ「ロマンス革命」で強調される夫と妻の関係から、夫婦家族制が、したがって核家族世帯への帰結が推論されるぐらいである。

家族の近代化が核家族化と結びついているという説は、ラスレット[Laslett (ed.) 1972]の核家族普遍説によって、すでに反証されている。それによれば、近代、前近代を問わず、核家族世帯はどの社会でも優位にある。ちなみに日本でこれを検証してみることは、容易である。日本で最初の国勢調査、一九二〇(大正九)年のデータによれば、(3) この時期にすでに全世帯の五四・〇%が核家族世帯である。直系家族世帯は全体の約三一%にすぎない。最近の人口誌学によれば、宗門人別帳などから知られる世帯人員数は、江戸時代にも五人台にすぎない[坪内1992]。

一九二〇年以降、五年ごとに行なわれた国勢調査のデータをフォローしてみると、二〇年から七五年までの約半世紀のあいだに、核家族率は五四・〇%から六四・〇%へ、わずか一〇%増加しているにすぎない。戦争と高度成長をはさむこの「断絶」が、わずか一〇％の核家族率を押し上げたことを称して、「核家族化」と呼んでいいかどうかは、疑問である。

戦前の核家族率が高いことは、湯沢雍彦《やすひこ》が昭和一〇年代の長野県諏訪地方で測定した戦前家族の家族周期によって、説明される[湯沢 1987 : 19]。それによれば、婚入によって直系家族となった世帯で、舅が亡くなるまでの平均期間は六年、姑が亡くなるまでが一〇年。平均家族周期が二六年だから、仮にすべての婚姻が同居を前提とした婚姻であったとしても、特定の時点でその世帯が核家族である確率は、二六年中の一六年、約三分の二にあたる。これは統計上の数値とほぼ一致する[盛山 1993]。そのうえ出生児数を考えると、明治期の女性の平均出生児数は五人から六人、うち性比が半々とすると男子の数はほぼ三人、そのなかで長男が嫁取りをして直系家族世帯を営んでも、直系家族の出現率は三分の一になる。戦前の核家族世帯の比率が高いことは、平均寿命が短いことと子ども数が多いことから説明されるが、その意味からいえば、半世紀間に核家族率が一〇％増加したことは、逆にじゅうぶんに大きな変化であるといってもいい。一方で平均寿命が五〇歳台から八〇歳台へと飛躍的に延長し、他方で子ども数が二人までと減少したことを考えれば、そのもとでも核家族世帯比率が上昇していることは、直系家族イデオロギーのもとでは当然同居が期待される長男でさえ、親との世帯分離がすすんでいるだろうことを推測させる。

統計を見るかぎり、実のところ、戦前家族と戦後家族とのあいだに大きな断絶はない。歴史人口学による「核家族の普遍性」は、世帯の規模と構成の上では日本でも妥当する。だが、社会史家は、歴史の変動に「心性の変化」という概念を持ち込んだ。同じような核家族世帯で暮らしていても、当事者の心性が「近代家族的」でなければ、それは近代家族とは呼べない、という立場である。なにが「近代家族的」であるかは留保して、日本の核家族世帯の構成員の行動を見てみると、直系家族たろうとして直系家族たりえない「欠損形態」、言い換えれば定位家族である直系家族から自分自身の生殖家族における直系家族への移行期と、みずからを捉えていることがわかる。最初から親との世帯分離を強いられる次男や三男でさえ、いずれは成人した息子と直系家族世帯を営むべく、「創設分家第一代」としてふるまっていることは、かれらの墓や仏壇の購買行動から知ることができる。もちろん近代化そのものが、次男、三男に親からの財産分与をあてにしない世帯の独立を可能にしたのだが、核家族世帯に暮らす彼らは、自分を兄の世帯の一員と思うより、創設分家の当主として「家父長的」にふるまっている。そういう彼らにとって、死んで兄の家の墓に入ることは、分家の創設に失敗した「甲斐性なし」の証になる。その意味で、もし「心性」を問題にするならば、ふたたび戦前家族と戦後家族との断絶は小さい、と言わざるをえない。なぜなら、長子単独相続にかわって子どものあいだでの均分相続を規定した新民法にもかかわらず、慣習法のレベルでは、長子に家産を集中するために二子以下に相続権の放棄を要求する慣行は、今でも至るところに見られるからである。(4) 場合によっては、親の扶養責任は長子に集中し、財産については均分相続を他のきょうだいが要求するという過渡期の不利を、長子が背負っているところもある。戦後生まれの四〇代の両親の六割以上が、将来「息子との同居を希望する」と答える現状では、戦後民法は人々の心性までは変えなかった、というほかない。爆発的な墓地ブームは、実は高度成長期以後に起きた。都市化による大規模な世帯分離のあと、核家族世帯の世帯主たちは、「〇〇家の墓」を次に求めたのである。そしてそれを自分自身のためというより「子どもたちに迷惑をかけないため」といいつくろうことで、いわば戦後的な「家の永続性」をめぐる新たなディスコースを獲得した。ここには、民俗学者の高取正男のいう「子孫崇拝」が見られる(5)［高取・橋本 1968／森 1987］。

「心性」という新奇な用語を持ち出すまでもない。社会学や人類学の中では、早くから「規範的モデル」と「記述的モデル」とは区別されている。(6)「核家族の普遍的優位」のもとでは、特定の社会の家族類型を示すことはむずかしいが、当該の社会に生きている人々が規範的に指示する類型があれば、統計的には三割に達していなくてもその社会の「規範的モデル」と見なしてもかまわない、という考え方が一般的である。その意味でわたしたちが見るのは、規範のなかで直系家族を生きている人々が、現実には核家族世帯を営んでいる、という事態である。そこでは直系家族は理想化されたモデルであり、現実の自分の家族はそれからの距離で測られる。この点でも、家族はより多く規範的な概念であることがわかる。

4　「ロマンス」の神話

核家族の「規範」には、系譜性に対する性ダイアドの相対的な優位性がある。それは、ひとつの世帯に複数のカップルを置かないという世帯分離のルールとして、表現される。別言すれば、「家族は婚姻をもって成立する」という夫婦家族 conjugal family 制である。今日では誰も疑わない夫婦家族制のもとでは、「家族は婚姻をもって成立し、離婚をもって解消する」というのはあたりまえのように思えるが、系譜性が重視される直系家族や拡大家族、あるいは複婚的な家族では、特定の性ダイアドは、家族を構成する一要素にすぎない。その性ダイアドが解消されても家族は継続するし、系譜性が優先して別な性ダイアドが補充される。

今ここで、ショーターの挙げる「ロマンス革命」――夫婦愛を強調することで「制度家族から友愛家族へ」の契機とされた――を、その情緒的・規範的な負荷から切り離して、「家族における夫婦関係の優位」とテクニカルに定義しよう。その意味での「夫婦家族制」は、日本の「家」制度のなかに、一六世紀の成立の当初から存在していた。脇田晴子は家長権の成立と同時に主婦権が成立したこと、複婚状況にあっても正妻の優位は確立していたことを指摘する。主婦の地位は高く、しばしば家長に代わって「家」を代表した。これは系譜性を重んじる中国や韓国の「家族主義」からは、理解できない現象である。同姓不婚の原則を持つ中国や韓国のような社会では、他家から婚入してくる妻は別姓を保つことによって、生涯にわたって異族でありつづける。妻の別姓とは、ここでは「家のヨソモノ」であるというマーカーであり、「胎《はら》は借り物」思想のあらわれである。それに比べれば、婚入してくる他氏族の女を「家」の正式の成員と見なすというのは、頻繁な養子縁組に表されるように、血縁原理にかならずしもよらない日本の「家」のゲゼルシャフト的な性格を示すものである。婚姻儀礼もこれを象徴している。三三九度の「固めの盃」は、まず夫の両親とのあいだで親子固めをするために交わされ、そののちに「家」に参入した娘分として、夫とのあいだに夫婦固めの盃が交わされる。「後家」になった女性がしばしば家業後継者となるのも、東アジア儒教圏では異例のことである。現在でも、中小の企業経営者のなかには、諸外国に比して異例に女性経営者が多いが、それはなにも日本女性の「職場進出」の結果ではなく、家業経営型の同族会社では、夫に先立たれた妻が経営権を代表するケースが多いという「家」制度の影響である［小松編著 1988］。その証拠には、女性経営者は中小零細規模の企業に集中し、従業員五〇〇人以上の規模の会社では皆無に近い。だが、亡くなった代議士の妻が「弔い合戦」に出馬したりするように、もともと系譜的にはヨソモノである婚入してきた女が、「家」を代表するという慣行は、日本の「家」をアジア的な家族主義から区別し(東アジアの血縁優位の系譜主義を「家族主義」とよぶとするなら、日本の「家」制度は「家族主義」と呼ばれるべきではない)、夫婦関係の優位を示唆するものである。

だが、そこには「ロマンス」が欠けている、とショーターなら、言うだろうか？ 経営体としての「家」の家長とその妻とのあいだに、「同志愛」が成立することは見やすい。それを「友愛家族」と呼ぶことはできないだろうか。だが、この「友愛」には、歴史的な限定条件がある。家族が生産の単位であることを離れ、ただ純粋に再生産の単位となったときに、性的愛着にまで切り詰められた感情だけを、「近代家族」論では「友愛」と呼んできたからである。

ところで「ロマンス」とは、いったい何だろう。ショーターは、「ロマンス」を配偶者選択にあたっての「非功利主義的選択」と定義する。娘が親に逆らって、貧しい若者を夫に選べば、そこには「ロマンス」があったことになる。ショーターによれば、一九世紀半ばの「婚外子出生の波」も、「若者のあいだのエロチシズムの高まり」を意味する。それは、若い男女が、「実利的な動機」に代わって、自分の「感情」や「性衝動」に忠実にふるまいはじめたことを意味する。そしてそのような人々の「心性」の変化を、ショーターは、「ロマンス革命」と呼ぶのである。だが、「心性」を強調する家族史家としてのショーター自身に、「ロマンス」の「ロマンス化 romanticization of the romance」が見られないだろうか？

歴史の変動期は、同時に階級の交替期でもある。親の決めた同一階層の結婚相手を嫌って、階層の低い若者を選ぶ娘は、没落する階級に代わって、勃興する新興階級の男を、先物買いしているのかもしれない。事実、この時代のロマンス小説（実は、「ロマンス」自体が、「物語」の代名詞である）に登場する若者は、『赤と黒』のジュリアン・ソレルのように、「野心的な」という形容詞で呼ばれる低い階層の男で、彼は自分の機略と才智で、高い身分の女性の愛を獲得していくのであった。高い婚外子出生率も、ショーター自身がいうように、期待に反して（男の無責任から）「実現できなかった結婚」の落とし子である。一九世紀半ばに高まった婚外子出生の波をどう解釈するかをめぐって、家族史研究者のあいだには論争があるが、一方で田舎から出てきたメイドが奉公先の主人や主家の息子たちに性的に「搾取」された結果だとする「被害者史観」的な見方と、もともと性的規範のゆるやかな農村共同体出身の娘たちが、「性の二重基準」をそなえた偽善的な「ヴィクトリアン・モラル」とロンドンで「異文化接触」した結果であるとする見方が、対立している。なるほど都市の上層階級の男たちは、地方出身の娘たちにつけこんだかもしれないが、娘たちのほうでも自分の性的コードに忠実にふるまったにすぎないかもしれない。そこには『パミラ』［リチャードソン 1972］の主人公のように、自分の性的魅力を武器に、都市の上流階級に食い込もうとしたメイドもいただろう。異文化に属する二つの社会集団のそれぞれが自分のコードにしたがってふるまった結果、そこでは異なった「二つの現実」が、「婚外子出生」というひとつの社会現象を引き起こしたと考えられる。

社会移動の激しい近代化の時代には、学歴を武器に「出世」できる男たちに対して、結婚は、女性が階層帰属をえらびなおす生涯で唯一のチャンスであった。そのときに、今は貧しいが「将来性のある」男を選ぶのは、女にとってじゅうぶんに「功利的」な選択ではないだろうか。

テリー・イーグルトンは、『クラリッサの凌辱』[Eagleton 1982/イーグルトン 1987]のなかで、一九世紀のロマンス小説をフェミニズム批評の対象として、「ロマンチック・ラヴ」が近代家父長制の成立にいかに貢献したかを論じている。一九世紀の大衆小説、『クラリッサ』のなかで、主人公のクラリッサは、父に背いて選んだ男に裏切られ、失意と絶望のなかで自殺する。クラリッサにとって「恋愛」とは、「父の支配」から逃れて「夫の支配」のもとに、なんの後ろ盾もなしに身をゆだねることを意味した。家父長制下の娘が「父の支配」を脱するには、巨大な遠心力を必要とする。ロマンチック・ラヴの情熱は娘にそのやみくもなエネルギーを与えるが、そうすることによって同時に、娘は「父の庇護」をも失う。父権と夫権とは競合状態にあるが、夫権の行使にとって、父権の介入がなく、娘が退路を断たれていることほどつごうのよいことはない。近代家父長制は核家族の中の「夫の支配」を可能にするために、女を実家から切り離す言説に満ちている。その意味で「恋愛」とは、女が「父の支配」から「夫の支配」へと、自発的に移行するための爆発的なエネルギーのことだと、言ってよいかもしれない。女の側における「恋愛」観念の内面化は、近代家父長制の成立のための必要条件だったのである。

二〇世紀のフランスでも、ピエール・ブルデューは、結婚を「社会的資源最大化のための家族戦略」とみなし、それが「ロマンス革命」以後の時代にも妥当であることを経験的な調査から実証した[Bourdieu 1979/ブルデュー 1990]。同じことは、戦後改革以後の日本の家族についても言える。「封建的」な見合い結婚にかわって――実は、「見合い結婚」こそ、近代の発明にほかならないのだが[上野 1990b]――「恋愛結婚」が配偶者選択行動のうえで優位に立つのが一九六〇年代である。だが、学歴、出身地、親の職業などのカテゴリーをとると、恋愛結婚には驚くべき「同類婚の法則」が働いていることがわかる。[7] 通婚圏の近接においては、恋愛結婚のほうが見合い結婚より狭いくらいである[湯沢 1987]。見合い結婚は媒人《なこうど》による遠方婚を可能にするが、恋愛結婚ではしばしば居住や職場の近接によって恋愛感情が発生している。学歴格差に代表される「身分違いの恋」も、おどろくほど例が少ない。むしろ夫妻の学歴や年齢が逆転しているケースは、養子縁組の場合などに多い。前近代でも「身分違いの恋」は、例外だからこそ、事件になりえたことがわかる。

恋愛結婚に見られるのは、見合い結婚の場合以上に強い「階層内婚 class endogamy」の傾向である。あたかも恋愛感情の発生には、「似たものどうし」の意識が不可欠であるかのごとくである。恋愛という婚姻の「自由市場」と見えるしくみのなかで、結果として見合い以上につよい階層内婚が実現してしまう事実を、どう解釈すればよいだろうか。それは結婚における「家族戦略」のクライテリアを、かつては親が当人にかわって判断したのに対して、今では「自由な選択」の名において当人が内面化している、という事実である。親が選べば「強制」と見えるものも、当事者が選択すれば「自由意志」と思われる。そして、見合いと恋愛とでは、選択の結果がほとんど変わらない。「社内結婚」や「フィーリングカップル」における「恋愛」は、すでに同一階層であることのスクリーニングを受けてきたゲームの参加者たちのあいだで、だれを選んでも大差のないスクランブルゲームを演じているにすぎないことになる。「レッセフェール」の自由市場のなかで、「自由な行為者」として「主体化」することは、そのゲームのルールを内面化することにほかならなかった。これこそフーコーのいう「主体化」にして「臣従化」としての近代的「主体 subject」の形成であった。

ショーターのあげる近代家族の三つの条件のうち、「世帯の自律性」は、いささかアンビヴァレントな概念である。経営体としての自律性は、当初から「家」にそなわっていたとも言えるし、そもそも共同体からの「家」の析出自体が、前近代的な共同体規制から「家」を解放するためであった。だが逆に「家」は共同体から「孤立」することによって国家的な統制に無防備にさらされたとも言える。「家族国家主義」とは、「家」を「国家」の統制に直結するために、じゃまになる中間集団を解体することを意味した。

「公」に対して無防備であるばかりか、「公」の代弁者としてはたらく日本の「家族主義」の弱さを、いちはやく佐藤忠男が指摘したことは前述した。「公法」に対する「私法」の領域としての家族の自律性を欠いた「家」は、その意味でも(国家主義に対比した)家族主義とは呼べないものである。明治国家が天皇制の代理機関として「発明」した「家」は、むしろ国家主義の一要素であった。

5　「家」の自律性

近年の家族史研究の成果である女性史総合研究会編『日本女性生活史』第四巻「近代」[1990]を評した小路田泰直は、本書に収録された西川祐子らの問題提起を受けて、「日本近代＝家社会という場合の家を、封建遺制とみる見方に一応のピリオッドをうち、それをあくまでも日本社会の資本主義化と対応するものとみる見方に道を開いた」[小路田 1993 : 134]と評価しながらも、「家の自律性」を過小評価していると不満を表明している。彼は村上淳一の『ドイツ市民法史』[1985]を引いて、「近代中央集権国家に対して、家こそが市民の倫理的自律性を保つ砦になる可能性」[小路田 1993 : 135]を見ている。前近代に存在した「「中間団体」の王権に対する自律性」を、近代国民国家において「「家長」の自律性」が受け継いだとして、「近代社会にあって、家と国家は依存しあいながらも緊張関係にある」[小路田 1993 : 135]ことを、西川が見落としていると批判する。西川はこれにはげしく論駁して、「家」と国家の緊張関係をいうのであれば、ドイツでも日本でも「国民国家の基礎単位としての近代家族をとりだして較べなければならない」が、「国民国家はむしろ、そのような中間集団の自律性を奪って成立する」[西川 1993 : 27]と指摘する。さらにこう付け加える。

「「家」「家庭」の否定的な面ばかりを見るべきではないと言い始める小路田さんは、すぐれた歴史家の分析からとつぜん家庭生活の当事者、その擁護者としての発言にかわってはいないだろうか。あらためて「家庭」という語のイデオロギー性の強さをおもい知らされる感がする。」[西川 1993 : 27]

「家」の自律性は、共同体に対してと国家に対してとで、両義的にはたらく。「家」を理想化し家父長権の絶対的な優位を唱えるイデオロギー的な言説を、小路田は額面通り信じたと言えるが、そしてそこには、西川が鋭く指摘するとおり、家父長権を守りたい男性の利益やノスタルジーがあるだろうことが見てとれるが、小路田の「信念」に反して、共同体からの自律性を獲得した近代家族は、国家からの統制にすこぶる抵抗力が弱いことは、ヨーロッパでもドンズロの『家族に介入する社会』[1991]などによって、立証されている。西川が言うように、近代国民国家は、多かれ少なかれ「家族国家主義」的なのである。佐藤がヨーロッパ映画の中に見たのもまた、理想化された家長、したがって滅びゆく時代に属する家父長の姿であった(8)。

世帯構成が核家族であると直系家族であるとを問わず、ショーターの言う家族の自律性、言い換えれば、孤立と排他性は、日本の戦前家族において実現されていた。ショーターにおいても家族の自律性にたいする理想化が見られるが、共同体的規制という第三者の介入を欠いた近代家族のなかで、どのような父権＝夫権支配の横暴が行なわれたかは、女性学の研究が明らかにするとおりである(9)。

6　理念としての「家」

これまで論じてきたように、日本の「家」は、ショーターの言う近代家族の条件をすべて備えている。それが核家族でなく直系家族の形態をとったのは、日本のプロト工業化が主として家内工業に担われたこと、第一次、第二次産業革命のあとも、産業の二重構造のもとで、中小零細の家族経営に多くを依存してきたことと無関係ではない。工業化の進行にともなって旧中間層は解体し、雇用者比率が増大するという単純な趨勢は、日本にはあてはまらない。アメリカのように雇用者比率が九割を超えた社会と違って、日本では雇用者比率は八割台で頭打ちであり、いまでも不況のたびに、自営業の比率はわずかながら増加する。雇用者から自営業者に新しく参入する人々も絶えない。そこでは「家」が、経営体の理念として継承されたことをうかがわせる。

鹿野政直は、『戦前・「家」の思想』[1983]のなかで、「強化される理念と解体される現実」という一章をおいている。武士階級の「家」は、それをモデルにした「家」制度が国家的に確立されるまさにその時期に、急速に崩壊していた。他方、苛酷な資本の原始蓄積や松方デフレのもとで、都市の下層民も家族解体を経験していた。「家」制度が理念として確立されるただなかで、現実のほうは急速に解体していっていたのである。が、それだからこそ、理念が強調される理由があった。

公文俊平、村上泰亮、佐藤誠三郎の共著になる『文明としてのイエ社会』[1979]も、鹿野とまったく異なるイデオロギー的背景を持ちながら、鹿野の観察を共有している。本書は、「イエ」を封建的な抑圧の装置としてよりは、近代化の推進の媒体として肯定的に評価し、日本文化論にニューウェイブをつくりだしたものだが、そこで三人の共著者は、「イエ」を実体としてよりは組織原理と捉えている。(10) 彼らは「「家」は戦前期において、解体消滅への途をたどり始めていた。産業化の進展は小企業の準イエ同族的経営の解体を促進し、都市給与生活者を激増させたが、その結果、家族の規模は縮小し、ファミリー・システムとして極めて脆弱でありイエ原則をほとんどまったく失った核家族がいっそう広汎に生み出された。新憲法や新民法の規定は、このような現実の制度的追認であった」[公文・村上・佐藤 1979: 476]としたうえで、つぎのように論じる。

「……国家や「家」が帰属ないし一体視の対象とならなくなったあとに残ったほとんど唯一の満足すべき間柄は企業などの職場であった。そのために、イエ型企業体の社会的必要はますます高まり、多くの人々は、ひたすら企業および(あるいは)企業内の組合との一体化を求め企業や組合運動に献身する「猛烈社員」や「活動家」に転化していった。」[公文・村上・佐藤 1979: 477]

彼らは、経営体としての「イエ」原理は、その意図に反して、国民国家や家族においてよりも、企業体のなかで生き延びたとする。何故なら第一に、「イエ」はもともとその成立の当初から血縁原理を超えた経営体だったからであり、第二に、国民国家も家族も企業体に比べて、「イエ」原理を現実化する物質的基盤を欠いていたからである。「イエ」イデオロギーは、経営家族主義として近代を生き延びた。

多くの意味で、「家」は、近代形成期における歴史＝社会的構築物であることが証明できる。「家」は、その意味で、日本版近代家族にほかならず、夫婦家族制の姿をとった近代家父長制を確立したのであった。

7 結　論

このように、もし「家」が「伝統」でもなく「封建遺制」でもないとすれば、日本のアイデンティティを家族システムによって論じることは難しくなってくる。仮に「家」のプロトタイプが前近代にあったにせよ、それは歴史を通じて変容している。明治政府によって新たに採用された「家」は、多様な文化のマトリックスから時代に適合的に選び直されたものである。いったん選択されれば、その起源は「伝統」のなかで正当化され、それ以外にありえたかもしれない多様な選択肢は忘れ去られる。そしてもし「家」が日本版近代家族であるならば、「家」を日本の文化的特殊性の文脈で語ることも怪しいことになる。「家」はなるほど日本近代という時間と空間に固有だが、決して「特殊」でもなければ、非歴史的で超時間的な「文化伝統」でもない。

ここで問題にしなければならないのは、日本社会論を家族モデルで語ること自体の妥当性である。言い換えれば、過重な価値の負荷をおった「家」をめぐる社会理論が、いかにして形成されたかを、モデル形成の過程にさかのぼって問うことである。中根千枝の『タテ社会の人間関係』[1967]では、家族を社会の基本単位と見なしたうえで、他のあらゆるレベルの社会構造を家族の基本構造の同心円的拡大として説明している(11)。だがそうした前提が可能なのは、ただ家族が他のすべての社会組織から切り離されて、社会の雛形である自律的な単位として構成されたからこそではないだろうか。そしてこれまで論じてきたように、その家族の「自律性」は、見かけに反して、上位の社会の浸透を許すためにこそ成立したのである。そこでは原因と結果のとりちがえがあるばかりではない。中根にかぎらず家族モデルを社会構造の説明原理に持ち出す論者は、近代が構成したもののあとをトレースしているだけで、それがいかに歴史的に形成されたかを、問うことを忘れている。彼らは自分の理論構成のなかで家族の社会的構成をくり返すだけではない。そのことによって彼らの理論は、それ自体が家族モデルの強化に貢献している。

社会が家族モデルを形成し、今度は家族モデルが社会を説明する——家族国家主義とはそのようなものだ——というのは、たんなるトートロジーである。わたしたちは家族モデルがこれほど支配的な力を持った近代という時代そのものを、「家族の時代」として、疑うべきだろう。社会科学者もまた、近代が作った家族イデオロギーにとらわれている。彼らは家族を被説明項としてでなく、説明変数として扱うことで、かえってそのイデオローグとして機能している。反対に「家族」の歴史＝社会的構成こそが、問われなければならない当の対象なのである。

こう考えれば、なぜ二〇世紀にフロイトの理論がこれほどまでに跳梁跋扈したかの謎が解ける。フロイト説は近代家族の説明理論としてぴったりのものだったが、逆に言えば、フロイト理論そのものが近代家族の産物であった。近代家族によって形成された理論が近代家族をよく説明できるのは、たんに冗長と言うほかない。同様に、家族モデルが国民国家をよく説明するのも、冗長である。なぜなら、国民国家は家族モデルによって作られたのだから。

イデオロギーとしての家族モデルは、ただひとつの目的に奉仕する――家族の自然性を不可侵のものと見なして、その起源を問うことを禁止することである。近代家族の形成の背後には、公領域と私領域の分離という秘密があった。国家という公領域は、みずからの私領域への依存、もっとあからさまに言えば、家族の搾取を隠蔽する必要があった。家族を神聖不可侵の聖域として構成することは、近代家父長制の「陰謀」であった。その意味で日本の「家」もまた、その例外でないというにすぎない。のちになって女性学がこの聖域を侵犯するまでは、この「近代家族の神話」は生き続けた。

注

（1）　佐藤は、個人主義は公権力に対する家族の権利の主張のうちにしか育たないと主張する。その意味で後に述べる小路田の主張と一致する。だが佐藤は、国家主義が家族をいったん解体し、個人をばらばらにしてから新たに「家」を再編成したという歴史的課程に注意を喚起する。日本の家族主義は、前近代的なそれとは断絶を経験している。

（2）　伊藤幹治も、「家族国家観というイデオロギー」の寿命を「明治末期から敗戦まで」の半世紀間と見なしている[伊藤(幹)1982 : 42]。「近世以来日本の社会に根を下ろしていた「家」制度は、こうした戦後の一連の変化にともなって変革をしいられた。そして、その結果、家族国家観もまた「家」制度という支柱をうしない、崩壊せざるをえなかった。その意味では、敗戦という歴史的事実は、明治末期以来、半世紀近いあいだ、主導的な役割をはたしてきた家族国家観を瓦解させる契機になった……。」[伊藤(幹)1982 : 207]

（3）　国勢調査第一回が実施されたのは、一九二〇年、大正九年のことである。それ以前には、信頼に足る人口統計学的データは存在しない。国民の全数調査という国勢調査そのものが、人口移動が激しくなったせいで、戸籍による記載があてにならなくなった、時代の趨勢を反映している。

（4）　沖縄の「トートーメー」(本土では仏壇・位牌にあたる)継承では、排他的な男系相続がおこなわれ、女子は直系でも財産の相続権の放棄を(トートーメー祭祀の維持に経費がかかるという理由から)親族から強制される。ただし直系女子より傍系男子が優位というこの排他的な男系主義は、中国的なものである。戦後民法が保証する性別に関わりのない子どものあいだでの均分相続は、慣習法のレベルでは、ほとんど意味をなさない。法律をタテにとって財産相続権を争った法廷のケースは、戦後二件にすぎない。いずれも原告側女性の勝訴に終わったが、ひとつのケースでは、裁判には勝ったが、社会的な制裁のために、訴えた女性は本土への転出を余儀なくされた[堀場 1990／琉球新報社編 1980]。

(5)「祖先崇拝」にかわって「子孫崇拝」もまた、超個人的な「家の永続性」の根拠になりうる。「女と墓」の調査研究を手がけた森綾子は、生前払い込みの「永代供養料」も、「子孫崇拝」のあらわれであると指摘する。「永代供養料」を払い込んだからといって、彼らは墓を個人墓にはしない。「○○家の墓」として子どもの世代が入ってくれることを(そしてそれを親の世代が用意したことに将来感謝してくれることを)期待している。

(6) レヴィ＝ストロースは前者を「機械的モデル」、後者を「統計的モデル」と呼んだ[Lévi-Strauss 1958／レヴィ＝ストロース 1972]。

(7) 現代の身分制とも言うべき「夫妻の学歴別同類婚・異類婚指数」[井上(輝)・江原編 1991：11]によれば、同類婚指数は大学卒同士で最大、中学卒同士がそれにつづく。かつ一般に上昇婚傾向が強く、夫妻の学歴が逆転するケースは、例外的である。恋愛結婚が優位に立った一九八七年のデータ(厚生省人口問題研究所『第九次出産力調査』による)でも、階層内婚の傾向は強いと言える。

(8) この点で、映画や文学のような文化表象を、民俗誌料として扱うことには問題が残る。芸術的な表現は、なにがしか規範的な表現だからである。また、佐藤が実例に挙げている自律的な家父長像が、南フランスやイタリアなど、中世的な拡大家族の伝統を色濃く残している地域を舞台にしたものである符合も興味ぶかい。そこに描かれたのは、理想化された滅びゆく家父長像であると考えられる。

(9) 明治期になって急増した親子心中も、家族の共同体からの孤立の結果と見なすことができる。直系親族以外のメンバーに対して排他性を強めた他の家族に、子どもを託して死のうとは思えなくなった親が、子どもを道連れにしたのが、親子心中であった。

(10) 彼らが「家」をカタカナで「イエ」と表記するのも、実体ではなく理念をさすという立場から来ている。それとともに「イエ」とカタカナ表記することで、民俗語彙としての「イエ」を、比較文明史的な視野に置くことも意図している。

(11) 中根の議論はもともと、F・L・K・シューの『比較文明社会論――クラン・カスト・クラブ・家元』[Hsu 1963/シュー 1971]のモデルに基づいている。シューの議論は、家族を社会構造の最小単位と見なして、その中で「タテ型」の人間関係と「ヨコ型」の人間関係のどちらが優位であるかによって、他の社会構造をすべてその同心円的拡大としてモデル化しようとするものである。だが、シューのモデルを「普遍的」と見なすことには問題がある。第一に、家族、村落、企業、国家など、集団のレベルが異なれば、必ずしも同一原理の「同心円的拡大」と見なすことはできない(家や企業がヘルシャフト的でも、村落や組合はゲノッセンシャフト的でありうる)。第二に、シューの「家族モデル」そのものが、フロイトの影響下にある点で〈近代〉的なものだからである。

付論　「家父長制」の概念をめぐって

［初出一九九四年］

日本の社会科学の伝統の中では、「家父長制」概念は、ウェーバーと結びついて理解されてきた。一九五八年の有斐閣版の『社会学辞典』では、「家父長制 Patriarchalism」は「家長である男子が家父長権によって家族員を支配・統率する家族形態」とあって、「古代・中世の家族」が例に挙げられている。参考文献に挙げられているのは、ウェーバーの『家産制と封建制』[Weber 1921-22/ウェーバー 1957] 一点である。同じく有斐閣の一九九三年版『新社会学辞典』では「家父長制」は姿を消し、「家父長家族 patriarchal family」が項目にあがっているが、ル・プレー[Le Play 1855]を引いて「家族内の権力が父に集中する家族形態」として、「東洋の遊牧民、ロシアの農民および中部ヨーロッパのスラヴ民族の間にみられる」と例示し、わざわざ「近代家族」と対比させている。一九八八年に見田宗介らが編集し、社会学の新潮流をカヴァーしたとされる弘文堂版『社会学事典』においても、「家父長制 patriarchy」の定義は「家長権を持つ男子が家族員を統制・支配する家族形態」と、五八年の有斐閣版と変わるところがない。主としてウェーバーに依拠し、「家父長制」は「古代や中世のヨーロッパ・日本に見られた」とする。日本では「明治民法にみる家父長的家制度は、封建社会における家族秩序を規定したもの」としている。「だが、第二次大戦後の近代家族の展開と家制度の解体とともに、家父長制は姿を消しつつある」という認識が記述されている。

日本の主流および対抗的な社会学辞典における「家父長制」の記述を、リサ・タトルの『フェミニズム事典』[Tuttle 1986/タトル 1991]における「家父長制 patriarchy」と比べると、その落差に驚かざるをえない。それによれば「字義通りでは「父親の支配」を意味し、もとは人類学者が使った言葉で、一人の高齢の男性(家父長)が家族の他のメンバーに対して絶対的権力をもつ社会構造をさす」とただし書きしたうえで、その後、フェミニストがこの語を再定義して使っていることを指摘している。「家父長制の概念はフェミニストにとって重要である」として、ケイト・ミレット[Millett 1970/ミレット 1973, 1985]やジュリエット・ミッチェル[Mitchell 1974/ミッチェル 1977]を引いて、「家父長制」とは「男性が女性を支配し、年長の男性が年少者を支配する」社会構造であり、歴史上知られている「あらゆる社会」は家父長的である、としている。一九八六年にイギリスで出版され、九一年に日本で翻訳が刊行された『フェミニズム事典』は、その存在自体によって、一冊の辞典を編むほどにフェミニズムの領域で蓄積があることを証明しているが、にもかかわらず、それが日本の社会学界には、なんの影響も与えていないこともあきらかである。「フェミニズム以後」の編集になる八八年の弘文堂版、九三年の有斐閣版においてさえそうなのだから、七〇年代以降のフェミニズム二〇年間の蓄積は、あたかも存在しなかったかのように取り扱われている。

もちろん、「家父長制」概念が多義的であることは、『フェミニズム事典』でも認識されている。「この用語(家父長制)は現代のフェミニストによって頻繁に使われているが、その意味については必ずしも一致しているわけではない」。瀬地山角は、「家父長制」概念の混乱を指摘し、それを避けるためにべつの用語をあてるべきであったと主張する[瀬地山 1990]。長谷川公一は『ジェンダーの社会学』のなかで、「家父長制とは何か」と題する研究ノートを書いているが、そこでは patriarchalism と patriarchy とを区別し、前者を「家父長制」、後者を「父権制」と訳すべきだと提案している。「最年長の男性が、成員全員に対して絶対的で排他的な生殺与奪の権利と権威をもつという、古代ローマなどに典型的な男性の支配のあり方をのみ限定的に「家父長制」と訳すべきである。」[長谷川(公)1989]だが同時に、フェミニストが「家父長制」概念を「再発見」して用いていることの指摘も忘れない。

だが、ことは「家父長制」か「父権制」か、という訳語の問題ではない。英語圏のフェミニストは patriarchy という歴史的用語を最初から使ってきている。それは patriarchy の歴史貫通的な遍在性を指示するために、従来からある語彙の中からあえて採用されたものである。それ以前は「男性優位 male dominance」や「性差別 sexism」と呼ばれてきた諸現象を、その根源に溯って全体的な構造として示すために、フェミニストは「家父長制 patriarchy」という語を再定義して使用した。長谷川は「フェミニストの用語法と従来の用語法との相違」が「混乱や誤解」の原因になっていると言うが、「混乱や誤解」は、フェミニズムの外部で起きているにすぎない。「ジェンダー」という用語が定着してから、だれも「文法上の語彙の性別」という意味に限定して用いるひとはいなくなったように、あるいは「フェミニスト」を「女性を尊重する紳士的な男性」をさすと考えなくなったように、概念は歴史の中で、再定義されながら用いられる。フェミニズムが「家父長制」を「再定義」して使いはじめてから二〇年、瀬地山や長谷川のような若手の社会学者が「家父長制」の概念をめぐって論文を著す時代に、九〇年代に刊行される社会学辞典にその変化の片鱗も見られないのは異様なことというほかない。

同じような無理解は、比較家族史学会が一九九二年に刊行した『家と家父長制』[永原他編 1992]のなかにも見られる。一二人の執筆者の全員が男性という本書のなかで、女性史研究者の業績は高群逸枝ただひとりを除いて言及がなく、フェミニズム以後の女性学の業績にも一顧だに払われていない。編者のひとりで「はじめに」の執筆者である永原慶二は、「家父長制」は資本主義的経済発展にとっては「宿命的な矛盾物であった」[永原他編 1992:9]と、あいかわらずその「後進的性格」を強調しているし、明治政府による意図的な「家父長制定着化政策」を論じる鎌田浩も、これを「日本社会の構造的特殊性」[鎌田 1992 : 27]とする従来どおりの見方を採用している。ただし住谷一彦の「「家父長制」論の展望」によると、「家父長制」が「封建遺制」として論じられた段階から、「近代市民社会における家父長制」という「新たな問題」領域にはいった――「家父長制の問題は、いまやまったく新しい局面を迎えたといってよいであろう」[住谷 1992 : 298]という指摘がある。だがその理由は、高度成長が欧米に対する「先進⇔後進」という「発展段階論的視角を色あせたものにしてしまった」からと、欧米社会史研究がヨーロッパ「近代」も「家父長制」を抜きに論じられないことを明らかにしてきたからだと指摘するにとどめ、近代家族形成史が、女性史やフェミニズムの研究者の参入によって新たな地平を拓いたことは述べられていない。それどころか「批判の対象となったアンシャン・レジームの「封建遺制」は、いまや「まさに逆」に日本文化の価値ある伝統遺産として日本経済躍進の枢要な前提条件と評価されるに至った」[住谷 1992 : 297]との状況認識を背景に、「家父長制」を段階論的にではなく、「普遍史的」に「類型論」として扱うことを提唱している。これはフェミニズムが「近代家族における固有の家父長制」を問題にした歴史意識より後退したものである。江守五夫は「現実に成立した近代市民社会の基底をなすものは個人ではなく家族にほかならなかった」[江守 1992 : 280]という認識にもとづいて「市民社会における家父長制」という概念を提唱し、家父長権をプロイセンのラント法典やフランスのナポレオン法典のような市民法のなかに確認している。だが「近代市民家族のこのような家父長制的構造に動揺をもたらしたのは、機械制大工業のもとでの妻の労働市場への復帰であった」という江守のなかには、「女性の公的労働への完全な復帰」が「女性解放」の条件であるとするエンゲルス流の社会主義婦人解放論が残響している。「労働者家族は性差別を知らなかった」[井上(清)1949]という神話に反して、労働者階級においても近代家父長制は歴然と存在していること、家父長制的資本制のもとでの「女性の公的労働への復帰」は、労働市場の性別隔離にともなって、私領域と公領域の双方における抑圧を結果こそすれ、家父長制を揺るがすことにはならなかったという八〇年代までに獲得された女性学の知見は、江守の所説にすこしも反映されていない。「家と家父長制」を論じる九〇年代のもっとも先端の成果であるべき本書において、女性学二〇年の蓄積は、あたかも存在しないかのごとくである。

二　家族の近代

［初出一九九〇年］

1　家庭の幸福

自然と本能にもっとも近いと思われている性や家族でさえ、歴史と社会によって変わる。明治期に日本の夫婦、結婚、家族、男女、性愛、身体観等は急激に変化した。否むしろ、明治以後一世紀の今日において強固に自然視されている通念の多くが、どの程度の歴史的深度しか持たないかが、その形成期の探究をつうじてよくわかる。

ヨーロッパ近世・近代史が、社会史や女性史のインパクトを受けて次々に明らかにしたのは、社会変動にともなって家族領域もまた再編成されるという事実であった。それどころか、「私的な家族領域」というもの自体が近代化の過程で公領域と同時に析出されたものである。「世間からの避難所」としての家庭の普遍性の信念自体が、近代の産物であった(1)。

日本についても「家族の近代」の成立をトレースすることができる。明治維新以降の急激な近代化を駆け抜けた日本では、それは、輸入思想と在来思想の対立、欧化主義とそれへの反動のかたちをとってあらわれた。

「家族の近代」には、まず「家庭」概念の成立を挙げなければならない。

明治二五(一八九二)年、タイトルに文字どおり「家庭」の名を冠して発刊された『家庭雑誌』は、この家庭賛美イデオロギーの強力な担い手であった。

「家庭は一《いつ》の仙境なり。花発《ひら》き、鳥歌ひ、天麗《うらゝ》かに、日永し。一重の墻《かき》内外を劃《かぎ》り、桃花流水杳然として世に遠きもの比々《ひゝ》然《しか》るあり。……こゝに一個の家庭あり。閑雅窈窕《えうちやう》、子女嬉々として、其和楽を維持し、其清潔を維持し、其健康を維持し、其特殊の家風を維持するものは、之が内外の区劃《くゝわく》ありて、別に一場の小天地を開くが為にあらざらんや。」(自助生「家庭と時事」『家庭雑誌』二四号)

「慈愛の父母、仲よき兄弟、仲よき夫婦、善良、忠実にして勉強、且質朴、謙遜なる一家、これ詩人達が茅屋の蔭に夢想する、人の世の幸福に非ずや、地の上の天国に非ずや、理想の家庭に非ずや。」(鉄斧生「家庭の福音」『家庭雑誌』二四号)

「平和なる家庭は、即ち楽しき家庭なり。こゝに於て乎、夫は出でゝ家を忘れず、妻は夫の安全を祈り、子弟も亦父兄を慕ふ、偶《〔たまたま〕》団欒するに及むでは、嘻々として笑ひ、快々として語る。人生の快事此上なし。」(やぎ生「楽しき家庭」『家庭雑誌』二六号。〔 〕内のルビは著者が補足したもの。以下同)

「家庭」が英語のhomeの訳語であったことは、『家庭雑誌』一五号、秀香女史の論説中の「人間が真生清潔なる快楽を得る所即ち家庭(ホーム)」(「結婚後の幸福」)からも知れる。この「家庭」に付け加わる形容詞は、「幸福」「快楽」「健全」などである。その「家庭の幸福」を象徴するものが「一家団欒」である。「何をか夜の家庭に於る天国と云ふ。善良にして清潔無垢なる一家団欒の時を指す也。」(蔽日生「夜の家庭」『家庭雑誌』一号)

この「家庭の幸福」の内容を構成しているのは、(1)相愛の男女からなる、(2)一夫一婦と、(3)未婚の子女を含む(他人を含まない)核家族で、(4)夫は雇用者、(5)妻は無業の主婦という性別役割分担をともなう都市勤労者世帯、という条件である。

「一家団欒」「茶話会」という概念が初めて導入され、家内の「談話」が強調された(社説「家庭の談話」『家庭雑誌』六号)。『家庭雑誌』創刊号は『国民新聞』七九〇号の記事を紹介して、「家庭の一大快楽は老幼少長団欒して食を偕《とも》にするより良きは莫《な》し」と、家族の「共食」をも強調する。伝統的な家族では、食事は性と世代によって分離されていたこと、食事中の談話は不作法としてたしなめられていたことを考えれば、性と世代のカテゴリーを混乱させた「共食」、食事中の「談話」は、もってのほかの家族道徳の解体に当たるはずなのだが(2)、ここではかえって新道徳として賞揚される。だが、裏返して考えれば、「談話」という家族内コミュニケーションの強調は、すでに生業の共同や財産の共同を失って個人化した都市家族の成員を相互に結びあわすための新しい手だてが必要だったからだとも考えられる。「家業」という制度的基礎の上に立つ伝統家族は、ことさらに家族内コミュニケーションを強調しなくてももったのである。

この「家庭の幸福」を成り立たせる第一の条件は、相愛の一夫一婦でなければならない。甲田良造は『奇思妙構　色情哲学』(明治二〇年)の中で「人生の最大快楽は一夫一婦の中に存す」とうたいあげる。

「そも〳〵人生最大《ひとのもつともおほいなるたのしみ》の快楽と申すは、其中心に顧《かへり》みて少《すこ》しも病《やま》しとする所なくて互《たがひ》に心のうちとけたる男女のかたらひより大なるものはあらじ。一夫一婦の道徳《だうとく》を守《まも》りて男女情交《じやうかう》の貞実《ていじつ》を尽《つく》したまはゞ、始《はじ》めて天真情理《てんしんじやうり》の最大《さいだい》快楽《くわいらく》を享得《うけう》るに至《いた》らん。」

「色情哲学」というタイトルは文字どおり「性愛の形而上学」(4)を意味するが、江戸時代の性愛形而上学、たとえば藤本箕山《きざん》『色道大鏡』(3)が遊女と地女とを区別してひたすら「遊女様」を讃えたことと比べると、一夫一婦の道徳は一八〇度の転換である。

この一夫一婦の観念が、開化輸入思想の一つであったことは論を俟《ま》たない。井上次郎は明治一八(一八八五)年『女学新誌』の中で、「夫婦の愛」と題して「米国の学士クック氏」の説を紹介している。

「一、夫婦となるべき者は相《あ》ひ互《たが》ひに尤《もつと》も切《せつ》に相ひ愛するものなるべき事。

二、尤も切に相ひ愛するとは必ず二人《にん》の間に於《おい》て行《おこな》はるべく二人の外《ほか》に行はるべき者に非《あらざ》る事。
三、尤も切に相ひ愛する者即ち夫婦となるべくして而《しか》して尤も切に相ひ愛するとは只《た》だ二人の間にのみ行はるべき者なるを以《も》て夫婦は必らず二人に限るべき事(一夫《いつぷ》数妻《すうさい》又は一夫《ふ》一妻《さい》一妾《せふ》の如きことあるまじきと云ふ也)。
四、尤も切に相ひ愛する者ならずんば決して夫婦となる能《あた》はず亦《ま》た夫婦とならしむる能はざる事。
五、尤も切に相ひ愛するや否やは種々《いろく》の箇条《かでう》に由《よ》りて之を承知し得《う》べき事。
一、一旦むすびたる縁《えにし》のちなみ何事かに依《よ》りて破れんとしたるとき之を元の如くあらしてんと思ふ心のありやなしや。
二、夫婦たらんとの約束は双方の共に好むことなりや又はたゞ一方にて好み他を圧して従はせたることなりや。
三、夫婦たらんとするもの其一方の為に死すべき程の覚悟ありやなしや。
六、斯《かく》の如く尤も切に相ひ愛する者二人夫婦とならば婚姻の后《の》ち不楽の事決して有之《これある》まじき事。
七、斯の如くならざる婚姻は啻《たゞ》に天然《てんぜん》の法則に反《そむ》くのみならず社会の法則にも違《たが》へるの理ある事。」(『女学新誌』二〇・二一号から合成)

まことにピューリタン的な厳しい基準と言うべきで、ことに第五条の三項などは、たいがいの人を震えあがらせるだろう。

恋愛と結婚の一致というこのピューリタン道徳から「自由結婚」への要請が生じる。宮川鐵次郎は『日本之女学』二一号の「自由結婚と干渉結婚」と題する論説で主張する。「天下誰か自由結婚を欲せざらん、誰か父母の干渉を嫌忌《けんぎ》せざらん、誰か夫妻和楽の幸福を望まざらん、吾人は一日も早く結婚の自由を望むや切なり。(5)」

この「家庭の幸福」の理想を基準に考えると、さまざまな問題点が派生してくる。

第一に、「家庭の幸福」の理想にほど遠い日本の家庭の男の圧制という現状がある。『家庭雑誌』創刊号の論説欄に九溟生が「現今の家庭」と題して「家庭の一小国は依然たる専制君主国たる也」、その中で夫と妻は「主人と家来」のような関係にある現状を嘆いている。

「乱れたる家庭ほど不愉快のものはあらず。……これ畢竟、一家の主人たる者、苦《くる》しみのみを分ちて、楽しみを共にせざるより起ることにして、楽しみを分つと否とは、一に主人の心如何にあり、又これによりて楽しき家庭ともなり、不快の家庭ともなるなり。……妻子は主人の命とさへいへば、少しの無理あるといへども、御無理御《ご》尤《もつとも》と逆らはずして、唯々諾々す。されば主人は……家庭に於ける大納言の気取りにて、遊興費は概《おほむ》ね一人にて消費し、家族をばおのが御用達と心得、無暗《むやみ》に使役して欲を充たし、少しにても気に向かざるときは、目を丸くして叱咤す。家族はまた主人の怒りに触れざる様、戦々兢々として日を送り、主人の外出することあれば、厄病神の出で行きし後の如く、笑の声は家内に満つ。此《かく》の如き形勢にては、楽しき家庭を望むも到底能《あた》はざるなり。」(やぎ生「楽しき家庭」『家庭雑誌』二六号)

「現今の家庭」を憂うる基準は、「西洋人」との比較であった。『日本之女学』一二号には、「貴女諸君に告ぐ」と題して咄々居士のこういう文がある。

「彼れ西洋男子は、夫婦一対、常に妻の手を携《たづさ》へて之を扶《たす》け、万里の遠遊にも、一宵《ひとよ》の宴会にも、双《ならん》で相離るゝ事なしと雖《(いえど)》も、日本男子は、傲然として奥方を叱り、奥方に介抱せしめられ、更に之を扶くるなどいふこともなく、時としては某々の花に眠り、柳に戯むれ、権妻、外妾を置くを以て通例と為すが如し、親切の情に至りては冷淡極れりといふべし。」

「婦徳」を説く『貴女之友』でさえ「日本の男子は女子に対して親切なりや」と題して、「婦人自《みづか》らが「ア、女程つまらぬ浅墓《あさはか》なものはない」と往生して居りましたのは、実に憐れなる次第です。男子は家外にて活潑なる働きと面白き愉快を沢山して居りますから、帰宅せしときは余程婦人を丁寧に慰めねばなりませぬ」(松操子、『貴女之友』四一号)。その中に、「日本の男女は互に対等の愛情を尽す可きこと」(傍点引用者)とあるのは、あきらかに「西洋男子」を意識している。

『色事の仕方』(戯花情子こと神根善雄、明治一六(一八八三)年)のような通俗性指南書も、「夫婦の交接《まじわり》」の章の中で、次のように指摘する。「横浜神戸にて外国人が遊歩外出するを見玉《みたま》へや、大凡《おほよ》そ婦人を伴ふて歩行するもの多し。決して夫婦相伴ふは恥《はづ》べきことにあらざれば、何卒深密《なにとぞしんみつ》に、尚《な》を御深密《ごしんみつ》に願ひたし。[6]」これは、福沢諭吉が『男女交際論』(明治一九年)で述べたことと全く重なっている。「川柳の句に二三丁出てから夫婦連れになると云ふことあり。元来男女の天賦夫婦の情に於ては散歩するにも我家より相伴ふて門を出るこそ本意ならん……。」

西洋の家庭文化と「西洋男子」の理想化は、ついに「日本男子は実に取り得のなき動物なり」という自己卑下を導き、「余は貴女諸君に忠告せん」「西洋人に嫁《か》し玉《たま》へ」(「貴女諸君に告ぐ」『日本之女学』一二号)と「国際結婚のすすめ」にまで至る。この説に対して、欧化主義を目の仇にする『貴女之友』が反論するなど、思わぬ欧化‐国粋論争にまで発展する。新しい家庭観も、それが輸入思想であるかぎりは、「外人尊奉主義」のそしりを免れなかった。

第二に、一夫一婦の道徳を破る男性の側の蓄妾、売淫の現状がある。

「男女両性の関係は至大至重のものにして、夫婦同室の約束を結ぶときは之を人の大倫と称し、社会百福の基《もとゐ》又百不幸の源《げん》……古今世界の実際に於て両性の孰《いづ》れか此関係を等閑にして大倫を破るもの多きやと尋《たづぬ》れば常に男性に在りと答へざるを得

ず。」(福沢諭吉案、手塚源太郎『日本男子論』明治二一(一八八八)年)

福沢が指摘するこの「性の二重基準 sexual double standard」は、妻の姦通は罰せられるが夫の姦通は罰せられないという明治刑法の姦通罪の性別非対称性にもあらわれている。

植木枝盛は徳富蘇峰の『国民之友』を舞台に、のちには自ら主宰する『土陽新聞』紙上で、廃娼論、一夫一婦論、家庭論等の論陣を張った。だが『植木枝盛日記』(高知新聞社、一九五五年)に明治一三年九月一七日「夜、千日前席にて演説を為す。男女同権論を述ぶ。菊栄妓を召す」と、昼の壮士、夜の遊客の二つの顔を悪びれずに書く彼は、自分自身が「性の二重基準」を生きていた(7)。

男が不品行に走るのは「家庭の幸福」が満たされていないからであるとする見解もまた登場する。『色事の仕方』が述べる夫婦和合の秘訣、「夫婦始終相伴ふときは、夫が他《ほ》家《か》で酒狂《ゑひ》の余りに他婦《をんな》に戯るゝことあるまじく、亦《ま》た妻が留守にて道ならぬ夢見ることもあらざるべし」は、福沢諭吉の見解と変わるところがない。

「富貴の男子は内外の妾を養ひ又は家に妓を聘《へい》して快楽を取る者あり、下りて下流に至りては青楼に登り花柳に酔《ゑ》ひ人生の想像にあらん限りの醜行を犯して自から遣る者あり。……我輩は其状情を酌量して聊《いさゝ》か恕《じよ》する所のものなきを得ず。其次第は凡そ人生として絶倫の気力体力あるに非ざるより以下は、斯る無情の日本社会に居り其品行を高尚優美にして能く自から楽しむ者あらんや。唯楽しまざるが故に、其行楽の道を求め一線の血路は蓄妾聘妓の醜行に在るのみ。其醜行真に醜なりと云ふと雖ども、単に肉慾を慰むるのみの目的に非ず、其実は別室妾宅なり、花街柳巷なり、世教習俗外の別乾坤《けんこん》にして恰《あたか》も社会の圧制を免かる可き楽地なるが故に、鄙劣《ひれつ》ながらも之を利用して情交の働《はたらき》を満足せしむる者なれば強《あなが》ち悪む可きに非ず、寧《むし》ろ憐む可き者にこそあれ。」(福沢諭吉立案、中上川彦次郎筆記『男女交際論』明治一九(一八八六)年)

福沢の言う「社会の圧制」とは「婦人と男子との交際」がなく「両生の関係が窮屈」な「我が日本国の一大不幸」を言う。「女性の不愉快は男性の不愉快」と感じる福沢の男女同権感覚は、だが、江戸期の性文化の匂いを濃厚に残す『色事の仕方』が、夫の不品行にならんで妻の不品行の可能性にも言及する両性間の対称性には及ばなかった。

第三に、夫婦間の無情が起きる原因は、結婚の仕方にあるとする。

「従来吾国の風習にて見合ひなんどを為すときの摸様をきくに、夫たるべき方にて之を好まば可なることゝし妻たらん方にて何事かの苦情不同意を言ふことは十中七八の例《ため》しなり。されば女はたゞ男の好まるゝに従ひて之に嫁し、彼の好まざるに至れば去らるゝまでの定りとなれる、実に慨歎すべき限りなり。」(「夫婦の愛」『女学新誌』一二一号)

というのも、結婚が一種の経済行為になっているからである。

「今日の夫婦の関係を見るに、男子は生活の余裕が出来た所で、娯楽の為に女房を取る、女子は年頃になれば、生活の地位を得んが為に嫁に行く、故に男子は常に女子の別嬪《べっぴん》か否かを問ひ、女子は常に男子の月給の多寡を問うて結婚を為す、故に夫婦の間決して真の愛情なく、男子は屢々《しばしば》離婚を以て女子をおどかし、女子は常に心にもなき媚《こび》を男子に献ず。若《も》し生活問題、衣食問題が無いならば、今の夫婦の多部分は忽《たちま》ち離別してしまふであらう。」(『平民新聞』明治三七(一九〇四)年二月二一日)

というのも「女子に自活の力がないから」(『世界婦人』一四号、明治四〇(一九〇七)年七月一五日)である。この「無愛情の結婚」は「殊に貴族や富豪の結婚に於て最も著しい」(『世界婦人』五号、明治四〇年三月一日)。(8)

『色情衛生哲学』(黒木静也・飯田千里著、明治三九(一九〇六)年)では「今日の結婚は概《おほむ》ね婬売的《いんばいてき》結婚に非《あらざ》るか」として「彼等の多数は爵位と結婚せるに非ずや、地位と結婚せるに非ずや、金力と結婚せるに非ずや」と言い、「結婚を一個の商法と心得て、人身売買を為しつゝあ」ると極言する。

柳田国男の『明治大正史　世相篇』(9)[1931, 1976]によれば、この時代こそ(ことに明治四〇年代)、結婚が若衆宿・娘宿の統制下にある村内婚から「媒人《なかうど》」を立てる遠方婚・見合婚へと変化していった過程であった。「見合い」を「従来我国の風習」と呼び、「自由結婚を主張すべからず」という逆転が起きるのは、時代の逆説と言うほかない。「夫婦の愛」と「家庭の幸福」が説かれるその同じ時期に、結婚が経済取引きになる趨勢が進行していったのである。

第四は、「家庭の幸福」の理想のために核家族のモデルを導入したことである。植木枝盛の言う「子婦は舅姑《きゅうこ》と別居すべし」という主張がここからあらわれる。「純粋なる家族、異分子を雑《まじ》へざる家族、真実を以て万事を貫く家族、何事も相談づくにて行はるゝ家族」をつくるには「若《も》しそれ一家の異分子に到りては無きに若《し》くはなし。……一家は成る可く家族のみにて暮らす可し、特に純粋の家族のみにて」(社説「美《うる》はしき家風」『家庭雑誌』三号)。

この「異分子」とは、食客、厄介者、雇人等を指す。さらに経済上事情が許せば「舅姑別居」もすべしと勧める。伝統的な直系家族の中では「嫁は他人」だったが、核家族的な「家庭の幸福」の理想の中では、舅姑がついに「異分子」「厄介者」扱いされるに至る。

この「家内の別居」は、次の二つの理由からさらに正当化される。

「親夫婦即ち舅姑と子夫婦即ち婿嫁とをして同居せしむるときは、

第一、舅姑の旧弊を以て婿嫁を支配するが故に、世間の進歩を妨ぐるの恐れあり。

第二、舅姑年老ゆれば少壮なる婿嫁に依頼する心を生じ、婿嫁年若ければ老練なる

舅姑に依頼する心を起すの傾きあり。」(「家内の別居」『貴女之友』五一号)

即ち「時代の差」と「世代の差」の二つの理由から、「別居のすすめ」が説かれる。社会変動のスピードが激しい時代には、世代間ギャップは拡がり葛藤をひき起こしやすくなる。開化の思想家たちは、世帯分離を「家庭の改良」の名のもとに支持した。

よく言われる姑の嫁いじめや婚家での嫁の地位の低さについては、いささか留保をつける必要がある。森有礼が高等女学校で行なった演説によると「婚姻スルヤ十ノ八九ハ舅姑ト室家ヲ同ジクス。加之《しかのみならず》其生計ノ権柄ハ舅姑之ヲ握ル」(『女学雑誌』一二〇号)と、嫁に主婦権が毫もなかったことをうかがわせる。福沢諭吉も「一方には聟嫁の睦じきを悦びながら又一方には其間の疎縁ならんことを祈り……」と「舅姑の不人《ふじん》(inhumanity)」(『男女交際論』)を指摘する。

だが一方で、柳田国男が、明治中期までの農村では、まだ婚礼と嫁入りが分離していた例、主婦権の委譲と婚入とは同時、つまり嫁は堂々たる主婦として婚家に入ってくるというケースを報告していることを考えると、直系同居世帯内での嫁の地位の低さは、(1)婚姻と嫁入りとが同時に行なわれる嫁取り婚が一般化したこと、(2)婚姻が不可逆的なものと考えられ妻が実家に戻るべき場所を失ったこと、(3)上昇婚が一般化し、嫁の実家の地位が婚家に対して下がったこと、(4)嫁が労働力ではなくなり都市雇用者家庭に経済力のない無業の妻として入ってきたこと、等の条件による。だとすれば、嫁姑の確執もまた、「近代的」なものに他ならない。激化する確執に対して「別居のすすめ」が提案されたと考えることもできる。いずれにしても、明治期の平均的な家族周期によれば、婚入後舅の死までは平均六年、姑の死までは平均一〇年、嫁は三〇代の半ばまでには主婦の座に就いた[湯沢 1987]。

2　主人と主婦

こうして結婚した男女は一家の「主人」となり「主婦」となる。「主人」と「主婦」が対語として登場するのは明治二〇年代である。ことに「家庭」を司る「主婦」の責任は重大であった。「家庭」の「主婦」としての女性の役割も、開化の輸入思想であった。その考えはカタカナ、横文字概念の直輸入の形で紹介される。

「"The woman is the key of the home"(婦人は一家の鍵なり)」(「日本の婦人其の三」『日本之女学』一〇号)

「西洋ノ諺ニ曰ク「賢婦ハ家ヲ造ル」(the wise woman builds her house)ト、実ニ然リ。一家ニ於イテ勢力ノ最モ大ナルモノハ一家ノ主婦ナリ。」(「小学経済家政要旨後篇」『家政学文献集成』)[中部家庭経営学研究会編 1972 : 416]

「ホームノホームタルコトハ第一ニ其家ノ妻君、即チ、女王ニ在ル。」(内村鑑三「ク

リスチャン・ホーム」『女学雑誌』一二五号）

「家ハ是レ一ツノ国ナリ、此国ノ女王トナリテ、万事ヲ調理スルハ主婦ノ大幸ニアラズヤ。」（「家政天下」『女学雑誌』二二九号）

妻に対して夫も「家庭」をつくる共同経営者と考えられているが、影が薄い。『日本之女学』二・三号に連載された「妻たるもの丶務め」、「夫たるもの丶務め」によれば、「家内の事は妻たるもの丶支配する所にして」、夫は「妻に属する家政に就ては成べく干渉せざるをよしとす」と、分業型夫婦の原型が描かれている。「妻の為す所の事は家政に止まる」が、その中での妻の自律性の高さがうかがわれる。「特ニ経済ノ点ヨリ論ズレバ、夫ハ人民ノ如ク、婦ハ政府ノ如シ」（「小学経済家政要旨後篇」『家政学文献集成』）。

[中部家庭経営学研究会編 1972 : 415]

ここまで持ち上げるのは誤解をまねくが、内村鑑三が「従来日本ノ女子ハ社会ノ表面ニ於テコソ無勢ノ如ク見ユルモ、其家庭ニ於テハ隠然タル一大勢力ヲ有スルヲ見ルベシ」（『女学雑誌』四八九号）と指摘するのは当たっている。近代的な性別役割分担の中でも、日本の主婦が家政に高い自律性を持っていたことは、西欧に比して特筆されてよい(10)。

明治一一（一八七八）年、望月誠は『女房の心得』、『亭主の心得』という家庭経営の通俗実用書を刊行して評判を博する。『女房の心得』が計三三条、それに対して『亭主の心得』は計一九条と少ない。標題の下に「女房の心得に対し夫の字に代ふるに亭主の二字を以てするも家主《あるじ》の義《わけ》には非ずと知るべし」とわざわざ但し書きがあるのも、主婦をさす民俗語彙に「家主《えぬし》」があることを考え合わせると興味深い。主婦は文字どおり「家《いえ》の主《あるじ》」だが、夫はそうでない。『女房の心得』が実用的なノウハウに満ちているのに比べると、『亭主の心得』の方は戯作調の滑稽本の趣きがある。「家庭経営」の担い手としての主婦に要求される能力は、家事、育児、奉公人の管理まで多種多様であるが、最も重要なのは「経済《けんやく》」の知識、具体的には「算術《そろばん》」の能力である。この点でも「女房」には「学識《がくもん》と才能《はたらき》」がなくてはかなわない。「経国済民」の学である「経済」が明治期に家庭へ入ってきたことは、もともと家政の学であったオイコノミアが、国家と市場の経済原理(エコノミー)に変貌したヨーロッパの方向と逆流していて面白い。

3　婦人の職業

「健全なる社会は鞏全なる家庭に由〔よっ〕て築かれ、健全なる家庭は健全なる夫妻に由て建てらる」(「新夫妻」『家庭雑誌』四号)。そのためには「婦人の独立」が急務だと、『貴女之友』(二号)のような保守的な雑誌でさえ論じる。「女子にして其の独立を得ざらん限りは其の配偶たる男子の独立も決して鞏固〔きょうこ〕なる基礎を得ること能はず。」独立した男女が「最も恰当せる関係」を継続するためには「毎日定まれる仕事なかるべからず」、「人は働くべく作られたり」(『家庭雑誌』四号)と説く。だが「婦人の仕事」の内容は「社会は男子の戦場なり、家庭は婦人の邦国なり」と、家庭に限定される。木村熊二も「家内経済の大要」と題する文章の中で「倶稼《ともかせぎ》トハ婦人ガ男子ノ如ク外ニ出テ労働スベシトイフニハアラズ。家内統治ト財政ノ主任者トナリテ、健康ヲ保全シ、児女家庭ノ教育ニ従事シ、奴婢使役ノ事ニ注意シ、男子ヲシテ常ニ内顧ノ患ナカラシムルニアル也」(『女学雑誌』一三二号)と、及び腰である。

だが、服部徹は「女子既に他家に嫁し其家政を治むるに方《あたり》ては、日常の職たゞ家政の整理児童の教育に止らずして乃ち別に執《とる》べき事業なからざるべからず」と主張する。「貴女《レデー》」に対しては「唯日夕婢僕《ひぼく》を叱咤《しつた》して僅に余暇《よか》編物を弄するに止るのみ。裁縫《さいはう》の技《ぎ》、機織《はたをり》の術の如きは之を賤視して下劣の職業となし、一も二も他人の手を藉《か》りて自ら進んで取る所なく、恰《あたか》も芸娼妓《げいしやうぎ》が其情人《じやうにん》に身受せられ新たに妾宅にかこわれ安楽《あんらく》を貪《むさぼ》るものと何ら径庭《けいてい》あらんや」(「女子社会の殖産事業」『日本之女学』二五号)と手きびしい。「婦人もまた職業に従事するの義務あり」という立場からは、「貴婦人」は「寄生木《きせいぼく》」呼ばわりされても仕方のない存在である。

「希《ねがは》くは吾儕《わなみ》をしてこれらの所謂《いはゆる》貴婦人を寄生木に比することを許せ。……終身其《その》一身を他人の保護の下《もと》に安《やす》んじて永く天然《てんぜん》固有の地位に上ること能《あた》はざるこれらの人々は、之《これ》を称するに寄生婦人を以てするも豈《あに》不可なりとせんや。」(「婦人もまた職

業に従事するの義務あり」『貴女之友』二三号）

婦人の職業と独立との関係が階級によって著しく違うことは、よく認識されていた。跡見学園の創始者、跡見花蹊は、『貴女之友』三八号の「婦人職業論」でこう書く。

「試《こゝろみ》に上流の貴女を視よ、身に高貴の官爵を帯び、常に駟馬《しば》を駈りて市街を横行するも、顧《かへり》みて其《その》私行を察すれば依然たる留守人《るすにん》たり。……降て中種族の婦人を視よ、其良人《そのりやうじん》父兄は夙夜《しくや》懈《おこた》らず各々《おの〳〵》其業《そのげう》に従事するも、婦人は日夕《につせき》無為、書を読み字を習ふの傍《かたは》ら、多くは琴瑟歌舞《きんひつかぶ》に之《こ》れ耽《ふけ》るのみ。……又降て下等婦女を視よ、余却《われかへつ》て其職業あるを驚かざるを得ず。……下等婦人に職業ありて、上中種族に職業なし。……世の論者は上流婦人の議論を以て中以下に及ぼさんとす、余は下等婦人の職業を推して之を上中種族に拡充せんとするなり。

……苟《いやし》くも身に職業なく空しく良夫の眷養〔けんよう〕を受くれば、勢〔いきおい〕其下風に立たざる可からず。……彼《か》の下等婦女を視るに、身《み》其職業を悉《つく》せるを以て敢《あへ》て良人の箝制《けんせい》を受けず、却て之《これ》を圧抑《あつよく》する者あり。其無学無識、動《やゝ》もすれば反目相罵《あいのゝし》る、固《もと》より教《をしへ》となす可らずと雖《いへ》ども、亦《また》以て実ある者は名あるの一例として観《み》るべきなり。」

その意味で明治は、はっきりした階級社会であった。

だが婦人にふさわしい職業は、十分登場しているとは言い難かった。「我が国の婦人は中等社会以上に職業なく、下等社会には往々《まゝ》之《これ》あるも、多くは不適当にして男女の区分を乱《みだ》り、文明の体面を損じ、余輩をして甚だ快からざらしむるもの多し」(武田柳香「婦人の職業」『貴女之友』二九号)。武田の考える「婦人に適当なる仕事」とは、「手工」の他には「女教師、保母、看病婦、産医、主計、書記等」である。『家庭雑誌』三一号は、「大坂三井銀行支店」にて初の「女子銀行員」が誕生したことを告げているが、時あたかも都市型の女性の新職業が次々に登場した頃であった(11)。だがそれらは主として、手先の器用さや忍耐強さ、養育のような「女の特性」を生かした、男性と競合しない女性向けのゲットー職、ピンク・カラーと言われる職種であった。

中等社会以上で家庭生活と抵触せず、かつ「婦人にふさわしい」と考えられていた職業がどんなものかは、『家庭雑誌』一五号から三二号にかけて連載された「婦女職業案内」からうかがうことができる。ここで「職業」と呼ばれているものは、結局「家庭に於ける手工」すなわち「内職」である。「手工を作《な》して衣食の為に稼ぐの必要なき富裕の家庭に於ても、手工の事は、努《ゆ》め怠る可からず」(「家庭に於ける手工」『家庭雑誌』二号)とあっても、その実「高貴の人は内職とし言へば何となく世間に憚る所ある」(同誌一八号)ことから、「体裁よく」「割好《よ》き」「高等なる内職」に対して反響が高かったことが、誌面からうかがわれる。だが同時に内職をめぐる詐偽や誇大広告もあとを絶たなかった(12)。

他方、「下等社会」の女性の労働の現状は、悲惨を極めていた。女工の長時間労働や、劣悪な労働条件、それからくる労働災害とでも言うべき肺結核、男子の監督による性的虐待などについては、村上信彦『明治女性史』[13][1969-72]に詳しい。一二時間、一四時間に及ぶ労働時間をようやく一日一〇時間に制限しようとする「十時間法《テンアワーロー》」(伊藤鉄次郎訳述「已婚婦の実業に従事する害悪を論ず」『日本之女学』一四号)は、福祉立法であったと同時に、女性を労働市場から締め出す結果にもなった[14]。花蹊女史が「余は下等婦人の職業を推して之を上中種族に拡充せんとするなり」と志したのに反して、西欧でも日本でも「中等社会」以上の家庭のモデルが労働者階級の間にも浸透していったのである。

注

(1) アリエス[Ariès 1960, 1973/アリエス 1980]、バダンテール[1981]など。「近代家族」の定義については、落合[1989]が参考になる。

(2) 「夫婦別食」の伝統のあるところでは、「夫婦共食」はカテゴリーの混同というタブーを犯すことになる。

(3) 翻刻に野間編著[1961]がある。

(4) 地女(じおんな)。遊女に対して地縁・血縁の網の目の中にいて、結婚の対象となる素人の女。

(5) と言いながら結論は、自由結婚と干渉結婚の弊をそれぞれ挙げて「故に余は我現社界に行ふべき結婚法は自由と干渉とを折衷して其利を収め其弊を避けんことを欲す」と、はなはだ折衷主義的なものである。

(6)『色事の仕方』については、小木・熊倉・上野校注[1990]所収の「新撰 造化機論」参照。

(7) その多くは、外崎編[1971]に収録されている。

植木は自分の妻となるべき女性には愛と尊敬を払うべきだとしているが、彼の中では、妻への敬愛と夜毎の遊蕩とは少しも矛盾せずに共存している。女性史研究者の中には、これを植木の「言行不一致」ととらえて非難する声があるが、必ずしも的を射た批判とは思われない。当時の階級格差の大きい社会環境を考えれば、彼にとって妻とすべき階層の女と、遊客として交渉を持つ女とは全く異なるカテゴリーに属する——したがってそれぞれに対するふるまい方が違っていて当然だと考えたのであろう。

(8) 中部家庭経営学研究会編[1972]第九章「女子教育」三七三—四三二頁。ちなみに同書の構成は以下のようである。

序—明治期の特質と家庭生活　第一章家族関係　第二章家庭経済　第三章衣生活　第四章食生活　第五章住生活　第六章健康生活　第七章家庭文化　第八章家庭教育　第九章女子教育　第十章婦人問題　第十一章社会福祉

「家庭学」を提唱するこの挑戦的な労作に私は多くを負っているが、いくつかの点で私のとらえ方とは違っている。「家庭経済」を文字どおりのハウスホールド・エコノミーとしてよりもむしろ国民経済の枠の中でとらえる傾向を脱していないこと、「家庭文化」という魅力的な概念の中に、主として物質文化しか含意されていないこと、「健康生活」の中での性に関する項目は、性病と産育についての言及があるが、『造化機論』等の新しい性知識についての言及がないこと、それ以上に第十一章までの全体に「性」という項目が独立して立てられていないこと等が不満として残る。

（9）一九三一年、柳田が五六歳の時に書き下ろした不朽の名著。文庫版では講談社学術文庫（一九七六年）がある。

（10）家政責任、とくにハウスホールド・エコノミーの管理が妻の手にあるのは、西欧に比して特異である。西欧では、家政の管理者は妻ではなく夫であった。日本の主婦の家計管理権と、それにともなう相対的に高い地位は、農家の主婦権から由来していると考えられる［Ueno 1987］。

（11）明治末から大正にかけては、それ以前には存在しなかった新しいタイプの女子雇用労働（タイピスト、秘書、電話交換手、女子店員、新聞記者等）がぞくぞく登場した。

（12）職業に対する賤視と金銭の蔑視は、上昇婚の傾向と武士的な価値観とが結びついて、今でも中産階級以上の女性には根強い。

（13）全四巻の大著。

（14）福祉労働立法の両義性については、上野［1990a］参照。

三　女性史と近代

［初出一九九一年］

1 「解放史観」と「抑圧史観」

女性史の立場から〈近代〉をどう評価するかは極めてアンビヴァレントな問いである。一方には〈近代〉を女性にとって解放的であるとする立場があり、他方には〈近代〉を女性にとって抑圧的であるとする立場がある。前者を解放史観、後者を抑圧史観と名付けよう。前者の代表には、井上清『日本女性史』[1949]や、高群逸枝『女性の歴史』[1954–58]があげられる。後者は、七〇年代以降ウーマンリブと女性学のインパクトのもとに登場した。

七〇年代初めに、村上信彦によって提起された女性史論争が起きる。『明治女性史』全四巻[1969–72]をものした在野の女性史家、村上信彦は、井上による女性史を「解放運動史」と批判して、もっと実証的な庶民の「生活史」を提唱した。村上の著作の中では、女工哀史や公娼制度のもとでの娘の身売りのような悲惨も描かれたが、女たちはそうした「抑圧」の下でもたくましくけなげに生きていたと強調したために、「けなげ史観」と揶揄されたりした。この「解放史」と「生活史」の対立をめぐって、女性史学の間で論争がわきおこった。

村上の「生活史」の提唱は、女性史の方法論的な転換期と一致していた。第一に、フランスのアナール派の影響を受けて、日本の歴史学全体が社会史への関心を強めていたこと。第二に、歴史学と民俗学との相互のり入れがすすみ、聞き書きのようなオーラル・ヒストリーがさかんになっていたこと。第三に、六〇年代の対抗文化運動の影響を受けて、歴史を社会的少数者や被抑圧者の側から見直す「民衆史 people's history」への機運が高まっていたこと。そして最後に、七〇年代初めのウーマンリブの影響がある。村上自身は学派をつくらない独立独歩の研究者であったが、彼の「生活史」の提唱は、時宜を得て「解放史」に飽きたりない女性たちの心をとらえた。

日本でウーマンリブが誕生したのは一九七〇年。草の根の女性の学習グループは、女性の抑圧のルーツ探しのために女性史に向かったが、彼女らの前にあったテキストは、井上女性史と高群女性史だけと言ってよかった。だが「封建遺制」による女性の抑圧と、〈近代〉による女性の解放をうたい上げる「解放史」では、七〇年代の今日でも一見平等なタテマエの陰でなぜ抑圧がなくならないのか、という彼女たちの「実感」を説明するに十分ではなかった。

女性史はこのときはじめて、〈近代〉の、女性にとっての抑圧性に目を向けるようになる。「解放」や「進歩」の名のもとに長らく不可侵だった〈近代〉それ自身を問題視する見方が登場する。その意味で、この女性史の転換は、〈近代〉がもたらした「発展」や「生産」の価値を問い直す、六〇年代の対抗文化の流れをひいている。また、リブと女性学のインパクトを受けて、女性史は、それまで正史であった男性史の補完物としての地位から、女性の視点からこれまでの通史のすべてを洗い直すという徹底的なパラダイム転換の試みに向かった。挑戦的な女性史の研究者たちは、自分たちの作業を「ひっくりかえ史」とか「でんぐりがえ史」と呼んだ。

女性学の分野で〈近代〉のタブーに最初に挑戦したのは、水田珠枝『女性解放思想の歩み』[1973]である。ヨーロッパ社会思想史の研究者である水田は、「人権」思想の産みの親であり「フランス革命の父」と言われるJ＝J・ルソーの仕事を克明に分析して、彼の言う「人権 human rights」が「男権 men's rights」にすぎず、その陰に「女権 women's rights」が組織的に奪われていることを明らかにした。つまり〈近代〉は、「男性の解放」と「女性の抑圧」をセットでもたらしたのであり、〈近代〉の観念それ自体の中に「女性の抑圧」は胚胎していたと指摘する。

これはベーベル『婦人論』[1958]やエンゲルス『家族・私有財産・国家の起源』[1965]から始まる女性解放思想史を古典的テキストに、〈近代〉を女性の解放の歴史と読んできた人々には衝撃的な指摘であった。だが、水田自身は首尾一貫した近代主義者であり、彼女にとって問題は「人権」の理想が女性の現実にまで及ばない〈近代〉の不徹底とうつる。

たしかに、〈近代〉のアイロニーは、「人権」や「平等」の観念を発明した上でその適用を拡張することで、下位者の間にルサンチマンや怒りを引き起こす結果になった。その意味で「差別」の観念は、「平等」要求の副産物であった。

その点を指摘し、フェミニストの「近代主義背後仮説」の盲点を衝いたのが、イヴァン・イリイチ(『ジェンダー』[Illich 1982/イリイチ 1984])である。イリイチによれば、女性「差別」は、まさに〈近代〉の産物である。したがって「差別」を告発し「平等」の達成を要求するフェミニストは、たんにディレンマに陥るだけでなく、近代主義理念の完成に手を貸すことで〈近代〉の抑圧性に自ら加担することになる。イリイチはフェミニストを「女‐性差別主義者 fem-sexist」と呼んで、アメリカのラディカル・フェミニストの憤激を買った。

イリイチは、それ以前の著作『脱学校の社会』[Illich 1971/イリイチ 1977]や『脱病院化社会』[Illich 1976/イリイチ 1979]をつうじて、七〇年代の対抗文化運動の担い手の間に広く支持を獲得してきたが、『ジェンダー』に至って性差別をも〈近代〉批判の枠組で語りはじめた。イリイチによれば、性差別の元凶は産業化にある。そしてイリイチの見方は、日本のエコロジストやフェミニストの間で一定の影響力をもつに至る。

イリイチに代表される〈近代〉の抑圧仮説が、社会史の中から出てきたことは偶然ではない。イリイチ自身は中世史家を名乗っており、引用文献から見てもアナール派の強い影響下にある。社会史は「暗黒の中世」のイメージをひっくり返して、中世の民衆の自律的な小宇宙を生き生きと描き出した。イリイチによれば、産業社会がその生態学的な小宇宙を破壊したのである。

イリイチには「産業社会」以前の社会を、調和と秩序の世界として理想化する傾向があるが、これはエレノア・リーコック[Leacock 1981]のようなフェミニスト人類学者にも共通してみられる。リーコックはラブラドル地方の北米インディアンの調査にもとづいて、彼らの自律的な小宇宙に「性差別」を持ち込んだのは近代化＝植民地化であったとする。彼女によれば、植民地化以前のインディアンの間には、性分業があっても両性の関係は対等で調和的であり「女性の抑圧」は存在しなかった。だがイリイチの強弁にもかかわらず、「性差別」は産業化以前にさかのぼる。産業社会には、ただその固有の歴史的形態があるというべきである。

2　「家」の発見

社会史の関心は〈近代〉の形成期に向けられた。家族史や女性史はつぎつぎに、「家庭性」の崇拝や女性の生産労働からの疎外、「子ども」の誕生や「母性」の観念の成立など、「近代家族」を特徴づける諸要素の歴史的な相対性を明らかにしていった。そのインパクトを受けて、日本でも「家」観念の再検討が起きた。「家」制度が「封建遺制」であるというこれまでの常識に反して、制度としての「家」は明治政府の発明品であり、「近代家族」の日本版カウンターパートであるという発見が定着していく。独学の映画評論家、佐藤忠男は、早い時期に、銀幕の上に見た日本近代を対象に、独力で「家」制度の歴史的な成立過程をつきとめた(『家庭の甦りのために――ホームドラマ論』[佐藤 1978])。その結果、彼は、明治初期の教育勅語の制定にあたって、「親に孝に君に忠に」という「修身」の思想が「君に忠に親に孝に」と逆転していくプロセスをつきとめ、日本型家族主義が国家主義のヒナ型として成立した事情を立証する。彼によれば日本の家族主義は世界的に見てどの家族主義とも似ていない。イタリアや中国の家族主義が公に対立する私の拠点として機能しているとしたら、日本の家族主義は公を体現する私として機能している。そのようなものとしての家族主義は、「家」制度の名のもとに明治政府によって発明されたと彼は指摘する。このような比較文化的な視座を、佐藤はただ銀幕から異文化をのぞき見るだけで手に入れたのである。

のちに文化人類学者、伊藤幹治は『家族国家観の人類学』[1982]の中で、佐藤の見方を追認している。伊藤は明治民法制定前のいわゆる民法論争をとりあげ、その過程で「姉家督」を認める母系相続が平民の「蛮風」の名のもとにしりぞけられ、「男子単系」の父系相続が勝利を占めていく経緯を追っている。彼によれば「家」制度は武家の「家」をモデルに国家のヒナ型として作り上げられた。父系単独相続の「家」は「万世一系」の天皇制に対応するものとして観念された。「万世一系」の天皇制国家観もまた明治政府の発明品であったように「家族国家観」のイデオロギーのもとでは、国家は家族の比喩で語られ、家族は国家の比喩で語られた。そのようにして、家族と国家とが、明治以後、相互浸透するようになったのである。

「家」制度の成立を、女性の立場から論じたものに青木やよひ「性差別の根拠をさぐる——日本における近代化と儒教イデオロギーについての覚え書き」[1983]がある。青木は伊藤と同じように「家」制度の成立をトレースしながら、〈近代化〉のプロセスで女が疎外され、抑圧されていったと指摘する。

「家」制度が武家の制度であり、もともと庶民には無縁のものであったとする見方は、民俗学とそれをとりいれた民衆史の発見によって強い支持を受けた。社会構造が変動するとき、新しいシステムは既存の文化項目の中から適合的な項を選び出す。その時、古い項目は新しいコンテクストに置かれる。「家」制度はそのようにして伝統的な文化的マトリックスの中から選ばれた。その限りで「家」は日本の「文化伝統」「封建遺制」だと呼んでもよいが、それはあくまで武家の「文化伝統」にすぎない。ある文化項目が採用されると、それはあたかも万古不易の「伝統」であったかのように「歴史的アイデンティティ」があとからつけ加えられるが、「家」の観念の成立にあたっては、実は他にも選択肢があったことは、その成立のプロセスのゆらぎからもわかる。

「家」は武家の文化伝統であって、庶民の文化伝統ではない。江戸時代、武家階級に属する人々は、人口の一〇％に満たなかった。階級社会とは生活文化を互いに隔離する一種の文化的多元社会である。国民の大半を占める庶民は儒教的な武家文化とは無縁の、自律的な共同体社会の中で暮らしていた。その共同体の内部には、タテ型の「家」秩序よりはヨコ型の年齢階梯秩序の方が優越していたこと、婚前交渉を含む通婚が自由に行なわれ、処女性の観念が希薄であったこと、離婚・再婚が高い頻度で行なわれていたこと等々を民衆史はつぎつぎに明らかにした。

社会史や民衆史によれば、女性抑圧の諸悪の根源は〈近代〉だということになる。〈近代〉こそは女性を生産労働から排除し、性的自由を奪い「家」制度のもとに妻＝母として幽閉したという。「家」制度が「封建遺制」どころか〈近代〉日本国家の発明品であることが論証されて以来、女性が闘うべき敵は〈前近代〉から〈近代〉へとシフトした。

たとえばフェミニストの文学グループは、女性の視点から日本近代文学史を洗いざらい読み直すという作業に挑戦している(『魔女的文学論』[駒尺 1982])。日本近代文学史の通説によれば私小説とは「家と自我との葛藤」の表現と解されていた。この解釈図式は「封建遺制」と「近代的個人」つまり〈前近代〉と〈近代〉の対立と葛藤というものである。だが新しいフェミニスト文学史によれば志賀直哉の『暗夜行路』も島崎藤村の『夜明け前』も、「家」制度のもとでの家長男性の「家長責任に耐えかねた弱い自我の呻き」を描いたものだとなる。事実、石川啄木や太宰治のような「弱者の文学」の担い手たちさえ、彼らの家庭内では抑圧を受ける女・子どもの位置にではなく「家長」の立場にいた。私小説は「子の文学」ではなく、その実「家長の文学」であり、「被害者の文学」の見かけをもっていても実は「加害者の文学」であった。事実、無責任で弱い「家長」のもとには、その被害を受ける妻子——啄木の妻、節子や太宰治の妻や子——がいたのである。

3 〈近代〉の完成

〈近代〉を解放から抑圧へと読みかえることで生じるこの歴史の読み直しは、それだけでも十分刺激的でおもしろいが、「抑圧史観」の問題点は〈近代〉を諸悪の根源と見なすその一面的で単線的な進化説にある。その意味で「抑圧史観」は「解放史観」と単線的な「発展段階説」を共有しており、そのネガ、一種の逆進化説なのである。一方は〈近代化〉がすすむほど女性の地位は向上すると見なし、他方は〈近代化〉がすすむほど女性の地位は低下すると見なす。この見方の違いは、女性の歴史的な変化の解釈をめぐっても対立をもたらす。たとえばエンゲルスによれば女性の職場進出は男女平等と女性解放への道だが、イリイチによれば、それどころか女性が産業社会の膝下にとりこまれ「経済人(ホモ・エコノミクス)」として最終的な自己疎外と女性性の抑圧とを完成する、最悪の選択となる。

「解放史観」から「抑圧史観」へのこの転換には、六〇年代の高度成長期がもたらした社会変動が大きく影響していた。ベティ・フリーダン(のちに全米最大の女性組織NOWの初代会長になった)が郊外中産階級の無業の妻の不安と不満を描いた『新しい女性の創造』[Friedan 1963/フリーダン 1977]を書いたのが一九六三年。フリーダンの経験した高度産業社会における女性の抑圧と疎外は、高度成長期を通じて七〇年代はじめまでには、ようやく日本の女性の間にも現実化していたのである。

高度成長期はデモグラフィック(人口誌学的)な変化の著しい時期である。向都離村が急激にすすみ、人口都市化率が三割台に達する。同じ頃自営業者と雇用者の比率が逆転し、六〇年代は「サラリーマンの時代」となる。家族の平均構成員数が五人台から三人台へと急激にドロップする。「サラリーマンの夫に家事・育児専業の妻、子どもは二人まで」の都市雇用者核家族が成立し、「近代家族」の実質が日本の大衆の中にようやく現実化したのがこの時期である。

高度成長期の末までには、日本は先進工業社会に共通の特徴をもつにいたった。六〇年代末に、リブがほぼ同時代的に世界各地で起きるのは、偶然ではない。日本のリブは単にアメリカのリブ運動の波及効果でもなければ輸入品でもなかった。日本には日本のリブが成立するだけの産業社会の成熟が、背景にあった。

藤枝澪子はフェミニズムの歴史を二つに分けて、一九世紀末から二〇世紀初頭にかけて全世界で同時的にまき起こった女権拡張運動を第一期フェミニズム、それから半世紀後に六〇年代から七〇年代にかけてリブとして爆発した運動を第二期フェミニズムと名付けている。落合恵美子「〈近代〉とフェミニズム――歴史社会学的考察」[1987]は、第一期フェミニズムを「近代主義」、第二期フェミニズムを「反近代主義」と特徴づけている。というのは、第一期フェミニズムは、ブルジョア女権思想も社会主義婦人解放論もどちらも「解放史観」を共有し、「進歩」と「発展」を信じる発展段階説を奉じていたのに対し、第二期フェミニズムは、ラディカル・フェミニズムにせよエコロジカル・フェミニズムにせよ、〈近代〉が女性にもたらしたものに対する深い懐疑を共有しているからである。だが、別な言いかたをすれば〈近代〉に対する懐疑は、〈近代〉が目の前に経験可能な現実として現われてからはじめて登場した。フェミニズムの〈近代〉批判が登場するには、六〇年代をつうじて日本の〈近代〉が完成するまで待たなければならなかった。女性史研究者、鹿野政直は『婦人・女性・おんな』[1989]のなかで第一期フェミニズムから第二期フェミニズムへの変化を「婦人問題」から「女性学」への変容と重ねて、こう言っている。「「婦人問題」の研究と運動は困難に打ちかって一つ一つ「近代」を獲ちとり、その上にそって「女性学」は、まさにそれゆえに露呈されてきた「近代」の抑圧性とたたかいはじめたといえます。……そのことは逆にいえば「女性学」の生誕自体「前近代」の払拭という意味における日本社会の「近代」への到来を示す指標でもあります。」[鹿野 1989 : 130]

4　近代主義 vs. 反近代主義

八五年に青木 vs. 上野論争として知られる「八〇年代フェミニズム論争」がおこる。青木やよひのエコロジカル・フェミニズムの提唱に対して、上野千鶴子は「女は世界を救えるか――イリイチ「ジェンダー」論徹底批判」[1985b]で「女性原理」の政治的な陥穽と反動性を指摘した。女性を〈近代〉の被害者と捉えるイリイチの見方は、日本の一部のフェミニストの心をとらえたが、「女性問題」の解決のためには産業社会の廃棄以外にないとするイリイチの一面的な反近代主義はさまざまな問題を含んでいた。八〇年代の日本は、産業社会批判の大合唱がまきおこり、行き詰まった「男性社会」を救うものとして「女性原理」が、おとしめられる代わりに今度は賞揚されるに至っていた。

江原由美子は「乱れた振子——リブ運動の軌跡」[1983]の中で日本のリブ運動史をトレースしながら、日本のリブは、当初から共同体志向、母性主義、カラダや自然への回帰といった「反近代主義」的志向をもっていたと指摘する。イリイチの「反近代主義」は、日本型フェミニズムの土壌にうまくフィットした。

アメリカではまともに相手にされなかったイリイチが、日本で熱狂的に迎えられた背景には、特殊日本的な事情があることも記憶しておかなければならない。第一にイリイチの産業社会批判の理論は、久しく日本の反米的な「進歩的文化人」の知的な武器だった。その点で、イリイチは、彼らのナショナリズムと反近代主義に訴えた。第二にイリイチの〈前近代〉の理想化は、女性の変化に脅威を感じつつあった彼ら男性知識人および、一部の女性に、現状を追認し伝統を肯定する道を教えた。性差を強調する一部のフェミニストだけでなく、明らかに右翼的な立場の女性さえ、イリイチを支持した。『からごころ』[1986]と題する本居宣長論の著者、長谷川三千子は「「男女雇用平等法」は文化の生態系を破壊する」[1984]を書いて、男女雇用平等法(のちに男女雇用機会均等法として成立)に反対したが、彼女はその中でエコロジーへの親近性を表明し、のちにイリイチへの共感を示している。彼女は天皇制の存続を願い、男女の性別役割分担を支持する保守派の女性知識人だが、イリイチを囲むシンポジウムに招かれて、イリイチと「理解」を交換しあっている。青木やよひがフェミニストの立場からイリイチ批判を強めたのに対し、イリイチをはさんで右派女性知識人と、左派の男性知識人が同席するというこの日本的な構図は、「女性問題」についての日本の錯綜した位置を十分に象徴している。

青木 vs. 上野論争は〈近代〉批判を共有しながら「脱近代派」と「反近代派」の対立の形をとっている。西川祐子は論争の経過をまとめて、それを大正期に闘わされた母性保護論争に擬した(「一つの系譜——平塚らいてう・高群逸枝・石牟礼道子」[1985])。西川によれば、近代的個人としての女性の権利と自立を主張した与謝野晶子を「女権主義」、母性保護を主張した平塚らいてうを「女性主義」、両者の対立を調停しその限界をともに指摘した山川菊栄を「新女権主義」とすれば、水田珠枝のような近代主義フェミニストが「女権主義」、それに対してエコロジカル・フェミニズムを提唱した青木やよひは「女性主義」、そして上野が山川菊栄の「新女権主義」の位置にいることになる。山川のあとには高群逸枝がらいてうの後継者として控えていた。女権主義 vs. 女性主義の対立の構図は、高群の図式によるものであり、高群自身は、山川の個人主義を超えた、日本女性の「母性我」を強調する「新女性主義」に立つとしている。八〇年代フェミニズム論争では、この高群逸枝に対応する第四の項「新女性主義」の欄が空白のままであるが、これはのちに「社縁社会からの総撤退」論をめぐる加納実紀代と江原由美子の論争に引き継がれることになる。

八〇年代の女性史はこのように〈近代〉の評価をめぐって、揺れ動いた。江原由美子は『女性解放という思想』[1985]の中で、近代 vs. 反近代という対立は、女性に押し付けられた「擬似問題」だとする。「近代主義と反近代主義の双方の言説を、ともに女性に即して解体しつくしていくことこそ、今の女性解放論の課題である。なぜなら、その対立はそれ自体、近代社会システムの一部であるからである。」[江原 1985 : 57]

5　加害者としての女性史

八〇年代のフェミニズムと女性学の成熟は、一面的な「解放史観」でも一面的な「抑圧史観」でもなく〈近代〉の女性にとっての意味を両義的に——同時に解放的にも抑圧的にも働いた——とらえることを可能にした。たとえば、近代初期の家族形成史が明らかにしたのは、産業化によってもたらされた公私の分離と「家庭性」の成立は、〈私〉領域への女性の隔離と幽閉であったと同時に、「女部屋」の女主人としての「労働からの解放」でもあった。女性にとって抑圧的に働いたと今ではみなされているヴィクトリアン・イデオロギーのもとで、逆説的にドメスティック・フェミニズムが成立した。この当時、ドムス(世帯)の女主人になることは、女性の地位の上昇を意味していたのである。ドメスティック・フェミニズムの残響は、日本近代の女性史にも影響を及ぼしている。明治以来一貫して日本の女性には「専業主婦願望」があるが、それは結婚して「サラリーマンの妻」になるという、かくれた階層上昇願望のあらわれだった。

〈近代〉を両義的に見るということは、女性史を単に「被害者の歴史」として見ることではなく、同時に「加害者の歴史」としても見るという視点を導く。加納実紀代の「銃後史」研究(『女たちの〈銃後〉』[1987])は、女性大衆の一五年戦争への加害責任を追及した労作である。白い割烹着で旗をふって兵隊さんを戦地に送りだした庶民の女たちは、自発的にそれに参加した。戦争体験が女にとって「解放的」にも働いたことを早くから指摘したのは村上信彦(『近代史のおんな』[1980])である。国防婦人会の活動の名のもとに、農村の若嫁たちは姑に気兼ねなく堂々と出歩ける自由を獲得した。国防婦人会も、女性にとってはれっきとした「社会参加」の一方法であり、当事者たちはその中で生き生きと活動に邁進したことを村上は証言する。

鈴木裕子『フェミニズムと戦争』[1986]は、市川房枝をはじめとする女権拡張運動のリーダーたちがこれも自発的に戦争協力に参加してゆくプロセスを描いて、フェミニストの戦争責任を問う。男子普通選挙法が成立した一九二五年を「女性から参政権が奪われた年」と認識する市川房枝にとって、大政翼賛もまた「女性の政治参加」のひとつの手段であり、悲願の「婦人参政権」への道であった。

女性の加害責任という視点から、日本の女性解放思想史を批判的に再検討する作業も始まっている。若手の女性史研究家、山下悦子は『高群逸枝論』[1988a]の中で、戦前の日本が生んだオリジナルなフェミニスト思想家にして民間女性史家、高群逸枝を批判的に論じるというタブーに挑戦した。山下はそのなかで高群の反近代主義が、個人主義を否定して母性主義的フェミニズムに向かわせ、かつ必然的にファシズムと戦争賛美に向かわせたことを指摘する。高群に「この戦争は私ども女の戦争である」と言わしめた無私の母性主義は、庶民女性にアピールした。山下は次作『日本女性解放思想の起源』[1988b]で、日本型フェミニズムにはこの母性主義の伝統が脈々と流れていることを指摘し、それは天皇制ファシズムと親和的であると論じている。戦後の平和運動や母親大会、生協運動や反原発運動に至るまで、日本の女性運動には母性主義の影響が根づよい。

6　文化の逆説

八〇年代以降、女性の状況はますます両義性を加えている。オイルショック以降の一五年間に、日本は産業構造の転換をなしとげ、経済の情報化・サービス化は、女子雇用の機会を大幅にふやした。一九八三年、既婚女子労働力率はついに五〇％を上回る。「兼業主婦の時代」が到来したのである。

女性の職場進出の現実は、低賃金・不安定雇用という女子労働の周辺化をもたらした。「専業主婦」から「兼業主婦」への変化は、「仕事か家庭か」の二者択一に代わって、「仕事も家庭も」の二重役割を女性にもたらした。この二重労働＝二重負担を、樋口恵子は「新・性別役割分担」と呼ぶ。かつての暴君的な夫の支配に代わって、今度は家のローンと子どもの教育費という経済動機が、女性をソフトに締め付ける。

他方、一九八五年に成立した男女雇用機会均等法以後、職場の「男なみ平等」を求める女性たちもまた登場する。「遅れてきた近代人」として産業社会の職業倫理にあとからとりこまれていった働く女性たちは、疲れをみせはじめた男たちに代わって、男以上に職業倫理に忠誠を誓いかねない。一九八八年、香港出身の歌手、アグネス・チャンの子連れ出勤をめぐってまき起こった「国民的大論争」のなかで、エリートの働く女性たちは概してアグネスに批判的であり、公私の分離を前提とした男性的な職業倫理が彼女たちの間に生き残っていることを逆に立証した。

興味深いのは、八〇年代日本の〈脱近代〉的状況が、〈近代〉的な諸価値を時代錯誤に見せ、〈前近代〉的な文化伝統の価値を再浮上させていることである。たとえば、アグネス・チャンはテレビ局というハイテクメディアの世界へ子どもを連れ込んだ。多くの論者は、彼女が「中国人だからこそ」そうできたと言う。彼女は仕事の場に子どもを連れて行くという香港人にとってはあたり前の習慣をテレビ局という先端的な職場にもちこんだだけであり、このコンテクストのずれが衝撃を生んだ。それは彼女が伝統的な「アジアの母」だからこそ実行できた行為だったが、その行為は、時短や職場のゆとりを求める〈脱近代〉的な志向と結果的に一致してもいた。

高度成長期以降の二〇年間は、女性の多様化と分解をおしすすめた。専業主婦と兼業主婦、フルタイムとパートタイムのような働き方のちがいは、女性を一様な層としてみなす見方を許さなくなりつつある。同一の現象でも、ある面から見れば女性は被害者であるが、別の面からみれば受益者でもある。たとえば「専業主婦」にとどまった女性たちは、一面では「取り残された存在」だが、逆に時間資源にもっとも恵まれた、日本の経済的繁栄の最大の受益者でもある。上野は、関西圏の主婦の草の根ネットワーカーの調査にもとづいて『「女縁」が世の中を変える』[上野・電通ネットワーク研究会遍 1988, 2008]を刊行したが、今や社会参加の名のもとに膨大に溢れ出した主婦のエネルギーは、彼女たちの時間的・経済的ゆとりの産物である。金井淑子が「活動専業・主婦」と卓抜な命名をしたこの女性たちの多くは、高学歴・高経済階層に属する。上野が「女縁」と名付けた女のネットワーキングは、逆説的に日本社会の強固な性差別の副産物でもあった。第一に女性をまともな decent 就労機会から排除する労働市場の性差別の、第二に根強い性別役割分担にもとづく夫の長時間労働と家庭における不在の、第三に伝統的分業型夫婦の相互無関心・不干渉の、第四に性別隔離 sex segregation という文化伝統のもとにおける「女の世界」への女の隔離の。――「女縁」は性差別社会の副産物でありながら、同時にその受益者でもある。事実、データによれば、労働時間の短縮に関する調査の中で、性・年齢・職業別のあらゆるグループの中で、無業の主婦層は夫の時短をもっとも歓迎しない層でもある。

これは同時に、八〇年代になって明らかになってきた階層分化の現実をも反映している。「おくれて」いたはずの専業主婦層は実は経済階層が高く、「すすんで」いたはずの働く主婦はその実、家計補助のために働かざるをえない低経済階層に属している事実が赤裸々に明らかになった。若い女性の保守回帰といわれる新しい「専業主婦志向」は、ここでも再び階層上昇願望を潜在させている。

また高齢化は、都市部における三世代同居や、母系同居を含む選択的同居をおしすすめている。女性の就労継続は、しばしば高い三世代同居率によって支えられている。ここでも女性のキャリア志向を伝統的な家族制度が支えるという逆説が見られる。

何が〈近代〉で、何が〈反近代〉〈脱近代〉なのかは、ますます錯綜してきている。女性にとって〈近代〉や〈脱近代〉が抑圧的なのか解放的なのかも一義的に決しがたくなっている。伝統的な文化項目は、それが置かれるコンテクストに応じて、プラスにもマイナスにも働く。それを歴史的なコンテクストに応じて緻密に検討してゆこうとする女性史にとっての「各論」の時代が、ようやく始まったばかりである。

7 ポストモダン派 vs. マテリアリスト

八〇年代以降、フェミニズムの世界的な潮流は、文学批評やメディア批判のような文化批判に集中した。それは近代的な「個人」や「主体性」の概念を疑い脱構築するポストモダン的な言説を背景としており、無性的な(そしてその実男性的な)「個人」の概念に対置して、女性性や母性の価値を浮上させた。フランスのポストモダン・フェミニスト、リュス・イリガライは「男仕立ての言語 man-made language」の呪縛から思考を解き放つための「女の書記法 écriture féminine」を提起した[Irigaray 1977/イリガライ 1987]。

その背景には、(1)七〇年代フェミニズムの担い手が、八〇年代に入って出産の生理的タイムリミットを迎え、母性に直面せざるをえなくなったこと、(2)男性社会への失望からレズビアンをはじめとする分離派が擡頭し、フェミニズムの運動上・理論上のリーダーシップをとったこと、(3)アカデミア内部で女性学「市場」が成立し、主として文学、心理学等の分野でおびただしい論文が生産されるようになったこと、(4)七〇—八〇年代の景気後退期と経済再編成をつうじて、政治的なバックラッシュ(たとえば、レーガノミックス、サッチャー革命)とそのもとでのフェミニズムの退潮が、制度的な社会変革への希望を失わせたこと、などがある。アメリカでは一九八二年にERA(憲法修正男女平等条項)運動が敗北を喫し、日本でも一九八五年に男女雇用機会均等法の成立が、おおかたの女性団体の期待を大幅に裏切る結果に終わった。

文化派のポストモダン的な言説にいらだちを隠さないのは、唯物論的フェミニストである。リン・シーガル、クリスティーヌ・デルフィのようなマルクス主義フェミニストは、女性の解放は「文化革命」ではなく、制度的な下部構造の変革によってしか達成されないとする。だが古典的な社会主義女性解放論が「労働者階級の解放」を「女性の解放」と等置したのに対して、第二期フェミニズムを通過したマルクス主義フェミニズムは、女性の抑圧の物理的基盤である家事労働の夫による領有、すなわち家父長制の廃絶をめざす。資本制下における非資本制的な労働、すなわち家事労働の発見は、マルクス主義フェミニズムの大きな貢献であった[上野 1990a]。したがって、不払いの家事労働が存在する限り、社会主義社会にも家父長制は存続すると言ってよい。

マルクス主義フェミニズムにとっては、家族とその中における両性関係、世代間関係の変革がフェミニスト革命の大きな目標になるが、資本制下の家父長制は、資本制の変貌とともに変容をとげている。第一に家事労働はますます商品化されてその内実を失ってきているし、第二に女性はすでに部分生産者＝部分消費者に変貌している。この家事労働の外化が、たんに女が内でやってきたことを外でやるにすぎないという市場規模での性分業に他ならないこと、かつ女子労働を周辺労働市場に再編成することで、グローバルな「労働の主婦化」(クラウディア・フォン・ヴェールホフ)が進行していること、その限りで家父長制は再編されこそすれなくなるわけではなく、依然として「主要な敵」(デルフィ)であることが指摘されている。

八〇年代以降の国際化・脱工業化という新しい歴史の展開の中で、性・年齢・階級・人種・国籍のようなファクターが、新たに重要性を増しつつある。〈近代〉がいったん抽象的な「個人」に解消したはずの〈前近代〉的と見られていた帰属的な諸価値が〈脱近代〉のコンテクストの中で再浮上している。近代的な「性差」の意味もまた、同じく近代概念である「国家」や「個人」の命運同様、限界に来ている。だがそれは、解消するわけではない。他の諸変数との関連の中で、新たに再編を受けることになるだろう。

(付記)　本稿は国際日本文化研究センターで行なった講演「世界の中の日本Ⅱ‐七　女性に見る近代と脱近代」(一九八九年三月一七日)の原稿を加筆修正したものである。

III 家庭学の展開

一　「梅棹家庭学」の展開

［初出一九九一年］

1　「梅棹家庭学」の起源

『主婦論争を読む・全記録』Ⅰ・Ⅱの編者として、梅棹忠夫の論文を三編も(「女と文明」「妻無用論」「母という名の切り札」)収録した私にとって、発表当時三十代半ばの少壮気鋭の文化人類学者であった彼が、なぜ「家庭論」「主婦論」などというものに興味を持ったのかが、長い間疑問だった。戦後三次にわたるいわゆる「主婦論争」[上野1982b]は、主として女性の論者によって、女性の読者を対象に女性誌を舞台に行なわれた「女の女による女のための論争」であった。「女の問題」は長くゲットーを出なかったのであり、それに参加した男性陣といえば、直接間接に挑戦を投げかけられた少数の経済学者を除いては、何かと言えば女に説教を垂れたがる「婦人科」の常連論客にすぎない。その中で、彼の論考は、明快さでひときわ異彩を放っていた。

この謎は、「主婦論争」から二五年後、一九九一年に刊行された梅棹忠夫著作集に収められた論文に、新しく書き下ろされた付記を読んで、ようやく解けた。それには梅棹の「論争参加」の経緯《いきさつ》が述べてあるが、それによれば彼は論争の存在そのものを知らず、それに一石を投じたという意識もなかったと言う。「そのとき、わたしは論争に参加しているという意識は、まったくなかった。だれの説に賛成するでもなく、反対するでもなく、自分のかんがえたことをかきしるしただけであった。しかし、上野氏によってまとめられたこの「論争」の経過をみると、たくさんの人たちがわたしの論稿を批判し、言及している。わたしは、わたし自身のしらないあいだに論争にまきこまれていたのであった。」[梅棹 1991 : 132]

梅棹を『婦人公論』誌上にひっぱり出したのは、本人の証言によれば当時の「三枝《さいぐさ》佐枝子編集長と宝田正道次長の名コンビ」[梅棹 1991 : 4]である。論争を意図しないのに「もとめに応じて」「関心のおもむくままに」「かきたいことをかく」と、それがおのずと論争的になっているところがいかにも彼らしい。彼の送るメッセージは、それほど当時の「社会通念」に対してノイズを発信していた。

彼がなぜ主婦論争に「まきこまれた」かの経緯はわかったが、それならなおのこと、彼がなぜ「家庭論」の領域に踏みこんだのかという謎は残る。石毛直道が「食の文化人類学」を構想したときさえ「男だてら」に厨房へ踏みこむことに対する暗黙のタブーを、彼は破らなければならなかった。学問の世界は少しも公正でも客観的でもない。タブーまみれである。現に私じしん、食文化に関するプロジェクトをある男性研究者と共同研究で組んだとき、これはほんとは大の男であるオレがやるべき領域ではないのだと、「女の領域」に踏みこむことに対する露払いと言いわけを、彼がくり返すのに悩まされた。

梅棹の覚え書きによれば、彼が「女性の問題を文明論的にあつかった最初」[梅棹 1991:8]は、一九五七年のことである。それに先立つ一九五五年に、彼は京都大学カラコラム・ヒンズークシ学術探検隊の一員として、アフガニスタン、パキスタン、インドを訪れている。人類学者は、対象の民族の生活文化に微細な関心を寄せる。とりわけヨソモノとしての人類学者は、生活文化の中にあるジェンダーのバリアを、やすやすと破る。(1)

「わたしには……台所については、わすれることのできないイメージがいくつもある。日本では、よその家庭の台所にしばしばふみこむわけにもゆかないので、かえって常識がないけれど、外国では、人類学者の特権で、いくつかの異民族の家庭の台所をのぞいてまわっている。そのイメージである。」[梅棹 1991:10]

その観察から、梅棹は「アフガニスタンの女性たち」(一九五六年)、「女の地理学」(一九五七年)、「タイの女たち」(一九五八年)という、比較文化的な女性論・家庭論をつぎつぎに書く。同じ視線が、日本の家庭に向かっても不思議はない。それは異文化を経由して再発見された日本の生活文化に対する、最初から比較文明史的な視線であった。同時に同じ頃、彼は生活者としても「家庭づくり」の実践者であった。職業的な「知的生産の技術」(一九六九年)に、あれほどの実践的な能力を発揮する彼が、生活技術において無能であるとは思われない。家をつくり、子を産み、生活者として家庭づくりのさなかにあった彼にとって、暮らしはかっこうのフィールドワークの場であった。

個人史的な背景に社会史的な背景をつけ加えておけば、彼が家庭論をつぎつぎに発表した一九五〇年代後半は、台所のエネルギー革命や家庭電化が急速にすすんだ技術革新の時代であった。それは生活者としての彼にとってかっこうの生活革命の実践の場を提供しただけでなく、思索者としての彼にとってもこの上ない文明史的な思考実験のフィールドを提供した。今から読み直しても彼の予測力の的確さには、今さらながら驚嘆することが多い。たとえば一九五九年に『朝日新聞』に連載された「新しい家庭づくり」にはこんな予測がある。

「これは、現状からみるととほうもない夢物語みたいだが、あと数年で問題が表面化してくるだろう。中級サラリーマンが自動車で通勤するのは、もうすぐ、ごくふつうのことになる。すでにその兆候は、いっぱいあらわれている。国民車の生産もはじまるだろうし、やすい中古車も大量にでまわるにちがいない。自動車は、だれにでも買えるものになる。」[梅棹 1991 : 190-191]

だから「新しい家庭をもつときには、必ず自動車のガレージを考えに入れて将来の計画を立てること」を彼はすすめる。日本のモータリゼーションの進行が六〇年代後半、それも日本の道路事情や住宅事情の劣悪さをものともせず、おおかたの専門家の予測を裏切って進んだことを考えれば、五〇年代当時の彼の予測は、驚くほど適中している。

家事の商品化についても、当時すでに彼は次のような予測をしている。

「だいたい家族の着るものを、家庭において、家庭の主婦が自分でつくるなどというやりかたは、きわめて原始的なやりかただ。着るものなんか、既製品を買ってくるか、あるいは専門家につくってもらうかすべきものである。自給自足体制はばかげている。……これからの女は、どちらにせよ裁縫なんかできなくてもよいのである。既製品のなかから自分にあうものをみつけだすセンスさえもっていたら、それでじゅうぶんではないか。」[梅棹 1991：193]

既製服時代の幕開けを告げた雑誌『アンアン』の創刊が一九七〇年。ファッションページの全誌面を既製品とその商品情報(どこでいくらで買えるか)で埋めた。六〇年代までの女性誌の服飾欄と言えば、サンプルとその「つくり方」の情報で埋まっていたことを思えば、五九年の彼の予測はいかにも早い。この予測は、裁縫の能力が嫁入りの必修科目だと思っていた当時の人々の気持ちを、逆なでするものだった。時代の先どりが早すぎるために、意図せず挑発的なノイズを発信してしまう彼の論考の性格が、ここにも表われている。

とともに、彼を「主婦論争」に意図せず巻きこんだ『婦人公論』の編集者の仕掛けがあったように、この異端の家庭論——あまりに正統的すぎる議論は、時代のコンテクストの中で、しばしば異端に見える——を彼に書かせた陰の仕掛け人、編集者の存在を感じないわけにいかない。「梅棹家庭学」は、その陰の「産婆」役の存在がなければ、この世に生まれなかっただろうからである。

2　「梅棹家庭学」の特徴

「梅棹家庭学」には、以下の四つの特徴がある。

第一に、「家庭」を(生活)技術と道具をインフラとして組みこんだ一つの装置系(システム)と見る文明史的な視点である。この乾いた即物的な視点によって「家庭」は、価値や情緒で汚染された湿度の高い「家族」の概念から切り離される。むしろ家族の人間関係や制度の方が、インフラの変化からひきおこされる従属変数であるとするマテリアリスティックな見方である。

第二は、性差をその歴史＝社会システムに固有の変数として徹底的に相対化してとらえようとする、文化相対主義的な視点である。「本質」論や「本能」論ほど、梅棹がきらいなものはない。性差を文化相対主義的にとらえるのは、比較文化を研究する人類学者なら当然という見方もあるが、性差の自然視がこれほど強固な社会で、彼ほど「自明性」から自由な精神も珍しい。だがそれは、近代主義的な人権意識やヒューマニズムからもヴァリュー・フリー(価値中立的)である。所与の文化システムからこれほどテイクオフした醒めた視線は、同時代の人類学者の中でも突出している。

第三は、文明史的なタイムスパンの長さと、それからくる驚異的な予測力である。とりわけ社会現象の「流行」に敏感な社会学者の眼から見ると、社会学者の扱うタイムスパンがせいぜい一〇の一乗か二乗台の年数だとするなら、人類学者の射程は一〇の三乗から四乗台の期間をカバーしていると驚嘆する。アナール派の社会史に言う「長期持続(ロング・デュレ)」という概念でさえ、その波動の長さはせいぜい三、四百年の期間であった。三百年の「持続」は、それを生きている者にはほとんど「不易」と見える。彼はそれを超えて、文明史の興亡を醒めた眼で眺める。彼の時代予測は、タイムスパンの長い文明史の長期波動を裏づけにした確かさを持っている。

第四に、そして最後に指摘しておきたいのは、彼の文明史的ニヒリズムとも言うべき視点である。彼の徹底した文化相対主義は、合理主義と見あやまられやすい。だが彼は、近代主義的な啓蒙的理性の持ち主でもなければ、発展段階説のような歴史主義にも与しない。未来学者の楽観主義をも共有しない。彼の視線は、合理主義的であるにはあまりに醒めすぎている。彼は進歩を信じないし、人間が不合理な生きものであることを知悉している。人類史は、理性と調和の歴史どころか、人類の愚行と破壊に満ちみちている。だがそれを、一方で傍観者のペシミズムにも、反対に予言者のロマンチシズムにも陥らずに、ただあるがままに見定める眼を、ニヒリズムという言葉のほかに、何と呼べばいいのだろうか。文明史が彼に与えた視野は、鳥瞰的と言うより、宇宙船的と言うよりないスタンスの大きさを持っている。

梅棹の論考に即して、以上の四点を追ってみよう。

3　システムとしての家庭

「梅棹家庭学」の特徴は、「家庭をひとつのシステムとしてとらえるかんがえかた」[梅棹 1991 : 322]である。それには「物質系」「エネルギー系」「情報系」の三つの側面がある。加えて「安定系」と「変動系」の二つの相がある。

と教科書的に書けば、システム論の家庭への応用にすぎないと見えるかもしれないが、「愛情」の名によって封印された「家庭」に分析の眼が入るには、七〇年代の家族の社会史やフェミニズムの影響を待たなければならなかった。現に「家庭生活を中心とする総合科学」であるはずの家政学が、既存の個別科学の中に領域を細分化していっている現状を見れば、「家庭学」というものは、彼の提唱以降も、いまだに成立していないのである。

家庭を、物質・エネルギー・情報の「代謝系」(フロー)と「愛着系」(ストック)と見なせば、そのためのインフラである装置系(技術・道具・機械)が変われば、人間の行動や関係が変わる。その逆ではない。この明快なマテリアリズム(唯物論《タダモノ》)は、凡百の文化論や意識革命論を打ち砕く。例えば彼は、主婦身分の根拠を、技術革新にともなう家事省力化による主婦身分の成立とそれを保証する「擬装労働」――ニーズを超えた高い水準の家事労働――に求める。(2)技術革新は、まず最初に家事使用人を家から追い出した。そして主婦は、家庭内主権の確立のために、「擬装労働」によって男の家事参加をも阻んだ。

技術革新とインフラの水準が家庭内性分業を規定するという仮説は、次のような事実によっても裏づけられる。中国では家事使用人が求めがたく家事省力化のための装置系が普及していない。こういうところでは、重い家事労働負担のために、必要に迫られて夫の家事参加が起きる。反対に、家事省力化の極端にすすんだアメリカでは、家事労働の技術水準が「男なみ」に低下するために、ここでもやはり夫の家事参加が起きる。となると、排他的な主婦労働――「主婦のする労働」であって、「家事労働」ではない――とは、家事の技術革新の水準が、中国なみの低さからアメリカなみの高さに至るその過渡的な段階の、文明史的な産物にほかならないという結論が導かれる。日本の「主婦論争」が「主婦労働論争」であって「家事労働論争」ではなかった歴史的理由は、こうしてみると納得がいく。

と同時に、「家事はないほどよろしい」という文明史的予言をしながら、彼は、単純な家事省力化論や家庭合理化論を唱えているのではない。家庭が「捨てるに捨てられないモノ」の貯まり場として「愛着系」の要素を持っていることや、家事省力化に抵抗しているのは実は主婦だという「非合理ファクター」の指摘も忘れない。究極の家事省力化のあかつきに、再び時間を埋めるものとして家事が「趣味」になるだろうとさえ、予測する。すぐれた適中率を示す彼のさまざまな予測の中でほとんど唯一はずれた予想は、家事省力化機器の次の需要は自動皿洗機だというものだが、それも日本の主婦が自動皿洗機に適合的な水準に食生活を「合理化」しようとしないからである。和洋中と多様性ある献立、陶器、磁器、漆器など多様な素材と形態を持った食器類を、多目的皿に規格化しようという考えは、今のところ日本の主婦の支持を得ていない。逆に言えば、自動皿洗機が多様性のある食文化に対応できないほどまだローテクの水準にとどまっているとも言える。彼の言うように「お料理というものは、生活の合理化などということではなくて、じつは、もともと多分に趣味的な労働なのである」[梅棹 1991 : 177]。そしてこの文章からも明らかなように、彼は「生活の合理化」を必ずしも支持していないのである。

4　梅棹「性差《ジェンダー》」論

「女とはなんぞや。女のエネルギーをかんがえると、その総量においては、男とあまりかわらない。あるいは男をうわまわるほどのエネルギーをもっている」[梅棹 1991 : 144]と梅棹は書く。また「知的能力に男女差はないし、管理能力や調整能力もしかりである」[梅棹 1991 : 139]とも言う。雇用機会均等法後の今日では、あたりまえのように通用しているこんな見解も——水面下ではそれを苦々しく思っていても少なくとも表立って口に出すことははばかられるようになった——一九二〇年生まれの男性の口から一九六三年に発されたと知れば、これはやはり異例のことである。「男も女も、まったく同等の人間であるという前提」[梅棹 1991 : 80]は、彼の中でいかに形成されたのだろうか？

彼は、「サラリーマンの妻のよわさ」が「封建武士の妻のよわさ」「よこの分業ではなくたての分業」から来ていることを指摘した上で、「妻の遊女化」「妻のペット化」を憂える。「性生活をともなう慰安の提供者」としての妻のあり方に「ひどい非人間性を感じ」[梅棹 1991 : 67]たり、「自分の人生を喪失して」「母の立場に埋没してゆかねばならぬというなりゆきを、かなしみをもって見まも」[梅棹 1991：80]ったりする。

彼は女性解放論者、ヒューマニストなのであろうか？ 彼の認めるとおり「社会の側での保守的なかんがえのなかには、男女の本質的な差が強調されることがおおい」[梅棹 1991：154]ことを考えれば、彼の性差観《ジェンダー》は、たしかにこの世代と時代の中ではきわだって平等主義的なものである。だが、彼にこうした見方を与えたのも、徹底して文明史的、文化相対主義的な視点であった。

「わたしは男女の本質の差を論じているのではない。歴史における男女の役わりを論じているのである。」[梅棹 1991：155]

そしてその視点から、生物学的性差論を斥け(「女の特権は妊娠と分娩までであって、あとは女だけのことではない」[梅棹 1991：74])、母性愛本能説を否定する(「母性愛こそは、本能的なもので、そんなものに発展もなにもあるものか、といわれるかもしれないが、じつは、そういうかんがえかたこそあたらしい時代の産物である」[梅棹 1991：77])。

六〇年代のラディカル・フェミニズムを通過し、バダンテールの『プラス・ラブ』[1981]のような母性愛の社会史的研究を経たあとでは、フェミニズムの中では公認の言説となっているこうした性差観――もちろんフェミニズムのサークルの外では、いまでもコンセンサスを得ていない――が、一九五九年に男性の口から発言されていることは驚きに値する。と同時に、こうした発言が、当時の読者の支援と理解を得られなかっただろうことも、想像に難くない。五〇年代には、これらの言説は、それほど突出していたのである。「妻無用論」「母という名の切り札」という挑戦的なタイトルのつけ方にも、著者が常識の神経を逆なでしているという自覚と自負が感じられる。

「女よ妻をやめなさい」「主婦をやめなさい」という処方箋を示しながら、一九五九年の時点で、彼はすでに男女関係の未来について、次のような予測をしている。

「女の男性化というといいすぎだが、男と女の、社会的な同質化現象は、さけがたいのではないだろうか。そして、今後の結婚生活というものは、社会的に同質化した男と女との共同生活、というようなところに、しだいに接近してゆくのではないだろうか。」[梅棹 1991 : 68]

一九八九年になって彼は、同じ文章を引用しながら「はたしてわたしの予言は適中した」と自負する。だがそれは、フェミニズムの動きや「女性パワー」のせいではない。それらは原因ではなく、結果にすぎない。脱工業化が性差をミニマムにしたのである。彼はあくまでも文明史的アプローチをくずさない。

「女性パワーのうねりも、この人間・装置・制度系という大枠のなかで理解すべきであり、単に男と女の関係や対比だけでとらえるべきではない。」[梅棹 1991 : 138]

一九五七年の時点で、タイ紀行にからめて、すでに彼はこういう「仮説」を提起する。

「われわれの文化は、性のちがいをことさら重大に意識して、そのうえに展開した文化である。近代における女性の解放とは、そういう性の文化的差別感の克服の過程にすぎないのではないか。」［梅棹 1991：40］

近代思想としてのフェミニズムの来歴まで彼の手であばかれると、その中で動いてきたフェミニストとしての私は、歴史の駒にすぎなかったのか、と天を仰ぐ気分である。

5　文明史的変動論

彼は稀代のトレンド・ウォッチャーだが、八〇年代のトレンド・ブームの担い手たちとの大きな違いは、トリヴィアルな現象の波頭からタイムスパンの短い予測をするのではなく、もっと長いタイムスパンの文明史的波動から論理的に推論できる変化を言い当てることにある。変化の「必然性」が背後にあるから、予測は蓋然性が高く、過たない。

その大きな変動とは、「工業の時代」から「情報の時代」へという歴史の変化である。「脱工業化」の帰結の第一は、「腕力」から「知力」へのシフトである。第二は、その結果としての「性差の極小化」である。(3)

「工業時代は、男女の差を拡大する傾向をもっていた。ところが情報産業の時代では、その差がミニマムになってゆくとかんがえられる。」［梅棹 1991：157］

彼は「性差があるかないか」という本質や信条について議論しているのではない。

「性差の極小化」が「文明史的趨勢《すうせい》」だというのだから、この「歴史の必然」には、誰も抗いようがない。そして彼の予測は、その大局的な見通しにおいて、適中していた。

第三は、生産から消費への価値のシフトである。

「男も、もっともっと消費者になっていってよいのではないか。極端にいうと人口のごく少数のひとが生産者になり、大多数は消費者になってゆく。あるいはべつな観点からすれば、人間は、一生のごくみじかいあいだを生産者としてすごし、大部分は消費者としてすごすというのでもよいのではないか。そうすると、消費者としての女の存在はあらためて評価されるべきである。人口の半分をしめる女の大部分が非生産者なのだから、人間の共通の目標がすでにそうとう程度に実現しつつあるのではないか。近代になってからは生産第一主義で、消費は悪であるという思想になっているが、かんがえてみれば根拠のないことである。なんの根拠もなしに、生産に無条件に価値があたえられてきたのである。」[梅棹 1991 : 148]

この中では工業時代の「生産男」と「消費女」との性分業と、脱工業化による「女性の優位」という過渡期の逆説、男性の女性化と消費志向の強まりなどがみごとに予見され、説明されている。

第四は、合理主義の限界である。

「そもそも合理主義というものは、工業時代前期には、たいへん有効で効率的なもののかんがえかたであった。しかし、今日では、ぐあいのわるい点がたくさんでてきている。……合理主義的発想法そのもの自体に、そもそも原理的欠陥がある。」［梅棹 1991 : 108］

彼によれば、「さまざまな人間集団のなかでも、家族は、もっとも合理性からとおい」集団であると指摘する。「むしろ、その非合理なところをこそ、たいせつにしなければならないのだ。……そういうもの(合理性からくる人間疎外)を、家庭にもちこんではならないのだ。」［梅棹 1991 : 100］

彼はたんなる合理主義者でも、進歩を信じる未来学者でもない。「合理性」というこの近代の「信仰」へのシニカルな視線が、彼の家庭論を人類史の深みに届くものにしている。

6　文明史的ニヒリズム

社会学者の高田公理《まさとし》は、深沢七郎の「風流夢譚」と梅棹忠夫の『わたしの生きがい論』［1981］とを、戦後ニヒリズム思想の白眉に挙げる。その中に収録された一九七〇年の講演「未来社会と生きがい」の中で、梅棹は文明史の進む方向をこう予測する。

「結局、現在進行しつつある方向というのは、こういうものだとおもうのです。いかにして自分自身の人生をつぶしてゆくかという努力ですね。できるだけ無為でゆこう。役にたつ方向へはもってゆくまい、ということです。

何もしないでおこう。ものをつくるなら、なんにも役にたたないものをつくろう。そういう方向へ、すこしずつ、すこしずつ、うごいているんじゃないか。これはすこし楽観的にすぎるかもしれないが、わたしはその方がいいとかんがえているわけです。……つくればつくるほど、役にたてばたつほど、われわれはおおきな意味では窮地においこまれてゆくのではないか――こういうわけですね。」[梅棹 1981 : 140–141]

「楽観的」と称する梅棹の文明観の背後には、「進歩しないでおくことがもしできれば、すくわれるかもしれない。……文明というものはこまるもんなんだ」[梅棹 1981 : 121]というペシミズムがある。その中での個々人の課題は、「死ぬまでの、生きているあいだの人生をどうつぶしたらいいか」[梅棹 1981 : 141]ということである。

戦後日本の人類学を一人前の学問分野に育てあげ、国立民族学博物館という巨大な「おもちゃ箱」をつくり、全二二巻に別巻一という大部な著作集を出すに至った梅棹の口から、こんなせりふが出るのをいぶかしむ人は多いかもしれない。「ひまつぶし」というには、あまりに壮大なひまつぶしであろう。だが、一九七〇年、高度成長の余熱がまださめやらぬ時期に、すでに文明と人間の未来について、ここまで透徹した認識を持つ彼を、知的な「怪物《モンスター》」と呼ばないわけにいかない。彼の予見どおり、その後の日本経済は、ウォークマンやファミコンという「役にたたないもの」をつくり出し、バブル経済の繁栄の中で「平成貴族」なる「消費階級」まで生み出した。他方「役にたつもの」を開発してきた先進諸国は、効率的な兵器やメカニズムで今や地球を壊滅的な危機に追いこんでいる……。

同じ論調は、女や家庭に対しても向けられる。彼は「女の遊離エネルギーが存在する」と指摘したあとで、こう問題をたてる。

「女のエネルギーは生産的につかわれていない。……人類のもっているエネルギーのうち、半分ちかくが現在はむだにつかわれているか、まともな成果をうんでいないのである。これはどうしたものだろうか。」[梅棹 1991：146]

この「遊離エネルギー」は「子どもを（必要以上に）いじくりまわす」か「情報消費」に向かう。

「情報消費にはげむ結果、一般家庭のレベルでは女のほうが知識の程度がたかい。ただしこれはまさしく情報の消費であって、時間つぶし、ひまつぶしである。生産的なものとはいえない。それを生産的なものに転化する契機はなんであろうか。そのところがいちばんかんがえなければならない点であろう。しかしそのまえに、女のエネルギーを生産的なものに転化したほうがよいのかどうか、ということが問

題である。」[梅棹 1991 : 147–148]

答はノー。梅棹が提起する処方箋は「花見酒」のエネルギー消費――女のあいだで役に立たない消費的な活動にエネルギー消費をすること――である。これは私自身が、さまざまな女性の草の根ネットワークを「ターミナルケア」――死ぬまでの時間をはためいわくにならずにきげんよくつぶしていってもらう諸活動――と呼んだことに重なっている[4]。そして彼は、「それこそ人生の理想像」「女性は人生の夢をさきどりしている」と言う。そして、女性に情報消費活動の専門家として、貴族同様「居なおって搾取者になれ」[梅棹 1991 : 131]とすすめる。

ほんとうにそうだろうか。貴族は農奴を搾取していたが、主婦はいったい誰を「搾取」すればいいのであろうか。主婦権が、夫権のもとの「限られた主権」にすぎないことをよくわきまえている彼が、女に「居直りのすすめ」をするのは、欺《ぎ》瞞《まん》にすぎないのではないだろうか。彼はいったい、女の「敵」なのだろうか、「味方」なのだろうか？

そのどちらでもない。彼はただ、稀代の文明史的観察家であるというべきである。彼の観測については、いくつか留保しなければならない点はある。たとえば、消費活動を支えるインフラは、結局は妻にとっては夫が、日本にとっては第三世界が提供する。生産活動は「一部の少数の人」に集中するどころか、より劣悪な条件下で働く多くの第三世界の人々に集中する。彼の視野には南北格差が入っていないという批判もありうる。

あるいは、女性たちは「消費専門家」であることからすでに脱け出して、生産者のサイドにまわっているという事実もある。少なくとも大多数の女たちは、パート生産者・パート消費者と化している。

彼が最大の「女性の敵」となった育児をめぐる議論にしても、近代は「育児労働」の全体を軽減したが、核家族の孤立と共同体育児の崩壊によって、かつてないほど母一人に育児負担を集中したという発見もある。「現在のところ男がひとりでいると、妻がいるよりも少したかくつく」という指摘も、実は妻の「不払い労働」(5)が男性の生産労働の再生産コストを下支えしているのだという女性学の知見が説明する。七〇年代のウーマンリブと女性学の蓄積のあとでは、彼の分析や予見の中には、妥当するものと彼の「歴史的限界」と思われるものとの双方が含まれる。だがその予見の射程の長さには、あらためて感嘆するほかはない。

梅棹の予見が、女性に対する彼の自らなる尊重を歴史の必然と言いくるめる都会的な含羞、文明史の暗澹たる未来への成り行きを「楽観主義」と故意に見誤らせる裏返しのシャイネスに満ちていることはもはや言うまい。私たちはここで、文明史の稀代の「見者」が、必ずしも明るいとは言えない文明の未来を凝視するのに立ち会う。そしてこの知的怪物《モンスター》が「女・子どもの領域」である「家庭」に、他の文明領域に対する時と等距離の透徹した視線を向けてくれた貢献を、喜びたいと思う。

注

（1）人類学者はしばしばフィールドで、ヨソモノとしてジェンダーを超えることがある。性別隔離のつよい社会でも、男性研究者は「女の領域」に入ることが許されるし、女性研究者は「名誉男性」として「男の領域」に参入することができる。

（2）梅棹は、主婦権が「いがいと制限された主権」であること、夫と妻の分業が「よこの分業でなくたての分業」であることの指摘も忘れていない。

（3）性差についてのミニマリスト(極小化論者)とマキシマリスト(極大化論者)との対立は、八〇年代フェミニズムの大きな争点となった。「性差があるかないか」という本質論を棚上げにして、「性差が(歴史的に)どのように現象するか」という問いを立てれば、この不毛な対立は回避できるはずであった[シュルロ&チボー編 1983]。

（4）女性学研究者、金井淑子は、彼女たちを家事専業ならぬ「活動専業・主婦」と呼んだ。女性たちの草の根ネットワーク活動(女縁)については、上野・電通ネットワーク研究会編[1988, 2008]参照。

（5）女性の不払い労働については、上野[1990a]を参照。

二　技術革新と家事労働

［初出一九九一年］

1　家事労働の歴史

家事労働が今日知られるような形で「家庭内で行なわれる無償の労働」になった歴史は、そう古いものではない。工業化以前の社会では、一連の生産労働から家事労働を区別することはむずかしいし、また一部の家事労働は、早くからサーヴィス商品として外化していた。歴史上最初の家事サーヴィス商品は、市で売られる調理済み食品だと言われている。家事労働 domestic labor の定義が、文字どおりドムス domus（世帯）の内部で行なわれる労働だとすれば、この種の労働が世帯の内側にとりこまれるようになった歴史は新しい。家事労働は、世帯の内にも外にも、存在してきた。

初期の家事サーヴィス労働者には、洗濯女、子守り、パン屋などがある。洗濯女は、元手のない貧しい寡婦などが最初に就くことのできる、現金収入の機会であった。一八世紀のパリでは子どもの二割が里子に出されていたと言われる。生産労働力として重要なパン屋のおかみにとっては、育児はプライオリティの低い、他人に委譲できる労働だった。それに家事の大半が単純なものにすぎなかったから、世帯内に家事専従者がいる必要はまれだった。

貴族や富裕層では、世帯内に家事使用人がいた。近代化の初期に都市中間層の形成にともなって、この家事使用人の数はふくれ上がる。家事使用人は、しばしば雇用契約を結ばず、リクルートも口コミや地縁・血縁ルートに頼るため労働市場を形成しにくく、工場労働者のように統計にあらわれにくい。だが、今日急速な都市化を経験しているアジアやアフリカの事例から類推すると、近代化にともなう農村から都市への人口移動のかなりの部分をこの家事使用人が占めていると推定される。これは戦前の日本にもあてはまる。外に奉公に出る貧しい農家の娘にとっては、彼女たちの出身階層や経済状況によってほぼ三つの奉公先の可能性――工場労働者、女中・子守奉公、女郎づとめ――があった。このうち工場労働者の賃金水準が上昇するにつれ、女中不足が起きていく。

戦前の都市中間層の世帯には、夏目漱石のように手もと不如意をつねにこぼすような家庭にも、下女の一人や二人はいたことが知られている。大正期の典型的な俸給生活者の住宅、建坪六〇平米程度の平家の中廊下式住宅にも、「玄関脇の三畳」が女中部屋として組みこまれている。住宅の広さと家事使用人の有無との間には、直接の相関はない。むしろ家事使用人の賃金水準と、雇い主との収入格差の方が問題になる。

「主婦」という言葉は、語源的には、ヨーロッパ語でも日本語でも「家の女あるじ」を意味していた。[1]「主婦」であるための資格は、家長の妻であることとともに、下働きの「女子衆《おなごし》」や親族の女性を配下に従え、それに采配をふるう家政の指揮監督権を握っていることであった。しかし、都市化と核家族化の進展の過程で、「主婦」の大衆化(と地位の低下)が起きる。核家族の中の「主婦」は、下女を失うだけでなく、拡大家族の中にいた他の成人女性メンバーをも失った。今や家族中の唯一の成人女性メンバーとなった主婦の肩に、すべての家事労働がかかってくる。こうして世帯内の家事専従者としての「主婦」が成立する。アン・オークレー流に言うなら、「主婦」とは「家事使用人を失った家長の妻」のことである[Oakley 1974/オークレー 1986]。

したがって、家事労働と主婦労働とは違うものである。主婦労働とは、主婦が行なう労働だが、家事労働を主婦が行なうとは限らない。主婦労働は、「主婦」(＝都市雇用者核家族の無業の妻)の成立とともに、成立した。家事労働(言いかえれば「直接的消費のための労働」)を他の生産労働から区別することはむずかしいが、ここにはクリスティーヌ・デルフィの言う「家事労働の都市的基準 urban criteria」が働いている[Delphy 1984]。すなわち都市部の「主婦」の成立とともに、主婦の行なっている労働の範囲をあとになって「家事」と名づけるようになったのである。

2　技術革新と台所のエネルギー革命

家事労働の定義が歴史的なものであり、その範囲が変動するとすれば、世帯構造の変化や技術水準によってもその内容は大きく変わる。世帯を、人間と技術がインターフェイスする装置系の一種と考えると、世帯の外部で進行していた技術革新は、世帯内部にも影響を与えずにはおかなかった。

技術革新が生産機械に及んで産業革命を達成したあとも、家事労働は長いあいだ、かまどに薪炭という古代的な水準にとどまっていた。家事労働に大きな変化が起きたのは、第一に水道の普及、第二にガス・電気のクリーン・エネルギーの導入による台所のエネルギー革命、第三に技術革新が生産財から消費財に及んで、家庭用電化製品のような耐久消費財が比較的安価に供給されてからのことである。これらの変化は、家屋の構造を変え、家族内の地位＝役割関係にまで影響を及ぼした。

アメリカでは第一次大戦後、一九三〇年代からすでに家庭電化が進行していた。『際限のない仕事』と題するストラッサーのアメリカの家事労働史によれば、一九三五年には「クリーブランドの家庭の九五％はガスもしくは電気レンジを使用していた」[Strasser 1982: 264]。日本でも、大正期には、すでにガスレンジと流し台を組みこんだ板床式の台所が新しい都市住宅に提案されていたが、その普及はきわめて限られていた。多くの都市住宅では渡り廊下式の土間のかまどに、新しく敷かれたガスを置きかえて使用していた。また国民の大半を占める農家世帯では、あいかわらず薪炭を使用していた。

台所のエネルギー革命が国民規模に普及するのは、戦後復興後、一九五〇年代のことである。薪炭という危険でとり扱いにくい、しかもススを発生するエネルギー源から、ガス・電気というクリーンでとり扱いの容易なエネルギーへの転換は、台所を土間から床上へ上げることを可能にし、さらにその上に家屋を積み上げて集合住宅をつくることも可能にした。かまどは古代から、そこに世帯が発生する中心であり、主婦の役目は火を守ることであった。薪炭は火をおこすのも維持するのも、さらに後を管理するのも難しい。「火の神」は台所の神であると同時に家の神であり、火事を出さないように用心して仕えなければならなかった。その火の管理がスウィッチのオン・オフ一つで自由にかんたんに操作できるようになったのである。

火の管理が熟練と責任を要する主婦の神聖な役目だったことは、台所のエネルギー革命によってあっさりくつがえされてしまう。それは世帯内の勢力構造にも影響を与えずにはいない。

「ある老いたカリフォルニアの女性は、両親が(料理用の)ガスストーブを購入して、古い薪用のかまどを納屋に追いやった日の、おばあさんの歎きをよく覚えている。

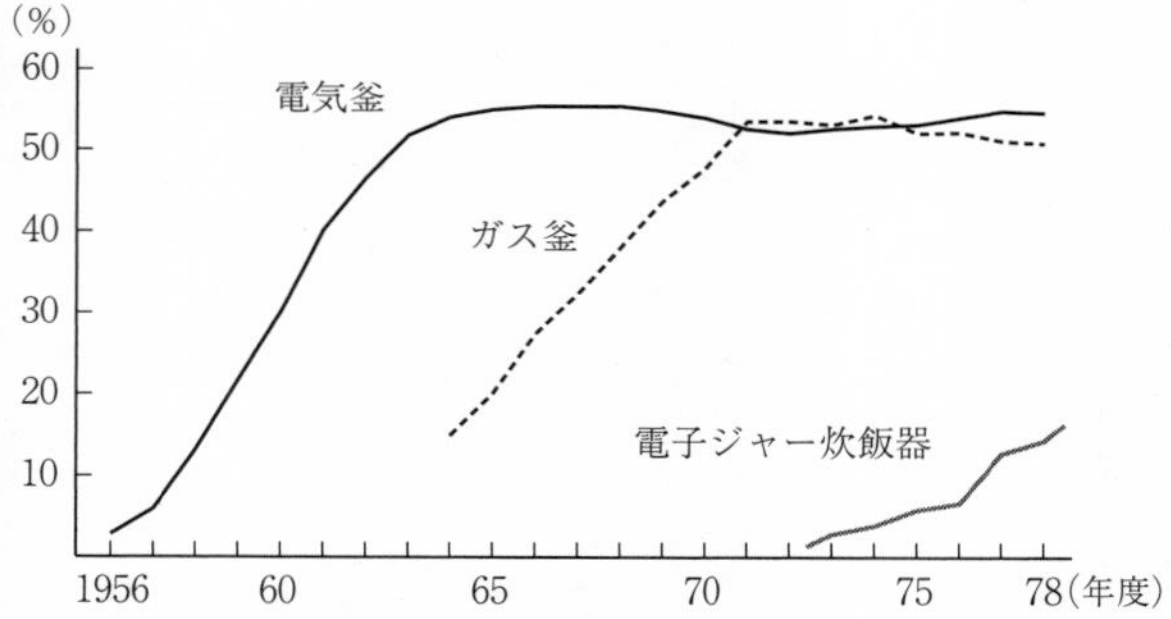

資料：日本電機工業会，通産省

図 1　電気釜・ガス釜の普及率

おばあさんはエンジェルケーキをかまどで焼くときの火の加減を熟知していた。」

[Strasser 1982: 264]

同じような変化は、日本の五〇年代にも起きた。最初に普及した家電製品は電気釜(もしくはガス釜)である。これは六〇年代に「三種の神器」(電気冷蔵庫・電気洗濯機・電気掃除機)が普及する前に、すでに五〇年代のうちに市場飽和に達していた[図1]。かまどでごはんを炊くという習慣は、台所の技術革新によって最初に放逐された。米の味にうるさい農家世帯では、電気釜よりも火力の強いガス釜が歓迎されたが、これはガスの管理になれない老いた女性を、米を炊くという労働から放逐することになった。彼女たちはかまどで飯を炊くことにかけては、「はじめチョロチョロなかパッパ」で知られるような火力の管理の熟練者であったが、技術革新とともに、彼女らの存在は技術ごと陳腐化したのである。主食である米の管理と分配とは主婦権の大きな要素であったが、彼女らは新しい技術への不適応から、それを手放さなければならなかった。同じ頃農村部では、敗戦の経験から体位向上・栄養改善運動の一環として、脂肪分の摂取がすすめられており、「一日一回フライパン料理」と油ものがメニューに採り入れられていたが、料理のノウハウや技術の変化は、姑と嫁の地位の交替を早めた。

3　家事省力化の逆説

六〇年代に入って主要家電製品の普及率は、ほぼ一〇年間のうちに、いっきに市場飽和の水準に達する［図2］。家電製品はしばしば家事省力化機器と言われるが、家事労働の技術革新がほんとうに家事労働を軽減したかどうかについては、検討してみなければならない(2)。

家事労働の中で最も重労働だった洗濯労働に例をとろう。図3は、アメリカの電気洗濯機メーカー、ウェスティングハウス社が一九四四年に出版した広告パンフレットから採ったものである。「あなたの週に一日を加えます」と謳った宣伝文句は、明らかに省力化・省時間化を意図している。裏返して言えば、それ以前には週に一回「洗濯日」と

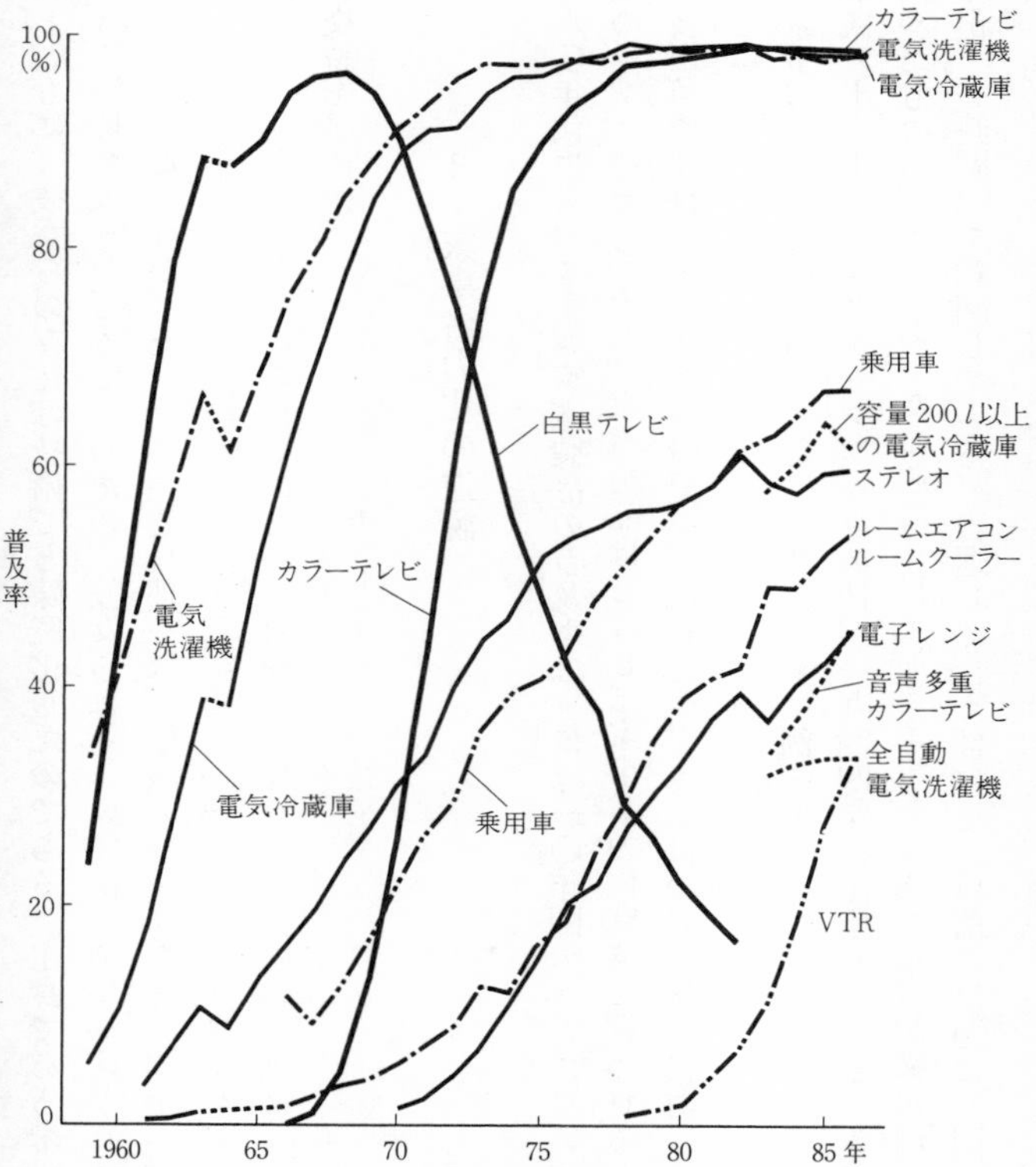

資料：経済企画庁「家計調査の動向(消費動向調査)」「消費と貯蓄の動向」

図 2　主要家電製品の普及率

いう重労働の日が主婦を待ち受けていたことを意味する。だが、主婦はすべての洗濯物を自宅でしていたわけではなかった。

「東海岸の半熟練労働者家庭では、六〇％の世帯が洗濯物を外に出していた。だが

図3

洗濯用の出費が小さいところを見ると、やはり大半の洗濯物は主婦がやっていたことが明らかである。」[Strasser 1982: 268]

外に出していた洗濯物とは、主として「シーツ、テーブルクロス、他のリネン類」などの「平たいもの」と「男物シャツ」である[Strasser 1982: 270]。前者は大物でしぼるのも干すのもやっかいなため、後者はアイロンが面倒だからというのが理由である。クリーニング代は「一九二九年にピークに達した」[Strasser 1982: 270]。したがって洗濯機の購入はクリーニング代の節約をも意味した。

だが、省力化を約束したはずの洗濯機は皮肉な結果をもたらした。

第一に洗濯機の導入のおかげで、主婦は、それまで外に出していた洗濯物も自宅でやらなければならなくなった。家電製品は、外で買われていた家事サーヴィス商品を、一部内部化したのである。

第二に「洗濯物がある時にはいつでも」(ウェスティングハウス社の広告パンフレット)という謳い文句は、週に一回の「洗濯日」をなくすかわりに、毎日を洗濯日に変えてしまった。洗濯は時と所を選ばなくなり、洗濯物が出たときには主婦はいつでも洗濯をしなければいけなくなった。

第三に一回あたりの洗濯が容易になった代わりに、洗濯の頻度が増えるようになった。初期の洗濯機はメカニズムが単純だったから、洗濯物の傷みやほころびも多かった。洗

濯物の寿命を縮めてまで、主婦は省力化の代わりに「清潔」の水準の向上に貢献したのである。(3)

電気洗濯機は洗濯を「週に一回の悪夢」から「際限のない仕事」に変えたとストラッサーは指摘する。

「長い目で見ると、電気洗濯機はおそらく洗濯を省力化するよりも、そのしくみを変えたのである。」[Strasser 1982: 268]

コワンも、家事労働の技術革新がもたらした逆説的な結果を指摘する。

「工業化の初期の一〇〇年余りの間に、家事省力化機器が発明され普及したが、それは家事のプロセスを変えただけで、家事労働時間を減らすに至らなかった。」[Cowan 1983: 45]

ついで彼女は次のように結論する。

「皮肉なことにこんなに多くの家事省力化機器が登場したというのに、実際に省力化された労働はほとんどない。」[Cowan 1983: 44]

コワンは、それにいくつもの理由を推論している。

第一に、アメリカ中産階級の妻は「主婦」とは名ばかりで、家事使用人を持たない家事専従労働者にすぎない事実である。コワンは一八五二年にアメリカへ渡ったノルウェー人の娘の証言を引いている。

「アメリカの女性にはヒマがいっぱいあるって聞いてきましたけど、そう思っている女の人に会ったことがありません。ここでは家の女主人は、上流家庭ならメイドやコックや執事がやるような仕事を全部やらなくてはなりません。その上、ノルウェーでその三人がやる仕事に加えて、自分自身の仕事までやらなくてはならないんです。」[Cowan 1983: 44-45]

このノルウェー女性は「女主人 mistress」という言葉を使っているが、それはすでに配下に仕える家事使用人を失った女主人にすぎなかった。

第二に、家事サーヴィス商品の出費を節約する目的がある。ストラッサーの調査にみるように、洗濯機の導入の前には洗濯物を「外に出す」ことはあたりまえと見なされていた。家事労働のすべてが世帯内で調達されるわけではない。ヨーロッパではパン屋は早くから専門職として成立していたし、日本でも酒や醬油の醸造は早くから家庭を離れていた。家事省力化機器の導入は、一方で家事労働の世帯内化を促進する。その理由の一つは、家事サーヴィス商品の価値が、他の雇用機会の増大につれて上昇したことにあるだろう。

家事省力化機器への投資が、家事サーヴィス労働の賃金水準とふかい関係にあることは、インドのような賃金格差の大きい社会を見てみるとわかる。インドでは電気洗濯機を購入できるような経済水準にある世帯にさえ洗濯機の普及はそれほど高くないが、それは、メイドや洗濯男の労働力が低賃金で無尽蔵に使えるところでは、高価な家電製品への投資効果がないからである。日本でも六〇年代の家電製品の普及は、農村部から都市部への家事奉公人のリクルートの急速な減少と対応している。

第三に、コワンは、かつては重労働でも一家協業だった家事労働が、主婦の単独労働になったことを挙げている。かつては夫は薪を割り、子どもは水を汲み、妻は料理をしたものだが、省力化機器のおかげで、主婦はかえって夫と子どもの助力を失った。もちろんその背後には、夫と子どもを家庭から引き離した、工業化による職住分離と、近代学校教育制度がある。

第四に、家事労働のクオリティと水準の上昇がある。電気洗濯機の導入は「週一回の洗濯日」を「いつでも何回でも」できるものに変えた。一回あたりの洗濯は省力化したが、頻度がふえた。清潔と衛生の観念が向上し、月一回交換していたシーツを週一回に、そして頻繁に下着をとりかえるようになる。だが清潔の観念がその技術的な手段ぬきで自動的に変わるわけでないことは、日本人の下着の交換の頻度から類推することができる。日本人は、ほぼ入浴のたびに下着を交換する慣習があったが、農繁期を除いて毎日入浴することはなかった。入浴の回数とは独立に下着を毎日交換する習慣が成立したのは、六〇年代に電気洗濯機が普及してからのことである。主婦は自分の家事労働負担をふやすような提案を、洗濯機が入るまでは、家族に言い出すことはなかった(4)。

梅棹忠夫は、家事省力化機器によってても減らずにかえって高水準化する主婦の労働を「擬装労働」と呼んだ。(5) 清潔でのりのきいたシーツ、ピカピカに磨き上げられた床、手のこんだ料理、手づくりのおやつや子ども服……は、主婦がその地位保全のために作り上げた一種の熟練労働で、そのためにかえって夫や子どもによって代替が難しくなっていると言う。したがって、家事労働があるからそれを担当する専従者として主婦がいるわけではなく、主婦という地位が成立してからそれにふさわしい仕事が発明されたとすでに五〇年代に論じて、当時の主婦の憤激を買った。

NHKの生活時間調査を見ても、兼業主婦が一日約三・五時間でこなす家事に、専業主婦は七時間をかけている。そのうち編みものに費やす時間が二時間あったとして、それを「家事」に入れるか「趣味」に入れるかの判定はむずかしい。兼業主婦に比べて専業主婦は、梅棹の言うようにムダな労働で七時間を埋めているか、よほど要領が悪いことになるが、逆に専業主婦の側の誇りは、家事労働を外化していないことや、その水準が兼業主婦よりはるかに高い(「手抜きしていない」)ことにある。だが巷間よく言われるように、兼業主婦が「できあいの惣菜を買ってきたり」「家事を手抜きしたり」しているとは限らない。家事サーヴィス商品の外部調達については、(6) 兼業主婦より専業主婦の方が抵抗が少ないというデータから見ても、専業主婦と兼業主婦の家事の水準を、かけた時間からだけ判定するのは難しい。

別な観点から言えば、衣食住のすべてにわたって、生存のレベルが上昇したと言える。温かい料理を食べること、「おかず」の種類の増加、ヴァラエティの拡大など、技術革新によるテクノロジーの進歩に反して、主婦労働は熟練を要する労働になった。その結果、家事は他のファミリィ・メンバーに委譲することがますます難しくなった。それが梅棹の言うように主婦の地位保全のための自衛欲求から出たものかどうかはかんたんに言えないが、主婦の間には、自分の役割の委譲に抵抗感を示す者もいることは確かである。ダヴィドソンが指摘するように、家事労働は「パーキンソンの法則」に従う。つまり「家事はそれにかける時間を埋めるように増える傾向がある」[Davidson 1982, 1986: 192]。

家事省力化機器がもし実際に家事労働時間を軽減しているとして、主婦は浮いた時間を何に使っているのだろうか。――必要水準を超えた、より洗練された家事のために、というのが梅棹の答であった。そういう場合もあるだろう。だがここに、イギリスの労働者家庭の家事労働の歴史を実証研究したダヴィドソンのデータがある。

一九三四年に一二五〇世帯にわたる都市労働者世帯の主婦の家事労働時間の平均は、朝六時半から夜一〇時、一一時にわたる一二―一四時間に達するものだった。一九三五年に、同じ階層の主婦で、家庭電化が達成された世帯の家事労働時間は、週約四九時間、一日約七時間に軽減されていた。内訳は、掃除に週一五・五時間、料理に一四・二時

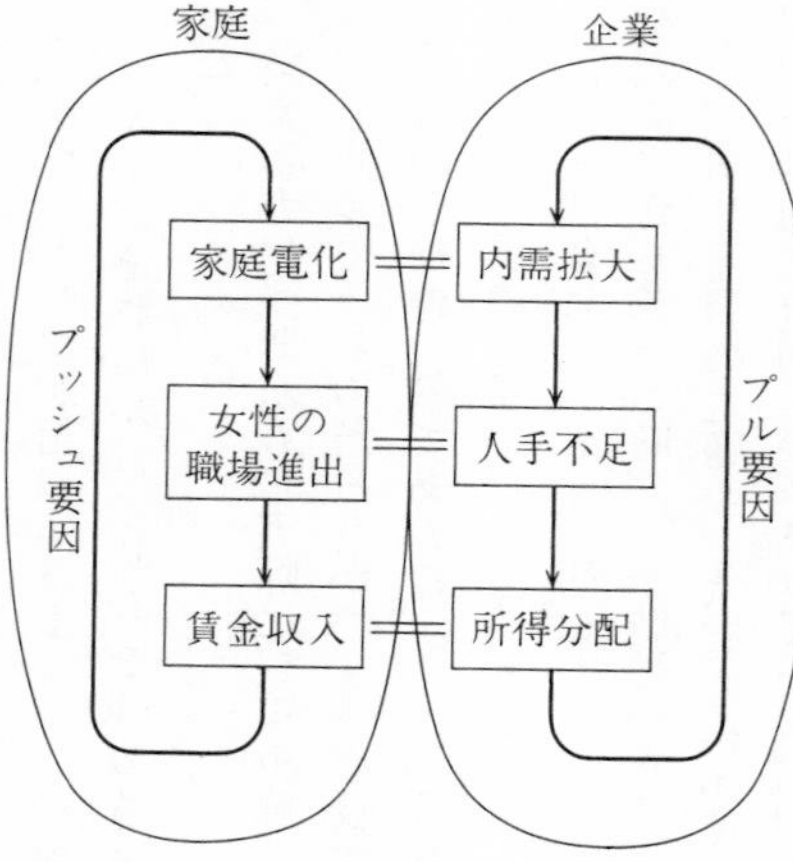

図4

間、洗いものに七・五時間、つくろいものと縫いものに六・四時間、洗濯に五・五時間である。一九四八年に、七六世帯の労働者家庭の主婦の労働時間を見てみると、一日一二時間で一九三四年と変わらない。だがその内訳を見ると、家事労働に九・三時間、他に二・二時間を家の外で賃労働に就いていることがわかった[Davidson 1982, 1986: 191-192]。

ダヴィドソンの結論はこうである。女性の家事労働時間はたしかに軽減された。だが総労働時間は変わらない。女性は浮いた時間を家事労働以外の労働に費やすようになったのである。

日本でも高度成長期の家電製品の普及と既婚女性の職場進出との相関関係にそれが表われている[図4]。家庭電化は主婦の余暇時間を増やし、主婦を家庭から外へ押し出すプッシュ要因となった。裏返して言えば、家電製品を購入するために、主婦の賃金収入への動機は高まり、職場進出に拍車がかかった。女性はいわば世帯内に「設備投資」をすることで賃労働に出ていき、手にした収入でさらに耐久消費財を買うというサイクルで内需拡大に貢献したのである。

このサイクルは、兼業農家の増加と農業機器の普及の相関関係とも一致している。農作業の省力化の結果、農家の兼業化がすすむ一方で、逆に兼業化のために農家は省力化機器に「設備投資」をした。そのために彼らは現金収入を求めてますます外へ出ていかざるをえなくなった。

兼業農家と兼業主婦の増加が、どちらも農村と家庭という資本主義の最後の「辺境」を掘り崩し、農民と主婦を労働力化するとともに、労働者への分配をつうじて内需拡大を果たすという日本の六〇年代の高度成長の動因だったのは、偶然の一致ではない。その両者が、内陸型立地の製造業で、農機具や耐久消費財の生産に従事していたのは皮肉だった。

4　電子革命と家事労働の非熟練化

家事労働の技術革新は、七〇年代以降、電化からさらに電子化(マイクロエレクトロニクス)への過程をたどる。さらに経済のリストラクチュアリングによる情報化・サーヴィス化と、流通過程の革新は、装置系としての世帯に影響を与えずにはいない。

電子革命の影響は家電製品の至るところに入りこんでいる。ＩＣ(集積回路)を用いていない家電製品はほとんどない。なかでも、新しい加熱機器としてのマイクロウェーブ(電子レンジ)の利用は、いったん熟練化した家事労働を、非熟練化し、したがって個別化するのに貢献した。このプロセスはすでに保温機能つき電気釜(現在ではＩＣが組みこまれて電子ジャー炊飯器になっている)の登場によって準備されていた。電気釜は誰が炊いても均質のゴハンを炊き上げ、保温機能を持つことで、火の管理を不要にする。さらに電子レンジの登場でつくりおきや買いおきの惣菜をいつでも供することができるようになる。冷凍冷蔵庫・電子レンジ・電子ジャーの三点セットは、家族いっせいの食事とその際に食物の分配権を握る主婦の権利と義務を無意味化した。柳田国男が『明治大正史　世相篇』[柳田 1931, 1976]で指摘している「小鍋立《こなべだて》」の動向は、ついに「個食化」にまで至った。家族の個食化は、装置系の変化によって可能になった。首都圏の調査によれば雇用者家庭で家族全員がそろって夕食をとる回数は、週に平均二回にすぎない。なかには四人家族が一人ずつべつべつに夕食をとる例も報告されているが、電子レンジの導入以降は、家族の個食化は必ずしも主婦の台所における待機時間の長さとは結びつかなくなった[上野・電通ネットワーク研究会編 1988, 2008]。電子ジャーと電子レンジは、主婦の杓子権を奪い、家事を「男・子ども」にも可能な水準にしたのである。

家事の熟練度と男・子どもの家事参加の程度を、技術革新の段階と結びつけて考えるとおもしろい発見ができる。男性の家事参加度が日本に比べてきわだって高い社会に中国とアメリカがあるが、それはたんに両国の男性の男女平等意識や女性の家計貢献度の高さからだけとは言えない。中国とアメリカという文化背景のおそろしく異なった社会で、家庭観や女性観が共有されているとは考えにくい。中国の男性の家事参加を見ていると、第一に中国では食事に温かいものを供するという習慣があること、第二に、したがって家事が複雑で手がかかること、第三に家庭電化のすすんでいない段階では家事が重労働であることから、男性が手伝わざるをえないという状況がある。他方アメリカでは、「食事の後片づけは自分の役目だ」と言う夫は多いが、それはたんに食器をディッシュウォッシャーに運んでいくことを意味するにすぎない場合が多い。その上、食文化の水準の低さと加工食品の普及によって「料理」の観念は著しく非熟練労働化している。中国、アメリカのケースを日本と比べてみると、「家事専従者」の誕生を装置系の技術水準から説明することも可能である。「主婦」という家事専従者の存在は、家事テクノロジーが中国なみのローテクとアメリカなみのハイテクとの中間段階、家事が熟練を要する労働から非熟練労働に変わる中間段階に、過渡的に成立すると言っていいかもしれない。

家事革命のもう一つの帰結は、いったんは世帯内化した家事の、いっそうの外化である。それには第一に、衣食住、育児、教育、介護その他すべてにわたる家事労働のサーヴィス商品化と社会化、第二に、流通革命による流通形態の大幅な変化(宅配、コンビニエンスストア、二四時間ストア等)がある[表1]。世帯内でも家電製品は「個電化」し、二台目やパーソナルユース用のテレビや冷蔵庫が普及した[表2]。電気釜でも、一台の中で固さや味つけの違うごはんの炊き分け用や、時差調理を可能にするようなものが現われた。最初から家族が「同じ釜の飯を食べる」ことを予期しない調理器具の登場である。個室に個電製品のスタンダードパッケージがそろっていれば、それをそのまま

表1　伸びるコンビニエンスストア

	販売の対前年度比伸び率(%)		
	84年	85	86
無店舗販売	5.6	6.2	8.2
コンビニエンスストア	22.3	21.2	17.5
サービス業	8.6	9.5	—

資料：各業種有力企業中心，日経流通新聞

表2　主要耐久消費財　一家に2台の時代

	普及率(%)	100世帯当たり(台)
電気洗濯機	99.2	106.3
カラーテレビ	98.7	180.2
電気冷蔵庫	97.8	115.2
電気掃除機	98.1	124.7
電気ごたつ	91.0	147.4
石油ストーブ	82.8	157.8
カメラ	83.8	129.4
自動車	81.7	145.7
ラジカセ	74.9	106.5
じゅうたん	67.4	144.4

資料：経済企画庁

世帯分離して単身世帯をつくることも容易になる。梅棹忠夫が一九五九年に発表した「妻無用論」([梅棹 1991]所収)はこの変化を予見したものであった。神島二郎は日本の都市化は主として単身者によって支えられてきたという「単身者都市化論」を唱えたが、従来の都市単身者のイメージは惨めなものだった[神島 1961]。とくに生活技術を欠いた男性単身者にはわびしいイメージがつきまとい、彼らの中には「生活の不便から」結婚を決意する者もいたくらいである。だが装置系の技術革新と家事の商品化の進行は、生活技術のない単身者にもサバイバルを可能にした。言いかえれば、単身世帯に要求される生活技術の水準は、著しく非熟練化したのである。首都圏の単身世帯率三割というデータには、男性単身世帯も数多く含まれる。その中には新しい「現代の出稼ぎ」、少なからぬ中高年の単身赴任者 business bachelor も含まれるが、彼らの単身生活を可能にしたのもまた、家事の物質基盤の変化だった。

5 個族化の進行

家族の「個族」化現象——公文・村上・佐藤にならって「個人化 individualization」と呼ぶより「個別化 individuation」と呼ぶ方がふさわしい(7)——を最終的に完成したのは、双方向型の通信機器、具体的には個室にコードレスフォンが持ちこまれてからのことである。電話回線は今でも多くの場合一世帯に一回線、受話器は主として居間や廊下に置かれ、世帯の外との交信は家族の管理下にあった。それがコードレスフォンの普及で、通信の個別化はいっきに高まった。子どもを個室に追いやることは、もはや外界からの隔離を少しも意味しない。それどころかパーソナルユースのＡＶ機器で彼らは外界からの情報に直接にさらされているだけでなく、送信機能を持った通信機器のおかげで、家族の統制を受けずに直接外界と交渉できる。小学校高学年以上で個室を与えられた子どもは、居間や食堂にいる時間より個室滞留時間が長くなる傾向があるが、彼らはその間、家族と接触する以上に長時間、外部と接触している。住宅構造の上でも「居間」は、家族の全員がたまさか集まるハレの場と化しつつある。

「火の共同」→「食の共同」に象徴される世帯の共同性は、個別化にともなって新たな意味を帯びる。夫婦とも有職者のケースでは、外食はもはや多忙な週日のための時間節約型の日常行動の一つにすぎなくなり、その代わり週末家族そろって食べる手づくりの料理がハレの食事と化しつつある。「家族が全員そろう」ことが特別の意味を帯びてきた。それにもう一つの意味を与えるのが、最も近い親族、親の世帯との共食である。核家族化による世帯分離は相当にすすんだが、親の世帯は今でも子世帯と合流した時のために、十分な広さのスペースと什器類とを用意しておく必要に迫られている。親－子の親族世帯の合流が新たなハレをつくり出している(8)。

装置系としての世帯の技術革新は、個別化の進展を促してきた。家族はもはや「同じ釜の飯」を食べる制約から解放されたし、異なった嗜好が同じ食卓の上に共存し、単一の「我が家の味」の共有や押しつけもなくなった。それは、家族文化の衰退のあらわれや親の権威の低下、逆に家族の個性の尊重などさまざまに解釈できるが、装置系サイドからそれが容易になった結果でもある。主婦はそれが面倒なら、個別化に抵抗するだろうからである。衣食住について世帯内世帯分離はかなりの程度に進んでいる。そこからスタンダードパッケージごと、ワンルームマンションというサテライトに完全に世帯分離するまでは、あと一歩にすぎない。同じ発想から、逆に受験期の子どもにサテライトの勉強部屋を借りたり、夫や妻が近くにサテライトの仕事部屋を借りるケースも出てきている。家族の人数 n の個室プラス共有空間から成る「個室群住居」を提案したのは建築家の黒沢隆[1987]だが、さらにすすんで世帯は単身住宅複合のようなものになるかもしれない。そしてそれを可能にするのは、意識の変化だけではなく、装置系の変化でもある。

個別化の進行の一方で、家族の凝集力は、必ずしも弱まっているとは言えない。首都圏の異常な地上げのせいで土地を基盤にした世代間凝集力が高まっていることはすでにしばしば指摘されているが、家事労働という点から見ると二つの要因が指摘できる。第一は育児期の女性の就労率の高まりのせいで、育児労働への援助期待が子世帯(とくに娘世帯）の側にあること、第二に高齢化にともなう老後不安から、介護労働への期待が親世帯の側にあること、の二つである。この育児労働と介護労働にはいくつかの共通点がある。第一に家事ロボット化のもっともしにくい対人的な労働であること、第二にサーヴィス商品として購入するにはその価格や賃金水準が高すぎること、第三に世帯外の公共サーヴィスの水準が低くそれに頼れないこと、最後に世帯から外化することに対して道徳的なサンクション（制裁）があることとである。この中でどの理由が最も優位な決定因であるかを言うことはむずかしい。しばしば道徳的な理由が育児と介護の外化を阻んできたと言われるが、これもベビーシッターがきわめて安価にかつ容易にアクセスできるところではあっけなく他人に委譲されるし（それどころか乳母の存在は上流階級ではステイタスシンボルになる）、ヨーロッパの福祉先進国の経験からは、高齢者福祉は世帯分離を促進することがわかっている。道徳的な理由はしばしば現状を正当化するために使われる。紙オムツの使用をめぐる「母性」論争などはその最たるものだろう。日本人の割箸使用を槍玉にあげるアメリカの資源保護団体も、環境保全に熱心なヨーロッパの団体も、自国内の紙オムツ使用を「母性」の名において道徳的に非難しているケースはない。紙オムツの単価が相対的に高くその普及が限られている日本でだけ、現実を正当化する議論として「紙オムツは子どもに悪い」という議論が出てくる。同じような道徳的非難は老人用紙オムツに対しては出てこないのだから、この社会的サンクションがどれほど一貫性がなくご都合主義的なものかがよくわかる。

6　家事労働の近未来

これまで見てきたように、家事労働は技術革新や産業構造の変化によって大きな変動をうける。近い将来、家事労働の変化を促す要因には、どのようなものが挙げられるだろうか。

第一は、技術革新のいっそうの進行によって、生活技術のうちの多くのものが非熟練化する可能性である。すでに掃除と洗濯はそうなっている。料理もＩＣによるプログラム化がすすんでいる。これも食文化の水準をどのレベルで維持するかという選択に関わってくるが、例えばプロが料理したグルメフードを電子レンジでプログラム加熱するという形になるかもしれない。パック食品を非難する主婦も、百貨店のグルメ惣菜には抵抗がないのだから、外食によって舌の肥えた人々にとっては、家庭料理はアマチュアの楽しみのごときものになる可能性がある。日本の世帯に入りにくい大型家電製品の一つに自動食器洗い機があるが、これの普及を阻んでいるのは、複雑で多様な食文化と、女性の時間資源がまだあり余っているせいである。木の椀や趣味的な陶器などの使用を断念して、食器を技術に適応させて単純化するか、それとも食器洗い機が日本語ワープロなみに日本の食生活に適応した高度の技術的な発達をとげるか、どちらかの可能性が考えられる。が、いずれの場合も、技術革新へのプレッシャーは女性の時間資源が稀少化することから生じるだろう。その場合、凝った食器や手づくりの料理は、週末や家族がそろった時のためのハレの場に使用されることになるだろう。

男・子どもの家事参加は、彼らの意識変革というよりは、技術革新による家事の非熟練化によって、より促進されそうである。すなわち、現在の熟練を要する水準を維持したまま、家事労働に対する習熟を男・子どもに強制するのは難しいが、技術革新は、彼らの現在の生活技術の水準を変えなくても、家事労働の担当を可能にするからである。

第二は、家事労働の商品化の進行と、その価格水準の問題がある。家事労働は今後いっそう商品化がすすむだろうが、その価格が高ければアクセスは難しい。家事労働商品へのアクセス可能性を決定するのは、女性労働の機会費用 opportunity cost である。(9) もし女性が外で買う家事労働商品の価格よりも高い賃金で働くことができれば、彼女は商品の購買者になる。彼女の労働力の単価を決めるのは、学歴・資格・職種・能力などだから、女性の間でも家事労働商品を気軽に購入できる層とそうでない層の格差が生じるだろう。

第三に、外国人労働者の存在がある。明治大正期に農村が家事使用人の供給源になったように、労働開国が大幅にすすめば、外国人労働者が家事使用人の供給源になりうることは、すでに欧米諸国の例からも証明されている。教育歴が低かったり、あるいは言語の壁のせいで本国の教育歴が役に立たない外国人労働者は、しばしば底辺のサーヴィス労働に就く傾向がある。アメリカでは難民の女性が最初に就く賃仕事はベビーシッターである。これだと資格も言語能力もいらないからである。だが、子どもが言語能力を身につける年齢になると訛《なまり》のある母国語を覚えるのを嫌がる母親も出てくる。外国人労働者がもっとも歓迎されるのは、病人や老人などの介護労働である。スウェーデンでも現実に福祉労働者の人手不足は、近隣諸国からの外国人労働者によって解消されている。日本のように老人を施設に送りたがらず在宅介護を尊重する社会では、世帯内の介護サーヴィス労働者の需要は――もし供給がありさえすれば――大きいことは容易に予測される。家屋が狭いことが普及の妨げにならないことは、大正期の女中部屋付都市住宅の例でも証明されている。一人あたりの住宅スペースは大正期よりかえって拡大している。プライヴァシーの観念が普及したおかげで個人に必要な物理・心理的スペースが以前より大きくなったと仮定しても、通いの介護人や家政婦に対する需要は十分にある。ここでは日本人と外国人、家事労働とそれ以外の労働の格差が働く。ここには、外国人が低賃金の労働に従事すること、そして家事サーヴィス労働があらゆる労働のハイラーキィの中で、最も低賃金の労働に属するという「差別」が残されたままである。

第四は、家事労働公共化のオプションである。とくにロボット化のできない育児労働と介護労働を公共化する福祉社会化のオプションだが、仮に制度的な基盤が充実しても、運用の点でただちに人手不足の問題にぶつかるだろう。これを解決する方法は、低賃金でも働いてくれる外国人労働者に依存するか、さもなければ労働単価を引き上げるしかない。後者の場合には当然負担の増大から福祉の拡大に歯止めがかかるから、これも「家に家事専従者を置いておく」コストとのバランスシートで決まる。

いずれにしても「主婦労働」が「家事労働」の長い歴史の中で、ある一時期の過渡的な産物だということはたしかである。「家事労働」の質と量、その範囲がこれからどう変わるか、それを誰が担うのかは、これまで挙げた要因群のからみ合いによって歴史的に決まる。だがその前に、家事労働が人間の行なうすべての労働の中で最も価値の低い労働として序列づけられていること――「誰でもできる」「ほんらい無償で行なわれるべき」労働と誤って思いこまれている家事労働の「自然性」を、脱神話化する必要がある。

注

（1）日本の民俗語彙では「家刀自《いえとじ》」や「家主《いえぬし》」、ヨーロッパ語でも Hausfrau（家の女）や house-wife（家の妻）が使われている。

（2）残念ながら家事労働史の実証研究は乏しく、女性学の影響を受けて英米語圏でぼつぼつ現われた程度である。「主婦」の歴史的研究については、前述のオークレーのものの他いくつかある[Matthews 1987]。家事労働の政治性については、前述のデルフィのほか、Malos (ed.) [1980]など。

(3) ストラッサーは、一九八〇年の洗剤広告(タイド)の例を引いている。クラウディア・フォーストン夫人が洗濯物の白さを比べて「お姑《かあ》さんに勝ったわ」と叫ぶシーンである。ここでも技術革新が、嫁姑の勢力関係に影響を与えていることが暗示される[Strasser 1982: 272]。

(4) 日本人の下着交換の頻度が「週に二、三回」の水準から「一日一回」のレベルに変わったのが一九六〇年代であること、そしてその変化はほぼ年齢層を問わないことは、戦後の下着の歴史を研究する過程で行なったインタヴューで裏づけられた[上野 1989a, 1992]。

(5) 梅棹忠夫「妻無用論」『婦人公論』一九五九年九月号(梅棹[1991]所収)。上野編[1982]Iに再録、二〇三頁。

(6) 家事代行業の利用者調査によると、無業の主婦の方が有業の主婦より多いという結果が出ている。

(7) 「個人化」については、目黒[1987]。「個別化」については、公文・村上・佐藤[1979]。

(8) 以上の観察は、アトリエFと共同で行なった「クリエイティヴ・ミズ調査」(未発表)で明らかになった。

(9) 女性の職場進出と機会費用との関連については、上野[1990a]参照。

Ⅳ　高度成長と家族

一　「母」の戦後史

［初出一九九三年］

1　日本人と「倫理」

ルース・ベネディクトの古典的な日本文化論『菊と刀』[Benedict 1946/ベネディクト 1967]のなかで、彼女が「罪の文化」と「恥の文化」を区別して以来、日本人は超越的な内面的規範を欠いた民族と見なされてきた。ベネディクトはもともと、フロイトの影響を受けたフランツ・ボアズらの「文化とパーソナリティ」学派に属していたが、フロイトおよびユング派の精神分析の手法が日本文化論に持ち込まれるにつれ、「母性社会」日本は、密着型の母子関係に介入する父性を欠いた社会、したがって「超自我」という名の超越的な倫理の内面化に失敗した、未成熟な社会と捉えられてきた。その種の議論の残響は、九〇年代の今日に至るまで、「ポストモダン」派の日本論、柄谷行人の「双系制」の議論や、浅田彰の「マザコン(マザーコンピューター)社会」のソフトな抑圧についての議論にまで、尾を曳いている。彼らの議論の共通点は、日本は西欧社会とは倫理の成り立ちが違うのだから、西欧起源の理論では解けない、という一事に尽きる。

もちろん、早い時期から、この種の議論に対する反論は現われた。ベネディクトに対しては、一九六七年に社会学者、作田啓一が『恥の文化再考』[1967]を著わして、「罪の文化」同様、「恥の文化」も内面化された規範の一種だと論じた。事実、民俗カテゴリーで言えば、「恥」や「体面」の重要性は、地中海文化圏には親しいものである。「恥」が「世間体」を気にする状況倫理の一種であり、内面化された超越倫理になりえないという議論は、西欧的なエスノセントリズムとそれに同調した一部の日本人の論者から出たものにすぎないことを、作田は論証した。

フロイト派の心理学者のあいだでも、早くから、エディプス・コンプレックスの日本人への適用に関して、疑問が持たれていた。フロイトの発達理論を機械的に適用すれば、日本人は超自我を欠いた民族と見なされるのは自明だったからである。すでに戦前、一九三〇年代にフロイトのもとへ留学した日本人、古澤《こざわ》平作は、エディプス・コンプレックスに代わる「阿闍世《あじゃせ》コンプレックス」という概念を創案した。父を殺し、母に近親相姦の欲望を抱いたギリシャ悲劇の主人公、エディプスに代わって、父殺しを諫めた母を投獄して苦しめた仏教説話の主人公、阿闍世が、日本人の心理を説明するにはよりよいモデルになるとの考えからである。そこでは「罰する父」に代わって「苦しむ母」が、日本人の超自我形成の契機になる。個人の行動を監視する内面化された「小さな神」、

「良心の声」(「両親の声」でもある)は、日本人の場合、息子の悪業を罰するよりはみずからを責めて苦しむ母によって形成される。それは日本の家父長的な家族のなかで、子どもの不品行や失敗の責任を身代わりに引き受けて、夫から殴る、蹴るの暴力を受ける母の自虐的な姿を目撃するという日常経験のなかで培われる。

フロイト理論が普遍的でも歴史貫通的でもなく、西欧近代家族に固有の「息子が父になる物語」だと「脱構築」された後では、エディプス・コンプレックスの普遍性もまた否定された。古澤の議論は、戦後、小此木啓吾らによって再発見・再評価された[小此木 1978]が、彼らの主張は、日本人には日本人なりの「超自我」形成のメカニズムがあり、それは家族のあり方によって違うだけで、その間に優劣をつけることはできない、ということであった。

以上の論は、日本人にとっての家族、とりわけそのなかでの「母」の位置に、注目を促す。そして家族が、揺るがない文化伝統ではなく、歴史のなかで変動するものであるなら、家族をその変化の相において見ることが必要になってくるだろう。ここでは、戦後の文学における「母」の表象を手がかりに、日本人と倫理を論じてみたい。

2　「支配的な母」と「恥ずかしい父」

戦後の日本文学における「母」の表象を論ずるのに、江藤淳の『成熟と喪失』[1967a, 1988, 1993]ほど適切なものはない。

『成熟と喪失』は、「〝母〟の崩壊」という副題を持っている。「母の喪失」ではない、「崩壊」である。そのことだけからでも、この本がフロイトのエディプス・コンプレックスのような母からの自立の物語でも、寺山修司的な「母殺し」の物語でもないことが知れる。「成熟」が母子共棲的なユートピアの「喪失」と引き換えに得られるものであることは、あまりにもありふれた物語だが、江藤は個人の成熟を「母の喪失」の物語として抒情してみせる代わりに、時代が強いられる成熟を取り返しのつかない「母の崩壊」の物語として描くことで、同時代の文学テクストを扱いながら、作品論を超えた文明批評に達している。

日本文化が、キリスト教文明のような父のある社会と比較して、母性原理の社会、子どもの自立と成熟を許さない母親支配の社会であるとはよく言われる。だが文化といい、文明というのは、ユング派の祖型のように時間の変容をこうむらない、非歴史的なものであろうか。日本が、少なくとも明治までは、儒教的な父性原理、天をいただく社会であることは、『夏目漱石』[江藤 1956]の著者である江藤にはよくわかっていた。そして「成熟」の課題は、江藤にとって「黒船の衝撃」以来の、「西洋」に直面した日本の知識人の歴史的課題だった。そして敗戦によって「アメリカの衝撃」を経験した江藤の世代は、漱石からこの課題を受け継いだ。

江藤はくりかえし、母性原理を「農耕社会的な」と表現している。父性原理と母性原理とを、牧畜民の文化と農耕民の文化とに結びつけて対比するやりかたは、ほとんど陳腐なものである。だが江藤は農耕社会が不可避に「近代」の洗礼を浴びたことを忘れているわけではない。「支配する母」の背後には「恥ずかしい父」がおり、それゆえにこそ、その「恥ずかしい父」を夫にするほかなかった母とのあいだに、息子との黙契がなりたつ。

江藤は安岡章太郎の『海辺の光景』[1959]のなかの母子関係に言及しながら、こう指摘する。

「もし彼らが伝統的な農民的・定住者的な感情のなかに安住しているのなら、これほど極端な父を恥じる気持が母と息子のあいだに生れるわけはない。そういう静的な文化の中では、いわば父親そっくりに子供を育てることが母のつとめであり、そのためにこそ母子の密着した結びつきが生じるからである。」[江藤 1993：13]

だが息子は母と平和な同盟が保てるわけではない。息子にとって、父は母に恥じられる「みじめな父」になり、母はその父に仕えるほか生きる道のないことで「いらだつ母」になる。だが、息子はいずれ父になる運命を先取りして父を嫌悪しきれず、「みじめな父」に同一化することで「ふがいない息子」と化す。「いらだつ母」をその窮状から救い出す期待に応えられないために、息子はふかい自責の念を内面化する。同時に息子は「ふがいない息子」でありつづけることが、母の支配圏内から自立しないという母の隠れた期待に共犯的に応えることであると、ひそかに自覚している。これが「日本近代」に固有な、ねじれた「エディプスの物語」である。江藤が安岡の文体の「肉感性と柔軟性」を評して「氏があたうかぎりこの幼児的な世界の「自由」を味いつくしたことに由来している」[江藤 1993 : 17]というとき、そのなかに母を早くに失った江藤自身の羨望の声を聞くこともできる。

ちなみにフロイト同様、江藤は、「息子の物語」にだけ関心があって、「娘の物語」については述べていないから、江藤に代わって「娘の物語」も論じておこう。娘は「みじめな父」に同一化する必要はないが、息子のようにそのみじめさから自力で抜け出す能力も機会も与えられていない。自分を待ち受けている人生が、しょせん思うようにならない男にあなたまかせの舵を預けて、「いらだつ母」のようになることだと観念するために、「不機嫌な娘」になる。娘は息子と違って「いらだつ母」に責任も同情もないから、この不機嫌はいっそう容赦がない。

「彼女が……夫を恥じる心は、そのままそういう男としか結婚できなかった自分を恥じる心に裏返される。……しかも彼女は、夫とはちがったものになってほしい息子が、ほかならぬ夫の子でしかないという事実のために息子を信じ切ることもできない。さらに息子の出来がよければよいなりに、彼は母親の属する文化を離れて「出世」して行かねばならず、母親は確実にとり残されることになる。」[江藤 1993:14]

そのうえで「こういう母親の心理的動揺は、階層秩序の固定化した社会には決して生れない」[江藤 1993:14]と江藤は指摘する。江藤がうすうす気づいているように、「農民社会」のなかでは「母子密着」など起きようがない。母親は労働に忙しいし、母は子にたんに無頓着なだけである。いずれにしても伝統社会のなかでは子どもたちはたいして手もかからずに育ち上がる。七歳にもなれば、奉公に出たり子供組に加入したりして親の世界から離れていく。「出世」する選択肢もなく「親のように」生きていくためには、人なみはずれた才覚がいるわけでもない。

「母子密着」が起きるのは、「近代」にはいってから、中産階級のあいだでのことである。生産の場から放逐され、「母」であることにだけ存在証明がかかるようになった「専業の母」が成立してからのことである。しかもこの「育てる母」「教育する母」は、その成立の初めから、自分の「作品」、すなわち子どもの出来で評価を測られるようになっていた[小山 1991]。教育という場をつうじての母と子の二人三脚は、中産階級の成立の初めから仕組まれていた。そしてそれは、後になって蓮實重彥との対談、『オールド・ファッション』[江藤・蓮實 1985, 1988]のなかで江藤自身が述懐しているように、「友達の家に遊びに行くときには電話を掛けてからでかける」というような、戦前の山の手中産階級の家族の孤立のなかではぐくまれた。この「母子密着」は母の基盤の不安定さと核家族の孤立、そしてそのなかでの父の疎外と最初から構造的に結びついている。

「一般に日本の男のなかで、「母」がいつまでも生きつづける根強さは驚嘆にあたいする。それは農耕社会に学校教育制度が導入され、「近代」が母と子の関係をおびやかしはじめたのちになっても依然としてそうであり、むしろ一層根強くなっているといってもよい。近代日本における「母」の影響力の増大は、おそらく「父」のイメイジの稀薄化と逆比例している。学校教育の確立と同時に、「父」は多くの「母」と子にとって、……「恥づかしい」ものになった。」[江藤 1993 : 37]

「母子密着」は伝統社会の残存物などではない。その程度の母性崇拝なら、地中海文化圏の男たちのあいだにも、インドのヒンディーズムのなかにも観察することができる。ここで論じられているのは「近代家族」に固有の母子関係、しかも近代化のスピードが異常に速いために、「親のようにならないこと」だけが子どもたちにとって「出世」を意味するような、不幸な近代化を強いられた社会の現象である。

そのような「近代」のなかで「母性」は両義的にならざるをえない。「赦し、受け容れる母」と「叱咤し、拒絶する母」である。『成熟と喪失』のなかで、安岡章太郎の「母」と小島信夫の「妻」とは、周到に対比されている。前者は「赦し、受け容れる母」

を代表し、後者は「叱咤し、拒絶する母」を代弁している。安岡の「母」は、母である以外に選択肢を持たず、子どもとのあいだに絶対的な関係を結ぶ。だが、小島の「妻」は、夫に母親の役割を押しつけられたにしても、すでに「恋愛結婚」で夫を選ぶという相対的な関係を築いている。江藤が冒頭に、安岡の『海辺の光景』を引用しているのは、意味深長である。それは、人殺しをしてきてもわが子を受け容れかねない、「圧しつけがましい」までの母の愛を描くが、江藤がそれを引くのは、ただそのような無条件の「母性」、もっと正確にいうならば、そのような「母性」の存在に対する無条件の信頼が、すでに失われたことを、証明するためだけに、なのである。安岡の「母」と小島の「妻」とのあいだには、戦後の「民主化」という断絶が横たわっている。

3　「ふがいない息子」と「不機嫌な娘」

そう思って見わたしてみれば、世の中には「恥ずかしい父」と「いらだつ母」があふれている。そしてその子どもたちの「ふがいない息子」と「不機嫌な娘」が結婚すれば、小島信夫の『抱擁家族』[1965]の俊介と時子になる。江藤はそれを「母とともに父親を「恥ずかしい」ものに思った息子が、成長して妻と息子に「恥ずかし」く思われる「父」になる、という心理的メカニズム」[江藤 1993 : 71-72]と説明する。時子は妻になっても

「不機嫌な娘」をやめず、自分の「幸福」の責任は相手にゆだねたまま、選択肢を変えることができるかもしれないという幻想を持ちつづけている。

実際、『抱擁家族』の三輪俊介ほど、「魅力のない家長」もめずらしい。この主人公の造型は、『抱擁家族』の初出時に、その評価を大かたの職業的な文芸批評家に見誤らせるほどの力を持った。批評家たち(そのほとんどは男)は、男性主人公に自分を重ねあわせることで、そのあまりに赤裸々な自画像を、「批評」するのではなく、ただ「嫌悪」したのである。

たとえば『抱擁家族』が出た直後の『新潮』の「文学時評」で、河上徹太郎はこう書いている。

「私が……この小説の積極的な支持者になれないのは、この男の魅力のなさである。」[河上 1966]

『東京新聞』の「文芸時評」で、本多秋五も同様な発言をしている。

「この主人公がふれるところ、だれでも分裂し、動揺し、自分で自分が始末つかなくなり、それがみんな主人公に倒れかかって来る。災いのもとは、すべて彼にある。」[本多 1965]

本多は『群像』一九六五年八月号の、山本健吉、福永武彦との「創作合評」でも、次のようにくりかえす。

「庄野君の家長が家長らしい家長だとすれば、これははなはだ家長らしからぬほうの代表じゃないのかな。」

「どうも奥さんも子供もみんな始末に負えないものになつていかせるのは主人公だ。」

「……これじゃ家庭の収拾がつかなくなるのは当然。」

オレならこうまではならないのに、としめしのつかない「ふがいない夫」に舌打ちする本多の顔が見えてきそうである。

同じ「合評」で、山本と福永も本多に応じている。

山本「……私はこの細君のほうはちつとも魅力がないんだ。……」

福永「これだけ魅力のない女とひつかかつている以上、やはり夫婦とはたいへんなものだという感じは与えますね。（笑）」［本多・山本・福永 1965］

「魅力のない夫」と「魅力のない妻」の組み合わせを、彼ら「文芸批評家」たちは、作品の魅力のなさと等置して、それが作者の批評意識の産物だとは思いもよらない。どんなに自虐的に見える私小説作家も、「自己暴露」［日地谷＝キルシュネライト 1992］という逆説的に英雄的な行為をつうじて、ひそかに自己弁護とナルシシズムを作品にしのびこませている。それに比べれば、作者と等身大に見える主人公が、ここまで戯画化されて描かれているのは、作者の明晰な批評意識の表われだと、「批評家」なら見抜くべきなのである。それができないほど、ここに描かれた夫婦のリアリティに、彼らがうろたえているることがわかる。これは彼らが見たくない、聞きたくない現実なのである。作品が「混濁」しているのではない。「混濁したリアリティ」[江藤 1993 : 90]を正確に写しとっているのである。江藤が言うように、作者はこの「不透明な世界のかたちを明晰にとらえて」[江藤 1993 : 93]いる。それがこの作品の力であろう。

小島の『抱擁家族』は、一九六五年の第一回谷崎潤一郎賞を獲得した。その選後評で、伊藤整は、次のように小島を高く評価した。

「端的に言えば、男性作家たちは真剣に妻なるものを考えていなかったのである。あるいは考えることを怖れていたのである。……家庭に根をはびこらせ、家庭を自己の巣として持ち、しかも女であるという意味での妻の姿は、この作品によってはじめて日本人の心の中に定着した、と言ってい い。」[伊藤(整)1965]

平野謙のように、いったんは低い評価を下し、あとでそれを取り消すという狼狽ぶりを、正直にみせる評論家もいる。

「あとから考えて、どうやらおれはこの秀作を批評しそこなったらしいぞと思い当った。一口にいって、私はこの作品を男女の本質の相異を描いたものとして、主として男性の滑稽化に着目したのだが、そういう抽象的なとらえかたではなくて、現

代の家庭生活における男女のすがたを描いたものとして、もっと具体的に批評すべきだったのである。」［平野 1971］

平野は『文学界』の同年一二月号、「一九六五年文壇総決算」でも、同様の発言をしている。

自分の「恥ずかしい」自画像をここまで明晰に見せつけられたからと言って、作品の評価よりも自己嫌悪を思わせる狼狽ぶりを示す多くの男性批評家たちに比べると、伊藤整の眼力は群を抜いている。批評家の力量は時間を置いてみると、よくわかる。伊藤は、「この作品が書かれたために、日本の女の輪廓は変って行くであろう」とまで言っている。伊藤にそう言うことができたのは、戦後の日本の女の変貌を、モダニストとしてたしかに感じとっていたからである。

わたしは江藤をつうじて小島の『抱擁家族』を読んだ。批評家の「読み」によって時代の金字塔になるような作品がある。小島は江藤という読み手を持つ幸運によって、六〇年代を代表する作家として長く記憶にとどめられることになった。

4　「他者」の消去

だが同じ年の『群像』一〇月号で、伊藤整、安岡章太郎、江藤淳の三人で行なわれた鼎談、「文学の家庭と現実の家庭」のなかで、伊藤は自分の「現実の家庭」を次のように表現する。

「女房を自分の内に同化するような形にしてしまつて、自分は家族の代表者として単独人であるという立場で書くのが多いのじやないか。……女房の悲しみに対して、われわれは他人としてこれを扱うのではなくて、自分の痛みとして扱うのじやないかしら。だから女房は決して他人じやなくて、自分の中に同時に存在もする。……女房はわれわれにとつていわゆる西洋のワイフではない。」

三人のなかで最年少である江藤は、すぐに切り返す。

江藤「いま伊藤さんがおつしやつた、自分の中に女房をとりこんでそれをかわいがるということは、逆にいうと、自分しかかわいがらないということでしよう。」

伊藤「まさにそうなんです。そこがどうも正体がはつきりしないし、うまく言えない。」[伊藤(整)・安岡・江藤 1965]

正体は「はつきり」している。そこには妻という他者がいない。それこそ江藤がくりかえし指摘している、「妻」に「母」を同化させようとする日本の男の幼児性、といって悪ければエゴイズムの表われである。そこでは妻はどこまでも「赦し、受け容れる母」の役割を押しつけられる。男は妻の「赦し」を試すためにさえ、これでもかと放蕩の限りを尽くして妻を苦しめる。妻は他人でなく、男の一部であるから、妻を苦しめる行為は、限りなく自傷行為に似てくる。「一緒になると、向うの失敗はみな自分の傷なんだ」という伊藤整のような男にとっては、妻の苦しみは自罰、一種の自虐になる。男のエゴイズムはそのために苦い色合いを帯び、倫理的に免罪されてきた。少なくともこれまでの私小説のなかでは。江藤はそれを的確に指摘する。

「……もともと俊介と時子のつながりが、「夫婦」という倫理的関係であるよりさきに「母子」という自然的関係を回復したい衝動で維持されて来たものであり、そこには濃密な「母」と「子」とのあいだの情緒が存在するか否かという以外の価値基準がないからである。「夫婦」のあいだに「母子」の肉感的つながりを求めようとするのは、いうまでもなくincestuousな欲求である。それは性に「母」を見ようとすることであり、性の快感に「母」の胸のなかでの安息の幻影を見ようとすることである。これを血縁以外のものを血縁に同化させようとする衝動といってもいいかも知れない。つまりここには「他人」というものがいない。」[江藤 1993 : 86–87]

それというのも、江藤が日本の夫婦関係のなかにある、「自然」的な関係の罠を見抜いているからである。この「自然」的な関係のなかで、夫も妻も互いに「他者」になれない。「それは彼らが、「夫婦」という倫理的関係であるよりさきに、「母子」という自然的関係を回復しようという欲求で結ばれているからにほかならない。」[江藤 1993 : 47–78]「お互いに救いようのない「淋しさ」を澱ませているのに決して「孤独」にはなれないという、日本の夫婦の現状」[江藤 1993 : 48]を、江藤は知悉している。

『成熟と喪失』のなかで、江藤は吉行淳之介の『星と月は天の穴』[1966]に言及しているが、それは「自然」を排除した男女関係のなかでも、男にとって同様に「他者」が排除されていることを論証するためである。江藤は吉行に手厳しいが、それは「女を「道具」としか見ないことは、女のなかの「自然」を、つまり母性を否定すること」[江藤 1993 : 193]であり、それによってつくられる吉行の「人工的な世界」[江藤 1993 : 196]が、「喪失」の自覚すら欠いた「作者の批評意識の欠如」の表われだからである。主人公は「母性を欠いた女」つまり「娼婦」としか、あるいは娼婦のようにしてしか女性と交渉を持てないが、それは「母の拒絶」「女の裏切り」に遭ってしまった男の、ありふれた「女嫌い」の物語にすぎない。後になって戦後生まれの関根英二は、吉行を論じた著書を『〈他者〉の消去』[1993]と題しているが、けだし名言というべきであろう。この本が、アメリカ人を妻にした若い日本人の男性によって書かれたことも、暗示的である。なぜなら関根の妻は、「私はあなたの母ではない」と夫に言い続けてきたからである。

5　産業化と女性の自己嫌悪

だが妻にとっては夫によって与えられる苦しみは、しょせん他人から与えられる苦しみである。苦しむのは夫でなく、ほかならぬ自分だからである。夫にとっては妻は「他人」になることはなくても、妻のほうでは夫はさっさと「他人」になっている。「他人」の存在を拒絶する夫とちがって、妻は他者のいない「母子」関係のなかでは、自分が搾取される側であることをとっくに知っている。安岡章太郎の「母」とちがって、時子はもはや「母」であることを引き受けるほかに選択肢がない女ではない。吉行の「娼婦」もまた、自虐のなかに性的な快楽をまねく女として描かれているが、それもしょせん男のご都合主義的な夢にすぎない。男の描いたシナリオにもう共犯的に共演してくれる女がいなくなったとき、女は不気味な他者に変貌する。小島は「他者」になってしまった妻に直面したとまどいと驚きを、「そこにひとりの女がいるということに圧倒されていた」と率直に描いている。

というよりも、時子には「母」を引き受ける準備も能力もない。それは「近代」が彼女のなかの「母性」を殺したからである。そしてもちろん、「母」の扼殺《やくさつ》に嬉々として手を貸したのは時子自身である。江藤は「母性の自己破壊がいわゆる「近代化」の過程と不可分な本質的な主題である」[江藤 1993：108]と指摘する。

「(夫に対する)競争心の奥底に隠されているのは、時子の男になりたいという欲求である。彼女は男のように「家」を離れ、男のように「出発」したいのである。それはとりもなおさず女である自分に対する自己嫌悪にほかならない。……つまり彼女にとって「母」であり、「女」であることは嫌悪の対象である。

これが「近代」が日本の女性に植えつけた一番奥深い感情だといえば、問題は一般化されすぎるかも知れない。ある意味では女であることを嫌悪する感情は、あらゆる近代産業社会に生きる女性に普遍的な感情だともいえる。」[江藤 1993 : 64]

「女性的な農耕社会全体をまきこんだこの「出発」が、現実の女性にもっとも大きな影響を及ぼしたのも当然である。もし女であり、「母」であるが故に「置き去りにされる」なら、自己のなかの「自然」=「母」は自らの手で破壊されなければならない。しかも産業化の速度がはやければはやいほど、この女性の自己破壊は徹底的なものでなければならない。」[江藤 1993 : 113]

「国破れて山河あり」と人々が謳っていたとき、彼らはまだ「自然」の存在を信じていられた。だが、産業化の過程で、日本人は自らの手で「自然」を破壊していく。女性のなかの「自然」もまた、例外ではない。

産業化が女性原理を最終的に破壊する文明過程であることは、イリイチの『ジェンダー』[Illich 1982/イリイチ 1984]を俟つまでもない。産業社会は抽象的な「個人」の名のもとに、その実、成人男性をモデルとする人間観をつくりあげた。社会のすべての成員がそれに自分を似せるか、さもなければそうできない自分を恥じなければならなかった。フロイトの「ペニス羨望」というらちもない物語は、ここから生まれる。女はあらかじめ去勢されて生まれてくるから、男にくらべて不完全な生き物であり、男を羨望するように運命づけられている、という、あの「近代」の厚顔な「男性神話」のことである。フロイトの説は、普遍理論なんかではない。「近代家族」の物語であるからこそ、あんなにも女性の自己嫌悪についてよく説明できるのである。江藤が依拠するエリクソンもまた、フロイト派である点で、例外ではない。

近代産業社会のなかで「文化」に対して「自然」を割り振られた女は、自分の劣等性を受け入れるか、さもなければ自分の女性性を自己嫌悪するほかない。そして女性性を嫌悪する女は、フロイトによって「男になりたがる女」、「ペニス羨望」の持ち主として、「神経症」を宣告される。精神分析家にとっては、この「神経症」の「治療」とは、女をそのあるべき劣等性のもとに戻すこと、「二流の市民」としての自分の運命を甘受させるプロセスにほかならない。女にとってこの「適応」とは、「文化」によってあらかじめ去勢された自分を、もう一度、自分自身の手で再去勢する「奴隷の幸福」を意味する。「近代主義」をふかく内面化したボーヴォワールのような女性にとっては、女を母性に縛りつける妊娠や出産は「牝の屈辱」[ボーヴォワール 1953]にほかならなかった。六〇年代のフェミニズムが、ファイアーストーンにいたるまで、ひたすら女性の身体を中性化しようとしたのは、産業化が女性に植え付けたこの自己嫌悪と関連している。だが自己アイデンティティの確立が、構造的な自己破壊と結びつくような「解放」は、背理にしかならない。女性解放思想が「近代主義」の呪縛そのものから抜け出すには、七〇年代のリブの登場を待たなければならなかった。(1)

女も男も「近代化」と「産業化」の価値を手放しで疑わない六〇年代の半ばに、産業化のなかにある女にとってのこの構造的な背理を、はやくも指摘した江藤の見識に、驚かざるをえない。江藤は、七〇年代以降あらわになった日本の女の変貌とフェミニズムの存在理由を、その芽のうちから的確に読み取っていた。

だが、ここにもうひとつ、日本に固有の状況が登場する。

「……「近代」が三輪時子の場合のように、もっぱらキラキラと光り輝くもの、獲得されるべき幸福とだけ考えられているのは、おそらく日本の女性に特有の感情である。そしてこの「近代」に対する憧憬が、自己嫌悪の裏返された表現であるのも、おそらく日本独特の現象にちがいない。」[江藤 1993 : 64]

しかもこの「近代」は、「アメリカ」の顔をしている。

「……時子がこれほどまでに「近代」に憑かれていなければ、自分の手でジョージという「近代」を「家」の中に入れ、自分の胎内にまで「ひきずりこ」もうとするはずはない。それは一面からいえば「近代」を自分のなかに所有したいという欲求の表現であり、他の面から見れば決して「近代」に到達できない自己を処罰する祭儀ともいうべきものである。」[江藤 1993 : 66]

6 「アメリカ」の影

「近代」はかならず「アメリカ」の顔をしていなければならないものだろうか。この「アメリカ」に対するこだわりには、小島の敗戦体験、そしてその小島のこだわりを執拗に再生産する江藤自身の北米体験が、影を落としているにちがいない。それは戦争に「負けた男たち」に共通の世代体験かもしれないが、江藤も小島も共通の世代体験を女にも押し付けることで、もうひとつの側面を見落としている。女は「出発」するために男を選びなおし、「負けた男たち」を容赦なく捨てさることもできたのである。戦後焼け跡で「戦争花嫁」になった女たち、大男のGIにぶらさがることで家族を養ったパンパンたちは、「敗戦」の道行きに男と心中だてなどしなかった。そのことを苦々しく思っている日本の男は多いはずである。時子にとってジョージとの姦通は、自分を「出発」させない夫に対する「復讐」という側面を持っている。事実、作者は時子に「私がもっと若ければジョージと一緒にこんな家、出ていくのにねえ」と言わせている。そのなかに、時子の「未成熟」を見てもいい。だが、自分を「近代」に到達させることのできない「ふがいない夫」に対する「処罰」を、「自己に対する処罰」と等置する江藤の表現には、妻を夫に同一化する伊藤整同様の夫婦観がほの見える。さもなければ「勝者」になびく女の変節を苦々しく思うあまり、それを見ようとしない男のホンネが、不用意に顔をのぞかせたのだろうか。

音からいえば「情事」とも読めるこの「ジョージ」は、ほんとうに「アメリカ人」でなければならなかったのだろうか。八〇年代の「セントラルヒーティングつきの家」では「金曜日の妻たち」(2)が姦通ならぬ不倫にふけっている。時子の欲望はすでに「自己処罰」にさえならずに、やすやすと達成される。「情事」は主婦的日常のガス抜き、妻の気晴らしの一種であって、それがもとで家庭をこわす理由にならない。情事が発覚したときの時子の科白、「こんなことあんたは堪えなくっちゃ駄目よ。……あんたは喜劇と思うぐらいじゃなくっちゃ。外国の文学にくわしいんだもの」[江藤 1993 : 65-66]というヨーロッパ的な退廃は、戯画化されて日本の家庭生活のなかにすっかり根をおろしている。妻たちは「出発」した先にもたいしてかわりばえのしない日常が待っていることを、すでによく知っている。そう考えれば「金妻」たちは二〇年後の時子の姿であり、この「情事」は相手の国籍に関係なく、ある普遍性を持っているように見える。

だが、もうひとつ、六〇年代の主婦、時子と「金妻」たちとのあいだには、高度成長がもたらした差異が横たわっている。日本はアメリカに「追いつき、追い越せ」を達成し、もはや「アメリカ」は到達すべきモデルの地位を喪失した。六〇年代のアメリカ留学生はひねればお湯の出るカランに仰天してうちのめされたが、八〇年代の交換留学の高校生は、同じ現象を「アメリカで感心したのは、日本と生活水準が同じことでした」とレポートする。日米経営論争で日本は勝利をおさめ、アメリカは「二流の資本主義」の代名詞になる。こんなことが、かつて予測されただろうか。

「アメリカ」は日本にとって、というより江藤にとって、運命的な「他者」である。江藤の「アメリカ」に対するこだわりは、その後も一九七六年の村上龍の『限りなく透明に近いブルー』[1976]に対する評価や、一九八〇年の田中康夫『なんとなく、クリスタル』[1981]の評価にくりかえし現われる。風俗としての「アメリカ」が日本の戦後史のなかで果たす役割の転換点に、江藤はそのつど敏感に反応する。それを江藤の世代のアメリカコンプレックスと呼ぶのはやさしい。

だが、江藤が「アメリカ」というシンボルに見るのは、「父の文化」である。小島は主人公から妻との姦通を問い詰められたジョージという青年に、「責任？　誰に責任をかんじるのですか。僕は自分の両親と、国家に対して責任をかんじているだけなんだ」[江藤 1993 : 68]と言わせている。およそ教養のなさそうなこの青年の口から「国家」という言葉が出たことに、主人公は、そして江藤も、虚を衝かれる。「神」のかわりに「国家」というやはり超越的な主体を海の向こうから戴いてきたこの「カウボーイ」に対して、『抱擁家族』の家長は「たとえば、女房が何か男としてでかしたから、といって、それをいけないという根拠はありはしない。ただ不快なだけだ。としたら、そのとき、この不快さをとり除く方法があれば、それでいいということになる」[江藤 1993 : 154–155]という、超越的な倫理の不在を露呈してしまう。

ここで私たちは、「母の崩壊」の陰にかくされた主題、「父の欠落」に出会う。日本がはじめから超越的な倫理を欠いた「母性原理」の社会ではなかったことは、江藤が漱石の小説の構成を支えているのが「儒教の超越的・父性原理」であること、「天」であること、ロンドン以後の漱石の中には、「天」は欠落していたが、「それでもなお彼のなかには超越的な視点の欠落を痛みと感じる感覚はあった」[江藤 1993 : 148]と指摘することからもわかる。その主題は、江藤によれば「内にも外にも「父」を喪った者がどうして生きつづけられるかという問題」[江藤 1993 : 152]である。この問題は、時子自身も「実は「父」を求めていた」として正当化されるが、このあたりから『成熟と喪失』の主題は、奇妙なねじれを見せてくる。江藤は一九六二年から二年間にわたってアメリカ生活を経験している。この背景には、彼自身の言う「「アメリカ」の影」[[江藤 1993 : 156]が尾を曳いているように見える。

いったいに戦後日本の(男性)知識人の北米体験に共通な「「アメリカ」の影」を、たんに勝者に対する敗者のコンプレックスというわけにはいかない。彼らはアメリカに「父の文化」を発見し、自分たちが負けたのはこの「父」の不在のせいなのだと、短絡したがるように思われる。江藤は三輪家の家長である俊介の、「父」としての「統治能力の欠如」を指摘し、俊介にとって「なすべきこと」は、つまり「「父」になること」［江藤 1993 : 156］だと断言する。あたかも三輪家の問題は、俊介が「父」になりさえすれば、すべて解決されるとでもいうように。だが、時子が本当に求めていたのは「父」だったのだろうか。

漱石から半世紀を隔てて、小島信夫をはじめ「第三の新人」が「「母」に対する敏感さとうらはらに「父」の背後に超越的な「天」を視る感覚」［江藤 1993 : 152］を欠落させているのは、儒教的な「治者」の文化に愚昧な農耕民の文化が取って代わったからであろうか。

「俊介と時子の代表している文化は、(『明暗』の)津田とお延の若夫婦の代表する文化よりはるかに低い階層の文化である。そこでは裏長屋の住人のようなあられもない口喧嘩をする夫婦が、カリフォルニア式冷暖房つきの家に住もうとしている。」［江藤 1993 : 73］

「近代化」によるこの「成り上がり」を、滅びゆく「治者」の立場から「愚民化」と嘆けば、ホイジンガ気取りの西部邁の「保守主義」が成立する。北米体験は、戦後民主主義と改革の理念に燃えたことのあるこの若い社会主義者をも、「転向」させた。出発前に『ソシオ・エコノミックス』［西部 1975］というブリリアントな本を著わしたこの近代経済学の俊秀は、一九七六年から七八年にかけての二年間の欧米体験で『蜃気楼の中へ』[西部 1979]という抒情的な滞在記を書いたのちに、頑迷でシニカルな保守主義者として論壇に登場する。この「転向」のなかには奇妙な共通点がある。
江藤もまた二年間の北米体験ののちに、あたかも日本文化における「父」の欠落を新発見したかのように、息せいて『成熟と喪失』を書き上げ、その後『夜の紅茶』[江藤 1972b]という珠玉のエッセイ集を小休止にしてから、『一族再会』[江藤 1973]という自己のルーツ探しに向かう。それは一言で言って、「治者」へ向かう道である。

7 「治者」の回復

ここにおいて、『夏目漱石』以来の江藤の一貫した主題が、あらわになる。それは、「近代」に根こそぎにされた日本が、どうやって自己を回復するか、という明治以来のあの見慣れた知識人の課題である。江藤は『夏目漱石』で「天」の喪失を嘆き、江藤の同時代人、山崎正和は、森鷗外を題材に「不機嫌な家長」を論じる[山崎(正)1972]。彼らにとって明治以来の日本の知識人の闘いは、「家長」になろうとしてなりそこねた歴史なのだ。

だが、「治者」といい、「家長」といい、男性知識人にとって、その自己回復の道が、いつも「父」になり急ぐことなのは、なぜだろう。男性知識人、とあえて言おう。男が

「父」になり急ぐとき、女はどこにいるのか。「ふがいない息子」が「頼りがいのある父」になりさえすれば、時子の問題は解決したのだろうか。男が「治者」を目指すとき、女は安心して「被治者」になればよいのか。それはフロイトによる「ヒステリーの女」の「治療」に似ている。「近代」が女を自己嫌悪させるしくみを、あれほど正確に見抜く江藤が、それを「解決」と考えるわけがない。「母の崩壊」を「父の欠落」に置き換える問題のたて方には何かしら問題の転倒、そうでなければ巧妙な回避があるように思われる。

男が「治者」になるとき、女も同様に「治者」をめざそうとしたのがフェミニズムだという誤解があるが、もしそうだとしたら、フェミニズムは最初から「近代」の仕掛けた罠にはまっていることになる。あたりまえのことだが、すべての者が「治者」になることは、定義上、不可能である。全員が「治者」になったとき、「被治者」はどこにもいなくなるからである。男が「治者」を目指そうとするとき、女はもう「治者」を求めてはいない。男が「治者」になったとき、振り返ってみれば自分に従うものがだれひとりいなかった、という滑稽が、「父」になり急ぐ男たちを待っている運命である。「だれもあんたに、「父」になってくれなんて、頼んだ覚えはないわよ」と、九〇年代の時子は言うだろう。「「治者」の不幸」を引き受けようという男の悲愴な覚悟は、そこではひとりよがりの喜劇に転落する。

西部の保守主義が、アイロニーに満ちているのは、彼が「誰からも頼まれた覚えのない」「父」の役割を、勝手に演じているという諧謔を自覚しているからである。

「近代主義」の洗礼を浴びた日本の男性知識人が、北米体験をきっかけに「保守主義」へと「転向」するさまを、江藤を例にとって、加藤典洋は、そのものずばりの題名の著、『アメリカの影』[加藤 1985]のなかで書いている。戦後生まれの加藤は、同じく北米体験をもちながら、「保守主義」への「転向」をしなかった、鶴見俊輔とならんで数少ない例外のひとりである。加藤にとっても、江藤のこの「変節」は、どうやってこの罠を免れるかを学ぶための、ひとごとでない切実な関心の対象であったにちがいない。加藤はこう指摘する。

「もし、一方に確固とした日本的自然、ナショナリズムの源泉ともいうべきものが信じられていれば、彼(＝江藤)は「議会制民主主義の擁護」を主張する近代主義者として、世に立つこともできた筈である。また、他方に日本の「近代」というものが確固として存在しているという判断があれば、彼は、『一族再会』を書きすすめ、一人の保守主義者、失われつつあるものを深く哀惜する者として、世にあることも可能な筈だった。」[加藤 1985:77]

現実の江藤は、そのどちらにもならなかった。どのみち「保守主義者」になるのは、山崎のように時代から離れて美意識のなかにたてこもるのでなければ、西部のように時代錯誤の逆説を生きることにしかならない。江藤に、そのどちらの道をも採らせなかったのは、彼の時代に対する鋭敏さである。そして『成熟と喪失』以降の彼は、時代の混乱に忠実につきあった。田中康夫や山田詠美は、俊介と時子の息子と娘たちである。「ふがいない息子」たちは、もう「父」になろうとは思いもよらずに、「不機嫌な娘」たちに鼻面を引き回され、「不機嫌な娘」たちは、不機嫌を隠しもせず日本の男をかんたんに捨てる。男にとっても女にとっても「成熟」の課題など、どこかへ吹きとんでしまった七〇年代以降のニッポンを、江藤はどう見ているのだろう。

8　ふたたび「母の崩壊」をめぐって

江藤がえぐった「母の崩壊」は、「父の欠落」のような擬似問題に置き換えられないまま、そこに残っている。超越的な倫理の不在は、「父性原理」が「母性原理」に取って代わられたせいで起きたわけではない。超越への契機は、「母性原理」のなかにも内在している。フロイトの「エディプス・コンプレックス」に対して、フロイトのもとで学んだ日本人の分析家たちは、戦前から、「阿闍世コンプレックス」、つまり「罰する父」ではなく「苦しむ母」の物語を提起してきた。日本人は「母性社会」のなかで、「超自我」の形成を阻害されたまま成人するという西欧中心的な日本文化論に対して、彼らは子どもの失敗を自罰する「苦しむ母」の存在によっても、超越的な規範の形成は可能だと論じた。だが、六〇年代を通じて女に起きた変貌を『家庭の甦りのために——ホームドラマ論』[1978]のなかで論じる佐藤忠男は、「母の崩壊」は、この「受苦する母」の崩壊だと、もっと恐ろしい宣告をつきつける。

「近代が女に植えつけた自己嫌悪」や「自己処罰」という江藤の表現は、自虐的、自罰的な「苦しむ母」のイメージになじむ。だが、時子のなかにあるのは、もっと直接的な欲望である。七〇年代になってそれが家庭の外へと「女」をあふれさせていく様子を、山田太一の『岸辺のアルバム』[1977]は描いている。女たちがもはや受苦することを引き受けず、みずからの欲望を臆面もなく追求しはじめるに及んで、「近代」はさらさらと内側から崩れていく。「近代」がもはや達成すべきゴールでもなく、克服すべき抑圧でもなくなったときに、「治者」になろうとする男の努力は、だれも見ていない舞台のうえでの滑稽なひとり芝居のようなものになる。

庄野潤三の『夕べの雲』[1965]所収の「コヨーテの歌」に言及して、江藤は「「治者」の不幸」を引き受けた主人公の実在感の喪失が、「彼の家のある丘が団地造成のために切り崩されて行く」[江藤 1993 : 244-245]という「自然」破壊と結びついていることを指摘する。加藤典洋は『アメリカの影』のなかで、唐突に富岡多惠子の『波うつ土地』[1983]を論じるが、富岡の小説は、この団地造成のために切り崩される丘陵地のただなかで始まっている。加藤にとって『アメリカの影』のなかで『波うつ土地』を論じるのは必然性がある。それは「母の崩壊」、それも女がみずから手を貸した「自然破壊」の象徴だからである。加藤が言うように、外にある「自然」が壊れるとき、女の内にある「自然」もまた壊れているからである。そしてもちろん、それを誘導し、推進した男のなかの「自然」はとっくの昔に壊れている。江藤の『成熟と喪失』がわたしにとって切実だったのは、女がこの過程のたんなる受け身の被害者ではなく、男とともにその共犯者だったからである。

「母の崩壊」は、非可逆的な文明史の過程である。「父の回復」をおこなっても、「母の崩壊」が食い止められるわけではない。だれからもお呼びでない「父の回復」など、曳かれ者の小唄か、ひとりよがりの猿芝居にしかならない。それどころか、九〇年代の息子たちは、もう「父」になろうなどと思いもせず、娘たちの方は「受苦する母」などとっくのむかしに自分の手で殺している。女を「神経症」のなかに封じ込める「近代」に、フェミニズムは当然の呪詛の声をあげたが、ポストフェミニズムの女たちは、山崎浩一の『男女論』[1993]によれば、「すでに性的主体となる意思も能力も備わっているにもかかわらず、このままでは性的主体からおりた男たちにどこまでもつけこまれることをよく知っているために、あえて主体を引き受けようとしない」状況にある。こんな社会のなかでは、漱石以来の「成熟」の課題など、どこかに吹きとんでしまったように見える。

　それが男も女ものぞんだ「近代」の帰結だったと、日本人はみずからのぞんだものを手にいれたのだと、江藤は苦い覚醒の意識で言うだろうか。

9　「近代家族」を超えて

　八〇年代に入って、児童文学やコミックの世界では、崩壊家族の物語がしばしば描かれるようになった。糸井重里が『家族解散』[1986, 1989]で描くように、家族は結成もできるが同時に解散もできる不安定なものになった。その家族の脆さを誰よりも切実に感受しているのは、家族なしでは生きられない子どもたちである。紡木たくのマンガ『ホットロード』[1986-87]のなかでは、暴走族のボーイフレンドを持つ感受性の強い少女が、自分の恋愛の行方ばかりを気にしている団塊世代のシングルマザーに対して、「ちょっとは母親らしくしてよね」と注文をつける。児童文学の世界でも、離婚や崩壊家族は日常茶飯事になった。ひこ田中の『お引っ越し』[1990]では、離婚した夫婦は自分のことにかまけてせいいっぱいだし、『カレンダー』[1992]になると、もう両親さえいない少女は、祖父母と拾ってきた下宿人からなる非血縁的な拡大家族のなかで暮らしている。「父の喪失」と「母の崩壊」は、近代家族の終焉とともに、常態化しつつある。もし、ヘーゲルのいうように、家族が人倫の基礎だとすれば、こんなにも脆弱になった家族に、倫理の起源を求めることは不可能であろう。だが、家族に人格と倫理の起源を求めるフロイトの理論そのものが、「近代家族」の産みだした物語だとしたら？

「世間」が倫理の基礎になりえた時代が終わって、今度は「家族」が倫理の基礎として物語られる。その「家族の物語」の耐用年数も尽きたように見える今日、わたしたちは新しい物語を編み出すことができるだろうか。それともアノミー(無規範状態)のなかに陥ることで、その反動としての狂信とファンダメンタリズムの足音を聞かなければならないのだろうか。

注

(1)　七〇年代のリブに始まる第二波フェミニズムは、巷間誤解されているような意味での「男なみになりたい女たち」の「女権拡張思想」ではない。それは、男性原理でつくり上げられた近代産業化社会を批判し、「男のようにはなりたくない」と近代社会への同一化を拒否した「女性解放思想」だったのである。

(2)　一九八三年にTBS系列で放映されたテレビドラマ「金曜日の妻たちへ」は、既婚女性の「不倫」を描いて、「金妻」現象を生んだ。

付論　戦後批評の正嫡 江藤淳

［初出二〇一九年］

江藤淳とわたし

「江藤淳　没後二〇年」記念講演会で、わたしのような社会学者がなぜお話しするのか、ミスマッチだとお感じになる方もいらっしゃるでしょう。まず、その理由からお話ししましょう。

この講演の表題を、最初は「わたしと江藤淳」としておりましたが、「江藤淳とわたし」に変えました。江藤さんは「アメリカと私」、「日本と私」、「戦後と私」、「妻と私」等々、「××と私」シリーズをたくさんお書きになった方だと気付いたからです。

かつてわたしは、富岡多恵子さん、小倉千加子さんとの鼎談本『男流文学論』[1992, 1997]で、江藤さんの『成熟と喪失』[1967a, 1988, 1993]について、「涙なしには読めなかった」と発言しました。涙など知らない女だと見られていた上野がよりによって江藤淳に涙するとは何事か、という反応が多かったようです(笑)。

しかし、目ざとい江藤さんは、どこかでご覧になったのでしょう。『成熟と喪失』が一九九三年に講談社文芸文庫に入る際、担当編集者の方から突然、わたしに文庫版解説を書いて下さい、という依頼がありました。しかも、なんと江藤さんの御指名というので、びっくり仰天でした。わたしは江藤さんと思想信条を全く異にする人間です。しかし、御自分に対して批判的なのを知りながらあえてわたしに解説を依頼するというのは、懐の深い方だと思ってお引き受け致しました。「『成熟と喪失』から三十年」と題した解説はわたしの『近代家族の成立と終焉』[1994]という本に「「母」の戦後史」(本書第Ⅳ部一章)というタイトルで収録してあります。

それが御縁で、江藤さんから対談の場に呼んでいただきました。料理屋で和気藹々とお話しする「文壇」スタイルでしたが、お互いに意気投合した非常に気持ちのよい対談でした。この対談は『群像』九五年二月号に「日本の家族」という題で掲載され、最近出た『江藤淳――終わる平成から昭和の保守を問う』[中島・平山監修 2019]という本にも抄録されています。席上、「社会学者でこれだけ文学作品を深く読めるという人は珍しい」と江藤さんからお褒めの言葉をいただき、直ちにわたしは「お言葉ですが、それも社会学者を相当軽蔑していらっしゃる証拠ですね」と申し上げたら、「といわざるを得ない(笑)」とおっしゃいました。後に、江藤さんはずっとアカデミアに憧れを持っておられて、最初に東京工大助教授になられた時には、何と文学でなく社会学助教授だったと知りました。大学に文学者としてではなく社会学者として採用された無念が現われた発言ではないか、と受け取っております。

江藤さんと意気投合する契機となった作品が、『成熟と喪失』でも本格的に論じられている小島信夫さんの『抱擁家族』[1965]です。もはや歴史的なテクストですが、この年齢層だと結構読んでいらっしゃるかもしれません。わたしは『成熟と喪失』の解説で、本作についてこう書きました。

「わたしは江藤をつうじて小島の『抱擁家族』を読んだ。批評家の「読み」によって時代の金字塔になるような作品がある。小島は江藤という読み手を持つ幸運によって、六〇年代を代表する作家として長く記憶にとどめられることになった。」

わたしは、批評家の仕事は、その評価によってテクストを文学史に残すことだと考えています。江藤さんは『抱擁家族』について、立派にその役割を果たされました。というのも、この作品は同時代の批評家のあいだで惨憺たる評判だったからです。

小説の内容を簡単に説明しますと、英文学教授である夫が、米兵と妻との姦通に直面して混乱し、家庭が崩壊し、その後それを再建していくという「トンデモ本」です。今から引用するのは、当時の有名な男性批評家の評言です。

> 河上徹太郎「私が……この小説の積極的な支持者になれないのは、この男の魅力のなさである。」[河上 1966]

本多秋五「庄野君の家長が家長らしい家長だとすれば、これははなはだ家長らしからぬほうの代表じゃないのかな。」「これじゃ家庭の収拾がつかなくなるのは当

然。」[本多・山本・福永 1965]

山本健吉「……私はこの細君のほうはちっとも魅力がないんだ……。」[本多・山本・福永 1965]

福永武彦「これだけ魅力のない女とひっかかっている以上、やはり夫婦とはたいへんなものだという感じは与えますね。（笑）」[本多・山本・福永 1965]

しかし、江藤さんはこの作品に対して、「混濁したリアリティ」を正確に写しとっており、「不透明な世界のかたちを明晰にとらえて」いると積極的に評価しました[江藤 1967a]。わたしは批評家の目を通して読み方を規定された面がありますが、後になってテクストを読み返してみて、作品の「気持ちの悪い豊かさ」[上野・小倉・富岡 1992, 1997]がよくわかりました。ですから、皆様もぜひ、オリジナルに当たっていただくのがよいかと思います。

もうひとり『抱擁家族』を高く評価したのは、この作品が第一回谷崎潤一郎賞を受賞した際の選考委員だった伊藤整さんです。選評で「この作品が書かれたために、日本の女の輪廓は変って行くであろう」[伊藤（整）1965]と書いていますし、授賞を決めたのも伊藤さんでした。家庭の中の異物、あるいは他者としての妻が、ぬっと現われてきた当時の戦後家族の状況を示唆した批評でもあります。

選考会の直後、伊藤整・安岡章太郎・江藤淳三氏の鼎談「文学の家庭と現実の家庭」

が『群像』（一九六五年一〇月号）に掲載されました［伊藤（整）・安岡・江藤 1965］。伊藤さんは「……女房の悲しみに対して、われわれは他人としてこれを扱うのではなくて、自分の痛みとして扱うのじゃないかしら。だから女房は決して他人じゃなくて、自分の中に同時に存在もする。……」と発言したのに対し、若い江藤さんは「いま伊藤さんがおっしゃった、自分の中に女房をとりこんでそれをかわいがるということは、逆にいうと、自分しかかわいがらないということでしょう」と、鋭く突っ込んでいます。「まさにそうなんです。そこがどうも正体がはっきりしないし、うまく言えない」と伊藤さんは素直に返していますが、正体ははっきりしています。これはDV男のメンタリティそのものです。妻は自分の一部だから、妻を殴ることは自虐行為なのです。わたしの知っている男は妻を殴るたび、「君を殴る時に俺の心が痛むんだ」と言いますが、本当に痛い思いをしているのは妻の方であって夫ではありません。でも、これがDV夫の論理です。自分が痛みを感じながら自虐行為として妻を殴るという論理は手前勝手ですが、江藤さんは、それが成り立ってしまうメカニズムを適切に指摘しています。

妻・慶子との共依存

しかし、江藤さん自身は、実生活ではDV夫であったようです。癇癪《かんしゃく》持ちで、妻にあざが残るほどの暴力を振るったとか。お酒を飲むと人が変わるという幾多の証言もあります。妻・慶子さんは慶應義塾大学の学友で、高学歴カップルでした。

斎藤禎《ただし》さんという、江藤さんをよく御存じだった編集者の方は、「一番の理解者であるはずの夫人をあざができるほど打擲《ちょうちゃく》しそしてその病弱な夫人の体調への無慈悲としかいいようのない書きぶり」[斎藤(禎)2015]と指摘しています。江藤さんの一番弟子、福田和也さんは、お二人の関係はＤＶ夫とＤＶ夫を支える妻という共依存関係であり、「奥さんは、やや復讐のようにして江藤さんを甘やかしてたでしょう。自分なしではいられないように」[柄谷・福田 1999]と的確に証言しています。全くその通りで、慶子さん亡き後、自らは「形骸に過ぎず」(遺書)とご自身を形容されました。

『妻と私』[江藤 1999]は妻をがんで先立たせた時の過程を書いた「愛妻もの」で、江藤さんの中ではよく売れた本です。その中で、妻にがん告知をせず最後の時を一緒に過ごした選択について、「慶子は、無言で語っていた。あらゆることにかかわらず、自分が幸せだったということを。(がんを)告知せずにいたことを含めて、私のすべてを赦すということを」と書いています。しかし、最近刊行された『江藤淳は甦える』[平山 2019]という評伝の中で、今日講演会にもいらしている平山周吉さんはこの「「赦し」は江藤の身勝手な一人合点であったのかもしれない」と批判しています。ここで使われている「赦し」は天や神からの赦し、恩赦としての赦しという意味ですから、何があっても一〇〇%の受容を期待できる関係とは、つまり母との関係にほかなりません。江藤は母との関係を、妻との間で反復しようとしました。安岡章太郎の『海辺の光景』に描かれた母子関係に対する愛憎アンビバレンツな批評は、江藤さん自身が求めて得られなかったものだからでしょう。しかもこの「赦し」は、妻の死後、江藤さんの一方的な言説的パフォーマンスによって達成された「赦し」であり、平山さんの評は適切だと思います。

フェミニズム文学批評の先駆け

今回の講演にあたり、わたしはこれまで読んでこなかった江藤さんのテクストをかなり大量に一時に読み、新しい発見がいっぱいありました。たとえば江藤さんは、まだフェミニズム批評が黎明期にあった頃、『女の記号学』[江藤 1985]という本を書いています。当時は記号論が大流行していましたから、「なんだ、ただはやりに乗ってこんなタイトルをつけたのか」と、馬鹿にしていたのですが、読んでみてびっくりしました。フェミニズム文学批評の先取りとも言うべき、素晴らしい作品でしたから。

『女の記号学』では、尾崎紅葉の『金色夜叉』を論じています。熱海にある、高下駄の男・間貫一が許嫁《いいなずけ》のお宮を蹴る像で有名な、「DV男もの」です。しかし江藤さんは、お宮がただ蹴られるだけの被害者ではなかったことを指摘しています。紅葉が生きた明治は、「才だにあらば男立身は思のまゝなる如く、女は色をもて富貴《ふうき》を得べし」。つまり男は才により、女は美貌によって階層上昇が可能だった時代です。前近代には女の階層上昇などあり得ませんでした。どんな美貌でも身分が違えば、妾として抱えられるのがオチで、正妻には決してなれません。美貌によって階層の梯子を上がるシンデレラ物語は、身分制が解体した後でなければ成り立ちません。江藤さんは、宮が近代の時代精神、「私のような美貌の女は、この程度の帝大卒の男には見合わない」という、自分に高い値段を付けた女のふるまいを体現していた、と書いておられます。最近のフェミニズム批評では、女のエージェンシーあるいは「能動的主体性」と呼ばれています。

近松秋江の『黒髪』については、「男女のあいだのせめぎ合いの深さ、それにもかかわらず露呈されている絶望的なへだたりが、おどろくべき正確さで描き込まれている」、そして作者は「男の記号と女の記号の落差から生じるアイロニーを、十二分に自覚しつつこの作品を書いていた」と評しています。金で左右される女を追いかける『黒髪』の男の主人公の言動は、たしかに愚かに見えますけれど、男の作家が男を愚かに書くことは、明晰な批評意識がないとできません。近松秋江には、自分を戯画化するだけの批評意識と力量があったということです。

近代家族とミソジニー

わたしたちは近代家族の中で生まれ育ち、性懲りもなくまた家族を作り続けてきました。その「近代家族」の機微を論じたのが『成熟と喪失』です。

明治の社会の背景にあるのは「近代」です。近代という時代は大変悩ましいものです。皆さん方は子どもの頃から、「大きくなったら何になる?」という問いに悩まされてきたはずです。しかし、前近代の身分社会で、こんな問いは決して成り立ちません。大きくなったら男の子は父のようになる、女の子は母のようになる。それ以外の選択肢はないからです。ところが身分制が解体して階層上昇が可能になると、父のようにならないことこそが、息子にとって出世になります。そして、目指すべきロールモデルにならない男しか選べなかった妻は、不甲斐ない夫に苛立つ欲求不満の妻として、夫に対する失望を息子に仮託します。そうなると父は、将来なってはいけない恥ずかしい存在になります。ところが、ほとんどの息子は出来が悪いので、母の期待に十分に応えられない不甲斐ない息子ばかりになります。

ただし、不甲斐ない息子と、苛立ちながら息子に期待しつつ失望する母との間には黙契があります。それは、息子が母の支配から決して出ていかないという共依存の関係です。これが母子密着のブラックホールです。息子に母殺しはできません。

一方、母と息子の関係から疎外された娘は、母に対する最も苛烈な批判者となります。娘は父からも母からも期待を受けない、いわば家族のヨソモノですが、だからといって、自分で人生を切り開くことができるかというとそうではなく、母と同じように男に自分の運命を託す結婚という「博打」をするほかありません。娘は、母と同じような人生を歩むことしかできないという見通しを前にして、不機嫌になります。

近代家族というのは、この四者——恥ずかしい父と苛立つ母、不甲斐ない息子と不機嫌な娘——で成り立っています。本当に困ったものです(笑)。『抱擁家族』[小島 1965]に出てくる三輪俊介と時子のカップルは、まさに不甲斐ない息子と不機嫌な娘が夫婦になって作った戦後家族の典型なのです。

江藤さんは「つまり彼女にとって「母」であり、「女」であることは嫌悪の対象である。これが、「近代」が日本の女性に植えつけた一番奥深い感情」[江藤 1993]だと言いました。別の言い方で「女であることを嫌悪する感情は、あらゆる近代産業社会に生きる女性に普遍的な感情」[江藤 1993]だとも言います。わたしはこの問題を、後に『女ぎらい——ニッポンのミソジニー』[上野 2010, 2018]という著書で、理論的に解き明かしましたが、執筆にはジェンダー理論三〇年間の蓄積が必要でした。とりわけ、イヴ・セジウィックというイギリス文学研究者の『男同士の絆——イギリス文学とホモソーシャルな欲望』[2001]や『クローゼットの認識論——セクシュアリティの二〇世紀』[1999]などの著作の多大な力を借り、ホモソーシャル(homosocial＝性的な欲望を抑制した男性間の絆)、ホモフォビア(homophobia＝同性愛嫌悪)、ミソジニー(misogyny＝女性嫌悪)という三点セットの分析概念を取り入れなければ、書くことができませんでした。ミソジニーとは男性にとっては「女性蔑視」、女性にとっては「自己嫌悪」という非対称な効果があります。江藤さんは、後になってミソジニーと呼ばれるようになったこの概念を、非常に早い時期に、明晰に論じました。

近代においては「個の成熟」や「近代的自我」が目標とされます。それは近代リベラリズムの用語では「自立的な個人」「自己決定する個人」と呼ばれます。ですが、女性がそれを実現しようとすると、自分の女性性を自己否定するほかありません。近代リベラリズムにおける自立的個人のモデルは男だからです。それゆえ、女を他者化するミソジニーのために、女は自己嫌悪に陥らざるを得ません。男に似ようとすれば、女は自分が女であることを否定せざるを得ないのに対し、反対に女性性を受け入れれば、自分が二流であることを受け入れざるを得ません。女は二流の個人であり、二流の労働力であり、二流の市民であるというミソジニーを押しつけたのが、ほかならぬ「近代」でした。

では、前近代の女はどうだったか。近代に比べて、幸せだったわけではありません。前近代から近代に至る女の変化を、駒尺喜美さんという女性学の大先輩が、実に見事に表現しておられます。「区別が差別に昇格した」、しかも「自分の目の黒いうちにこんな変化が起きるとは思わなかった」と。つまり、前近代では男と女は全く違う生き物で、「豚に真珠」という諺があるように、男と女を同じ尺度で比較しようとする人は誰もいませんでした。それくらい違うものだと思われていたからです。

しかし近代は、人間とか個人とかという概念をわたしたちの社会に持ち込み、男女を同じ人間にします。そこで初めて、同じ人間なのに、なぜこんな差別があるのかという問いが成り立ちます。あってあたりまえの「区別」から、あってはならない不当な「差別」への「昇格」が、女性解放の背景にあります。性差が自然化されているあいだは、フェミニズムは成り立ちませんでした。

この近代が女に押しつけたディレンマを、かなり早い段階に、しかも同時代の文学作品を通じて見抜いたのが江藤淳という人でした。

江藤さんは『成熟と喪失』のなかで、「母の崩壊」と表現しました。「母の喪失」ではなく「崩壊」と呼んだということは、壊した誰かがいるということです。壊した犯人は近代です。その時、女はただの犠牲者、被害者ではなく、いそいそと共犯したというのが江藤さんの読みです。自分の中の母性を自ら扼殺することに手を貸したのも女である、という女性と近代の共犯性を、ちゃんと見抜いておられました。

つい最近亡くなられた文芸評論家の加藤典洋さんのデビュー作『アメリカの影』[1985]で、わたしの大好きな作家である富岡多恵子さんの『波うつ土地』[1983]という小説が論じられています。タイトルが意味するのは、ニュータウンを開発するために山を切り開いて、丸裸になったあの多摩丘陵です。かつては山だった土地がブルドーザーで均《なら》されてゆく過程は自然破壊そのものですが、では、誰の手によってその破壊が成されたのか。女性はみな環境保護を唱えるエコロジストで、自然と同一化しているというわけではありません。むしろ破壊された後の多摩丘陵に建った団地に、核家族として収まることを熱望したのも女たちでした。みずからの女性性の核にある自然や母性(それだって幻想ですが)の扼殺に、共犯者として手を貸したという感慨を、高度成長期の女たちはどこかで持っていたはずです。江藤さんがいち早く指摘した、女の共犯者としての役割について、わたしは胸を衝かれずにはいられませんでした。

しかしその後、そもそも女が男のような「自立した個人」になろうとしたこと自体が間違いだったかもしれない、と気付きます。「自立した個人」は幻想にすぎませんし、女は男に似ることはできませんし、その必要もありません。いっそのこと、男のようになると望んだこともないし、あるいは望む必要もないとケツを捲《まく》ることもできると、後になって自分自身を「脱洗脳」するに至りましたが、そのためには時間が必要でした。

日本におけるフェミニズム批評

今、わたしは「ケア(介護)」の研究をやっております[上野 2011]。ケアにおける「関係」は、自立した個人間の関係では決してありません。ケアする主体とケアされる客体という、圧倒的な強者と依存的な弱者との間の、非対称な関係です。近代リベラリズムがカバーすることのできない非対称な人間関係は、人間社会の中には山のようにあります。それを男性社会は無視してきました。

こうした認識を起点に、日本にもフェミニズム批評が登場します。出発点になった事件は、富岡多恵子さんと小倉千加子さん、そしてわたしの三人で書いた『男流文学論』[1992, 1997]でした。まずタイトルからして、挑発的です。男性文学が保守本流だからこそ「女流文学」という言い方があるのですから、なぜ男の方には特別な名前が付かないのかと、あえて「男流」と名付けました。悔しさからです。「男流」は当時、ワープロで打つと「暖流」と出ました。ちなみに、ミソジニーも初期は「三十路に」と出てきました(笑)。最近は電子辞書も学習しまして、ミソジニーはそのまま出てきます。

『男流文学論』でも論じたノーベル賞作家、川端康成の『眠れる美女』[1961]など、今の目で読むとネクロフィリア(死体愛好)とセクハラ小説そのものです。男性作家たちが書き、男性批評家たちが高く評価してきた日本近代文学のカノンを女の目で読み直すと、評価がひっくり返ってしまうよ、と緻密な読みを経て提唱したのが『男流文学論』です。日本近現代文学史の系譜を紐解くと、村上春樹に至るまで、男性作家によるミソジニー小説が累々と書かれ続けていることがよくわかります。

前近代家族においては、主人と主婦の役割分担が定型化していました。しかし、核家族になると役割の定義が非常に難しくなり、夫は妻とどんな関係を持っていいかわからなくなります。そして、目の前に自分のコントロールが及ばず理解も及ばない、にもかかわらず確かな自我を持ったもうひとりの行為者が登場します。つまり、「女」という不気味な他者が、自分の目の前にぬっと現われたわけです。核家族の「核」の実態はそういうものです。その不気味さを明晰に描くことに成功した数少ない日本の小説が、さきほどの小島信夫の『抱擁家族』[1965]、そして同時期に書かれた島尾敏雄の『死の棘』[1960]でした。

江藤さんの『成熟と喪失』[1967a]とほぼ同時期に書かれた吉本隆明さんの『共同幻想論』[1968]での『死の棘』の読みを通じて、島尾敏雄の小説も戦後文学史の金字塔のひとつになったと、わたしは思います。『死の棘』を読んでみて下さい。本当に気持ちの悪い小説です。でも、気持ちの悪さをこれだけ豊かに書けるということは、やはり島尾が優れた表現者であるということです。

江藤さんは他者としての妻の存在をアメリカ滞在中、切実に感じたようです。二年間の滞在中いったん妻を置いて三週間日本に帰り、またアメリカに戻った時、深夜の空港でこんな経験をします。

「東洋人の女があらわれ、だれかを捜しているのが見えた。日系か中国系かはよくわからなかったが、彼女の歩きかたは、とにかくアメリカ女の弾みのある歩きかたであった」[江藤 1965]と江藤さんが描写しているのは、実は妻でした。妻を見逃すことはまずないはずですが、江藤さんは妻を異物として「再発見」したわけです。妻は自分にとって馴染みのない他者になっていました。

江藤さんを含む多くの知識人は、長期のアメリカ滞在という異文化体験を経て、自分の中の一部が確実に変容して元に戻らなくなったという感慨を持っています。異文化体験は、自我の一部を変えます。身体的とも呼んでいい痕跡を残すものなのです。わたしもアメリカに暮らして帰ってきた時、「あんたはアメリカ人になった」と周囲から責められました。「どこが?」と訊いたら、「謝らなくなった」そうです(笑)。江藤さんの妻に起こったことを平山周吉さんは、「慶子夫人はもうトンチャン(愛称)ではなかった。「妻」でも「母」でもない。ひとりの女がそこには立っていた。「他者」としての妻が江藤淳の前にいた」[平山 2019]と書いています。

学友や周囲の人たちによれば、慶子さんという人は大変母性的な人であったといいます。母性を求めて妻を娶《めと》ったかもしれない江藤さんが、後に家庭の中に発見したのは、異物としての妻でした。しかも、この夫婦は子どもを持たず、父と母という社会的な役割を共有できず、家庭の中でのふるまいにも、「お父さん」「お母さん」と呼びあう文化的な定型を取り入れることが最後までできませんでした。そういう生活の中で他者としての妻を発見した江藤さんの感慨が、小島信夫の小説を評価した背景にあったと考えられます。

わたしたちの共著『男流文学論』は、たくさんのバッシングを受けました。特に男性の批評家たちから攻撃されて、この人たちは文学がわかっていない、と論難されました。

わたしは社会学者で、小倉さんは心理学者ですから、別にそう言われてもかまわないのですけれども、さすがに作家の富岡さんに配慮したのか、とある男性の文学教授は、「富岡さんが大学院生で、上野がよく勉強してきた学部生、小倉千加子は幼稚園児。未熟な三人が男性文学をあれこれ、ただの井戸端会議を繰り広げ、女が描けていないとか言っている」とクサしました。

一方で、フェミニズム批評の大先輩、水田宗子さんは「女への逃走と女からの逃走――近代日本文学の男性像」(『日本文学』一九九二年一一月号、[水田(宗)1993]所収)という素晴らしい論文で、『男流文学論』で提起した問題について、きわめて内在的な批判をなさいました。なぜ、女性との関係が私小説におけるひとつの核心的な主題になったか。あるいは、二〇世紀文学において性関係が男性の書き手にとっての自己探求の場や求道の場になったのか。「男性作家が女性を理解せず、女性を正確に描いてこなかった……というのは、それ自体は正しい指摘だが、男性作家批判としては的を外している。男性作家たちは女に勝手な夢を託したり、女を勝手に解釈したりしてきたが、彼らが描いた夢の女と現実の女性との距離の大きさこそが、男の内面の風景を絢爛《けんらん》たるものにしたのだ。」

だから、賢明な女は男のシナリオに上手に乗っかって、共犯者になってあげるのです。女は男のファンタジーの共「演」者であり、そうすれば男のミューズ(美神)になれます。

他方、男のシナリオに乗っからない女は、理解不可能な化物になります。慶子さんもまた、江藤さんにとって妻という名の「化物」でした。

『男流文学論』で最初に取り上げた作家は、吉行淳之介です。吉行淳之介という人に、わたしは恨みがあります。もちろん面識はないし、セクハラされたこともありませんが、周囲にいた吉行ファンだった同世代の男たちから、さんざん嫌な目に遭わされました。吉行は「女の達人」だということになっていましたから、「キミ、女を知りたければ吉行読めよ」と言われました。実際、わたしの同世代には、「女とは何か」を知りたくて吉行を読んだという、痛ましい女性もいました。

男の中には女について知り尽くしていると自他ともに認める「女通」が必ずいて、たとえば『失楽園』[1997]の渡辺淳一さんなどもそうです。でも、「女通」の知っているのは自分の視野の中にいる女だけで、まるごとの女をきちんと知っているわけではありません。わたしも、人から言われるままにまんまと騙されて、男の妄想の中に取り込まれ共演者にさせられるところだったと、恨みに思っているのです。

関根英二さんという文学者が、若い時に吉行にはまって卒業した経験を、痛切な想いで書いた『〈他者〉の消去』[1993]という本があります。そのタイトルが示す通り、「『夕暮まで』の主人公に籠められた反社会性は、〈他者〉の擬制を演じているのであり、……その世界に対して異質なものを突きつける〈他者〉の存在を排除してしまう」という認識に至ります。関根さんにこの本を書かせたのは、アメリカ人の妻でした。その妻が送り続けたメッセージは「私はあなたの母親ではない」というものです。

近代家族の中で、役割の定義がうまくできない日本の夫婦は、お互いを文化的な鋳型にはめ、関係を安定させるために、互いを「お父さん」「お母さん」と呼びます。それが外国人には非常に奇妙に感じられます。もちろん、妻は母ではありませんが、妻の方でも「うちにはもうひとり大きな息子がいるんです」と表現します。母と息子というパターンに関係をはめ込めば安定するというのが、日本の文化が夫婦に与えた狡知《こうち》です。関根さんは近代家族が孕むその欺瞞を告発しました。

近代家族の中で「家長」とは何だったのでしょうか。わたしは『抱擁家族』の家長である三輪俊介に代表される、子どもっぽい、おろおろする家長を「家長子ども」と名付けました。日本ではほとんどの男が「家長子ども」になってしまっています。

先ほど紹介した駒尺喜美さんは、『魔女的文学論』[1982]という本で、「日本近代文学ひっくりかえ史／でんぐりがえ史」というコンセプトによって、近代文学史を読み換えました。日本の近代小説史のなかで累々と生産されてきた私小説は、よくよく読むと「家長になりそこねた男たちの自虐の文学」だというのです。本当にその通りだと思います。そして、彼らはとてもはた迷惑な家長だったので、石川啄木の妻、志賀直哉の姪などの被害者が続出しました。

一方、近代のカップルを対等な個人として描き、化け物としての妻と向き合った数少ない近代作家のひとりが夏目漱石です。この評価については、江藤さんは駒尺さんに同意なさるでしょう。駒尺さんはもともと漱石研究者で、『漱石という人――吾輩は吾輩である』[1987]という名著を書いています。この本を読むと、漱石は「悪妻」と評されている鏡子と対等に向き合おうとしたことがわかります。

文芸批評家の役割

江藤淳という文芸批評家が果たした役割について考えるにあたり、著書やかつての江藤論だけではなく、没後二〇年を前にして元担当編集者が書いた二冊の大部な本が新しい手がかりになります。斎藤禎さんの『江藤淳の言い分』[2015]と平山周吉さんの『江藤淳は甦える』[2019]ですが、後者の装幀に圧倒されました。表紙を開くと見返しと呼ばれる部分があり、カバーに隠れた右下に写真が載っています。この女性は、江藤さんが四歳半で死に別れた母・廣子です。本当に美しい方ですね。そして、背表紙の裏に見返しがあり、こちらには江藤さんが自裁された時の自筆の遺書がそのまま採録されています。これを見つけて、わたしは息を呑みました。何とあざとい、と思って、誰が装幀したのかと調べてみたら、菊地信義さんという尊敬している装幀家でした。ちょうど四歳半の母の喪失から六六歳の自裁との間の六〇年余りが、七〇〇ページを超えるこの本の中におさまっているというこのコンセプトは……見たくないものを見ました。やり過ぎだと思います(苦笑)。

担当編集者によるどちらの本も、江藤淳が達成した「批評」というスタイルは、文学の最高の形式のひとつであるという共通の認識に立っています。たしかに、『一族再会』[江藤 1973]は自伝のような書物ですし、さきほど申し上げた「××と私」シリーズのような私エッセイがとても多く、読んでみると無防備なまでに自分をさらけだしていることがわかります。日本文学に私小説という伝統があるなら、私批評や私エッセイもあっていいはずで、彼は批評の形で自らを語っています。その痛切さが、わたしたち読者に伝わり、涙なしには読めない気持ちにさせるのだと思います。平山さんも「江藤淳は小説家ではなかったが、批評家としては例外的にと言っていいほど、回想的エッセイや作品を書き残した」[平山 2019]と評しています。

フィクションを書く人だけが文学者と呼ばれるのでしょうか。文字で書かれたものを書く人は全て文学者でしょう。江藤さんのノンフィクションを、批評やエッセイでなく文学作品と呼んではいけないのか。改めて多くの作品を読み、批評というジャンルに留まらない文学者としての達成を感じましたし、文章のうまさに舌を巻きました。

Literatureという言葉は、文字で書かれたものの総体を指します。決して小説＝Novelだけを指すわけではありません。近年、ノーベル文学賞が文学の定義を変えてくれています。スヴェトラーナ・アレクシエーヴィッチが賞を受けて、ノンフィクションもまた文学だと示しました。石牟礼道子をノンフィクション作家と呼ぶ人がいますが、彼女は文学者です。池澤夏樹さんが、個人編集の『世界文学全集』(河出書房新社)の日本編に、ただひとり石牟礼道子さんを採用したのは、見識だったと思います。フィクションとノンフィクションの間に高い垣根はありません。ボブ・ディランが受賞した時、歌詞もやはり文学である、というラディカルな文学の再定義が行なわれました。こういうことを、ノーベル文学賞がやってくれているというのはとても心強いことです。

わたしはかつて、こう書きました。「批評とは何か？　それは自分が魅惑され、魂を摑まれた対象と格闘し、それにさようならを言うために書く……他者の言語を使って自己を語る迂遠な形式」[上野 2000b]だと。批評家の処女作には、他者に仮託し、他者の口寄せとして、他者の言葉を使っておずおずとものを言い始めるという姿が見えます。

その営みを、文芸批評の枠を超えて、文明批評にまで広げたのが江藤さんの果たした役割です。江藤さんの文明批評は、アメリカの文化植民地になった日本の戦後をどう批判的に継承するか、という主題でした。つまり、「近代」に根こそぎにされた日本人がどうやって自己を回復するかという明治以来の知識人の課題を、江藤さんは主体的に引き受けました。国民作家だった夏目漱石、その漱石を受け継いだ小林秀雄、それを継いだ江藤淳という系譜があり、さらに江藤の深い影響から出発した加藤典洋がいます。もし本講演のタイトル、「戦後批評の正嫡」に相応しい「ポスト江藤淳」がいるとしたら、それは加藤さんです。

もうひとり、江藤さんの系譜に柄谷行人という人もいますが、彼は保守思想家ではありません。敗戦と占領を主題にした白井聡さん[白井 2013／白井 2018]という政治学者もいますが、内容はほとんど江藤さんと加藤さんの焼き直しで、若いだけでそれ以上の新味はありません。しかし、同じ歌をくりかえし別な声で歌う必要はいつもありますし、白井さんのように若い声に受け継がれることは大切です。面白いのは、どの人も、「自分が魅惑され、魂を摑まれた対象と格闘し、それにさようならを言うために書く」という仕事をされていることです。江藤さんは夏目漱石論を、最後の最後まで書き続けられましたし、小林秀雄も論じました。柄谷さんもまた、夏目漱石論と小林秀雄論を書いておられますし[柄谷 1972]、処女作は夏目漱石論[柄谷 1969]でした。

これらの知識人が「文化植民地主義との格闘」という主題をいかに引き受けてきたか。これこそ論ずるに値する主題であると、わたしは思っています。江藤さんには二度の訪米体験があり、それを二冊の本にしておられます。ここで大事なのは、江藤さんという日本人男性が、いかなる立場でアメリカを体験したかです。敗戦国の、しかも男性国民として、加えてアメリカに魅惑され、影響を受け、かつそれに大きな憎しみと恨みを抱くという愛憎アンビバレンツな感情を抱いた体験です。

日本の男性知識人の北米体験には共通性が大変大きく、日本に戻ってくるとほぼ例外なしに伝統回帰と保守ナショナリズムに向かいます。江藤さんも帰ってこられてから保守知識人となり、わたしはそれ以後、読むのをやめました。女はそうなりません。男性のなかで、北米体験を持ちながら伝統回帰せず、保守ナショナリストにならなかった例外的な知識人は、わたしの尊敬する鶴見俊輔さんです。柄谷行人さんも、そのおひとりだと思います。北米でなくヨーロッパ体験ですと、加藤周一さんも例外のひとりです。加藤さんの場合はヨーロッパに深く関わりを持たれたので、ヨーロッパからアメリカを相対化することができたのでしょう。アメリカを相対化しようとすれば、ヨーロッパを持ってくれば楽勝です。

なぜこの人たちが例外になりえたのか。別途考察に値する問題だと思いますが、共通点は日本文化への深い教養と、ずば抜けた語学力を備えていることです。男性知識人は、だいたい語学コンプレックスで、海外に出るとみんなヘタるんです(笑)。夏目漱石もそうです。江藤さんはすぐれた英語使いだったそうですが、実際に聞いたことはないので確かなことはわかりません。戦前のドイツ語教師はドイツに行くとコトバが通じなかったといいますから、読み書きはできても聞く・話すができなかったのかもしれません。

二度目の北米体験を経て、江藤さんにとって回心と呼ぶべき大きな主題が浮かび上がります。占領と憲法です。一九六二年から六四年にかけてロックフェラー財団研究員としてプリンストン大学に滞在した後、七九年から八〇年にかけて、江藤さんはワシントンに滞在します。ちょうどその頃、七九年にアメリカ公文書館における東京裁判関連資料の公開が始まりました。江藤さんはその時期に居合わせ、公文書館に通って占領関係の公開資料を閲覧します。

その結果、お書きになったのが『一九四六年憲法——その拘束』[1980]です。文芸評論家がこんな仕事をしていていいのかと言われながら、占領と憲法が江藤さんの後半生のライフワークというべき仕事になりました。加藤典洋さんはその強い影響の下で「江藤の影」と言うべき作品、『アメリカの影』[1985]を書きます。江藤さんには『西洋の影』[1962]という作品がありますが、それを十分に意識したタイトルでしょう。その後、加藤さんは『敗戦後論』[1997]、『戦後入門』[2015]、遺著になった『9条入門』[2019]と、次々に戦後日本のアイデンティティを問う著書を書きました。白井聡さんの『永続敗戦論——戦後日本の核心』[2013]や『国体論——菊と星条旗』[2018]もその系譜に入れていいでしょう。

この人たちはほぼ同工異曲のことを言っておられます。加藤さんの『9条入門』は、よくここまで勉強なさったとは思いますが、帯に「この一冊で、すべての憲法論議は終わる」と打ち出すわりには、新しい論点はほとんどありません。ほぼ江藤さんが『一九四六年憲法』に書かれたことの繰り返しです。江藤さんの議論の射程の長さがよくわかります。加藤さんの憲法論の要点を言えば、日本国憲法の一条象徴天皇と、九条戦争放棄、護憲論者が触れたがらない日米安保条約は三位一体であり、この三位一体はマッカーサーの作品だったということです。

今、保守政権は「押しつけ憲法」を変えようとしていますが、この三点セットが憲法の核心にあるとするならば、当然「押しつけ象徴天皇制」も変えなければなりません。なぜなら、憲法九条の成立にはマッカーサーの個人的な利害が深く関与していたからです。マッカーサーが九条押しつけの背後に持っていた大きな野心は、日本民主化の英雄として本国に凱旋し、次期大統領になることでした。それがコケたわけですね。しかし、敗戦直後は、マッカーサーの利害と、何としても国体を護持すべしという天皇権力の利害は一致し、ウィン＝ウィンの関係にありました。

その後、憲法九条という国際社会で例を見ない主権放棄、主権制約の条項が押しつけられたことを隠蔽するために、日本人から自発的に言いだしたとする隠蔽工作、「幣原提案説」が登場します。当時の首相だった幣原喜重郎が九条を自分の口から提案して、それを聞いたマッカーサーが感動したと回顧録にありますが、江藤さんはこれを幣原神話、すなわちでっち上げだろうと既に言っておられます。幣原さんは、政治的配慮から、それをでっち上げだと最後まで口にすることがないままに、お亡くなりになりました。九条この三位一体の背後にあるのは、何が何でも天皇を守りぬくという利害でした。その結果、を受け入れないと天皇の生命の保証はしない、という脅しもあったようです。その末に、天皇は戦犯であることを免責されたが、同時に退位も生前譲位も拒まれた。その末に、恥辱として戦後四〇年間の在位を耐え続けなければならなかった裕仁という人がいたわけです。

昭和天皇について、江藤さんは「〝昭和〟の時空間の栄光と悲惨……また恥辱からも罪悪からも逃れ去ろうとは思わない。それを私に堪えさせているものこそ、ほかならぬ今上天皇(ヒロヒト)の存在の重さだからである」[江藤 1989]と書いています。つまり、在位し続けることがあたかも懲罰のように見えた、とも取れます。

昭和の最後に「下血」「下血」と繰り返される報道があり、自粛ムードに国民は嫌気が差していました。当時をはっきり覚えておられる上皇明仁という人は、死による代替わりは天皇制の存続にきわめてネガティブな効果があると学習されたのであろうと思います。今の上皇は天皇制存続戦略のすばらしいプロデューサーです。神であることを止めて人間に還った天皇を創作し、傀儡《かいらい》に仕立てた事実をなかったことにしたいアメリカは、占領期に日本人の無意識に蓋をする政策をとり、忘却によって歴史的空白の時間を作ることに成功し、それが今日まで続いてきました。これこそが、江藤さんが最初に指摘した、現在に続く日本の宿痾《しゅくあ》です。

もしこの分析が正しいとするならば、明仁上皇が立憲主義者であることは納得できます。つまり、彼を創り出したものこそが日本国憲法ですから、自分自身を生んだものの存在根拠を守るのは当然ですし、それは彼にとって正しい態度でしょう。

治者への道／成熟の課題

戦後日本で男性知識人たちは、いったい何を探求していたのでしょうか。それは、自己の来歴です。「アイデンティティ」という言葉を日本にもたらして、普及させた功績者のひとりが江藤さんでしたが、彼はこの概念を自己の来歴と自己が属する国家の起源の正統性を追求するために用いました。正統性の追求が国家の起源に向かえば、当然、戦後日本の起源である日本国憲法に向かうでしょう。自己の来歴に向かえば、「一族再会」に向かいます。小林秀雄の晩年の大作『本居宣長』[1977]も同じ動機で書かれたものだと思いますが、だいたい男がルーツ探しをするとロクなことになりません(笑)。

なぜか？　それは Who rules?(誰がこの世の統治者であるか)という正統性を求める問いだからです。新約聖書を最初に読んだ時、わたしは呆れ果てました。一行目から「アブラハムはイサクの父であり、イサクはヤコブの父、ヤコブはユダとその兄弟たちとの父」とか何とか、男の名前ばかりが羅列された最後にヨセフが登場して、そのヨセフの胤《たね》ではない子どもが生まれたとあります。それがイエスです。マリアの処女懐胎で全部ひっくり返るのに、なぜあんなに長ったらしい男系の系譜誌が必要なのでしょうか。それは誰が統治者であるかという正統性の来歴を示すためです。『古事記』や『日本書紀』の系譜誌も、同じ意図から書かれています。

小林秀雄の『本居宣長』について、橋本治さんと橋爪大三郎さんがそれぞれ書いていますが、タイトルが対照的です。橋本さんは『小林秀雄の恵み』[2007]、橋爪さんは『小林秀雄の悲哀』[2019]と、ポジとネガのようです。橋本さんの本はとても分厚いのですが、『枕草子』を翻訳し『源氏物語』を翻案した人ですから、小林さん以上に古代史や古典文学についてよく知っていますし、本居宣長が生きた近世という時代が専門です。だから、橋本さんには言うべきことがありました。ですが、『小林秀雄の恵み』を読むと、橋本さんは小林秀雄を同時代に読んでおらず、若い頃に何の影響も受けていなかったとあります。ではなぜこの本を書いたのか。五四歳になって小林秀雄賞というものを貰ったからです。

橋爪大三郎さんの方は、身も蓋もない本です。小林秀雄は自分の文化伝統のルーツ探しのために当たりをつけて本居宣長に向かったけれど、相手が大きすぎて結局手に負えなかったという結論です。にもかかわらず、読者が小林に幻惑されるのは「文体マジック」のせいであるといいます。その文体マジックに橋爪さんは「と見てよい」「…事に、間違いない」といった「読者と交渉する文体」があるといいますが、それだけでなく「新しい解釋なぞでびくともするものではない」「……といふ様な說は取るに足らぬ」などの非論理的な断定がいくつも出てきます。これらの断定は読者に同調を強要し、それができれば疑問をシャットアウトして、小林秀雄ワールドに陶酔できる仕掛けです。

わたしは若い頃に小林秀雄の文体に耽溺しました。読みふけりながら、こんなマッチョな文体に溺れるわたしは何と不幸な女だろう、と思っていました。そして、かつてわたしを耽溺させた謎が、これらの本を読んで解けました。

橋爪さんの本は、小林秀雄よりむしろ本居宣長を論じたものです。そして宣長がなぜ『古事記伝』に向かったかの謎を解きます。周知のように、宣長が『古事記伝』を書くまでは日本古代の正史は『日本書紀』であり、古事記は歯牙にもかけられていませんでした。それを「記紀」と併称するまでに古事記の地位を上げたのは、ひとえに宣長の功績です。それだけでなく、源氏物語も女子ども向けの、しかも良家の子女なら読むべきでない、ポルノ紛いの作品扱いでした。江戸時代には源氏を翻案した戯作物の黄表紙・黒表紙があまた生産されますが、そのような扱いを受けていた源氏物語を、今日のような国民文学の古典に権威づけたのも、宣長の功績です。なら宣長はそれで何をやろうとしたのか？　もうひとつの文化植民地主義の源泉である「漢意《からごころ》」から「やまとごころ」を剔抉《てっけつ》するためです。そうやって国学という「創られた伝統」が生まれ、国史という

national history が成立します。小森陽一さんがその日本近代文学史研究で指摘するように、明治以降の知識人たちは、中国による文化植民地主義の歴史を否認したいばかりに、漢詩文という教養を忘れようとしたのです。

宣長や漱石、小林、そして江藤さんが問おうとした問いは、「日本とは何か？」という問いでした。小林が本居宣長に向かった直観は正しかったが、宣長は小林の手に負えなかった、というのが橋爪さんの解釈です。

「日本とは何か？」の問いを通じて、小林秀雄や江藤さんが果たそうとしている課題は、「治者」になるという道です。

ここでもう一度、小島信夫に返りましょう。『抱擁家族』で妻が姦通した相手の、アメリカ人のGI、ジョージ(情事、と聞こえます)が、夫から責任を追及されて言う有名な台詞が「責任？　誰に責任をかんじるのですか。僕は自分の両親と、国家に対して責任をかんじているだけなんだ」というものです。この言葉が無教養な若い兵士の口から出ることに、夫は打ちのめされます。ジョージの背後には両親がいるだけでなく、その背後にさらに国家があります。

小熊英二さんは江藤を論じて、「成熟」が強迫観念的に問われる理由を、「力を失った父に代わって「大人になる」ことを決意した」[小熊 2002]と分析します。これを裏付けるかのように、江藤さん自身は長男であるにもかかわらず、「長男の権利をすべて放棄する代わりに、長男の義務をすべて引き受ける用意があることを、父にわかってもらいたかった」[江藤 1967b]と書いています。

ただし、「父になる」ということは、勝利した国家の国民と敗北した国家の国民とでは大きく意味合いが異なります。江藤さんは「達成された自己同一化《アイデンティフィケーション》とは敗者である自己に出逢うことであり、……われわれにとって公的な価値とは敗北した共同体の運命を引き受けるところに生じる価値である」[江藤 1970]と言います。

が、ここにわたしはどうしてもジェンダーの差を感じてしまいます。男は共同体と運命を共にしようとしますが、決して共同体と心中しようとしないのが女です。(共同体と運命を共にする女が物語化されて称賛されるのは、それが男の期待を仮託しているからでしょう。)女は勝者になびきます。だから、パンパンもGIたちになびいていきました。占領軍慰安婦やその後のパンパンたちは、たしかに敗戦の犠牲者でもあったけれども、同時に争いに勝った男になびいて何が悪いというエイジェンシーを行使した主体でもあったことは、茶園敏美さんの『もうひとつの占領――セックスというコンタクト・ゾーンから』[2018]に説得的に論じられています。

ここで「成熟」というキーワードがもう一度浮上します。平山さんによれば、江藤さんは個人的な資質として「死への傾斜」を強く持っていたそうです。ところが、「「死の思想」から生活へ」の復帰が起こり、それを「転向」と呼んでいます。「死の思想」は何かといえば、「戦争や革命に身を投じることを誘うもの」であり、「「滅亡」へ向かおうとする性急な呼吸」です。「死の思想」とは、戦中派で軍国少年だったかつての若者たちが、一度は自分に課した思想であり、自分が死ぬことに意味が欲しかったのでしょう。戦時下には、「死ぬための思想」を供給した戦犯知識人たちもいました。戦後になって江藤さんは「ぼくらにとって重要なことは……ぼくらが現に生き、やがて死ぬというつまらぬ事実以外にはない」[江藤 1956]と書いています。夏目漱石が偉いのは、「寥々たる生活者である作家」であり、「生活者としての責任と倫理」を持っているからなのだと。

江藤さんは、こう書いています。「戦時中ファナティシズムを嫌悪しながら一国民としての義務を果し、戦後物質的満足によっても道徳的称讃によっても報われず、すべてを失いつづけながら被害者だといってわめき立てもせず、一種形而上的な加害者の責任をとりながら悲しみによって人間的な義務を放棄しようとは決してせず、黙って他人の迷惑にならぬように生きている人間」[江藤 1966b]と。「サウイフモノニワタシハナリタイ」と言外の意味を込めて。

小熊英二さんは、江藤さんは、「国家と「父」の復権を掲げる保守論者」であり「「自分探し」としての保守ナショナリズム」に身を投じたと指摘します[小熊 2002]。『１９６８』[小熊 2009]で学生運動も全共闘運動も、全て戦後世代の自分探しに還元してしまったように、何もかも自分探しに解消してしまうのが小熊さんの困ったところで、そんな矮小な歴史観では戦後史は書けないよ、とわたしは思います。

ともあれ敗者である戦後日本は喪失から出発し、三〇〇万の無駄死にした死者たちの喪の作業をやってきませんでした。そして、敗戦と占領という自分たちの恥辱に塗《まみ》れた起源を忘却しようとしてきたツケが今日まで回って来ています。そのツケに挑戦しようとしたのが、江藤さんの「正嫡」である加藤さんの『敗戦後論』です。加藤さんは何よりも「三〇〇万の死者」である「日本人の喪の作業」が必要だと言ったばかりに「国民主体論者」として叩かれました。しかし、わたしは加藤さんの言いたいことは、高橋哲哉さんとの「国民主体」論争にはなかったと思います。死者との連帯は、歴史を生きる者が欠かすことのできない作業だからです。その死者がどこまでを含むかは問題ですけれど。

「生き延びるための思想」へ

こうして「成熟」という課題を自らに課した戦後知識人たちに対して、それから後の世代はどうだったでしょうか。平山さんがうまく指摘しておられるように、次の世代の男性知識人たちは「成熟と喪失」ではなく「成熟の喪失」となったと。一生成熟を拒否して、子どものまま逃げ続けようという『逃走論――スキゾ・キッズの冒険』[1984]の著者、浅田彰のような知識人が登場するようになりました。

父になるとは「治者」としての責任を引き受けることだと、江藤さんは繰り返します。けれどわたしは、「誰があんたにそれを頼んだの？　誰も頼んじゃいないよ」と思ってきました。江藤さんのような男性知識人たちが、勝手に自らに課した責任です。

ここで急いで注釈を付け加えておかなければなりません。思想史のなかで「父の不在」や「父の喪失」と言われる課題と、現在日本の家庭の中に父がいないことはまったく違う問題です。わたしは、日本の男は親になっていないと思っています。親になるというのは父になることとは違います。フェミニスト法学者マーサ・ファインマンは、

「父でなければできない子育てなど存在しない。子育てには男がやろうが女がやろうが、マザーリングしかない」ときっぱり断言します[Fineman 1995/ファインマン 2003]。マザーリングとは、ケアを必要とする依存的な存在に寄り添い、その存在と時間と経験をともにすることです。それ以上でもそれ以下でもありません。だから男がやろうが女がやろうが子育ては同じ、「今こそ親父の出番だ」なんていう子育てはないのです。男がマザーリングを担ったとしても、母親と同じことをやるだけ、「親父の復権」を意味するわけではありません。

人は「死ぬまで生きるほかない」とある日卒然と思った時に、大人になります。その瞬間に人は青春を終えるのです。そのような覚悟をしたはずの江藤さんが、なぜ自死を

選んだのか。これは大きな謎です。若い人の自死と、五〇年、六〇年生きてきた人の自死とは違います。一旦、死ぬための思想から脱け出して、死ぬまで生きること、生きることに意味があってもなくてもお迎えが来るまで生きるしかない、それが人生だということを引き受ける「成熟」を課題とした人が、六〇代に入って死を選ぶというのは、本当に痛ましいことです。年配の人の自死は、若者の思い付きや早とちりの自死とは、全く違う感慨をわたしたちに与えます。

戦後の文学者の自死には、長い系譜があります。三島由紀夫の自死(享年四五歳)について、江藤さんは、「あれがすぐれて思想的行為であると判断するためには私の中の或る直感がそうじゃないと言い続けている。……国を呑み込んでなお余りある孤独と絶望と虚無感、何をやっても手応えがないという感触に……彼は悩み続けていたのではないか」[江藤 1990]という感想を書いています。この「余りある孤独と絶望と虚無感、何をやっても手応えがないという感触」は、江藤さん自身のものでもあったでしょう。小熊さんは「江藤は、三島の自決を歴史的事件と評価する小林秀雄に反論し、「あれは歴史じゃなくて、ただの病気です」と全否定していた」[小熊 2002]と書いていますが、ちょっと単純な捉え方だと思います。

その後、川端康成がガス自殺をします。享年七二歳。江藤さんは川端の自死について「川端氏はたしか『美しい日本の私』のなかで、歴史ではない、自然こそが、その上にめぐる四季の循環こそが実在だ、といったはずではないか。それなのに氏は、なぜ「ただ過ぎに過」ぎることができず、「帆」を自らの手で破り、「人の齢」を自ら切断しなければならぬと感じたのだろうか？」（「5月の文学」『毎日新聞』一九七二年四月二四日）と書いています。この「帆」は『枕草子』の「ただ過ぎに過ぐるもの。帆かけたる舟。人の齢。春、夏、秋、冬」（同）という記述から来ており、これが人の寿命だと、なぜ川端さんは受け入れることができなかったのかと問いかけています。

昨年（二〇一八年）、西部邁さんが自死なさいました。享年七八歳。西部さんは、江藤さんの自死をこのように評しています。「勇気・正義には、自分が延命するのを断念するという思想の論理が含まれている。」「死ぬのが恐いという結論に至り着くようなものを思想とよんではならない。」［西部 1999］

江藤さんが自死した時には、わたしのところに誰も追悼文を頼みに来なかったので何も書きませんでしたが、何を間違ったか、西部さんの時には注文がありました。「西部さんに批判的なことを書きますが、それでもよろしいですか」と言ったら、「かまわない」と編集者から答えがあったので、わたしはこう書きました。

「戦後日本の男性知識人の系譜のなかに、西部さんの自裁を置くと、あまりに共通点が多すぎると感じた……。北米体験ののちの日本の伝統と保守への回帰。衆愚観に立った孤高のエリート主義。老いと衰えへの拒否感。妻に先立たれた悲嘆と不如意。言論人としての限界や生産性の低下の自覚。格闘してきたはずの社会の現状への、深い失望と怒り」[上野 2018]、そしてこういう死に方を「なんて「男らしい」んだろう！」と述べました。追悼文のいくつかにはその死を「格好いい」という表現がありましたが、わたしには、自分の弱さを認めることのできない男の弱さ、と見えました。

西部さんが亡くなった後、わたしが感じたのは、死を選ぶほかなかった西部さんの空虚さと絶望の深さ、そしてそれを痛ましく思う気持ちでした。西部さんは、自分の死が江藤さんの死と比較されること、同一視されることを意識し、それを強く否定しておられました。しかし、わたしの目にはほとんど重なって見えます。とりわけ、死ぬための理由、死ぬための思想が必要だと、西部さんが江藤さんの死にあたって言っていることに、わたしは強く反応しました。

わたしは『生き延びるための思想』[上野 2006, 2012]という本に、はっきりこう書きました。「男の思想は死ぬための思想で生きるための思想ではなかった」「死ぬための思想はあったが、生き延びるための思想がなかったことが問題なのだ」と。そして「ヒロイズムはフェミニズムの敵」と思ってきました。これまで男が数千年間にわたり作り上げてきた思想なるものは、全て死ぬことに意味づけを与える「死ぬための思想」であった、とりわけ戦争で死ぬことに意味を与える思想だったのではないでしょうか。

わたしは、江藤さんや西部さんの死に直面して、もう一度、リブとフェミニズムの原点に立ち返ることができました。死は非日常であり、ヒロイズムは非日常の思想ですが、女が拠って立つのは日常の思想です。あの時代、男たちはヒロイックなテロリズムや暴力闘争の方向に向かいました。それに対して、リブとフェミニズムは男たちの選択にノーを突きつけ、闘いの場を非日常から日常へと移しました。日常は決してヒロイックなものではありません。日常とは、昨日のように今日も続くものです。今日のように明日も子どもに御飯を食べさせなきゃいけない女にとって、日常は闘いの場です。そこでは誰が病気の子どもの保育園のお迎えに行くかが、闘いなのです。

男にとってヒロイズムは麻薬のようなものです。男が最も恐れるのが臆病者、卑怯者、弱虫と呼ばれることでしょう。この言葉が、男たちを死地に赴かせます。臆病者になる勇気を持った数少ない男が何人かいました。それが鶴見さんであり、小田実さんです。

社会学の創設者の中にオーギュスト・コントという人がいます。この人は、近代が神様を殺した、と言いました。神様を殺した後の共同体の人倫の基盤に、何か別のものを置かなければなりません。そこにシビル・レリジョン(市民宗教)が登場します。日本が、近代化の過程で人倫の基礎に持ってきたのが、天皇という神様でした。ところが、天皇は敗戦によって人間になってしまいます。新しい人倫の基礎を何にするか、その空白に入ったのが、九条非戦論、恒久平和主義というもうひとつの宗教でした。これが加藤さんの九条論です。九条はマッカーサーのシナリオでしかありませんでしたが、結局、日本人たちはまんまとこのシナリオに乗っかったまま今日を迎えています。

では次に、わたしたちはどうすればいいのでしょう。

こういう講演をすると、後で御質問を受けることがあります。上野さんは現状が何かを分析したが、これからどうしたらいいかを話してくれなかった、と言う人が必ずいます。そんなことを社会学者に聞かないで下さい(笑)。社会学者は分析までが仕事なのです。それから後は知ったことではありません。その後をどうするかは、みなさん方が決めたりお考えになったりすることです。

そもそも、人倫の基礎や公的な価値など要らない、と言い放つこともできます。わけても女にはそんなものは要らないと、そう言い放ちたい誘惑にわたし自身も駆られます。これまで公的な価値は「父の支配」を正当化することで、女を抑圧することしかしてこなかったからです。わたしたちにはもはや、支配する父も、受苦する母も、どちらも要りません。

戦後、公的な価値に代わるものとして登場したのが私的な「欲望」でした。

戦後日本社会は「欲望私民主義」で突っ走ってきたと、見田宗介さんは言っています。似たような見方をする社会学者は他にもいますが、欲望だけで行けばそこには必ず弱肉強食の世界が生まれます。切り捨てられ排除され、取りこぼされてゆく弱者が生まれます。ですから、欲望だけに任せるわけにもいきません。

わたしたちは、男性の知識人がはまった「治者への道」という罠にはまらずに、社会の倫理的な基盤を作ることができるでしょうか。戦後日本の起源に、敗戦と占領という恥辱と汚辱を抱えたツケを払ってこなかったわたしたちに、今日に至るまでその問いは重い課題として残ったままです。

二 「ポスト思秋期」の妻たち

［初出一九九三年］

斎藤茂男の『妻たちの思秋期』[1982, 1993]は、林郁の『家庭内離婚』[1985]とならんで、八〇年代の家族と女性の変貌を示すエポックメーキングな造語だった。離婚率も上がらず、婚外子の出生率も増えない、抜群の制度的安定性を誇る日本の家族が、内部から崩壊していく状況を、この二つの言葉は、何の説明も必要としない衝撃力でえぐりとっていた。

『妻たちの思秋期』は、一九八二年に共同通信社配信で各紙に長期連載された「日本の幸福」の第一部タイトルである。斎藤の仕事がジャーナリズムの上で画期的だったのは、「ふつうの女の日常生活が事件になった」ということにある。このことはいくら強調しても強調しすぎることはない。

第一の「事件」は、「女もの」のネタが、新聞の社会面で扱われたことである。斎藤は当時社会部の記者だった。彼は同僚の記者と組んで「日本株式会社の〝強さの秘密〟」を、彼自身の言葉によれば、「経済部記者による経済面用の経済ものでない、社会部記者による社会面用の経済ものとして」企画した。それがのっけから「妻たちの思秋期」で始まったのは、意図した結果ではない。彼自身の証言を聞こう。

「取材を重ねるうちに次第に当初の構想が変形していき、経済ものの色彩はぐんと薄められて〝日本株式会社像〟は遠景に押しやられる形となった。……取材というものがいつもそうであるように、取材を重ねていくうちに自分の知らなかった世界に出会い、その新鮮な驚き、興味に引き込まれてさらに取材するうちに、いつの間にかとんでもない地点へ迷い込んでいた――といった方が当たっている。」[斎藤(茂)1984：61]

それまで女性関係の記事といえば、新聞の家庭面で扱われるのがふつうだった。台所が女の居場所であるように、新聞の中では家庭面が女専用の「ゲットー」であり、男の読者は家庭面をすっとばして読むのが常であった。「女もの」が新聞の家庭面から社会面に移ってきたことは、それだけでも画期的なことであった。

一九八四年九月二四日付『朝日新聞』は「離婚肯定の女性、三人に一人――五年間で一・四倍に」という記事を一面のトップ記事として扱う(大阪本社発行)。その直後に、紙面批評を担当した川勝伝は、ことの軽重をわきまえないとして「朝日の見識を疑う」と批判した。「女・子どもの日常生活」が「事件」になるには、こういう社会通念と闘わなければならなかった。斎藤自身、それが自分にとって「発見」であったことを告白している。

「……女性の生き方、ありようが男性の生き方にかかわり、企業のありようにもかかわり、社会全体のありようとも国際政治事件に匹敵するような重大さでかかわっているなどとは、かつて一度も思ってもみなかった。簡単にいえば「女性問題」は女たちの問題だ、と軽視していたのである。」［斎藤（茂）1984：62］

第二に、女が新聞の社会面に登場するときは、何か世間を騒がす事件を起こした女と相場が決まっていた。斎藤の取材に登場する女性は、有名人でもなければ犯罪者でもない。むしろ、はためにはふつうの、いやふつう以上の、一見幸せな生活を送っている女性たちである。一見「ふつうの女」がかかえた内面の荒廃と閉塞感を、斎藤は記事にした。

「女性問題」と言えば、「女が起こした問題」と捉えられ、女がトラブルメーカーと見なされている社会通念のもとでは、女が事件になるときには、「女性問題」ならぬ「問題女性」が対象になりがちである。結婚し出産し、家庭婦人になった女性は「問題（を抱えた）女性」と見なされることがなかった。

「ふつうの女」が事件になるためには、「婦人問題」から「女性学」へのパラダイムの転換が必要だった。「女性学」のついた書物が日本に登場したのは一九七九年の原ひろ子・岩男寿美子『女性学ことはじめ』［1979］が最初である。「女性学」が登場したとき、女性を対象にした学問分野にはすでに「婦人問題論」があるのに、と訝《いぶか》しんだひともいた。だが「婦人問題論」が対象としたのは、文字どおり「問題婦人」たち、もと売春婦や母子家庭、勤労女性など、なんらかの意味で「ふつうの女」の生活規範から逸脱したせいで、問題をかかえていると見なされる女性たちだった。その意味で「婦人問題論」は社会病理学の一分野だったのである。結婚し出産し家庭婦人になっている「ふつうの女」が、婦人問題論の対象になることは少なかった。

原ひろ子は『女性学ことはじめ』のなかで、「「主婦研究」のすすめ」を書いている。「問題女性」から「ふつうの女性」への視座の転換、「女」を問題視することから、女に「ふつう」を強制する「社会」を対象にすることへの問題の立てかえは、女性学の登場を待たなければならなかった。原の提起を受けて、女性学の領域ではその後、目黒依子の『主婦ブルース』[1980]、天野正子の『第三期の女性』[1979]などがあいついだ。一九八二年に、わたし自身も戦後の主婦の問題化の歴史をフォローした『主婦論争を読む・全記録』[上野編 1982]で女性学の研究者としてスタートしたが、それはいわば原の問題提起を受けたものである。斎藤の仕事は、そうした新しい動向と軌を一にしている。しかもその発見に、斎藤はジャーナリストの直感を頼りに、手探りでたどりついたのだった。

事実、主婦が研究の対象になるということ自体が、目新しいことだった。わたしは自著のなかで「主婦は暗黒大陸」だと、そこに巨大な存在としてあるのに見えない存在だとのべた。主婦が「ふつうの女」として問題化されないだけではない。いったん家庭に入ったが最後、公式統計のどこにも主婦は登場しない。勤労女性ならその健康状態は毎年の職場健診でつかむことができるが、主婦は過労なのか、どんな病気をかかえているかさえ、統計の網にはかかってこなかった。

第三に、「ふつうの女」の「日常生活」、夫婦関係や親子関係などが事件として扱われたことである。「女」や「日常」、つまり私領域が事件になるためには、やはり相応のパラダイムの転換がともなわなければならなかった。とくに新聞のように公領域の事件に対して優先順位が高い媒体では、私領域は軽視されがちである。斎藤は「日本株式会社」への探究をつうじて、その背後にある「女」に予期せず出あっている。

事実、「女」が問題化されるときには、公領域で事件になっているものの探究をつうじて、というケースが多い。箕浦康子の労作『子供の異文化体験』[1984]に、一章だけその母親たちが登場する。帰国子女の教育問題がすでにマスコミをにぎわせていた。教育学の研究者として、在米日本人子女の異文化適応を研究課題に選んだ箕浦は、子どもたちの背後に、海外駐在員の妻として孤立を強いられている母親の異様な状況に気づく。しかも彼女らは、夫の長時間労働と家庭への不関与をそのまま外国へ持ち込んだ日本型夫婦関係のなかで、閉塞感を募らせていく。子どもの異文化不適応以前に、親の異文化不適応が深刻な問題であると、箕浦は警鐘をならした。ビジネスマンの夫については、会社が面倒をみるが、妻については誰ひとり問題にしない。あとになって駐在員家族の異文化適応にも企業は配慮するようになったが、それも夫が「後顧のうれいなく」働けるようにするためである。だが、箕浦をはじめ、カニングハム久子の『海外子女教育事情』[1988]などがあきらかにするのは、子どもの異文化適応には親の夫婦関係が深く関与していること、海外生活というクリティカル・モメントには、夫婦関係が以前からかかえる問題点が拡大してあらわれることである。

近年の社会史研究は、公的な政治史、事件史への批判から、「ふつうの人々」の「日常生活」の歴史に関心を強めてきた。歴史は日付を持った出来事では変わらない。もっと底辺の名もない人々の風俗や慣習などが、ゆっくりとしかし確実に変化していくことによって変わる。それとともに、家族史の研究が明らかにしたのは、社会の公領域と私領域への分離そのものが近代の産物であること、公領域は私領域に対するふかい依存関係のもとになりたっていることであった。斎藤の仕事は、家族史の新しい発見に、これもまた自力でたどりついている。

第四に、斎藤が夫婦関係のなかでも性を問題にしようとしたことを評価しなければならない。家族研究のなかでも、性は長いあいだタブーだった。斎藤は言う。

「……夫と妻の関係が主要な素材なので、性の問題に触れないで済ますわけにはいかない。例えば妻の側の夫への不満や拒否的な感情の根に、性がからんでいないかどうか、夫と妻が二人の関係の中で性をどのように位置づけているか、そういったことも夫婦の関係をみるうえで大切な要素であるはずだ。」[斎藤(茂)1982：25]

そういうあたりまえのことも、研究者は久しくやってこなかった。性の領域の探究は、社会史のなかでの私生活への関心の増大にみあって、ようやくまともな研究対象と見なされるようになった。「下半身の領域」は「女・子どもの領域」とならんで、もっとも私的でかつトリヴィアルなことがらとして、蔑視されてきただけではなく、研究上の優先順位が低いと見なされてきた。性が重要な探究の対象となるためには、性が男女関係の核心にあること、そして性関係が社会と文化の産物であることが了解されなければならない。性を、のぞき趣味の週刊誌ネタではなく新聞の社会面で扱うことは、それ自体が冒険であった。そのうえ斎藤は、取材対象の重い口を開かせなければならなかった。斎藤が男で、取材相手が女だという事実を考えると、対象にここまで肉薄した斎藤の水面下の努力は評価されてよい。日本の女が性を口にすることは、つつしみのないことと考えられていた。女性が自分自身の言葉で自分の性を語りだすには、リブの影響を受けた『ハイト・リポート』の日本版『モア・リポート』[集英社モア・リポート班編 1983]まで待たなければならなかった。

斎藤の「妻たち」が「家庭内強姦」まがいのセックスを夫に強要されているのは、林郁の『家庭内離婚』の妻たちが、ほとんど異口同音に、いやになった夫と同じ屋根の下で暮らしていけるのは性生活がないからだ、と述懐するのと好対照をなしている。「これでセックスがあったら、もっと早くに別れていたでしょうね」と「家庭内離婚」の妻の一人は言う。ここで浮かびあがってくるのはセックスが男のエゴの押しつけでしかない、夫婦間の性関係のしらじらとした貧しさである。「家庭内離婚」の妻たちは、性関係がないからこそ、無関係という関係を持続していられるのである。この背景には、主婦の投稿誌『わいふ』の編集部がおこなった既婚女性のセックスレポート『性――妻たちのメッセージ』[グループわいふ 1984]の寒ざむとした実態がある。日本の夫婦は、手もつながず、キスもせず、スキンシップをほとんど持たないのに、性器結合だけはするのである。

「ふつうの女」の下半身を含めた日常生活が新聞の社会面の事件になった――それが日本という社会の巨大な病理と分かちがたく結びついていることを明らかにした点で、斎藤の仕事には大きな意味がある。斎藤は一ジャーナリストとしてこの発見に自力でたどりついたが、それは同時代の知の世界での地殻変動と、期せずして歩みをともにしていた。

当事者に語らせる

斎藤がここでとった方法は、徹底して「当事者に語らせる」というやりかたである。

ジャーナリストは取材対象を自分の言葉で記述する——それを「客観性」とまちがって呼んできた——が、斎藤はその方法を採らない。

「「日本の幸福」では……直接、当事者からなまなましい体験報告をとることを記事づくりの前提条件にした。」[斎藤(茂)1982:24]

これは「主観的」な方法だろうか？　「客観的」と思われていた現実がゆらぎ、見たこともない異様な現実がたちあらわれるときには、それを捉える新しい方法、新しい言葉がなければならない。その現実を記述する言葉は、どこにあるか？　ただその新しい現実に赴けばよい。現実自身に語らせればよい。当事者が手探りで自分の現実を表現しようとするその言葉そのもののなかに、新しい現実を記述する新しい言葉は存在する。必要なのはただ耳を傾けることだ。それに「客観的」な観察をおしつけたとたん、そのリアリティはこわれる。「客観性」とは、古い現実を記述する古い物語の別名にすぎない。

この方法は、社会科学のパラダイム転換期に、新しい現実の兆候を探るために採用するには、適切な方法である。パラダイムの転換とは、現実の見方の変化を意味する。というより、未知の現実がたちあらわれていることを意味する。この方法は、フィールドワーカーである人類学者にはなじみぶかいものである。彼らは未知の世界に向かって、それを当事者の言葉で語らせようとする。パラダイム転換期の社会学が、人類学の手法に影響を受けて、エスノメソドロジー(民族誌的方法論)を発達させたのも、ゆえなしとしない。

この方法のもう一つの特徴は、徹底した事例調査であることである。この方法は大量調査にはなじまない。定量的な調査とは、客観性を装いながら、その実、できあいの物語のなかに現実を封じ込める手続きにすぎないが、かわって定性的な調査では、事例の代表性がつねに問題にされる。斎藤の扱う事例は、「ふつうの女」のワクのなかに収まりながら、アルコール依存だったり、離婚したり、少しずつ「ふつう」からずれている。だが、いったいどこに、絵に描いたような「ふつうの女」が存在するのだろう。どんな人の現実も、「ふつう」から少しずつずれた固有性を持っている。逆に、統計的な平均には、現実のなかに具体的な対応物がない。一つひとつの事例に徹底的にこだわることで、斎藤はかえって普遍性のある社会像をあぶりだしていく。それは、個人史と時代史とが切り結ぶ接点をえがいて、時代の転換期の表現を可能にしている。

斎藤がこの仕事を手がけたと同じころに、フィクションとノンフィクションの境界、客観性と主観性の問い直しをめぐって、ニュージャーナリズムが勃興した。斎藤は、沢木耕太郎のように「私」を出すことをせず、山下勝利のようにフィクション仕立てにすることもなく、あくまで「当事者のリアリティ」にそって現実を再構成するという、もっとも手がたく、しかも労の多い、正攻法のやり方を採用し、ノンフィクションにひとつのスタイルを作りだした。

斎藤の方法にひとつだけ難があるとすれば、『妻たちの思秋期』で描かれた夫婦関係の現実には、必ず二人の当事者がいるのに、その一方だけを取材して、他方を取材対象にしていないことである。林郁の『家庭内離婚』もそうだが、男女関係を扱ってふたりの当事者の一方の言い分しか聞かないというのは、ルポルタージュとしては一面的であろう。女性学は性をあつかって、セックスというこのもっとも親密な行為が、男女それぞれにとって天と地ほどにひらきのある別な現実を生きることであると暴露した。その落差は、強姦という経験の加害者にとっての現実と、被害者にとっての現実との違いを見てみればよい。夫婦間のセックスが限りなく強姦に近いとき、二人の当事者は同じ床のなかで違う現実を生きている。どちらの言い分が正しい、というのではない。一つの現実のなかにある――それは実は「一つの現実」でさえない――当事者間のこの埋めがたいズレこそが、わたしたちに現実のおぞましさを何より雄弁に伝えてくれる。スレ違ったまま、一致もせず和解もしない多元的な現実をただありのままにそこに示す芥川の『羅生門』のような方法、オスカー・ルイスが『サンチェスの子供たち』[1986]でとったような手法がとれないものだろうか。「一つの現実」を共有していると見えた複数の当事者たちが、その実べつべつな「現実」を生きているとわかった時から、「性愛」も「家族」の神話も、解体に向かい始めた。わたしたちに必要なのは多様な現実を記述する方法である。

女性と家族の変貌

斎藤の仕事は時代のどのような変化を見すえていたのだろうか?

斎藤が扱った対象はサラリーマンの妻、それもかなり大企業の、地位も所得も高い、どちらかといえば恵まれた階層の妻たちである。結婚・出産という「女の幸福」を成就し、はために何不自由なく暮らしていると見える妻たちである。『妻たちの思秋期』が豊かさのツケとして登場するまでの、その歴史的背景を振り返っておこう。

一九六〇年代の高度成長期は、日本社会がサラリーマン化した歴史的な転換期だった。六〇年代初めに、雇用者の比率が自営業者およびその家族従業者の比率をこえる。一九五〇年ごろまでの日本はまだ農家世帯が国民の五割近くに達する農業社会だった。男にとってのサラリーマン化は、女にとってはサラリーマンの無業の妻になることを意味する。現に六〇年代をつうじて、既婚女性の有業率は下がりつづけた。農家世帯出身の息子たちにとっては雇用者になることが、娘たちにとっては雇用者の妻になることが、明治以来一貫して、日本の庶民にとっての「出世」を意味した。高度成長期に彼らは「成り上がり」の夢を果たし、国民の八割が自分の暮らし向きを「中流」と答える時代に入っていった。

だが高度成長期のツケは、六〇年代の終わりから、さまざまな対抗文化運動の形をとってあらわれる。そのなかで女の問題が火を吹いたのが、一九七〇年の「ウーマンリブ」だった。

日本の女が自らカタカナで「ウーマンリブ」と呼んだこの運動は、さまざまな誤解にさらされたが、そのうちでも保守派の攻撃に、リブはアメリカの女に影響を受けた舶来思想にすぎないという見方がある。アメリカの「ウーマンリブの母」、のちにＮＯＷ(National Organization for Women)の初代代表になったベティ・フリーダンが、今ではリブの古典である『新しい女性の創造』(原題『女らしさの神秘』)[Friedan 1963/フリーダン 1977]を最初に出版したのが一九六三年だった。フリーダンはこのなかで、郊外の中産階級の妻の「幸福」がどんなに閉塞的なものかを描き、「ふつうの女」の抱えた問題を「名前のない問題(unnamed problem)」と呼んだ。日本のリブは主として二〇代の若い女たちに支えられたけれども、そのリブに対して、年かさのすでに結婚している女たちは「声なき支持」を与えた。リブがくりかえし問うたのは、「ふつうの女」の「ふつうの幸福」と思われている「主婦的状況」の病理——そして同時に妻を主婦という無給の労働者にして恬《てん》として恥じない日本の夫たち——に向けられていた。六〇年代の末までには、フリーダンが六三年に描いた「名前のない問題」は、すでに日本の女のあいだに大衆的に共有されていた。日本社会には、七〇年にリブが誕生するだけの十分な理由があったのである。

当時リブが告発した、主婦的状況の閉塞をもっともよくあらわす現象に「子殺しの母」がある。コインロッカーに子捨てが頻発し、マスメディアが女の「母性の喪失」を非難していた時、リブの代弁者だった田中美津は敢然と「「子殺しの母」はあたしだ」と名のったのである。主婦的状況の閉塞のなかで孤立を強いられ、子育ての重い負担がただひとりの未熟な女の肩にかかる。そのうえ、仕事に埋没する夫からは顧みられない――結婚し出産した女たちを待ち受けていた「女の幸福」の実態がこれだった。リブは、こんな状況のもとでは誰でも潜在的に「子殺しの母」になる可能性があると、子殺しをした女を責めるかわりに、女を子殺しに追いこんだ社会の状況の方を告発したのだった。子殺しの悲劇は「主婦の幸福」とすぐ隣りあわせだった。

斎藤が八〇年代に扱った『妻たちの思秋期』は、この「子殺しの母」の一〇年後、二〇年後を思わせる。主婦的状況の閉塞は少しも変わらないまま、夫との関係はますます疎遠になっている。そのなかで自分のアイデンティティのよすがにしてきた子どもが自立を始める。目の前の目標がなくなり、ふと目を向けると夫との荒涼とした関係がかたわらにある。アメリカの家族社会学者が名づける「空の巣症候群」である。心理学的には「目標喪失症候群」と言われたり、「主婦症候群」とも言われたりする。「主婦症候群」とはよくも名づけたものである。この社会では主婦であること自体がビョーキなのだ。七〇年代の終わりごろから、主婦のあいだでキッチンドリンカーといわれるアルコール依存症がしばしば問題になるようになった。そのほか、抑鬱状態、神経症など「更年期障害」ではかたづけられないような問題群が登場した。考えてみれば平均年齢二五歳で結婚して二子を産みあげ、三五歳までには末子が就学しているというライフサイクルのもとでは、女は「早すぎる老後」を経験する。それは自分を生きながら埋葬するには、若すぎる年齢だった。「目標喪失」の妻たちがさまざまな心身症状で訴えたのは、このまま死んだように生きるのはいやだ、という一事だった。

七〇年代が「女の時代」と呼ばれ、とりわけ女の職場進出が進んだことを考えると「思秋期の妻たち」の存在は奇妙に思える。この妻たちは、女の職場進出に乗りおくれ、主婦的状況のなかに取り残された女性たちなのだろうか？

だが「女の職場進出」の実態を見てみれば、この背理はすぐにわかる。「とんでる女」ともてはやされながら、その実、この二〇年をつうじて「キャリアウーマン」の増加は微々たるものである。「女の職場進出」の実態は、産業構造の転換をつうじて新しく登場したハイテク分野やサービス部門に、女を使い捨ての労働力として動員していくことにほかならなかった。働く主婦が登場した初期には、無業の専業主婦はあたかも自分を無能であるかのように恥じたものだが、八〇年代にはいってみれば、働きに出た女は結局働きに出ざるをえなかった女たちであり、働きに出なかった女は働く必要のなかった女たちであるという厳然たる事実があきらかになった。

「女の職場進出」の時代に、子どもの手が離れても家庭にとどまっている妻は、経済的に恵まれた階層の女性だった。斎藤は大企業サラリーマンの妻を取り上げることで、日本の豊かさを支えかつ享受する基幹労働者のかかえる根深い病理をえぐった。それは見栄と体面を重んじる物質主義、金でことをすまそうとする拝金主義、欲望を消費で満たそうとする消費主義、そしてそのなかでじりじりとすすんでいく家庭の空洞化だった。そのツケは女だけにまわったわけではない。家族のなかでもっとも弱い存在が子どもであることを考えると、同じ時期に家庭内暴力の少年や登校拒否の子どもたちが登場したのは不思議ではない。思春期を生き延び、親と同じような価値観を身につけた若者たちは「新人類」と呼ばれ、やがて消費社会の波に呑まれていく。精神科医の大平健が『豊かさの精神病理』[1990]で描く「ブランド病」の患者が、こうして誕生する。ここから生きた他人と人間関係を取り結ぶことのできない「M君」(一九八八年連続幼女誘拐殺人事件の容疑者、宮﨑勤の頭文字をとって「おたく」青年の代名詞となった)までは、あと一歩である。斎藤茂男は九〇年代にかけても、時代の新しい病理を倦むことなく追いつづけ、『飽食窮民』[1991, 1994]という著作をものしているから、詳細はそちらにゆずろう。

斎藤の『妻たちの思秋期』を読んだとき、わたしにはひとつだけ違和感があった。その当時、「主婦症候群」が初めて発見され、時として家庭破壊にいたる激烈な病理をしめすことから社会の注目を浴びた。そして「思秋期」という言葉がいっきに流行語になるほどこの状況は普遍性をもってうけとめられ、今後「思秋期の妻たち」はどんどん増えるだろうと予測された。が、事実はそうはならなかった。

『妻たちの思秋期』の衝撃とリアリティに感嘆しながら、わたしが同時に直観的に感じたのは、この現象は一過性のものだなという感想だった。わたしがそう感じたのには、根拠がある。一九八三年に既婚女性の有業率は五〇％を突破、専業主婦は少数派になった。八〇年代末には、勤労者世帯のダブルインカム率は六割を超す。専業主婦が働きに出なくてもすむ特権的な層であることは前述したが、シングルインカムで妻を専業主婦にしておける経済階層の男そのものが、ますます減少していた。社会集団としての専業主婦層じたいが、長期的に見て縮小傾向にあった。

それだけではない。わたしが「妻たちの思秋期」を一過性の現象だと考えた理由は、もっとべつのところにあった。斎藤が扱った妻たちは当時四〇代から五〇代、高度成長期に結婚した女たちである。夫とともに「追いつき追い越せ」の高度成長を支えてきた世代である。わたしが感じたのは、彼女たちは女であると同時に、その世代の日本人でもある、ということだ。彼女たちは長時間労働と滅私奉公をする夫たちと、そのまじめさや不器用さにおいて、生き方や価値観を共有していた。いわば彼女たちは、目標喪失の結果自己破壊にいたるほど、キマジメな世代の日本の女たちだった。

だが、そのあとに続く世代にわたしが見たのは、彼女たちのようにはまじめでも不器用でもない女たちの群れだった。女をとりまく状況は、それほど変わっていない。とりわけわたしがいぶかしく思ったのは、孤立育児の状況はあいかわらず改善されているとは言えないのに、いつごろからか、子殺しの事件が報道されなくなったことだった。かわってマスメディアが報道したのは子どもを置き去りにした母である。社会の反応は、思ったよりも子捨ての母に寛大だった。テレビのアイドルタレントが出産してもアイドルをやめず、松田聖子のような女性が「結婚も出産も女を変えない」と証明するモデルになった。子育てより自分の都合を優先する「プッツンママ」の時代になったのである。

女を取り巻く状況がたいして改善されたとは言えないのに、かつてのような現象が起きないとすれば、それは女が変わったのである。わたしたちが見たのは、フマジメで遊び方を知っており、五〇代の日本人のようには遊ぶことを罪悪とは思わない、ガス抜きのうまい女たちの大量の登場である。そして消費社会は彼女たちにガス抜きの機会をいくらでも提供していた。

八〇年代の後半には「不倫」が流行語になる。「姦通」が「不倫」に、そしてさらに「フリン」へ。それまで「不倫」といえば既婚男性と未婚女性との組み合わせと相場が決まっていたのに、不倫市場に既婚女性が参入していく。主婦の投稿誌、『わいふ』の調査によれば、既婚女性の六人に一人に婚外の性関係があり、彼女たちはそれに罪悪感を抱いていないばかりか、妻の側の不倫は、しばしば発覚しても離婚の理由にならない。大島清のようなセクソロジーの専門家が「婚外性関係は夫婦円満の秘訣」と発言したりする。離婚率は目に見える上昇を示さないまでも、結婚や家庭の空洞化は、内部から徐々にすすんでいた。それももっぱら、これまでキマジメに家庭の維持をひとりの肩に背負ってきた女が、変貌することをつうじて。

「思秋期の妻たち」は、時代と世代の交差が生んだ転換期の産物である。時代は彼女たちを大量現象にする方向にはすすまなかった。

男性優位の企業中心社会批判

斎藤が当初から意図していたのは女をネガとして、その背後に巨大な男性優位の企業社会の病理を浮かびあがらせることだった。少数者の視点から多数者をえぐりだす、あるいは激烈な病理から「正常」といわれるものの歪みをあぶりだす手法を、その後も彼は一貫して採用している。「思秋期の妻たち」は時代の転換期にうまくのりそびれ、自分をごまかすこともできずに適応障害を起こしたキマジメな人々である。

だがいっぽうで、マクロトレンドを見る社会学者としてのわたしは、時代のべつな側面も見ている。同じ時代の転換期を生きながら、アルコール依存症にもならず、自分を追い詰めることもせずに、なんとか日々をやり過ごした多数派の適応者たちはいったいどうしているのだろう？　「適応」していることは、彼らが「正常」であることを少しも意味しない。多数派の彼ら、彼女らのかかえた問題を、斎藤の扱った少数派の人々は劇的に拡大して生きてみせてくれている、ということだろうか。だが、日々をやりすごしている適応者たちのなかにある退廃や異常さをえがく方法があるとしたら、それはどんなものだろうか。斎藤の仕事は、わたしたちに新たな宿題を投げかけている。

V　性差別の逆説

一　夫婦別姓の罠

［初出一九八九年］

1　夫婦別姓の人類学

別姓夫婦なんて、大昔から日本にも世界各地にもいた。なぜ今ごろ夫婦別姓を問題にしなければならないのか、その方が不思議である。日本ではいつから夫婦別姓でなくなったのか、そう問題を裏返してみる方が正しい問いの立て方だろう。

姓というものは、夫にとっても妻にとっても所属する氏族(クラン)を示す符号である。氏族外婚制をとる社会では、夫と妻の姓がちがっていて当然である。姓が同じなら、氏族内婚すなわち近親婚ということになるから、夫婦の姓がちがうことはかえって強調されなくてはならない。中国や韓国にある「同姓不婚」の規則は、この外婚制のルールを表わしている。まったく赤の他人の李さん同士でも、同じ姓を持っていれば遠い祖先が同じだと見なされて結婚を許されない。だから夫が毛沢東、妻が江青のように結婚後も別な姓を保つことがむしろ要求される。

日本の古代でも、婚姻によって妻が夫の姓に改姓したとは考えられない。それどころか女に姓があったかどうかも疑わしい。記録に残るのは「道綱母」や「道長女《むすめ》」のような名前——どの出自集団に属したかという記録だけである。高群逸枝の言う「招婿婚」（ムコトリ婚）の場合には、妻は生家に住みつつ自分の帰属集団の姓を名のった。招婿婚の時代にあっても天皇のような有力者は妻を自邸に迎える取嫁婚（ヨメトリ婚）を行なっていたが、その場合でも妻は出産のたびに実家に帰るなど、実家とのつながりがすこぶる強く「藤原女」とか「物部女」のように自分の氏族の姓を符号に持ったままである。

妻の姓は、妻の出自集団とのつながりの証である。日本はオセアニア圏の社会と多くの共通点を持っているが、その一つポリネシアでは、女は夫の集団に婚入したあとも終生、兄弟との関係をつうじて自分の出身氏族との関係を保つ。この社会では婚資に莫大な財産がかかり、それを払い終わるまでは、子どもが生まれてもそれを夫の集団に引き渡さないことさえある。妻が死んだらその葬儀の中心になるのは妻方親族であり、妻の遺体は引きとられて自分の出身集団の墓地に葬られる。夫と妻はちがう氏族に属するから、墓が同じになることはない。婚姻契約は、妻の死で終わる、夫の親族集団と妻の親族集団との間の長期にわたる契約関係であり、妻の氏族は婚出した姉妹に対する権利＝義務を生涯失わない。

一般に、妻が実家＝出身集団とつよい絆を保ちつづけるところでは、妻の婚家＝婚入集団での地位が高い。ここでは妻の地位は、実家と婚家とのバランス・オブ・パワーで決まる。妻はしばしば、夫と兄弟との力関係をうまく操作してその両方から利益を得ようとすることさえある。こういうところでは、妻はいやなことがあるとしばしば実家に逃げ帰るし、また、夫が妻を殴打するというような暴力は、実家の干渉があるから起きにくい。

となれば、夫婦同姓への移行の謎はかんたんに解ける。妻が実家との絆をたち切ること——これが夫婦同姓の核心にある。

そのための条件は二つ。

(1) 結婚が生涯でただ一回で、かつ不可逆的な地位の移行だと考えられていること。

(2) 妻の実家の影響力が及ばないように、妻を夫の親族集団より地位の低い親族集団から選ぶこと。

「嫁はカマドの灰の中から選べ」という古い諺にあるような階層間上昇婚(ハイパーガミィ)——つまりシンデレラ・ストーリーがこうして完成する。シンデレラ・コンプレックスは、女が、(1)自分の出自集団を完全に離脱すること、(2)夫の親族集団に完全に同化すること、の二つを含んでいる。いまでも女のなかには、自分の親族集団からテイクオフするためのスプリング・ボードとして結婚をとらえる考え方があるが、それは上昇婚的な態度の反映である。

この結婚観の中で、夫の妻に対する完全な支配＝家父長制は完成する。夫にとっては妻の親族からの干渉はよほどうっとうしいものだったようだ。家父長制六千年の歴史は、いかにして母系親族からの影響力行使をたち切るかという努力に、あげて捧げられているように見える。嫁ぐ日の前夜に、娘は両親から、いったん嫁いだ以上どんなことがあっても戻ってくるなと因果を含められる。花嫁が帯に差す懐剣は、万が一戻るようなことがあったらそれで喉を突いて自害せよ、という意味だと言われている。つまりいったん嫁いだ以上、死体になって戻る以外には実家に帰るな、という意味である。その上、処女性が尊重されている社会では、初夜を迎えた女はキズモノになるから、この変化はもはや後戻りできない変化である。婚姻をめぐるディスクールは、あげて女に、この移行が、一回きりの、取りかえしのつかない変化であると脅しをかける。男に対してはそんな脅迫のディスクールはないのだから、この関係は明らかに非対称的である。

こうして夫は、婚入してきた妻に思うままに力を行使することができるようになる。家風の強制はもとより、浮気、暴行、遺棄に至るまで、ほとんど人格扱いされないまでに、妻に対しては「何をしてもよい」関係が形成される。

夫婦同姓が、身分制社会とその中での家父長制の完成に分かちがたく結びついていることを知れば、夫と同じ姓をいそいそ名のりたがる娘たちの心理は「不可解」と言うしかないものだろう。

2　上昇婚のメカニズム

だが「姓を変えたい」娘たちの方にも、彼女たちの言い分がある。第一に結婚はしばしば、いまいましい自分の出身家庭からの「逃走」を意味する。シンデレラ・コンプレックスによってこの離脱の願望は強化される。上昇婚のルールのもとでは、女の婚入する集団は出身集団より社会＝経済的地位が上だから、多くの娘たちにとって結婚はみじめな境遇から脱け出す千載一遇のチャンスなのである。

一家の中で娘は「父の権力」のもとで最も弱い立場に置かれるが、それから逃れた先が「夫の横暴」だということに気がつかないうちは、離脱の夢に誘われて女たちは実家との絆をかんたんに断ち切る。事実、自分からすすんで姓を変えることを選んだ自覚的な女たちの多くが「自分の生まれた家族がキライだったから、自分の姓を変えたかったのよ」と言うのを私は何度も聞いた。男たちは結婚を「自分の生まれた家族を捨てる」機会とはとらえていないのだから、この結婚観はもっぱら女にだけ特徴的なものである。

日本でもヨーロッパでも、家父長制下の上昇婚の成立にともなって夫婦同姓が成立しているが、自分の実家にプライドを持つ貴族の女たちは、しばしば嫁いでもメイダン・ネーム(結婚前の姓)をミドル・ネームにとどめる。メアリ・ウルストン・クラフトのように。子どもたちもまた、母の姓をミドル・ネームに受け継いで、自分が父と母、双方のどういう出自を持っているかをその姓で示す。その結果、名門の子孫ほどハリエット・ビーチャム・ストウ・ウィンストン・チャーチルのような長ったらしい名前を持つようになる。

実家を誇りに思い、実家との絆を断ち切りたくない女は、自分の姓(ファミリィ・ネーム)を捨てない。彼女たちは事実、嫁いだあともれっきとしたファミリィ・メンバーとして財産の相続権を持つ。そしてそれはさらに我が子へと引きつがれる。女があっさり自分のファミリィ・ネームを捨てるのは、実家から何も引き出すことができないほど実家が貧しいか、もしくは女から相続権を奪って実家が女にとって何の利益にもならないような状況が成立しているか、いずれかの場合である。そしてこのしくみはあげて、女が結婚に依存しなければ生きていけない社会状況を作りあげ、女を結婚へと追いつめる働きをする。

3　子どもの姓の父系主義

こう見ていけば、「女がすすんで自分の姓を捨てる」状況が、何によって作り出されたかというからくりは十分すぎるほどよくわかると思うが、今日、夫婦別姓を要求する女たちが現われたのは、何も彼女たちが実家との絆をとり戻したいからではない。「夫婦同姓」にあらわれた家父長制的な結婚観に反発するからで、出身氏族のヒモつきの「別姓夫婦」の古代に戻りたいわけではない。姓はいつでも出自集団とのつながりを意味するから、親子関係が財産関係のような権利＝義務を意味するところでは、姓の変わらない娘に対して親がいつまでも権利を主張するということも起きる。

また家父長制のもとで、夫婦別姓が抑圧的に働くこともある。別姓を主張する人の中には、たとえば同じ東アジア圏でお隣りの中国や韓国では夫婦別姓が実行されているのを見て、「女性解放がすすんでいる」と短絡的な理解をする人々がいる。だが、中国も韓国も、日本におとらず、否、日本以上に父系制の強い国である。こういう社会では、父系集団に婚入した女は、姓の同じ集団の中で一人だけちがう姓を名のりつづけることで、終生その集団にとってヨソモノであるという記号を背負う。

父系集団の中では、妻だけがちがう姓を持つことで「異族のしるし」を保ちつづける。

それは夫婦に子どもだけの核家族でも本質的に同じである。子どもの姓は、その子どもがどの親族集団に帰属するかを表示する記号であり、親族構造は、子どもの帰属をめぐって、つねに葛藤をくり返してきた。夫婦別姓を主張する人々は、子どもの姓の父系主義をあまり問題にしないが、それは姓が異なっても女は生物学的な母子の絆を信じていられるから、よりつながりのふたしかな父子の方に姓なぞは譲ろうという選択だろうか。

4　別姓家族の増加

子どもの帰属の父系主義がつづいても、いやむしろ父系主義がつづくからこそ、これからはますます別姓家族はふえるきざしにある。その動きは、夫婦別姓を要求する一部の「自立を求める女たち」の側から来るのではなく、離婚・再婚・再々婚の増加によるだろう。離婚の増加はもはや押しとどめがたいし、女にとっても子持ちであることは再婚の障害にならない。子連れ再婚のファミリィでは、たとえ女が再婚によって夫の姓に変わっても、子どもの姓は変わらない。子どもの姓が変わるには、子どもはべつに母の夫と養子縁組をしなければならない。法的に親子になれば、相続権を含む権利＝義務関係が生じる。

だが夫婦は離婚しても、親子関係はつづく。これからは面会権や親権を含めて、別れた妻に引きとられた子どもとの父子関係をギブアップしたくない父親はふえるだろうし、その逆に血縁関係にない妻の連れ子と養子縁組をするのをためらう、またはその必要を感じない新しい夫もふえてくるだろう。というのは、子どもにはすでに父親がいるからである。離婚がもう少しゆるやかなものになれば、夫婦が離婚することはただちに子どもから「生父」を奪うことにつながらなくなるだろう。

そうなれば、たとえ離婚に際して子どもが妻の姓に変わったとしても、再婚家庭では親子の姓がちがうことになる。もし、子どもが父の姓を名のり、妻は結婚前の姓に戻り、かつ再婚して夫婦別姓を実行するとなれば、一家に三つの姓が存在することになる。そうなれば家族であることは、もはや同じ姓を共有することを意味しない。

アメリカのように人々が離婚・再婚・再々婚をくり返すところでは、一家に三つも四つも姓がある家族はざらにある。最初の結婚で生まれた子ども、二度めの結婚で生まれた子どもはみな姓がちがい、その子どもたちを連れて再婚した相手との間に子どもが生まれればまた姓がちがう。

これを避けるには同じ母から生まれた子どもはすべて母の姓にするという徹底した母系主義をとればよい。だが法的に夫婦別姓を可能にしたアメリカでも子どもの帰属の母系主義への要求は——少なくとも結婚の中で生まれた子どもに関しては——出ていない。父系主義の社会で子どもが母方の姓を名のることは私生児であるというスティグマを背負うことである。だが、仮に母系主義をとっても、離婚に際して父親が子どもを引きとるケースがふえれば、やはり同じ問題が起きるだろう。

「家族は同じ姓」というきまりを貫こうとすれば、離婚・再婚のたびに子どもに改姓を強いることになる。名前はアイデンティティのもとだから、こんな混乱を避けようと思えばただ一つ「一家は同姓」という思いこみを打破するほかはない。一つの家族にいくつもの姓があってあたりまえ、という状況を作る必要がある。結婚が生涯にたった一回の、やり直しのきかないものでなくなった今日、「一家に一つの姓」を押しとおす方が、はるかに非現実的である。

5　法律婚のメリットは何か

夫婦別姓の主張は、法律婚、したがって戸籍制度の擁護なのだろうか。

法律婚は夫婦の間に権利＝義務を発生させる。だが親子については、仮に両親が法律上夫婦でなくても、権利＝義務は発生するのだから、子どもの権利を守るためだとしたら、法律婚はべつに意味をなさない。女が法律婚を主張するのは、それが女の権利を守る、つまり女がトクをする場合である。現在の法律では、妻に経済能力がない場合、つまり妻が被扶養者である場合は、法律婚は妻にトクになるしくみになっている。

ところが、もし妻に収入があって被扶養者からはずれたら、法律婚はまったく何のトクにもならない。諸外国の法律では、成人した男女について、学生や心身障害者を除いて、扶養控除を認めないところが多い。日本の法律は、無業の主婦の「妻の座権」を守ることで、逆に女に無業でいることを奨励しているのである。もし配偶者控除がまったくなくなったら、日本の専業主婦率はどう変わるだろうか。

収入や財産をめぐる権利＝義務関係で何のトクにもならないとなれば、法律婚の最後の利点は、ただ社会的に公認された夫婦・親子であるということを示すことにある。だが一体なぜ、性的な関係を「登録」したり「公認」してもらったりしなければならないのだろうか？　さらに嫡出子と非嫡出子の間の差別もなくなれば、法律婚をする意味はほとんどなくなってしまう。あとに残るのは「同じ姓でないと子どもがかわいそう」という思いこみだけになる。「子どもがかわいそう」なのは、そうでないと「いじめられる」からである。だがそれもたんなる「思いこみ」だとしたら？　また問題は子どもが別姓だからというだけで子どもをいじめる社会の側にあるとしたら？――だとしたら、別姓にしない理由は、ほとんど解体するだろう。問題なのは相手の顔色を先取りして「自主規制」する日本社会の集団主義の方である。

だが公認され、登録された「家族制度」を社会の根幹と考え、それを揺るがせたくない人々は、結婚の中の性と結婚の外の性を区別し、嫡出子と非嫡出子との間の差別を維持しつづけることだろう。

「夫婦別姓」の要求が闘うべき相手は、この家父長制的な家族制度というしぶとい敵なのである。

二　生きられた経験としての老後

［初出一九八六年］

1　老年期の文化理想と現実

E・H・エリクソンが「アイデンティティ」という概念を発達心理学に導入したとき、発達課題の上の最大の「アイデンティティ・クライシス（アイデンティティの危機）」は、青年期に集中していると考えられていた［Erikson 1968／エリクソン 1973］。エリクソンはもともと青年心理学の臨床的研究者として出発し、その中でアイデンティティというキーワードを発見した。「発達 development」という課題も、当初はエリクソン自身にとっても、青年期以降には展開していかなかったし、青年期という「シュトルム・ウント・ドランク（疾風怒濤）」の危機をのり切れば、成人のアイデンティティはおおむね安定したものと考えられた。

だがその後、成人になっても、三〇代には三〇代なりの、四〇代には四〇代なりの「発達」課題が成人の生涯に待ち受けているという考え方が広まっていく。たとえば結婚、出産、子離れ、引退などは、そのつどアイデンティティの編成替えを要求するような、人生上の発達課題である。アイデンティティの再編期には、それまで保持していたアイデンティティが有効性を失う。この再編の課題をうまく達成できればその先には「成熟」が待っているが、うまくいかなければアイデンティティは危機に陥る。成功するにせよ失敗するにせよ、アイデンティティの再編期をのり切るのは、困難の多い事業である。

人生のあらゆるステージを、やむことのない「発達」ととらえる見方は、きわめてアメリカ的とも言える。こういう人生観は、たとえば『論語』に言う「三十而立。四十而不惑。(三〇歳にして立つ。四〇歳にして惑わず。)」とはずいぶん違う。しかしこの『論語』の言説も、人生観というより人生訓というべきもの、つまり、こうあってほしいという人生についての一種の文化理想を述べたものである。おおかたの人は、三〇歳になっても「而立」もせず、四〇歳になっても「不惑」に達していない自分の人生の「現実」が、この「文化理想」からほど遠いことを実感していることだろう。

成人期を「不惑」と見る人生観が、生涯を通じて終わりのないアイデンティティの変動があるという見方に席を譲ったのは、一つには成人期の心理の現実について多くが知られるようになったからであるが、もう一つには、成人期についての「文化理想」が壊れたことによる。その最大の理由は高齢化である。

孔子が『論語』を書いた時代には、平均寿命はおそらく五〇歳に満たなかっただろう。日本でも戦後、人口の急速な高齢化が始まるまでは、平均寿命が四〇歳台の時期が長くつづいた。織田信長が死に臨んで謡ったと言われる「人間五十年。下天のうちを較ぶれば。夢幻の如くなり。」という一節を見ても、「人生五十年」という観念が当時の人々に分け持たれていたことは想像にかたくない。松尾芭蕉が死を覚悟して門出した『奥の細道』紀行の冒頭で、彼は老い先短い自分にはこの旅が最後だという感慨を述べているが、その時芭蕉はわずか四五歳だった。

日本各地の民俗にある隠居慣行も四〇歳を節目にしている。四〇歳で戸主は家督を後継者に譲り、その後は家を代表して「公事《くじ》」――村寄合や氏子の集まり――の世界に入る。家業の維持という俗事は跡取りにまかせて、彼は聖なる領域に移行するのである。

そう考えれば「四十而不惑」というのは、成人期の文化理想というより、むしろ老年期の文化理想といえる。だが青年期が延長しかつ高齢化がすすんだ今日では、四〇歳は老年期への戸口とは言いかねる。人生五〇年時代の四〇歳と、人生八〇年時代の四〇歳とは、その意味をまったく異にしている。

とはいえ、たとえば「四十而不惑」を老年期の文化理想と見なして、人生八〇年時代に合わせて換算してみるとどうなるだろうか。たとえば「六十而不惑」「七十而不惑」と言い換えることができるだろうか。――この文化理想が示す考えは、人生の一定のステージには成長や変化の終点があること、そのゴールを達成した後は心穏やかに過ごすべきであるという、文字通りの理想である。この文化理想は老年期の心理的現実と食い違うばかりか、しばしばその現実の中で高齢者自身が直面する葛藤や障害の認識を抑圧し、目に見えないものにする。老年期を心理的にも社会的にも安定期ととらえるより、むしろアイデンティティの再編期ととらえて、その中の「発達」課題や障害の現実に、ダイナミックにアプローチすることが必要であろう。

2　アイデンティティの危機とその理論

エリクソンが青年心理学に果たした貢献はきわめて大きい。彼は青年期を「アイデンティティの危機」ととらえたが、それは「個人的アイデンティティ personal identity」と「社会的アイデンティティ social identity」とのずれとしてあらわれる。青年期は、個人が「子どものアイデンティティ」から「大人のアイデンティティ」へと移行する過渡期である。「子どもの(個人的)アイデンティティ」を持ったままの個人が、「大人としての社会的アイデンティティ」を要求されるようになると、二つのアイデンティティの間に葛藤が生じる。また逆に、本人が「大人の個人的アイデンティティ[1]」を持っているのに、「子どもの社会的アイデンティティ」しか与えられない場合もある。青年期とは、この二つのアイデンティティの間のずれが、葛藤と調整をくり返しながら、ついには調和した「大人の個人的＝社会的アイデンティティ」を持った自己同一性(self identify)に到達するまでの過渡期であるとエリクソンは見る。

伝統社会の中では、どこでも、集団成員のカテゴリーに「成人」と「子ども」の区別がある。(2) 通常イニシエーション(成人式)がすむまでの個人は、正式の集団メンバーとは見なされない。イニシエーションは集団への「加入礼」でもある。カテゴリー上の境界を一気にとびこえるこの成人式は、多くの社会で困難と試練に満ちたものであるが、ここでは、カテゴリーの移行の前後で、「個人的アイデンティティ」と「社会的アイデンティティ」の間のずれは見られない。「子ども」は「子ども」であり、「大人」は「大人」であって、「成人式」の前後で、個人はそのいずれかであるほかない。

「子ども」と「大人」の間のこの移行期が、人生の一段階として成立し長期化したのが近代社会だとエリクソンは言う。これが「青年期」である。だから伝統社会の中には、「子ども」と「大人」はいても、「青年」はいなかったことになる。近代は「青年期」の成立した時代でもあった。この移行期は、「子どもの個人的＝社会的アイデンティティ」から「大人の個人的＝社会的アイデンティティ」に完全に移行するまでの「個人的アイデンティティ」と「社会的アイデンティティ」との間のぎくしゃくした追いかけっこと考えられる。

近代社会で青年期が延長した理由は、「成熟」の課題の中に、ずれが生じるからである。いま個体の成熟を四次元にわかって、①生理的成熟、②心理的成熟、③社会的成熟、④文化的成熟、と区別してみよう。伝統社会と比べて近代社会は、栄養状態の向上や性的情報の氾濫のせいで生理的成熟(精通や初潮年齢)は早まっているのに、社会的成熟(法的成人や経済的自立)や文化的成熟(結婚や出産)は、むしろ遅くなるという傾向がある。青年期は、開始の早期化(一二―一三歳)と終了の遅延化(二五―三〇歳)の両方の理由から、約十数年の長きにわたるようになった。子どもでもなく、さりとて大人にもなり切れないこの不安定な時期を、エリクソンはうまく「モラトリアム(執行猶予期間)」と名づけた。この時期は、誰もが通過するが、だからと言ってのり切るに容易な時期ではない。ちょうど出産や死が、誰もが経験するにしても容易な経験とは言えないのと同じように。このアイデンティティ再編の時期に、アイデンティティの統合に失敗した「青年」たちの臨床例を、エリクソンは「モラトリアム症候群」と名づけた。このライフステージ上の危機には、事実、うつ病やノイローゼ、精神分裂症の発症、自殺などが、他のどのライフステージにもまして集中しているのである[笠原 1977]。

3　向老期のアイデンティティ・クライシス

「老い」を扱う論文の中で、「青年期」について長々と述べてきたのはほかでもない。これまでの発達心理学者は「青年期」を人生最大の発達課題と見なしてきた。これ以降は、「青年期」について言えることは、そのまま老年期についても言えるからである。これまでの発達心理学者は「青年期」を人生最大の発達課題と見なしてきた。これ以降は、危機はあっても「青年期」ほどに深刻ではないと考えられてきた。しかしそれは、人間の生涯に「子ども」と「大人」という二つのカテゴリーしかないと仮定した場合の話である。もし「大人」のカテゴリーが人生の終着駅でなく、その後にもう一つべつなカテゴリーが待ち受けているとしたらどうであろうか。——それが「老人」という文化カテゴリーである。

「大人」のアイデンティティもまた永続的に変動する。そのプロセスにはライフステージごとのいくつかのクリティカル・ポイントがある。「厄年」の考え方は、その危機の時期を大過なくやりすごすための伝統社会の智恵であろう。だがその後に、カテゴリーそのものの変化が待ち受けている。人はある日、自分の社会的呼称が変わったことに気づく。「おじいちゃん」「おばあちゃん」と呼ばれて、自分の「個人的アイデンティティ」と「社会的アイデンティティ」との間に大きなギャップができたことにがくぜんとするのだ。

「大人」から「老人」へのカテゴリーの移行を、「成熟」にならって「老化」と呼ぼう。アイデンティティの再編を要求されるこの移行期を、「青年期」にならって「向老期」と呼ぶことにしよう。「向老期」における「老化」の課題については「青年期」における「成熟」の課題と同じことが言える。分析的にレベルを分けると、「老化」は、①生理的老化、②心理的老化、③社会的老化、④文化的老化、の四つの次元で進む。

「成熟」の場合と同じく、おそらくもっとも早く経験する「老化」は「生理的老化」であろう。老化の徴候は、俗説に「歯、眼、マラ(男根)」に来ると言われるように、ふつうは肉体の衰えが、最初に本人に否応なしの老化を告げ知らせる。生理学の知見によれば一八歳をピークに肉体の衰えは始まっているし、さらにさかのぼれば大脳細胞は四歳までに完成したあと、年々細胞が壊れる一途とも言う。その意味で「生理的老化」は、初潮や精通のようにいつからと明示することはできない。したがって最近の研究者は、「老化」という用語を避けて、たんに「エイジング(加齢現象)」と呼ぶようになった。

ともあれ、知られていることは、近代社会では、第一に栄養状態の向上のおかげで「生理的老化」がいちじるしく遅くなっていること、第二に「生理的老化」には個体差が大きいことである。かりに生物としての成熟の期間を、生殖可能な年齢(メスの場合なら初潮から閉経まで)ととらえても、女性の閉経期は全般に遅くなる傾向があるし、四〇歳台から六〇歳台までと個人差も多様である。

アイデンティティの危機としての「向老期」は、今日ではむしろ「社会的＝文化的老化」とそれ以外の老化とのずれによって引き起こされる。

「社会的老化」の最たるものは、成人としての社会＝経済的地位の喪失、すなわち定年であろう。日本社会の雇用者率はすでに国民の半数を超えているが、定年制を採用している企業は全体の七〇％、大企業では九九％にのぼる（一九七六年労働省調査）。しかもその大半は長らく五五歳定年制を採用してきた。ここ最近、高齢化の影響を受けて定年年齢延長の動きが出ているが、六〇歳定年制は、同じ調査でまだ全事業所の三〇％にすぎない(3)。（その後六〇歳定年制が一般化し、さらに二〇一三年には高年齢者雇用安定法の改正によって、雇用者が望めば六五歳までの継続雇用が可能になった。）

国際的に見て有名な日本の労働慣行のうち、終身雇用制が五五歳定年制と結びついているのは奇異なことにちがいない。アメリカでは定年は六五歳、ノルウェーで六〇歳、日本より平均寿命の短いタイでも七〇歳である(4)。欧米には文字どおり死んだ時が定年という例もある。法が定義する「老年」とは六五歳以上を指し、これは老齢年金開始年齢と一致している。法による「老年」の定義は、五五歳以降経済基盤を失う人々に対して、六五歳までの一〇年間、自助努力にたのんで社会保障をしないという政策的判断以外のことを意味しない。その問題はさておいても、五五歳定年制はいかにして成立したのだろうか。

五五歳定年制は、明治期に一部の事業所が採用し、のちに拡がったものだと推定されている。明治期の日本人の平均寿命は四〇歳台だったから、この時期に五五歳定年制とは、実質的には「終身(死ぬまで)」雇用を意味していた。伝統文化の中では、四〇歳前後の隠居慣行があったのだから、五五歳まで働けば、あとは隠居して十分の長さを働いたと考えられた。現代の定年制の問題は、戦後急速な高齢化がすすみ平均寿命がほぼ八〇歳に達しているのに、定年年齢の方はいっこうに時代の変化にともなわず、固定したままであることである。(5) しかも、栄養水準を考えれば、半世紀前の五五歳と現代の五五歳では、健康状態がかくだんに違う。

定年によって雇用者は、経済的に自立した「成人」のカテゴリーから放逐される。仮に経済的自立に問題はなくとも、職業人としての社会的アイデンティティを喪失させられる。定年後の日々を描いた小説『毎日が日曜日』[1976]の著者、城山三郎は、定年を「社会的な死」、定年の当日を社会的な「葬式」と呼んだ[城山 1976]。定年後の人生は、社会的な意味での「死後」の世界、おまけの日々である。伝統社会の中の隠居慣行が、隠居を「公事」、現役を「俗事」というふうにいわば聖/俗の領域に割り当て、社会的領域の「棲み分け」(今西錦司)を図ったのに比べれば、現代の定年は、社会から無用を宣告されるもっと苛酷な経験である。しかも定年にともなって、通常経済規模が縮小するだけでなく、活動の場や対人関係もともに失う。職業生活への没入が大きかった人ほどその傾向が強い。社会活動や対人関係の領域が職業とあまりに結びつきすぎているために、職業生活を失うとともにそれに付随した社会関係も同時に失ってしまうのである。

「社会的な死」のあとを生きのびるのはむずかしい。たとえば未開社会の例に見られるように、ウィッチクラフト(魔術)で呪術的な「死」を宣告され、共同体が「死」を認知した個人は、殺されるまでもなく生理的にも死んでしまう。定年退職者ががっくり老けたりボケたりするのは、この「社会的な死」のショックと関係しているだろう。

文化カテゴリーは、「おまけの人生」に対して一定の「ニッチ」(梅棹忠夫)を用意していた。たとえば「還暦」がそれである。六〇歳の誕生日に赤いチャンチャンコを着て暦が一巡するのを祝うのは、人としての人生を終えて、赤児返り——いわば「仙界」に遊ぶのを許す文化的な装置だった。しかし六〇歳で「還暦」、七〇歳で「古稀」の時代には、この年齢に達する人々自体が少数だったにちがいないし、この文化理想を内面化した人々は、六〇歳からあとの人生をどうふるまえばいいかを知っていた。だが人生八〇年時代、誰もが還暦に達してあたりまえ、の時代には、この文化理想は挫折する。しかも「おまけの人生」と言うには、六〇歳からの二〇年間は長すぎるし、また今日の六〇歳は若すぎる。

文化カテゴリーの中で「老年」を指示する最大のメルクマールは、家族史上の変化である。多くの伝統社会と同じく日本でも、男も女も、単身でただ経済的に自活しているだけでは、文化的にはいつまでも一人前とは見なされない。責任ある集団成員と見なされるためには、結婚する必要(場合によってはさらに子どもの親になる必要)がある。「成熟」が、家族史上で「子」から「親」へのカテゴリー上の移行であるように、「老化」は今度は「親」から「祖父母」への移行を意味する。子の世代の「成熟」が親の世代の「老化」を定義する。もっと日常的に言えば、孫が生まれたとたん、親族呼称上の地位が、「おじいちゃん」「おばあちゃん」へと移行する。日本の親族呼称は、最年少者(この場合は孫)に視点を置いた「子供中心的用法」[鈴木(孝)1973]であるから、孫が生まれたとたん、自分の子やその配偶者までが、「お父さん」「お母さん」と呼ばずに「おじいちゃん」「おばあちゃん」と呼ぶようになる。

もちろん結婚年齢が低い頃には、四〇代初めに初孫の誕生を迎える若い祖父母はたくさんいた。結婚年齢が上がっている今日の方が、はじめて祖父母になる年齢は遅くなっている。だが戦前日本人のライフサイクルモデルを見れば、四〇代初めで初孫を迎える頃には自分自身の末子がまだ学齢期であり、男も女も、末子の成人を待たずに、ということは親のカテゴリーから最終的に降りる以前に、死んでいった。「子どもは二人まで」の現代、平均的ライフサイクルモデルによれば男は五七・七歳、女は五五・一歳で末子の結婚式を迎える[総理府編 1983]。評論家の樋口恵子は、子どもの結婚式を「親の定年退職式」と呼ぶ。最終的に「成熟」の課題を果たした子どもに対して、親はそれ以上責任をとる必要がないし、逆にそれ以上の干渉はかえって葛藤を招く。

親から降りることは、たんに親族呼称上の変化だけを意味しない。子どもの結婚はしばしば子どもの世帯分離をともなっているし、庇護・監督者としての「親役割」の喪失を意味している。それと同時に成熟した子どもとの間で、力関係が変わる。男も女も親としての家庭内地位・役割を喪失するわけだから、定年退職同様、この変化からくるアイデンティティの危機は深い。とりわけ家庭内役割に没頭していた女性にとってはそうである。

現代人は「親」カテゴリーから降りたあとの人生がすこぶる長い。しかも孫の守りをするほかないような伝統社会の老人とちがって、生理的にも社会的にも十分に活動的である。「おじいちゃん」「おばあちゃん」という呼称は、カテゴリーの不可逆的な移行が決定的になったことを意味するが、それに直面した現代の若々しい祖父母は抵抗を覚える。彼らが苦肉の策として考えつくのは、家庭内でオリジナルな親族呼称をあみ出す――孫に祖母と母をそれぞれ「大きいお母さん」「小さいお母さん」とか「お母さん」「ママ」と区別して呼ばせる――ことである。だがこれも、当の孫が社会的な親族呼称を学ぶにつれて、家庭内の呼称とのずれから混乱をきたす結果になる。

親族内親族呼称よりももっとアイデンティティにとって致命的なのは、親族以外の他人から呼ばれる際に、「おじさん」「おばさん」カテゴリーから「おじいちゃん」「おばあちゃん」カテゴリーへ移行することである。これは親族呼称の擬制的用法と呼ばれている。多くの人々は、見ず知らずの人から最初に「おじいちゃん」「おばあちゃん」と呼ばれた経験を、困惑や怒り、惨めさの感情とともに記憶している。その経験は、自分の外見が誰の眼から見ても明らかな老人カテゴリーへと移行したこと、老人としての自分の「社会的アイデンティティ」が「個人的アイデンティティ」と大きな断絶を持っていることの、苦痛に満ちた自己認識をともなう。「向老期」のアイデンティティの危機は、「社会的アイデンティティ」の先行に「個人的アイデンティティ」がついていかないギャップに、その原因の多くがある。この二つのアイデンティティの間の葛藤は、青年期同様の危機を向老期にももたらす。中高年期に増え始めた自殺、うつ病、ノイローゼ、老人性分裂症の発症などが、この時期のアイデンティティ再編の課題が、青年期同様、容易でないことを暗示する[金子・新福編 1972]。

4　老人の否定的セルフイメージ

向老期は、青年期とのアナロジーで「アイデンティティの危機」と記述することができるが、それだけではない。向老期には青年期との共通点だけでなく、さらに困難な課題が待ち受けている。青年期同様、向老期も近代の産物であるが、近代社会においては、向老期をのり切るのは青年期をのり切るよりもっとむずかしい。なぜなら「子ども」から「大人」へのカテゴリーの移行は、一般に地位の上昇や力の感覚をともない、社会が成熟を励まし本人もそれを肯定的にとらえるのに対し「大人」から「老人」へのカテゴリー上の変化はそのまったく逆――地位の低下、権利や自由の縮小をともない、当事者が否定的に考える変化だからである。あたりまえのことながら、肯定的なアイデンティティへの同一化はやさしいのに対し、否定的なアイデンティティへの同一化はむずかしい。

老人がどのくらい強い自己否定感を持っているかについては、東京都老人総合研究所の井上勝也によるショッキングなレポートがある[井上(勝)1978]。

奈良県斑鳩《いかるが》に清水山吉田寺《きちでんじ》というポックリ信仰で名高い寺がある。井上は、この寺へ参詣に来る老人にインタヴューを試みた。平均年齢七〇・三歳、男性六人、女性三七人計四三人の参詣者は、「なぜポックリ寺へ参詣に来たか？」という井上の問いに答えて、「中風などで寝たきりになり他人に迷惑をかけたくないから」(九三%)、あとは「ガンなどの病苦に耐えられない」「年をとって生きる希望を失った」「若い人たちに邪魔にされる」と回答した。井上はこの回答の中に「看護者の迷惑に対する思いやり」と「自分が相手から厄介者視されることへの悲しみや怒り」の二つの要素が含まれることに気づく。

そしてさらにもう一つの質問を重ねる。

「もしあなたの家族が寝たきりであっても少しも迷惑がらず、一日でもよいから長生きしてほしいと願い、心から暖く看護してくれるとしたら、あなたはもうポックリ往くことを願わないか？」という井上の問いに対して、八二％の老人はさらに「もしそうであれば大へんうれしいが、しかしやはりポックリ往きたい」と答える。「他者への迷惑」要因をとり除いてもなお「寝たきり老人」になることを拒否する参詣者の気持ちには、他人の世話になる「無力な自己」を積極的に拒否するプライドや、その裏返しの攻撃性がある、と井上は見る。

「ポックリ願望は決して死の願望ではない。形の上では死の願望であるにもかかわらず、内実は死によってよりよき生を保とうとする人間としてのプライドに満ちた生……への願望」だと彼は結論する。そう考えてはじめて、見かけの上で長寿願望と矛盾するようなポックリ願望が、実は少しも矛盾ではなく、長寿願望のネガだということがわかる。長寿願望とはたんに「寝たきりでもいいから長生きしたい」という生命への執着を言うのではなく、人間としての尊厳に満ちた生を長く全うしたい、ということなのである。

「長寿」は「不老」としばしばセットで語られるが、この「不老」がたんに「若さ」への回帰ではないことは、井上のべつの調査でもはっきりする。彼は七〇歳以上の高齢者一〇五人(男性三一人、女性七四人)に「若い頃に戻りたいか」とたずねる。若い頃に「非常に戻りたい」「できたら戻りたい」を合わせて八〇%がイエスと答えている。彼はさらに突っこんで「何歳に戻りたいか」とたずねる。驚くべきことに、その回答は「三〇歳台」と「五〇歳台」とに集中しているのである。

「若さ」といえば一〇代、二〇代が思い浮かぶが、回答者の中ではその答は少数である。三〇代はもう若いとは言えないし、五〇代は初老の域である。だが、回答者にとっては「三〇歳台」のイメージは「精神力と体力のバランスのとれた人生の盛りの時期」であり、「五〇歳台」のイメージは「社会＝経済的地位がピークに達した時期」である。となれば、高齢者の回帰願望は、たんなる回春の願望ではなく、心身ともにかつ社会＝経済的に自分が「力の感覚 sense of power」を持つことができた年齢への回帰願望であることがわかる。

この基準に照らせば、現在の自己が、無力な、制限の多い、みじめな存在であることは否めない。高齢者の持つセルフイメージはしばしばすこぶる否定的なものであるが、それは、高齢者が自分自身を「三〇代」「五〇代」の眼で見ていることによる。波田あい子は社会的少数者《マイノリティ》のセルフイメージが、しばしば社会的に優位《マジョリティ》な集団による自己集団評価を受容したものであることを指摘して、それを女性差別に応用したハッカーの研究を紹介している[波田 1976]。たとえばアメリカ黒人が、白人の持つ黒人イメージを内面化するように、社会的少数者である女性もまた、男性による女性イメージ——感情的、気まぐれ、未熟で子どもっぽい、男性より知能が劣る等々——を内面化して、否定的なセルフイメージを作り上げてしまう。女性にとって「女になる」とは、この否定的な個人的アイデンティティを獲得することを意味するから、それはもちろん葛藤と苦痛に満ちたものになる。「成熟」の課題が、性差別的な社会では、青年男子より青年女子にとって、より激烈な危機として経験されるらしいことは、一種の「成熟拒否症」とも言うべき心身症である思春期拒食症《アノレクシア・ネルボーザ》が、男子にではなくもっぱら女子に発症することからもわかる。

アメリカ黒人や女性の否定的なセルフイメージの形成メカニズムは、同じく社会的少数者である「老人」についてもあてはまる。たとえば三〇代から四〇代の人々を対象に、「老人」という言葉から受けるイメージは、と聞くと、次のような答が返ってくる。「老人は能力がない。年をとることは価値が低くなることだ。社会のお荷物になる。年はとりたくない……。」ところが高齢者に同じ問いをぶつけても、やはり同じ答が返ってくる。ただし今度は、他者イメージではなくセルフイメージであることがちがっている。つまり、高齢者が自分自身を見る眼は、あいかわらず三〇代、四〇代のままなのである。

だが、白人社会の中の黒人、男性社会の中の女性のケースと、若者社会の中の老人との間には、一つの大きなちがいがある。それは、白人が黒人に、男性が女性に、変わる気づかいはないのに対して、「若者」はやがて必ず「老人」になるということである。自分が否定的イメージを付与した存在に自分自身が移行していくという経験――「向老期」に人々が味わうのは、このような経験である。その経験が、当事者に怒りや絶望、悲哀などをもたらすのは想像にかたくない。

荒井保男は、アメリカの老年学者、レイチャードの挙げる老年期の適応状態の類型を紹介している[荒井 1978]。①円熟型 Mature group（未来志向の自適型）、②安楽椅子型 Rocking chair group（消極的な隠遁依存型）、③装甲型 Armoured group（若者への敵意を示す自己防衛型）、④憤慨型 Angry man group（人生の失敗を他者に帰す抑うつ的な閉鎖型）、⑤自責型 Self-haters group（悲観的な孤独型で、自殺に至ることもある）。

こういう類型は、「老い」のカタログ見本のようなものだから、たとえば『小公子』に出てくる主人公セドリックの狷介な祖父、ドリンコート伯はこの中の「装甲型」にあたる、というように使える。だが「物語」の中に出てくる通俗的な老人のステレオタイプが示すように、この五つの類型は、第一を除いて――これも「自適」の名において、他者が与える「老人」イメージに頓着しない、という以上のことを意味しない、すなわち「未来志向」自体が「老人らしくない」属性である――どれも否定的、消極的なもの、つまり老後適応というよりも老後不適応の類型である。こういう類型を見れば、老い先にはあまり歓迎したくない未来が待っていると、誰しもが予想するのも無理からぬことだろう。

もちろん老後に不適応を起こすよりは適応した方がよいから、適応のための条件が問題となる。

クラークとアンダーソンは、高齢者が肯定的な自己評価を保って老後を過ごすための条件をあげている[Clark & Anderson 1967]。それは、①自立能力(自分の必要を自分で満たす能力)、②他者からの受容、③経済的自立と健康、④地位・役割の変化に対する抵抗力、⑤自分自身のイメージの変化に対する抵抗力、⑥老後の目標・生きがい、の六つである。この六条件のうち、④と⑤を除けば、自立した成人であるための条件と変わるところがない。この要求は「老後に適応するためには、老人にならないこと」という不可能な背理を言っているに等しい。クラークとアンダーソンの説を紹介した老年人類学者、片多順は、これを批判して次のように述べる[6]。「青年期、壮年期の価値体系を老後もそのまま維持しようとするところに、老後生活の不適応の原因がある。」

5　老人の通文化的比較

前節までの考察から結論できることは、老後適応のためには、第一に「向老期」のアイデンティティの再編課題を達成することと、第二には、そのためには「老人」の社会的アイデンティティを否定的なものから肯定的なものに転換する必要がある、という二点を指摘することができる。

「老人」の社会的アイデンティティが、肯定的なものでありうるための社会的条件、というのはあるだろうか。片多順は比較文化的な視点から「老人」が否定的なイメージと結びついたのは、近代産業社会以降であることを指摘する。彼は、カウギルの老人の地位の通文化的比較を紹介して、老人の地位が相対的に高い社会の共通の特徴を、次のように定式化する[Cowgill 1972]。①社会における老人の地位は近代化の程度と反比例の関係にある。②老齢人口の比率が低いほど老人の地位は高くなる。③老人の地位は社会変化の比率に反比例する。④定着は老人の高い地位につながり、移動は低い地位につながる。⑤文字を持たない社会ほど老人の地位は高い。⑥大家族ほど老人の地位は高い。⑦個人主義化は老人の地位を低下させる。⑧老人が財産の所有権を持っているところでは老人に威信が備わる。

以上の通文化的比較から、一般的に農業主体の伝統社会では「老人問題」は生まれないと言える。そこでは時間は、周期的な停止した時間であって、現在の範型はつねに過去に求められる。こういう社会の意思決定は、必然的に前例依拠型になるから、過去の前例を知っている老人が、「智恵」の象徴として意思決定権を握る。これは長老支配型の社会である。

日本は伝統的には長老支配型の社会であった。地位と年齢の結びつきは、「年寄」や「老女」が役職名を示していることからもわかる。日本とアメリカは、「青年志向」と「長老志向」において対照的な社会である。アメリカでは若さや新しさに価値がある。それは第一に、制度や技術上の革新 innovation が激しい社会では、古いものより新しいものがすぐれていることと、第二に、アメリカのような移民社会では、若い世代ほどより「完全なアメリカ人」に近いことによる。アメリカでは子どもが親をまねるのとは逆に、一世は二世を、二世は三世をまねることになる。(7) ところが長老型社会では、経験が重視され、古いものほどよいという価値観が支配する。青年志向と長老志向は、風俗の面にまで波及する。アメリカでは青年のようなスリムなボディをシェイプアップして保つことが要求される──それは彼または彼女が「使いものになる」ことの証だ──のに対し、日本では長らく、肥満気味の「恰幅のいい」中年体型が、地位の象徴だった。

しかし日本型長老社会は、周知のように、戦後急速に崩れていっている。かつて価値を表現した「古い」という言葉は、今ではその一言で致命的なダメージを与えるマイナスの記号に変化した。となれば青年社会と長老社会のちがいは、実は日米の文化差などではなくて、たんに伝統社会と産業社会のちがいにすぎなくなる。そう考えれば、日本が伝統的な農業社会から工業社会に転換したように、ヨーロッパもまた同じ歴史的な歩みをたどっていると考えることができる。事実、成人男子の風俗には、中世ヨーロッパ

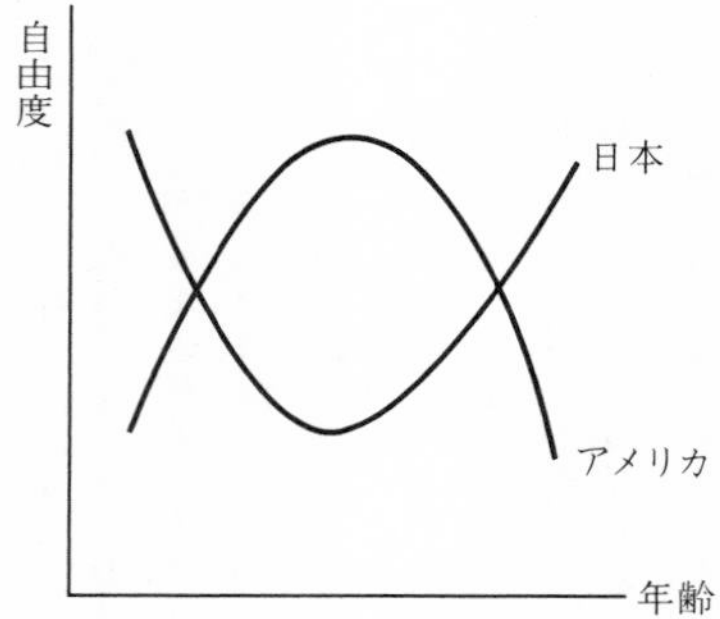

図1　自由度曲線

と日本の近世に奇妙な符合が見られる。近世日本の成人男子風俗のうち、チョンマゲという髪型は、蒙古人の弁髪にならぶ、いわば世界の奇髪ともいうべき風俗だが、成人に際して月代《さかやき》を剃り落として頭頂部の周囲に残った髪で髷《まげ》を結うというこの髪型は、いわば若者が風俗の上で老人の禿頭を先取りしたものと考えることができる。日本人のチョンマゲを奇習と呼ぶなら、中世の西欧で成人男子が公的な場にあらわれる際に、白髪のかつらを被ったことも、それに劣らぬ奇習と言えよう。このかつらの風俗は今でも法廷の判事の衣裳に残っているが、この風俗は「白髪」が智恵の象徴であることをいみじくもあらわしている。しかし日本はこの百年の間に、急速にチョンマゲの時代から「アデランス」の時代に変わった。老人の地位の低下は、風俗の上でも「老《ふ》けて見えること」の価値を、プラスからマイナスへドラスティックに転換したのである。

日本型長老社会は、しかしたんに老人が権力を握る社会を意味しない。日本は現在でも世界的には「お年寄りが大事にされる社会」という評判をとっているが、社会の老人に対する寛大さには、一定の文化的なしかけがある。ルース・ベネディクトは、『菊と刀』の中で日米を対比して、いわば生活曲線とでもいうべきダイアグラム［図1］を想定してみせたが、そこで日本では老人と子どもに最大の自由度が許容されるのは「本掛還り(還暦)」に見るように老人と子どもが同一視されるからだと指摘している［Benedict 1946/ベネディクト 1967］。アメリカでは、自由とは責任能力に応じて与えられる権利のことだから、責任能力のない者(子どもと老人)は制限に甘んじ不自由をかこたねばならないが、日本では逆に責任能力のない子どもと老人が最大限の自由を享受する。老人と子どもは「人外」の仙境に遊ぶ「神」なのであり、老人のふるまいは「子どもだと思えば許せる」のである。したがって日本人の老後の「文化理想」は、「尊敬される老人」より「愛される老人」となる。

産業化した現代日本社会が、老人の肯定的な自己アイデンティティの保障のために、長老型社会の文化伝統から受けついだカテゴリーは、この「かわいいお年より」というものだった。産業社会は老人の文化理想から「威厳」をとり去り、「幼児性」だけを受けついだ。「愛される老人」の文化理想は、老人の個人的アイデンティティと社会的アイデンティティの調停のための文化装置として動員されている。

たとえば次のような詩を見よう(8)。

年よりのおねがい

角　みよ（六一歳）

年よりはことばがほしいの
物言うたら返事してや
言うたことを忘れてまた言うて
うるさいやろけど返事してや
ごはんこぼしてもおこらんとって
おしっこちびっても叱らんとって
年いったら赤児になるんやもん
（中略）
身体も小さうなってしもうた
また赤児にだんだんなるんやもん

井上勝也は、ボケを高齢者人の「正常な老いの姿」と考え、一種の幼児退行ととらえている［井上（勝）1978］。ボケ老人は幼児と同じく、過去でもなく未来でもなく現在だけに生きている。ボケは死を目前にした者に「神が与えた救い」だと見なす彼の考え方はたしかに卓説ではあるが、これも老人を幼児と同一化することによって、老化と折り合いをつけさせようとする文化のたくらみに大きく依存した「日本的なあまりに日本的な」見方のように思える。

老化はほんとうに幼児化であろうか。老人を子どもと同一視する文化装置は、逆に老いの現実を見る目をくもらせる。ボケ老人はたんなる幼児退行ではない。映画『花いちもんめ』(一九八五)が描くのは、ボケていく自分を自覚する老人の屈辱と悲哀であった。その上、すべての老人が、ボケを経由して死を迎えるわけではない。ボケる老人とボケない老人のちがいがもっとはっきりすれば、ボケない老後の条件を考えることもできるだろう。

老人の子どもとの同一視は、老人に寛大なように見えて、その実、老人に責任能力を認めない点において、老人から尊厳を奪う考え方である。「尊敬される老人」が否定されて「愛される老人」だけが老後をサバイバルする戦略として文化的に公認されるような社会では、逆説的に、男性老人は女性老人より生きにくい。男性は自分が内面化する男性的価値のために「愛される」存在であることになれてこなかったから、老後になってから急にアイデンティティの転換をとげるわけにはいかない。男性社会の中で、「愛される」受動的な存在に終始した女性の方が、老後の文化理想に同一化しやすいのである。これも性差別の生み出すパラドクスの一つと言えよう。

6　老人問題と老後問題の落差——価値の転換を求めて

これまでの議論で述べてきたことは、第一にアイデンティティを成熟から老化に至るまで一貫した発達のプロセスと見なすこと、第二に「老化」が否定的アイデンティティへの同一化を意味する限り、「老い」を受容することは困難と苦痛に満ちたプロセスにほかならないこと、第三に老化が否定的アイデンティティへの同一化であるのは、近代産業社会が支持する「若さ」の価値を内面化する限りにおいてそうなのだ、という三点であった。これを理解しない限り、現代の老人がなぜあれほど「老人」と呼ばれるのをいやがるのかがわからないにちがいない。「老年」の初期を「実年」と呼びかえようという、政府が主唱したあのこっけいな呼称論議も、このコンテクストから理解できる。だがもちろん、実態をそのままにして呼称だけ変えるのは一種の欺瞞にすぎない。だとすればここで真に問われているのは「老い」を弱さと尊厳の両義性を含めて肯定的に受容する、価値の転換なのである。

花村太郎は「老人問題」と「老後問題」とを区別して、いま本当に論じなければならないのは「老後問題」だと主張する[花村 1980][9]。「老人問題」とは老人を「客体」——厄介な、介護すべき対象——として扱う。「「老人問題」は福祉をどんなに向上させようとも老いという人間の宿命を嫌悪し隠蔽する(できれば目をつむりたい)文化システムを温存させていく……。」それに対して「老後問題」は、老人が「主体」として経験する「老い」の問題を扱うが、花村によれば今のところその「老後問題」も「あくまであの嫌悪すべき老年期の悲惨をどうやって緩和ないし回避するか、という問題枠組の外に出ていない」。彼が考える「老後問題」の真の課題とは次のようなものである。

「老いの問題の本質的な解決は、老いという宿命を正面から受けとめること、老いという現実に人間的な意味と価値とを与えうるようないわば「老熟文化」をつくり上げることのうちにしかない。」

この課題が「気の持ちよう」や「個人的な努力」のような小手先の操作で達成されるには限度があるだろう。「老後問題」がつきつけているのは「老後」に否定的アイデンティティしか与えられない近代産業社会の価値の総体を、問い直すことなのである。

注

(1) 青年期の個人は「もう大人なんだから」と「まだ子どものくせに」というアイデンティティの非一貫性に翻弄される。

(2) 通常「人(間)」を表わす民俗カテゴリーはイニシエーションのすんだ成人のメンバーにしか適用されない。子どもは民俗語彙の上では「人間」以前なのである。成人に達する前の子どもの死者に対しては、葬儀を行なわない場合や、成人とは違った葬儀を行なうケースが多い。
(3) 六〇歳定年になっても年金受給までは間があるから、その間は無保障状態となる。
(4) アメリカでもノルウェーでも、定年年齢は年金受給開始年齢に連動している。
(5) 終身雇用制は年功序列給与体系と結びついているために、定年制は、日本の企業にとっては年齢給の上限を設定するという機能がある。定年年齢をたとえ一年でも延長するのが企業にとってむずかしい理由は、この年齢給の上限をさらに上げて高齢者に高い給与を支払わなければならないからである。高齢化圧力で年功給が維持できないところでは、徐々に能力給や職務給に変わってきているが、年功給の崩壊は、会社に対する帰属意識と忠誠心を培ってきた日本の企業体質そのものを脅かす可能性がある。企業は年功給システムをなかなか手放すことができず、さりとて定年延長にも応じられないというディレンマに陥っている。
(6) 片多は高齢者の通文化的研究を「老年人類学」として提唱している[片多 1979]。
(7) 言語使用は一種の「政治」であるが、移民の社会では代が下がるほど「完全な米語」を話す。親の世代は子の世代から、その訛のあるヘタな米語を笑われるのである。
(8) 一九七四年一一月「女たちの詩コンサート」より。
(9) 副田義也は「老年を社会の主体であるとする論議を、老後問題論、老齢保障論と区別して老年世代論と呼ぶことを提案したい」と提唱している[副田 1981]が、ここでは客体としての「老人」、主体的経験としての「老後」という花村の区分にしたがいたい。

三　「女縁」の可能性

［初出一九八七年］

1　「社縁」から「選択縁」へ

社縁の世界で異変が起きている。

「社縁」はもともと「結社縁」の意。社会学の分野で久しく用いられてきた「ゲマインシャフト」に対する「ゲゼルシャフト」(テンニース)、「コミュニティ」に対する「アソシエーション」(マッキーバー)に対応する用語として、文化人類学者の米山俊直がつけた卓抜な命名である。「ゲゼルシャフト」や「アソシエーション」は、もともと近代に入って、かつてのような拘束的・包括的な血縁・地縁関係が解体し、もっと人為的で部分的な人間関係があらわれたことに対応して、社会学者が与えた概念である。

定義上、これらの概念のセットは分類体系としてあらゆる領域をおおうことが期待されている。したがって、「社縁」とは、血縁・地縁を除くすべての人間関係を指す名称である。だが、血縁・地縁の領域が縮小し、それ以外の人間関係の領域が大幅に拡大した今日、それらをすべて「社縁」という言葉で一くくりにするには無理がある。「社縁」という概念は、現在では、血縁・地縁以外のありとあらゆる人間関係を放りこむ「カテゴリーのゴミ捨て箱」になっているのである。

「社縁」概念のなかみを細分化していく動きは、都市社会学者の間からあらわれた。磯村英一は、都心型コミュニケーションを考える中から、早い時期に「第三空間」論を提唱している[磯村他編 1975]。クーリーは人間関係を「第一次集団」(家族や近隣のような生まれ落ちた時から与えられた関係)と「第二次集団」(学校や企業のような長じてのち入っていく関係)とに分けたが、磯村はこのそれぞれに「第一空間」と「第二空間」を対応させ、そのうえで、都市には「第一空間」にも「第二空間」にも属さないような、まったく新しい領域があるとして、これを「第三空間」と名づけた。(1) そののち、「第三空間」論は、盛り場や繁華街のような都市のコミュニケーションを研究する人びとに引き継がれていった[藤竹 1973]。

しかし、社会学者の都市研究が、「都市コミュニティ」論のような従来の地縁概念に引きずられがちなのに対して、建築や都市工学の分野の人びとは、まったく新しい概念をうち出していく。

「マチノロジー」の創始者、都市工学者の望月照彦は、血縁・地縁・社縁のいずれにも還元されない人間関係を「知縁」と名づける[望月 1977]。「知縁」とは望月によれば、

「考察が必要なのは、かつての閉鎖系から、都市コミュニティという、開いた系の存在の可能性であり、〝血縁〟〝地縁〟に替るべき、〝係わり〟とか〝繋がり〟のメディアの発見なのである。そのメディアは多分、血縁、地縁の持つ、どうしようもない外圧的必然性ではなく、必然性、選択性、個人の内的イベント、のような因子を持つものであり、言葉として〝知縁〟とでも呼ぶべきものではなかろうか。(2)」［望月 1978 : 124］

望月の「知縁」概念に触発されて、私がたどり着いたのが「選択縁」の概念である。(3)「知縁」という概念は、「情報縁」「象徴縁」「(シンボル)媒介縁」のようにも置きかえることができるが、それだけでは、血縁・地縁・社縁のいずれともちがう「第三空間」の人間関係の固有性が見えてこない。なぜなら家族のような血縁集団や、法人のような社縁集団も、情報や象徴装置に媒介されて成立している側面があるからである。

「第三空間」を「選択縁」と置くと、逆に血縁・地縁・社縁社会に共通した性格が浮かびあがってくる。それは「選べない縁《えにし》」ということである。社縁はもともと血縁・地縁のような拘束性の強い関係に対して、加入・脱退の自由な第二次的な集団を指すために作られた用語だが、現代社会における代表的な社縁、すなわち「会社縁」を考えると、企業はいったん入るとなかなか降りられないという拘束性をもっている。もちろん雇用者はいつでも「離職の自由」をもっているが、財産のない庶民にとっては、社縁社会から「オリる自由」とは「食いはぐれる自由」を意味するにすぎない。今日では血縁さえも、自由意思による結婚によって成立する加入・脱退自由な集団だが、これもいったん成立したらおいそれとは降りられない。親子に至っては、それぞれ相手を選び合う自由さえない。地縁もかつてのような拘束性を失って、転入・転出が自由だが、だからといって隣人を選べるわけではない。

「選択縁」に比べると、従来のどの「縁」も「選べない」――降りられない、避けられない――要素を多かれ少なかれもっている。その意味では「社縁」もまた、血縁・地縁に近い。これに対して、互いに相手を選び合う自由で多元的な人間関係の領域が拡がってきた、という観察が「選択縁」の造語の背後にはある。

人間の「縁」の諸相を「選べる縁」「選べない縁」で分ける見方は、近代以前の歴史の中にも根拠をもっている。中世史家、網野善彦は、それを奇しくも「無縁」「有縁《うえん》」と名づけている[網野1978]。「有縁」とは定住を基礎とした拘束的な社会関係、「無縁」とは「縁が無い」ことを指すのではなく、「有縁」からはみ出した周辺的な人間関係のあり方をいう。「無縁」という縁は、都市的な社会関係の基盤である。[4]

都市化社会が産み出したこの新しい人間関係は、「社縁」概念を離れて、従来の概念のいずれにも属さない、第四のカテゴリー化を要求しているのである。ここまでの概念を、整理して示したものが表1である。

表1　縁の諸類型

米山俊直	血　縁	地　縁	社　縁	
テンニース	ゲマインシャフト		ゲゼルシャフト	
マッキーバー	コミュニティ		アソシエーション	
クーリー	第一次集団		第二次集団	
磯村英一	第一空間		第二空間	第三空間
望月照彦	血　縁	地　縁	値　縁	知　縁
上野千鶴子	血　縁	地　縁	社　縁	選択縁
	(選べない縁)			(選べる縁)
網野善彦	有　縁			無　縁

2　「選択縁」の社会

「選択縁」の社会は、都市化社会の新しい人間関係を概念化する試みの中から生まれてきたが、同じような観察や発見を、すでに多くの研究者が共有している。ここで「選択縁」の特徴をいくつかまとめておくと、次のようなものがあげられるだろう。

第一に自由で開放的な関係ということがある。「選択縁」は「選び合う縁《えにし》」だから、原則として加入・脱退が自由で拘束性がない。血縁・地縁のように「居住の共同」や、社縁のように「生業の共同」によって拘束されないから、オリても不利益をこうむらない。

第二に、メディア媒介型の性格である。特定の情報やシンボルを媒介に結びつきあっているから、同じコンサートに集まる聴衆のように、コミュニケーションの場を共有しながら匿名性を保っていられる。これに電信電波メディアのようなテクノロジーの媒介が加わると、深夜放送のオーディエンス同士のように、対面接触がなくても「関係」が生じる場合がある。対面接触や身体的な場の共有さえ、「関係」を成り立たせる必要条件ではなくなった。

第三に、過社会化された役割からの離脱ということがある。血縁・地縁・社縁のような「有縁」の社会では、人びとは相互交渉の相手からの定型化された役割期待に沿って行動している。「父親」や「課長」という役割から逸脱することは、異常だと見なされるが、「無縁」の世界では脱役割と変身が可能である。遊びと演技が成り立つのもこの空間である。たとえば酒場の無縁的な「コミュニタス」(ターナー)の中では、アイデンティティの自由な創造やコントロールも可能である。

「選択縁」とは、すべての定型化された役割の集合の「残余カテゴリー」である。パーソンズは「個人」を「役割の束」と見なしたが、逆に近代的な「個人」とは、すべての役割の集合からはみ出した「残余カテゴリー」にほかならないと考えることもできる。だとすれば「選択縁」の社会こそ、個人に個人としてのアイデンティティを供給する基盤なのである。

最後に、こうした「選択縁」の社会の成立が果たす社会的な機能をあげておこう。梅棹忠夫の言葉を借りれば、選択縁の社会は、実利実益に関係のない「社会的ニッチ」をたくさん作り出すことを通じて、過密社会の中の競争を回避し、安定したアイデンティティの保証となる[梅棹 1981]。産業社会的な価値が一元化して、地位が稀少化すればするほど、この「ニッチ」を通じての「棲み分け」(今西錦司)は、サラリーマン社会の平和共存の知恵となっていくだろう。[5]

しかし、「選択縁」はその成り立ちのゆえに、同時に弱点をもっている。加入・脱退が自由で拘束性がないなら、集団としても不安定だし、安定したアイデンティティの供給源ともなりにくい可能性がある。

「選択縁」はなるほど役割の残余だけれども、だからといってその重要性が人間の生活の中で小さいということにはならない。それどころか、多少なりとも選択縁化してしまった今日の血縁・地縁・社縁に代わって、むしろ「選択縁」の生活に占める比重は、ますます大きなものになっている。

人間の「縁」のどの領域が生活の中で決定的な比重を占めているかを測るインデクスとして、ライフ・クライシスに直面した時にどの人間関係が動員されるかという指標が役に立つだろう。たとえば「葬式の手伝い」を考えてみよう。人の死は、人間が儀礼のうえでもっとも保守的になる機会でもある。したがって葬儀における変化は、社会生活の基本的な層の変化を写しとっているといえる。肉親の死という最大のライフ・クライシスに直面して、遺族はふつう嘆き悲しむだけで実務のにない手にはならない。葬儀はもともと当事者遺族以外の人びとが裏方を担うものであった。伝統社会の中では、親族や近隣集団の人びとがこれを担当した。だが血縁者や姻戚が地理的に遠く離れている今日では、「遠くの親戚」は、はるばる駆けつけても勝手のわからぬお客サマにすぎない。また兄弟の数が少なくなっている現在、親戚じたいが数少ないということもある。他方、地縁社会はとっくに解体してしまっている。味噌・醬油を貸し借りしあうような近所づきあいはもうなくなった。

血縁・地縁に代わって「葬式の手伝い」に動員されたのが社縁だった。社縁社会の中に家族ぐるみで巻きこまれ、社縁がムラ集団のようになった日本型産業社会では、老後や余暇まで「企業福祉」が面倒をみてくれる。社員やその家族の葬式には、会社の同僚や部下がまっ先に駆けつけてあれこれ遺族を支えてくれる。果ては会社の総務課員が、喪章を巻いて駆けつけ、葬儀委員をつとめるという場合もある。こういう「企業福祉」のありようからは、社縁がかつての血縁・地縁にとって代わったことがよく見てとれる。

六〇年代までは社縁優位の社会がつづいた。だがここのところ、社縁に選択縁がとって代わる傾向が出ている。「葬式の手伝い」というのは、通夜、葬儀とつづく過程で弔問客の接待などの雑事を引き受ける裏方だが、社縁集団の人間はふつう遺族と面識がないし、「お茶っ葉がどこ」「湯呑みがどこ」という台所の勝手もわからない。こういう場合には、選択縁の中で作られた日常的な人間関係が力を発揮する。

千里ニュータウンで生協活動を通じて選択縁のネットワークを作り上げた五〇代の女性は、こう述懐している。

「実は少し離れたところに内職してお金を貯めて土地買うたんですけれども、いま引っ越したくありません。死ぬまでここにいて、仲間とワイワイ言うて年とっていこ思うてます。もう私が死んでも友だちがすぐ来てくれるから、夫には葬式のてったいに親戚呼ばんでええ言うてるんです。」(6)

選択縁は、「頼りにならない関係」のはずだったのに、それがここでは、居住地選択まで決定するような、強い信頼関係に変わっている。「余暇」にはもともと「余りもの」という意味があるが、選択縁は余暇空間に出現するたんなる「余りものの人間関係」とは限らないのである。

3 「純粋なモデル」と「不純なモデル」

血縁・地縁・社縁そして選択縁を、理念的な類型と考えると、そのそれぞれに典型的な経験的対応物を「純粋なモデル」として考えることができる。たとえば、選択縁の「純粋なモデル」は、血縁・地縁・社縁のいずれからも自立した、趣味や信条の集まり、たとえば俳句の結社や日本野鳥の会のようなものを考えることができる。

ところで選択縁の社会が大衆的な基盤で成立し、かつそれが生活の中に大きな比重を占めているという観察例からみると、選択縁は他の関係のあり方とけっして排他的でないことがわかる。むしろ選択縁が他の関係と重なり合ったところに、いわば選択縁の「不純なモデル」というものが成立する。

選択縁の「不純なモデル」を主導的に展開しているのは、女性たち、とくに都市の主婦層である。女性たちには、選択縁の社会を作り出す必要があった。

産業化によって成立した都市・核家族・雇用者家庭は「夫は仕事・妻は家庭」の性別役割分担によって支えられているが、職場と家庭という「公私の分離」の中で、分離した公と私の間を往復していたのは男だけだった。私領域にとり残された女には「公私の分離」は意味をなさなかった。女性が残された「私領域」とは、一児か二児をかかえた小さな核家族。夫以外には、自分の他に成人のメンバーのまったくいない狭い領域である。男にとってはサラリーマン化を意味した産業化とは、女にとっては、核家族の中の主婦の孤立の完成を意味していた。この孤立は、地縁社会から根を断たれた転勤族の妻たちに、より深い。

各地に簇生している主婦のサークルをみると、転勤族の妻たちの手になるものが多い。地元の女性たちより、転勤族の妻たちのほうが、より活動的である。婦人会館のような女性のための公共施設の利用度も、転入者のほうが活発だというデータもある。

「公私の分離」のもとでも、女性の職場進出志向は一貫して高いが、企業社会の扉は女性に対して固く閉じられている。女性は社縁という「公」から外へ排除されているだけでなく、かつてのような血縁・地縁ネットワークからも疎外されている。「主婦の孤立」(ベティ・フリーダン)を脱け出すために、女性たちは従来の血縁・地縁・社縁のいずれでもない社会関係を作り出す必要があったし、現に作り出してきてもいる。選択縁社会の展開については、女性のほうが男性より一歩先んじている。男性はまだ社縁社会の中にふかく巻きこまれているために、充分に安定的なアイデンティティを供給されている。また解体した血縁・地縁に代わって、これまでのどの領域ともちがう社会関係を作り出す必要に、男性はまだ迫られていない。高齢化社会の到来や雇用の空洞化とともに、社縁社会の安定性は急速に崩れていっているにもかかわらず、まだそこから脱け出す必要性を認識していないというべきだろう。

生協や無農薬野菜の共同購入、子供文庫や共同保育、公民館を拠点にした学習サークルやカルチャー講座の同窓生グループ、果てはママさんバレーやコーラスグループなど、主婦の活動は多岐にわたっているが、これを従来のように「地域活動」といってしまうと、間違うだろう。これらの活動は、PTAや町内会のような、偶然的な「居住の近接」によって強制された、地縁的な関係ではないからだ。たとえば千里ニュータウンで生協活動を活発に行なっているある主婦は、団地の自治会について聞かれて、次のように答えている。

「自治会ねえ。よく知らないんですよ。隣の人のために生きてませんしねえ。[7]」

行政や都市計画のコミュニティ・デベロッパーたちは、団地で階の共同や階段の共同を介して作られる、長屋型の地縁コミュニティを構想したが、実際には団地の居住者たちの間に作られているネットワークは、同じ団地の違う棟の住人というほどの空間の拡がりがある。なるほど徒歩生活圏内で接触が可能な「地域」の枠の中にはいるが、同じ棟、同じ階の直接的な「隣人」とはかえって接触が薄いのに、自分で選びとった関係の人びととは、もっと密度の濃い接触をもっている。これはたんなる「地縁の共同」に、もっと積極的な要素を付加したものである。[8]

こういう「中範囲」の地縁、というよりむしろ選択縁は、いかにして作られるのだろうか。いくつかの特徴をあげてみよう。

第一に、集団形成のきっかけがメディア媒介型だということである。彼女らはコミュニティ・ペーパー、アド、ビラ、新聞などを積極的に利用する。対面接触から生まれた集団ではなく、まずメディアによる媒介が先行して、そののちに対面接触が生まれるケースが多い。

第二に、このメディアによって媒介されるのは、趣味、ライフスタイル、価値観、イデオロギーなど、何らかの目的意識の共有である。たとえば学童保育の必要に迫られた人がビラを住区の電柱に貼ってまわり、それがきっかけでできた集まりがある。彼女らは「共働きの妻」というライフスタイルを共有しており、「子どもを鍵っ子にしてかわいそう」という世間の眼と闘いながら働きつづけ、かつ夫との間で性別役割分担をめぐる葛藤を共有している女性たちである。このグループは男性をも巻きこみながら、子どもたちが学童保育から巣立っていってしまった後も、強い絆で結びついている。その他に無農薬野菜の共同購入グループや、生協活動のグループ、子供文庫の担い手の集まりなど、例には事欠かない。

第三に、従来の地縁のスケールを超えたローカリティをカバーするために、彼女らは、ネットワークの内部の相互のコミュニケーションにも、ハイテクを積極的に利用している。交通手段が徒歩から自転車、バイク、クルマと変われば、「地域」の範囲は大幅に拡がる。この中で成立するネットワークを、伝統的な「地縁」の名前で呼ぶことはかえって誤りであろう。万の単位の人口をカバーする居住区で、彼女たちは十数人の相手との「縁」を、価値観やフィーリングをもとに選びとっているのだから。さらに電話という通信手段の有効な活用がある。彼女たちの情報交換の密度はすこぶる濃い。友人の家の猫が交通事故に遭ったというようなニュースが、隣人の実家の父が亡くなったという情報よりも、速く伝わるのである。彼女たちはまた、グループ内のミニコミをしばしば発行している。ワープロやコピー機の普及は、印刷物の刊行を誰にも容易なものにした。

こういう「通信」がコミュニケーションを支えているから、必ずしも対面接触が必要ではなくなる。関西のあるグループでは、月に一回のミニコミが、京都市を中心に高槻から舞鶴にまでまたがる十数人のメンバーのネットワークを支えている。近い将来パソコンが普及し、パソコン間の通信が、電話をかけるように手軽なものになれば、こうした女性のネットワークはハイテク通信手段の恩恵をまっさきに受けることになるだろう。

さて、このように形成された女性の「選択縁」は、その相互交渉にいくつかの特徴をもっている。

第一は、一般にメンバーの数が数人から十数人までの、小集団だということである。経験的にみてだいたい七、八人、大きくても十五、六人までの人数だが、これは互いに人格的な対面接触が可能な人数の上限だという、小集団研究のうえでの観察とも一致している。彼女たちは組織拡大路線やフランチャイズ方式を採らない。ミニマル・サイズに達するとリクルートの努力もふつうしなくなって、メンバーの間の相互交渉は安定する。ここには「大きいことはいいことだ」という組織拡大、組織優先の考え方はない。

第二は、同性・同年齢のピアグループだということである。女性の生活課題は、ライフステージによって細分化され、年ごとに変わっていく。子どもが六歳までの時のライフスタイルと、子どもが学校へ上がってからでは暮らし方がまったくちがう。親の高齢化や自分自身の年齢によっても、抱えている課題がつぎつぎに変わっていく。女性たちは同じような年齢と環境の、似たような生活課題を抱えたピアグループのメンバーと、年ごとに課題を移行させながら年齢が持ち上がっていく、「同窓会型」ネットワークを作っている。ここでは、世代のちがうメンバーのリクルートは、積極的な課題にならない。

第三に、メンバーシップは安定しているものの、境界が不確定で、特定のリーダーシップや規約を欠く。これが男性の作り上げる「結社」縁との大きなちがいである。同じ選択縁でも、男性の「選択縁」の集団は、「会則」を決めたり、「会長」を任命したりして、集団のモデルを「社縁」集団にとる傾向がある。

第四に、女性の選択縁は、生活密着型だということがある。女性たちは、血縁・地縁・社縁と選択縁を機能的にクリアーに分離したような空間には生きていない。彼女たちは、地縁の中に選択縁を作り出したり、逆に選択縁を地縁の中に引きずりこんだりする。また選択縁の契機となる課題が、多く子育て(食べものや教育など)に関わっているために、子どもを含めた日常生活に、選択縁のほうが巻きこまれざるをえない。事実、核家族の主婦である彼女たちは、しばしば子連れでなければ仲間との集まりに外出できないし、また子どもを預け合うという関係を作り上げる中で、日常生活は相手に筒抜けになってしまう。

そしてこの「生活密着型」の中にこそ、選択縁の「不純なモデル」が不純であることの、積極的な理由がある。血縁・地縁から完全に離床しない選択縁だからこそ、この女の「選択縁」は血縁・地縁にとって代わる大きな比重を生活の中で占めるようになる。女の選択縁は、先述した「葬式の手伝い」のみならず、日常的なライフ・クライシスに際して、かつての血縁・地縁に代わって動員される、もっとも頼りがいのある人間関係になっているのである。こうしたライフ・クライシスのひとつに、たとえば実家の親が危篤といった危急に際して、子どもを預ける、という場合がある。かつての「親戚」や「近所の人」に代わって、今日では「サークルの仲間」「子供文庫の仲間」が登場する。彼女たちは子どもを預けにクルマや電車で一時間の距離を友人の家まで駆けつける。

もうひとつのライフ・クライシスに夫婦間の葛藤がある。どの夫婦も長い結婚期間中には離婚の危機に直面するものだが、この離婚相談を、女性たちはやはり選択縁の仲間にもちかける。恋愛結婚が主流となった今日では、親兄弟に夫婦の危機を訴えるのは意地があってできない。学校時代の友人には、見栄がある。ご近所の人たちとは、距離が近すぎてかえって言い出せない——選択縁がもつ適度な距離もまた、ここではプラスに働く。生活が丸見えにならない距離で、適度に情報をコントロールしながら相談をもちかけるには、利害関係のない選択縁の仲間が最適なのである。

実際に調査した女性のネットワークの活動的なキーパーソンに対する個人インタヴューによって、さらに驚くべきことが判明した。一つの選択縁で活動的な女性は、複数の選択縁に帰属しており、その選択縁相互の人間関係は、しばしば重なっていない。一つの典型的な事例を述べよう。高槻市在住の五〇代の女性は、地域の教育委員準公選運動の事務局長をつとめ、彼女なしには運動が成り立たないと言われるほど中核的な位置を占めていた。同時に彼女は「倭《やまと》石造美術会」や仏像美術のカルチャースクールにも所属していた。だが、運動のピーク時、市民の署名集めの課題が目前にあった時も、彼女は仏像美術のサークルの仲間に署名を求めず、サークルの仲間が彼女の「隠れた顔」を知ったのは、地元の新聞が「人物」欄で市民運動のリーダーとして彼女を紹介したことがきっかけだった。もの静かで学究的な仏像美術愛好家としての彼女を知る人びとは、市民運動の辣腕事務局長としての彼女の意外な顔を知って、驚いたのである。

この女性の場合、複数の選択縁を領域ごとに分離して、べつな顔を使い分けていた。そこには単一のアイデンティティでは測りきれないような多元的な自我のあり方がほの見えるし、同時にそうすることで、彼女は一つの「世間」に自分のすべてをさらす危険を避けている。包括的な役割期待から成り立っている「有縁」の領域では、一つの失敗はとりかえしがつかないが、選択縁のように部分化した距離のある関係では、こういうアイデンティティのリスク・マネージメントも可能になる。そしてこうした「中間集団への多元的帰属」こそ、近代的個人の理想型と見なされてきた。他方、彼女の夫はと言えば、職業人としての社縁領域でのアイデンティティが優位を占めているのだから、このカップルでは、夫と妻のどちらの「個人」度が高いかは明らかであろう。

男性の作り上げる「選択縁」は、これに比べると、機能分化がすすんで、「純粋なモデル」――利害打算のまったくない「君子の清遊」になりがちである。さもなければ、異業種交流研究会のような、社縁がらみの「不純なモデル」となって、仕事がヒモつきになっているケースが多い。いずれの場合にも、子どもを預けるとか離婚相談のような、パーソナルな危機に際して頼みになる可能性は少ない。男性はパーソナルなライフ・クライシスにどう対処するか？――誰からも助力を求めないか、さもなければ旧態依然たる血縁に頼り切るか、のいずれかである(9)。血縁・地縁がすでに機能喪失した解体期の今日、それにとって代わるネットワーク作りでは、女性は男性に一歩先んじている。吉武輝子は、このネットワークを「女縁」と呼んだ[吉武 1982]。

こういう小さなサイズの選択的な集団が人間の生活に占める意味を、山崎正和は次のように指摘する。

「ここで、われわれが予兆を見つつある変化は、ひと言でいへば、より柔らかで、小規模な単位からなる組織の擡頭であり、いひかへれば、抽象的な組織のシステムよりも、個人の顔の見える人間関係が重視される社会の到来である。そして、将来、より多くのひとびとがこの柔らかな集団に帰属し、具体的な隣人の顔を見ながら生き始めたとき、われわれは初めて、産業化時代の社会とは歴然と違ふ社会に住むことにならう。なぜなら、産業化時代の三百年を通じて、われわれは一方に硬い戦闘的な生産組織を持ち、他方には茫漠とした、隣人の顔の見えない大衆社会を持って、その中間にあるべき人間的な集団を稀にしか知らなかったからである。ひとは、前者のなかで安定を楽しみながら不自由をかこつか、あるいは、後者のなかで自由を享受しながら不安を味はふか、のいづれかであった。これにたいして、われわれは、いま、少なくともひとつの可能性として、両者の中間に立つ組織を育てあげ、いはば、隣人の「顔の見える大衆社会」に生きる時代を予感してゐる、といへるだらう。」[山崎(正)1984:94-95]

山崎のいう「隣人」が、「地縁」とは異なるより精確なカテゴリー化を必要としていることのほかは、この「大衆社会の変質」の観察に異論はない。私の言葉に言い直せば、選択縁の社会は、一方での極端な「大衆化」、他方での行きすぎた「個別化」の両極を右往左往してきた「近代社会」に、「大衆化」と「個別化」の新しいバランスを提示することができるといえよう。

山崎はつづけて「かうした社交の場所は、同時にひとびとが自分の趣味を表現しあふ場所となり、暗黙の相互批評のなかで趣味の正しさを確認する場所になってゐる」[山崎(正)1984:95]と指摘する。事実、女性にとって選択縁の社会は「流行の衣裳を身につけたとき、盛り場を歩くよりもまづ親しい友人に会って、その趣味を直接に褒められることが最大の喜び」[山崎(正)1984:96]であるような、テイストやライフスタイル、価値観等々のサンクションの場を提供している。このサンクションをともなう他者からの受容を通じて、選択縁の社会は、女性にとって自己実現の場にもなっている。夫の職業も年収も聞かれず、「○○ちゃんのお母さん」でも「△△さんの奥さん」でもない名前をもった個人として出会い、自分を評価してくれる「顔の見える他者」の間で、彼女たちは初めて「個人」になる。四○代、五○代の主婦の「夢」に海外旅行、というのがあるが、それにつづけて「誰と?」の問いに対して、彼女たちは「夫」でもなく「子ども」でもなく「気の合った同性の友人と」と答えるのである。その意味では、男性が旧来の血縁・地縁・社縁社会の中で、「父」「家長」「社員」といった「役割」をしか生きていない間に、女性たちはとっくに「妻」「母」の役割から降りて、じゅうぶんに「個人」になっているといっていいかもしれない。そして女たちが「個人」になる場所を、選択縁の社会は提供しているのである(10)。

さらに、選択縁の社会は、伝統的なタテ型とはちがう、ヨコ型人間関係の新しいモデルとなりうる。先の千里の主婦は言う。

「男の人はやっぱりタテ社会に生きてはりますでしょ。それに比べたらねえ、女はタテ社会に生きていないから、ズバリモノが言えますわねえ。」

境界の不明確なメンバーシップ、規約やリーダーシップの不在、ヨコ並びのピア関係、のような「女縁」の特徴は、タテ社会の原理に支配された「イエ」型でも、ウチ／ソトの排他性にもとづいた「ムラ」型でもない、よりゆるやかで柔軟なヨコ型社会の可能性を暗示する。

これまで日本人は、男は会社という職業集団の、女は婚入した家父長的な「家」という血縁集団の、降りられない関係の中でタテ型社会関係を内面化してきた。選択縁の社会がヨコ型でありうるのは、それがやめようと思えばいつでもやめられる関係だからである。いつでも降りられるような関係が、有効なソーシャライザー(社会化の担い手)になるかどうかにはまだ疑問があるが、人びとが選択縁の中で社会化されていくとしたら、日本社会には、「イエ」型でも「ムラ」型でもない新しい人間関係が育つ可能性があるといっていいだろう。その点でも「選択縁」は「女縁」に学ぶところが多い。

急速な高齢化社会を迎え、かつまた従来の血縁・地縁・社縁がかつてのように機能しなくなった今日、男も女もともに「選択縁」の中に未来を見出すしかない時代が来ているといえるだろう。

(付記) 女性のつくる選択縁、別名「女縁」については、一九八七年に関西地区で三三五グループの予備調査にもとづく二三グループ、五キーパーソンのインタヴュー調査を、アトリエFと電通ネットワーク研究会の協力を得て実施。その調査結果は上野・電通ネットワーク研究会編[1988, 2008]にまとめられている。

なお、本稿は、栗田靖之編『日本人の人間関係』[1987]に「選べる縁・選べない縁」として収録された論稿に、一部加筆したものである。

注

(1)「第三空間」の「空間」とは、社会的なコミュニケーションが成立する「場」であって、必ずしも物理的な「空間」を意味しない。ただし、磯村自身は、「空間」の概念を実体化して、都市のゾーニングのような空間的分節に適用する傾きがあった。その結果、彼は「第三空間」に、繁華街のような商圏の中心と、ＣＢＤ(中央ビジネス地区 Central Business District)とを未分化に含める結果になった[磯村他編 1975]。都市空間のコミュニケーションを機能面から見て「盛り場」論へとつないでいったのが、藤竹暁[1973]や材野博司[1978]らである。

(2) 望月はのちに「知縁」を「値縁」と呼びかえている。

「かつてのいちばんプリミティブな共同体のつながりは「血縁」であった。……それが、村落のような地域社会にまで広がった。これは「地縁」社会である……現代社会を称して、「社縁」の時代だというい方がある。社とは「会社」「結社」の社であるのだが、これを「ちえん論」からこじつけ的にいうと、個人の「価値」「あたい」によってつながっていることから、私は「値縁」社会と呼びたい。

しかし、この「値縁社会」も、もうそろそろ寿命であるかもしれない。企業や結社に帰属することを好まない自由人社会の兆しが、そこここにみえはじめているからである。そこで生れてくるのは、「認知」する情報によって結ばれる、きわめて集合離散の自由度の高い「知縁」による社会ではないか、というのが私の仮説である。」[望月 1985：81-82]

(3) 望月の「知縁」もしくは「値縁」と、栗田靖之の「情(報)縁」とが、私の「選択縁」に近い。また樋口恵子は「志縁」という用語をつくっている。だがネーミングに関しては、第一に「ちえん」では地縁とまぎらわしいことと、第二に「知縁」「情縁」いずれも、「知・情・意」のいずれかを代表して他は排除するととられやすいことから、これを採用しない。「情報縁」については、以下に述べる理由で、「情報媒介性」が、選択縁に固有ではないと考えるから採らない。

(4) 私はかつて「有縁」「無縁」の概念セットをキータームに、都心空間のコミュニケーションを、とりわけ商行為について扱ったことがある[上野 1980]。

(5) サラリーマン社会のサバイバル戦略としての「ニッチの創出」については、「企業小説」の作家、堺屋太一や長銀相談役の竹内宏らが、梅棹と似たような提言を行なっている。

(6) 一九八三年八月二六日実施の、都市生活研究所(篠崎由紀子代表)による千里住民ヒヤリングから、生協活動に従事する女性コミュニティリーダーの発言。

(7) 注(6)に同じ。

(8) 高橋幸子の「みみずの学校」は、もともと集合住宅の階段室を共同しあう隣人同士の中から生まれた「地縁」集団だったが、管理主義的な学校教育に風穴を開ける「もう一つの学校」として、より広い範囲に同じ志をもつ仲間を作り上げて来ている[高橋 1984]。高橋の原点には、前近代型の長屋型コミュニティのイメージがあるが、現代ではそういう即自的な共同体はあらかじめ存在せず、それすら意図的・選択的に作り出さざるをえないという逆説がある。私はこれを「娘宿」にならって「オバン宿」と呼んだ[上野 1985a／上野 1987, 1992]。

(9)　離別母子家庭と離別父子家庭の危機に対する対応のちがいに、このコントラストは明瞭に現われる。母子家庭の女性は援助のネットワークを作り上げ、かつ比較的援助が得やすいのに対し、父子家庭の男性は、一般に相談者がおらず、生活が破綻して、子どもを児童相談所に預けたり、また遠くに住む実家の母に託したりして、父子が離散するケースが多い[春日 1986]。

(10)　社会学的にいえば、近代的「個人」とはもともとあらゆる役割をとり去ったあとに残る人格の「残余カテゴリー」であるから、これが成立する社会関係の場もまた、定型的な役割期待と役割取得にとって成り立つあらゆる「有縁」の関係の残余、つまり「余暇」という名の、余りものの時空間であることは、論理的に当然であろう。

四　性差別の逆説——異文化適応と性差

［初出一九九一年］

1　異文化適応と性差

異文化適応に性差と年齢差があることは、文化人類学ではよく知られている。もし他の条件が同じであれば、一般に女性は男性より適応が早く、年齢の低いほうが高いほうより適応が早いと考えられている。イモを海水で洗って食べるという新しい文化を学習した幸島のイモアライザル、才媛〝イモ〟のように、新しい慣習は文化の周辺部、つまり女・子どもから中心部へ伝播する傾向がある。幸島のサルの場合も、このイモアライ文化ははじめコドモから、ついで母ザルへと伝播し、最後まで頑強に抵抗したのはオスの長老ザルであった。

だが、日本人の海外体験のこれまでの研究には、性差を問題にしたものが比較的少なかった。日本人の異文化適応についての稲村博の一連の業績も、主として日本人ビジネスマンに関するものだし[稲村 1980]、それに先立つ中根千枝の『適応の条件』[1972]も、男性ビジネスマンが主たる対象で、女性の問題は扱われていない。このところ急激に増えた帰国子女研究にしても、滞在期間の長さや年齢変数は重視するが、性差を有意味な変数として扱ったものは少ない。

その理由はいくつか考えられる。

第一に、社会科学の研究テーマのうちで、性差という変数の導入自体がきわめて新しい現象だという事実である。ウーマンリブのインパクトを受けて成立した女性学の影響で、社会科学のあらゆる分野で性差が大きく主題化されるに至った。異文化適応研究もその例外ではない。

第二に、性差研究は、「他のすべての条件が同じだとしたら」という比較の場合にしか意味をなさない。だが、これまで日本の男と女は、同じ条件のもとでは海外に行っていない。男性が海外に出るのは、おもに駐在員、行政官、留学生や研究者としてであったのに対し、女性はその妻、もしくは外国人の妻としてであった。「ビジネスマンの海外適応」に性差が問題になるためには、男性と同一の条件で海外勤務に出るようなビジネスウーマンが増えなければならないが、こういう現象はまだ当分先のことである。「ビジネスマンの海外適応」の背後に家族の問題が浮かびあがってきたのは、帰国子女の問題が表面化してからのことである。それでもなお、妻として海外に渡った女たちの存在は、とりあげられることが少なかった。私はかつて「主婦論」の歴史のなかで、

「主婦は暗黒大陸だった」と論じたことがあるが[上野編 1982]、同じように駐在員や留学生についていった妻の存在も付属品扱いで、見えない存在だったのである。彼女たちが例外的に問題になるのは子どもの異文化適応プロセスへの母の影響というコンテクストにおいてであった。海外帰国子女研究ではいまや古典ともいうべき箕浦康子の『子供の異文化体験』[1984]でも、駐在員の妻は、子どもの社会化環境を規定する母という要因として、はじめて考察の対象に入ってきたことを箕浦自身が告白している。「駐在員の妻」という異様な状況下におかれた女たちのかかえる問題点は、箕浦論文では深く追究されないままに終わっている。

第三に、帰国子女研究では、性差という変数の優先順位が、「在日」日本人子女と比べて相対的に低いということが考えられる。帰国子女にとって、アイデンティティの核心にくるのは、男児・女児を問わず海外にいる間は「日本人」であること、日本に帰ってきてからは「ヘンジャパ」(ヘンな日本人)であるというヨソモノ性であって、ジェンダー(性別)アイデンティティのプライオリティは二の次、三の次になる傾向がある。このことは、エスニック・マイノリティの研究からも明らかにされている。アメリカの女性解放運動はエスニック・マイノリティを巻きこみにくいという歴史的経緯をもっているが、というのも、マイノリティのアイデンティティ問題にとっては、ジェンダーよりもエスニシティのほうが核心にあるからである。だから、エスニック・マイノリティのアメリカ人の女性は、同じエスニック・グループの男性と共闘しても、白人の女性と連帯しようとはなかなか考えない。

一般にジェンダーが変数として問題化されるのは、他の変数のプライオリティが下がったときに限られる。それは、ジェンダーという変数が重要でないということを意味しない。それどころか、あまりにも自然視されるために、問題化されることがもっとも少ない、「最後の変数」だということを意味する。

帰国子女の性差研究に関して近年顕著にみられる傾向は、国内の受験競争が激化するにともなって、高学年になるほど男女児の性比がアンバランスになるという現象である。これは世界各地の現地校に共通にみられる現象だが、日本人学校でも学年が上がるにしたがって、男児が少なくなる傾向がある。中学受験期、高校受験期を契機に、親が男児を日本に帰すからである。たとえば一九八七年のボンベイの日本人学校中学部七人の在籍者のうち、六人が女児、一人が男児、しかもこの一人の男児は高校進学にさいして、日本国内の全寮制高校へ進学が決まっていた。

『海外子女教育事情』[1988]の著者、カニングハム久子によれば、現地校と日本人学校を比べてみても、現地校で優秀な成績をあげている日本人男子生徒は、小学校高学年になると日本人学校へ転校する。その反面、何らかの学習障害をもつ男子生徒が現地校に残る。つまり、現地校に面倒な子どもを押しつける傾向があるという。ところが女子生徒の場合には、これとは逆に、成績優秀なほうが現地校に残る傾向にある。この現象に対するカニングハムの解釈はこうである。

「日本人親の息子と娘に対する教育観と期待の相違がうかがえて面白い。息子は将来日本の組織で機能できるような準備を、娘は花嫁道具のひとつに現地校教育を、というパターンが浮き出ているように思える。」[カニングハム 1988 : 31]

男児と女児に対する親の側の態度のちがいには、帰国子女の再適応過程の問題点に対する認識が広まって、親の側が自衛のための対策を講じたという事情がある。

初期の海外駐在員は、子女教育に対してナイーヴな信念をもっていた。第一に、彼らは子どもの異文化適応にも帰国後再適応にもきわめて楽観的であった。第二に、そうやって国際化して育った子どもの将来にきわめて楽観的であった。第三に、自身エリートであった彼らは、自分の地位や能力の継承についてもきわめて楽観的であった。高学歴の親ほど自分と同等以上の教育を子どもに期待するというデータがあるが、子どもが高学歴を持つことを自明視する一方で、一世代の間に、受験競争が専門的な訓練を必要とするほど熾烈化していることに、エリートの親たちは気づかなかったのである。

この楽観の結果は、帰国子女第一世代に惨憺たる結果をもたらした。戦後第一期の海外駐在員たちは企業エリートであったが、その二世が同じくビジネスエリートの階層にリクルートされていったかというと、必ずしもそうではない。学校教育のなかでは受験競争の激化と偏差値序列による差別化が進行し、他方、企業側でも採用基準がますます学歴主義的になって職業の世襲はむずかしくなった。親のナイーヴな信念のもとでいわば放任されたジュニアたちの行く末は、せいぜい親の縁故でバイリンガルスタッフとして現地採用されることだった。企業は、帰属意識のあいまいな帰国子女より、日本国内で教育を受けた集団ロイヤリティの高い人材を優先したのである。

その結果、親の側のこの楽観的な信念はもろくも崩れ去った。そのため自衛策として、高学年の男児の日本人学校志向、あるいは日本帰国という選択が出てきたといえる。それは日本人の親が、男児については基本的に日本社会のなかで生きていくほかないと考えていること、そして日本社会は中途半端なアウトサイダーをけっして集団のエリートにはしないという事実を、知悉しているからである。

異文化体験の性差研究について、近年、言語人類学的なジェンダー研究があらわれた。たとえば日本語には人称代名詞に性別指定 gender assignment がある。かつ日常語のレベルで、性別に分化した語法 speech(女言葉/男言葉)がある。ニューヨークの日本人補習校で使用している小学校一年生向けの日本語の第一頁は、つぎのように始まる――「ぼくとわたし」。英訳すれば "I and I" となり、意味をなさない。現地校と日本人補習校とを往復している子どもたちは、ジェンダー指定のない人称世界とジェンダー指定のある人称世界との間の文化落差を、移動していることになる。その移動にともなう性別役割意識の葛藤が、女性学のインパクトを受けて以後の言語人類学の新しいテーマとなった。

アメリカ西海岸で日米バイリンガルの女性を対象におこなった言語人類学的研究によれば、同じ趣旨の問いに対して、同一の被験者が、英語で答える場合にはよりポジティヴな態度を、日本語で回答するときにはより受動的で抑制された答えを示したという。この実験結果は、使用言語が思考様式を規定するひとつの例証になっている。

海外体験の性差を問題にするときには、冒頭で述べたように、性差以外の変数をコントロールして同一の条件にしなければならない。そのためのサンプルが少ないことは前に述べたが、アメリカの大学に在籍する日本人留学生をみると、一般に女子学生のほうが男子学生よりも語学の習得が早く、そのうえ成績もよい傾向がある。この傾向は、戦後のフルブライト留学生を対象にした調査でも裏づけられている。

その理由には、いくつもの解釈がある。

第一に、女性は一般に勤勉で、語学のような反復練習に男性より向いているという説。この説は女らしさのステレオタイプにもとづいており、予言の自己成就的なところがある。

第二に、女性は自文化に対するプライドが男性より低く、異文化適応に積極的な態度をとりやすい。つまり女性は男性より自文化ロイヤリティが低いという説だが、これも偏見の要素が強く、実証はむずかしい。

第三に、男性に有利な資源分配構造のもとでは、一般に男性にくらべて女性は留学機会へのアクセスが乏しい。そういう状況下で海外留学を果たした彼女らは女性のなかでは特権的な少数派である。海外留学がけっしてエリートのものでなくなった現在でも、平均的な男子留学生より平均的な女子留学生の水準のほうが一般に高い傾向がある。これは同性、同年齢集団中の留学生比率を考えてみれば首肯できる。

第四に、「女らしさの社会化 gender socialization」のおかげで、女性は語学学習にともなう初歩的なミスをおそれず、そのため上達が早い。これに反して男性には「メンツ」や「コケン」があって語学学習の初期の失敗をおそれがちである。同様な観察を、外国人に日本語を教える日本語教師も証言している。中国人研究者に日本語を教えた教師の経験によると、プライドとコケンから男性は怒りや抵抗を示して習得がおそく、妻のほうが早く上達するケースがあったという。

第五に、性と年齢に非関与な英語文化圏では、日本女性は日本語使用の場合よりアクティヴになれるという要素がある。先に述べた言語人類学的な研究は、それを例証している。

第六に、男は能動／女は受動という性役割期待のもとでは、対人交渉シーンで、女性は自ら働きかけなくても相手から話しかけられる機会が多いのに対して、男性は自分のほうから話しかけなければならないというプレッシャーがあり、言語習得の機会に恵まれることが少ない。

以上のようないくつもの要因がからまっていると考えられる。

異文化体験は一種の限界状況である。そこでは、男性も女性も、一種の無力なマイノリティと化す。そういう危機的状況にあっては、社会的には「構造的劣性 structural inferiority」[Turner 1969/ターナー 1976]を帯びた女性のほうが、男性より有利になるという逆説がある。この逆説は、エスニック・マイノリティの雇用や、不況期の家族[Elder 1974/エルダー 1986]のような限界状況にも共通している。こういう状況下では、フルタイムの男性向け雇用は得にくいのに対して、女性向けのはした金稼ぎの仕事 job for pin money は比較的得やすい。その結果、不況期やエスニック・マイノリティの間では、夫は失業しているのに妻が日銭稼ぎの仕事で一家を養うというような逆転が起きることがある。

留学生はビジネスマンに比べて社会資源が少ないから、もっと限界状況に置かれやすい。日本人の留学生カップルにもその実例がある。夫の留学にともなわれて妻も渡米したが、結果的に妻のほうが語学の習得が早く、かつアルバイトの機会にも恵まれて、収入が夫より多くなった。英語圏で暮らした影響もあって、それまで夫に従属的だった妻は、以前より自己主張するようになった。その結果、渡米前の夫婦の勢力関係が、アメリカで逆転するに至る。このケースは、渡米後三年で離婚に至った。

企業派遣の留学生や駐在員のように、社会資源の分配が保証されている条件下の性差はどうだろうか。残念ながら、この問いに答えるには同じ条件をもった女性のサンプルがもう少し増えるまで待たなければならない。

2　海外駐在員の妻

女性の海外体験のボリューム・ゾーンは、夫の海外赴任に同行する妻のケースである。カリフォルニア大学ロスアンゼルス校の人類学部大学院生だった箕浦康子は、「子供の異文化体験」に関心を抱き、一九七六年から八一年にかけて、ロス在住の日本人駐在員八〇家族に面接調査をおこなった。その結果は同名の著書にまとめられ、この分野ではいまや古典となっている。彼女は子どもの異文化体験から入りながら、結果として子どもの背後にいる日本人妻の状況に目を向けざるをえなかった。そこには異文化適応の性差の、べつな側面があらわれている。

箕浦の報告によれば、駐在員家族では、前節のケースとは逆に、妻のほうが夫より海外適応に困難を感じている場合が多い。それは、夫と妻が同じ条件のもとに海外生活を送っているわけではないからである。

第一に、「夫は仕事・妻は家庭」の性別役割分担のもとでは、職場に参加している夫にくらべて、一般に妻は異文化にさらされる機会が少ない。

第二に、海外駐在準備教育が、夫にくらべて妻の側に不足しているために、妻のほうは情報不足と語学力の壁で、家の中や日本人コミュニティにとじこもりがちな傾向にある。

第三に、駐在員カップルは、学歴上昇婚が多く、一般に妻のほうが夫より学歴が低く語学力も劣る。

第四に、日本にいたときから依存型で家庭志向の女性が多く、一時滞在の期限つきもあって、現地の社会に溶けこむ積極性を欠く。

第五に、妻が現地でコミュニティ活動や就労をしようとすると、日本人コミュニティや企業から、有形無形の圧力がかかる。

等の理由がある。

ビジネスマンの異文化適応やストレス対策には企業も熱心だし、稲村博をはじめとして研究もいろいろあるが、その家族については取沙汰されることが少ない。帰国子女の問題は大きくクローズアップされても、妻の異文化適応には、あまり注意が払われない。だが駐在員の妻の閉塞感や葛藤を描くルポルタージュや実録ものは、ヒロコ・ムトー『妻たちの海外駐在』[1985]や谷口恵津子『マダム・商社』[1985]など、増えてきた。

海外駐在は妻たちにとっても一種の危機的状況である。「電話がとれない・しゃべれない・出歩けない（クルマの運転ができない）」の妻の「三重苦」のために夫に生活の負担がかかりすぎて家族を帰国させたケース、妻のうつ病やノイローゼで海外生活を早めに切り上げなければならなかったケース、在外中または帰国後の葛藤を通じて離婚に至ったケースなど、さまざまである。

一時滞在の日本人駐在員の家族からなる日本人コミュニティの異様さもまた、報告されている。夫の企業内地位と在留年数に地位が連動したペッキング・オーダー（つつき順序）、現地人コミュニティとの交流に積極的な女性に対するナカマハズシ、日系人や現地人の日本人妻などの永住者に対する依存と蔑視のアンビヴァレンツなど。どんなに大きな空間的エリアに分散していようと、日本語圏という小さな言語コミュニティに住む彼女らは、日本国内に住む「社宅妻」以上に、外部から孤立した一種の情報過疎地域に住んでいる。さらに駐在員家族に対する企業の態度は、妻の地域社会からの隔離を強化する。妻のコミュニティ活動や就労に制限を加える企業側のいい分は、「海外勤務手当」を含めて駐在員とその家族が、企業の威信にふさわしい体面を保つだけの給与を支払っている、というものである。ここには、企業は夫一人の労働力だけでなく、家族をまるがかえで雇っているという、企業家族主義ならぬ家族企業主義の論理があからさまに示されている［木下 1983］。

このところ、海外駐在生活における妻の役割が重視されるようになってきた。語学力のある、積極的で社交的な妻の役割の重要性も認識されるようになった。企業によっては海外駐在準備教育を家族向けにおこなうところや、海外子女教育カウンセリングの窓口を開設するところが出てきた。その反面、ビジネスマンとしては優秀でも「仕事以外は妻任せ」の夫に対する反省から、男性向け生活セミナーを実施するところも出てきた。カニングハムは『海外子女教育事情』のなかで、学習障害をもった子どもたちのカウンセリングをとおして、その背後にある「日本型家族」のゆがみに迫っている。日本型家族のゆがみとは、彼女によれば、「母性社会」の病理である。その問題点は、第一に夫の長時間労働と夫婦役割分担による父不在の家庭と、第二に、その結果もたらされる母子密着、さらに言葉の壁等から促進される密着の果ての母子孤立である。日本型家族がもともともっていたゆがみが、日本なら顕在化せずにすむところを、海外駐在という限界状況のなかで問題としてふき出してくる。その過程で夫婦・親子の間に本来あったあつれきが顕在化する。海外駐在がきっかけで結束が高まった家族もあるが、離婚の危機を迎えた家族も数多い。ポジティヴであれネガティヴであれ、海外駐在体験が家族にとってクリティカルな期間だという事情に変わりはない。そこでは母の不安が子の不安に伝染する。不安を抱えこんだ子どもたちのさまざまな適応障害を、カニングハムは臨床例として扱ってきた。

彼女は学習障害児に対する日本の男親に共通の態度を、何点か指摘している。

第一点は、子どもが問題を起こしても、それに無関心もしくは放置するという態度をとる。学校やカウンセラーから呼び出しが来ても行かない。

第二点は、無関心どころか、事実を受け入れることを拒否し、そのことによって事態の改善を妨害する。たとえば言語適応に障害のある子どもに対して、進級をやめて現級にとどまるようアドバイスをしたり、日本人学校へ転校を勧めた場合も、それを拒否するのは圧倒的に男親に多い。「ほかの子はみんな上がるのにどうしてオレの子だけが」とか「オレの子がうまくいかないわけがない。強くたくましい子に育ってほしい」と、現実を否認して自分の価値観や期待をおしつける。

第三点に、もっと悪いことには、拒否が母子に対する攻撃に転化し、譴責によって母子を追いつめる場合さえある。たとえば、問題を起こした子どもに対して、母親を殴る、どなるという形で母親の責任を問うとか、「オレの家系にヘンな子どもはいない」といって母親に責任を転嫁する。問題を抱え、援助を求めている母子を、あろうことかもっとも身近な他者である父親が孤立に追いこむ。ここまでくれば、母子心中まであと一歩である。こうなると、日本の男親は、事実上父の役割を果たしていないばかりか、積極的に子捨てをやっているといっていい。カニングハムの臨床例には、こういう惨憺たる事例がいくつも出てくる。

カニングハムはさらに、学習障害を起こす子どもは男児が多いと指摘して、その理由をふたつあげている。第一に、日本の家庭では男児に対する期待とプレッシャーが、女児よりはるかに高いこと、第二に、その結果として、母子密着と甘やかしが男児の場合に顕著だということである。

最近、思春期発達障害の性差は、縮小する傾向にある。従来は、登校拒否や家庭内暴力は男児に多く、摂食障害は女児に固有の病理といわれ、その性差の説明に、男児に対する過度の期待とプレッシャー、女児にとっては劣位の内面化と成熟拒否があるといわれてきた。だが、精神病理学者は、このところ発達障害の性差が縮まってきていると報告している。登校拒否児に男女差はなくなってきているし、「家庭内暴力少年」に対して「家庭内暴力少女」というのも登場している。女児に特有といわれた摂食障害でさえ、男児にあらわれてきている。長男長女の時代や一人っ子の時代になると、子どもに対する期待やプレッシャー、母子密着の傾向は、性差を問わないのかもしれない。海外子女についても同様な傾向が出てくる可能性がある。

3　帰国子女

子どもの社会化とアイデンティティ形成に海外体験がどのように影響するかについて

は、すでに数多くの研究が蓄積されている。一般に、子どもが低年齢であればあるほど異文化適応は急速かつ徹底的であり、かつその場合は逆に帰国後再適応に深刻な問題が生じると考えられている。これは八歳が分岐点といわれている。バイリンガル教育のエキスパート中津燎子は、子どもに母国語のアイデンティティが確立する三、四歳の言語形成期までは、外国語教育はスタートすべきでないと主張している[中津 1976]。

性アイデンティティと性別社会化についてはどうであろうか。黒木雅子は、アメリカ西海岸ベイエリアで、在米日本人と日系アメリカ人の性役割観を比較するという調査を実施している[黒木 1986]。表2の性役割規範のうち「2 個人の希望を家族の義務に優先させてよい」という、個人主義規範と家族主義規範の優先順位を問う命題に対する共感度は、興味深い結果を示している(表1、表2)。

結果は高い順に一位「在米日本人・永住権なし」＞二位「在米日本人・永住権あり」＞三位「日系三世」＞四位「日系一世」そして第五位、もっとも共感度の低いのが「日系二世」という、意外な結果になっている。

ここでの発見は、第一に日系一世より日系二世のほうが伝統的な性規範への同調度が高く、第二に在米日本人より日系アメリカ人のほうが伝統的な日本的価値観を強くもっており、第三に永住者より一時滞在者のほうが日本バナレした個人主義志向が強いということができる。

表1　各対象グループの内訳

	日本人		日系アメリカ人		
	A　群（アメリカ永住権無）	B　群（アメリカ永住権有）	C　群（一世）	D　群（二世）	E　群（三世）
平均年齢（歳）	29	37	84	60	30
在米年数（年）	4	13	61	56	28
学　歴（年）	15	16	10	16	17
女性比（%）	30	53	84	52	53
日常使用言語（%）（英語の方が使いやすいとする者の割合）	15	23.5	0	95.2	100

（注）　数字はすべて各グループの平均値

表2　結婚における妻と夫の役割および「家」のイデオロギーに関する規範

	日本人		日系人		
	A　群	B　群	C　群（一世）	D　群（二世）	E　群（三世）
1　妻の仕事は夫の仕事と同様大切である	1.59 (3)	1.46 (2)	1.93 (4)	1.95 (5)	1.40 (1)
2　個人の希望を家族の義務に優先させてよい	2.21 (1)	2.25 (2)	3.00 (4)	3.10 (5)	2.85 (3)
3　両親が子どもを預けて遊びに出てもかまわない	2.57 (2)	2.00 (1)	2.92 (4)	2.75 (3)	2.94 (5)
4　苦しい時は他人より家族を頼る方がよい	2.40 (4)	1.80 (1)	2.00 (3)	1.85 (2)	2.50 (5)
5　正しいと思う事なら両親の意に反しても仕方ない	1.83 (1)	2.08 (3)	1.91 (2)	2.38 (5)	2.33 (4)

（注1）　数字は平均値，カッコ内は強い同意を示す順序
（注2）　強く賛成=1，賛成=2，反対=3，強く反対=4，どちらとも言えない=5，平均値は「どちらとも言えない」を省いて計算してある

表1・2出典：黒木雅子「日米の文化比較からみる日系アメリカ人の性役割」『女性学年報』No.7，1986.

黒木があげた理由は、以下の五点である。

第一に、日系移民や永住者のほうが、アメリカ国内の少数民族として、民族的アイデンティティへのロイヤリティが高く、かつ日本人コミュニティへの帰属感が強い。

第二に、日系一世と二世のライフステージがちがう。一世は年齢が高く家族義務から解放されているためにより個人主義的な態度をとれるが、二世はまだ家族義務の大きいライフステージにとどまっている。

第三に、日本生まれの新移住者は、戦前に移住した日系一世より年齢的に若く、家族主義的な価値観の衰退という日本社会の変容をすでに国内で経験している。

第四に、在米日本人は日系アメリカ人にくらべてより積極的な理由で日本を離れている。

第五に、一時滞在の日本人は、一般に学生、研究者、ビジネスマンなど学歴の高い層と考えられる。

一般的にいって、海外体験のあり方は、それが選択的か非選択的かで非常に異なる。日系一世や一時滞在者のように選択的に海外に行った人びとは自文化に対するロイヤリティが低いのに対して、非選択的な理由から海外に行った人、日系二世や在外子女の場合には、アイデンティティの問題からかえって伝統的な価値に対するロイヤリティが高くなる傾向があるといえる。

自文化ロイヤリティに対する性差を考えると、一般に女性のほうが男性より自文化ロイヤリティが低いといえるだろう。それは、日系人の人種間結婚 interracial marriage のあり方をみてもわかる。日系人の人種間結婚率は最近非常に高くなっているが、これにも性差が大きい。日系女性の外婚率は高く、日系男性のほうは、同じエスニック・グループ内での内婚率が高い。しかもこれにははっきりした人種間上昇婚の傾向がある。日系女性の人種間結婚はユダヤ人を含む白人系が多いのに対し、日系男性の人種間結婚は、韓国系や中国系のようなアジア系の女性が多い。人種間結婚のあり方をみる限り、「日本人は人種差別主義者 racist」といわれてもしかたのない傾向にある。

人種間結婚の性差のあり方には、男性優位の家父長制が反映されている。第一に家父長制のもとでは、女性は婚出する marrying out 運命にあるということ、第二に、男性優位のもとでは女性の結婚相手は自分より上の階層に属する marrying up ということのふたつである。女性は、婚出によって自文化を脱し、異文化圏に入る。異文化に適応するほかない状況に投げこまれるために、適応が早いと考えられる。女性の自文化ロイヤリティの低さと異文化適応の早さは、結果であって原因ではない。異文化適応の性差は、「どんな家風にも染まるように」と女性を育てる家父長制の陰謀の「逆説」といえるだろうか。

この逆説には功・罪ともにあるが、罪のほうを考えると、「娘を国際人に育てたい」

という美名のもとに、民族的アイデンティティ形成をしそこねた「バイリン・ギャル」——bilingual gal の略——の存在がある。第1節で述べたように、男児と女児で親の期待がちがうために娘には将来を考えなくていい。手もとに置いてペット的にかわいがりたいと思う親が娘を長期に現地校に置く傾向がある。その結果、両親とも日本国籍をもつ日本人で、人種的には一〇〇%日本人だけれども、言語、行動様式がガイジン化した「ヘンジャパ」が誕生する。『アクロス』八七年七月号は、「リターニーちゃん」ブームをとりあげて、「血中外人濃度が高いジャパニーズ」と定義している[『アクロス』1987：54-77]。日本人を「バナナ」——見かけは黄色だが一皮むくと気分は白人——とよぶ蔑称があるが、「リターニーちゃん」は、「ガイジンのふり」をしているのではなく完全に「アタマがガイジン」してるのである。日本社会にうまく適応できず、日本人としてのアイデンティティも確立しそこねた「血中外人濃度」の高いヘン・ジャパニーズたちは、もし男性なら鼻つまみだが、女性だからこそ浮遊する一種の風俗として新しいブームをつくっている。バイリン・ギャルはギャルであってボーイではない。FENなど国内英語放送でのDJへの起用、ニュースキャスターや国際レポーターへの登用など、バイリン・ギャルは、時代の新しい文化英雄になりつつある。だが、華やかにみえてもマスメディアの周辺労働者として使い捨てされる彼女たちに、日本社会のなかの正式なメンバーシップが用意されているわけではない。

「女だから」自文化ロイヤリティを要求されなかった彼女たちは、逆にいえば、自文化から棄民をされた存在でもある。文化棄民としての帰国子女の問題にも、性差は色濃く影を落としている。

4　結　論

最後にふたつの問題を指摘しておきたい。

ひとつめは、異文化適応と家族という問題である。家族はこれまで、異文化適応の単位になる基礎的集団と考えられてきた。鄭暎惠《チョンヨンヘ》は中国から帰国した残留邦人とその家族の日本文化適応過程の調査を通して、この仮説に異議を唱える。そして、海外適応にとって家族はけっしてユニットにならないという、明快な事実を提出する［鄭 1988］。家族は、性差と年齢差を含む集団である。適応というのは、結局、個人個人の内面的なプロセスであって、そういうプロセスがたまたま家族という単位で集まってグループ・ダイナミックスを起こすことはありうるが、家族そのものがまとまりのある上位単位となって、父親が適応すれば家族が丸ごと適応課題を果たすということにはならない、と鄭は指摘する。すなわち、親の適応は親の適応であって子の適応を必ずしも保証しないし、夫の適応は妻の適応を保証しない。その逆も真である。それは個々のファミリィ・メンバーの個別課題であって、相互の間のずれやゆがみが新たなファミリィ・ダイナミックスを惹き起こす。それが家族の結束を強化する方向に向かう場合もあれば、潜在的なあつれきを拡大し、さまざまな危機をもたらす場合もある。『大草原の小さな家』のように家族を背後にかばった父親が、自然の脅威に立ち向かう、という神話的なイメージは、ここでは崩壊する。家族はけっして上位のシェルターとして個人を保護し、適応の媒介項になるという性質のものではなく、適応の単位はあくまで個人なのである。だとすれば、性差と年齢差が異文化適応のプロセスで果たす変数としての意味は、もっと積極的に問われなければならない。また、メンバー相互の間に適応ギャップの大きいマルチ・カルチュラル・ファミリィのダイナミックスについても、その内部にもっと踏みこんだ研究が必要であろう。

ふたつめは、同化主義と帰国後再適応の問題点である。異文化適応には、行きの異文化適応と帰りの自文化再適応のふたつの側面がある。ここで問題になるのが、文化間のハイラーキィである。同化主義は、優位文化に対してしか働かない。したがって日本人の海外体験は、日本人が優位文化と見なす欧米圏に行った場合と、劣位文化と見なすアジア・アフリカ圏に行った場合とでは、てのひらをかえすように違う。現地校への通学率も、第三世界圏では極端に少なく、日本人コロニーをつくってそのなかで暮らすことが当然視されている。欧米人は自らを最優位の文化と信じているから、どこの文化圏へ行っても自国の流儀で通すという植民地主義を押しとおした。日本は繁栄の結果、かつての欧米の植民地主義者と同じ域に達しつつある。

歴史的にふりかえってみると、海外帰国子女対策には三期を数えることができる。完全な放任と楽観主義が支配していた第一期。それへの反動から「外国ハガシ」と帰国後再適応の強制が蔓延した第二期。そして、帰国子女がある程度のボリュームをなして、国内外国ともいうべき特権的なゲットーをつくり出した第三期。「外国ハガシ」と帰国後再適応の圧力に対する自衛から、帰国子女を帰国後も国内のアメリカン・スクールや国際学校に入れる親が増えた。なかには、帰国後再適応をうまく果たせずに、国外再脱出をする帰国子女もいる。だが他方では、帰国子女対策から、大学入学の帰国子女特別枠のような優遇措置がとられたり、バイリンガルという特別な資源をもった特権階級と見なされて逆にもてはやされるという現象も出てきた。国内外国ともいうべき国際学校やアメリカン・スクールは、一〇〇％エスニックには日本人でありながら、英語を使いながら暮らすゲットーを作り出した。帰国子女でもないのにアメリカン・スクールや国際学校に子どもを通わせたがる日本人の父母も出てきた。「外国ハガシ」をしないままで在日日系ガイジンをやることが、プラスの価値をもつという逆転現象が起きてきたのである。だが、前述したように、これも男児ではなく女児に顕著な傾向だという点を考えると、「海外体験」という資源をもった人材を、日本社会が本気で活用するつもりがあるかどうかは疑わしい。

だが、これも優位文化圏からの帰国子女の場合に限る。劣位文化圏からの帰国子女は、日本人コロニーに住んでいたせいで、現地文化への同化努力もしない代わり、「外国ハガシ」の再適応圧力にもさらされずにすむ。欧米植民者には日本のように深刻な「帰国子女問題」はなかった。彼らは世界各地のコロニーを、自文化の飛び地として移動しただけだったからである。

いまや帰国子女対策には第四期、コロニー主義とでもいうべき時代が到来しつつあるようにみえる。皮肉なことに日本の「国際化」が進行するほど、この傾向は、優位文化圏・劣位文化圏を問わず、強まっている。というのは、海外派遣がもはやエリートではない中小の企業社員に及び、ますます大量の日本人が海外に住むようになって、各地にエスニック・コミュニティを形成するに足る規模をもつようになると、逆説的なことに、日本人ムラのようなゲットーのなかで一〇〇％生活が成り立つようになるからである。かつての欧米人のように、外国で暮らしながら日本語だけで生活して帰って来るような海外体験をもつ日本人は、これから増えてくるだろう。海外体験が少しも海外体験にならないような日本人の増加は、国際化の逆説というべきだろうか。

参考文献

青木やよひ 1983「性差別の根拠をさぐる―日本における近代化と儒教イデオロギーについての覚え書き」山本哲士編『経済セックスとジェンダー』(シリーズ　プラグを抜く1)新評論
――(編) 1983『フェミニズムの宇宙』(シリーズ　プラグを抜く3)新評論
―― 1986『フェミニズムとエコロジー』新評論
『アクロス』160号 1987「FM横浜―第四山の手にバイリンガル文化が開花する」パルコ出版局、一九八七年七月
浅田彰 1984『逃走論―スキゾ・キッズの冒険』筑摩書房
天野正子 1979『第三期の女性』学文社
―― 1988「「受」働から「能」働への実験―ワーカーズ・コレクティブの可能性」佐藤慶幸編著『女性たちの生活ネットワーク』文眞堂
網野善彦 1978『無縁・公界・楽』平凡社
荒井保男 1978「老人の心理」『高齢化社会と老人問題』(ジュリスト増刊総合特集12)有斐閣
アリエス、フィリップ 1980 杉山光信・杉山恵美子訳『〈子供〉の誕生―アンシァン・レジーム期の子供と家族生活』みすず書房[Ariès 1960, 1973]
アンガーソン、クレア 1999 平岡公一・平岡佐智子訳『ジェンダーと家族介護―政府の政策と

個人の生活』光生館[Ungerson 1987]
アンダーソン、マイケル 1988 北本正章訳『家族の構造・機能・感情――家族史研究の新展開』海鳴社[Anderson 1980]
イーグルトン、テリー 1987 大橋洋一訳『クラリッサの凌辱』岩波書店[Eagleton 1982]
育時連(編) 1989『男と女で「半分こ」イズム――主夫でもなく、主婦でもなく』学陽書房
磯村英一他(編) 1975『人間と都市環境――日本地域開発センター報告1(大都市中心部)』鹿島出版会
伊田広行 1995『性差別と資本制――シングル単位社会の提唱』啓文社
糸井重里 1986『家族解散』新潮社/1989 新潮文庫、新潮社
伊藤幹治 1982『家族国家観の人類学』ミネルヴァ書房
伊藤整・安岡章太郎・江藤淳 1965「座談会 文学の家庭と現実の家庭」『群像』一九六五年一〇月号
伊藤整 1965「作家の証明」『中央公論』一九六五年一一月号
稲村博 1980『日本人の海外不適応』NHKブックス、日本放送出版協会
井上勝也 1978「ポックリ信仰の背景」『高齢化社会と老人問題』(ジュリスト増刊総合特集12)有斐閣
井上清 1949『日本女性史』三一書房
井上哲次郎 1891『勅語衍義』(上・下)
―― 1908『倫理と教育』弘道館

井上輝子・江原由美子(編) 1991『女性のデータブック――性・からだから政治参加まで』有斐閣
今井賢一 1984『情報ネットワーク社会』岩波新書、岩波書店
イリイチ(イヴァン・イリッチ) 1977 東洋・小沢周三訳『脱学校の社会』(現代社会科学叢書)東京創元社[Illich 1971]
―― 1979 金子嗣郎訳『脱病院化社会――医療の限界』晶文社[Illich 1976]
イリイチ、イヴァン 1982 玉野井芳郎・栗原彬訳『シャドウ・ワーク――生活のあり方を問う』岩波現代選書、岩波書店/1990 同時代ライブラリー、岩波書店[Illich 1981]
―― 1984 玉野井芳郎訳『ジェンダー』岩波現代選書、岩波書店[Illich 1982]
イリガライ、リュース 1987 棚沢直子他訳『ひとつではない女の性』勁草書房[Irigaray 1977]
ウェーバー、マックス 1957 浜島朗訳『家産制と封建制』みすず書房[Weber 1921-22]
上野千鶴子 1980「百貨店の記号学」『広告』21巻6号、博報堂
―― 1982a「主婦の戦後史」([上野編 1982]Ⅰ所収)
―― 1982b「主婦論争を解説する」([上野編 1982]Ⅱ所収)
――(編) 1982『主婦論争を読む・全記録』Ⅰ・Ⅱ、勁草書房
―― 1984「祭りと共同体」井上俊編『地域文化の社会学』世界思想社
―― 1985a「オバン宿」(共同討議・新世相探検、第一回「女・子ども文化」)『朝日新聞』大阪版、一九八五年六月一五日夕刊
―― 1985b「女は世界を救えるか――イリイチ『ジェンダー』論徹底批判」『現代思想』一九八五年一一月号([上野 1986]所収)

――1985c『資本制と家事労働』海鳴社
――1986『女は世界を救えるか』勁草書房
――1987『〈私〉探しゲーム――欲望私民社会論』筑摩書房／1992 ちくま学芸文庫、筑摩書房
――・電通ネットワーク研究会(編) 1988『「女縁」が世の中を変える』日本経済新聞社／2008 岩波現代文庫(『「女縁」を生きた女たち』と改題し増補)、岩波書店
――1989a『スカートの下の劇場』河出書房新社／1992 河出文庫、河出書房新社
――1989b「ジェンダーレス・ワールドの愛の実験」季刊『都市』2号、都市デザイン研究所([上野 1998a]所収)
――1989c「日本の女の20年」『女性学年報』10号、日本女性学研究会
――1989d「親離れしない娘たちが達成する〝男女平等〟」『中央公論』一九八九年五月号
――1990a『家父長制と資本制――マルクス主義フェミニズムの地平』岩波書店／2009 岩波現代文庫、岩波書店
――1990b「恋愛の社会史」上野千鶴子編『ニュー・フェミニズム・レビュー1 恋愛テクノロジー』学陽書房
――・小倉千加子・富岡多恵子 1992『男流文学論』筑摩書房／1997 ちくま文庫、筑摩書房
――1993「解説『成熟と喪失』から三十年」([江藤 1993]所収)
――1994『近代家族の成立と終焉』岩波書店
――1995「江藤淳の戦後」中日新聞一九九五年七月一二日([上野 2000b]所収)
――・江藤淳 1995「対談 日本の家族」『群像』一九九五年二月号

―― 1997a「フェミニズムの視点から考える結婚制度」(インタビュー伏見憲明)『クィア・スタディーズ'97』(特集 婚姻法/ドメスティック・パートナーシップ制度)七つ森書館
―― 1997b「女装した家父長制――「日本の母」の崩壊」平川祐弘・萩原孝雄編『日本の母――崩壊と再生』新曜社([上野 2000b]所収)
―― 1998a『発情装置――エロスのシナリオ』筑摩書房/2015 岩波現代文庫、岩波書店
―― 1998b『ナショナリズムとジェンダー』青土社/2012 岩波現代文庫、岩波書店
―― 2000a「「プライバシー」の解体」『アディクションと家族』17巻4号、家族機能研究所
―― 2000b『上野千鶴子が文学を社会学する』朝日新聞社/2003 朝日文庫、朝日新聞社
―― 2002『差異の政治学』岩波書店/2015 岩波現代文庫、岩波書店
――・中西正司 2003『当事者主権』岩波新書、岩波書店
―― 2005-09「連載 ケアの社会学」『季刊 at』創刊号～15号、太田出版([上野 2011]所収)
―― 2006『生き延びるための思想――ジェンダー平等の罠』岩波書店/2012 岩波現代文庫、岩波書店
―― 2010『女ぎらい――ニッポンのミソジニー』紀伊國屋書店/2018 朝日文庫、朝日新聞出版
―― 2011『ケアの社会学――当事者主権の福祉社会へ』太田出版
―― 2018「「男らしい」死」『表現者 クライテリオン』二〇一八年五月号
―― 2019「戦後批評の正嫡 江藤淳」『新潮』(特集 江藤淳 没後二〇年)二〇一九年九月号
宇野常寛 2017『母性のディストピア』集英社
梅棹忠夫 1967『文明の生態史観』中央公論社/1974 中公文庫、中央公論社/1998 中公文庫

（改版）、中央公論社／2002 中公クラシックス、中央公論新社
―― 1981『わたしの生きがい論――人生に目的があるか』講談社
―― 1991『女性と文明』（梅棹忠夫著作集第9巻）中央公論社
エスピン＝アンデルセン、G 2000 渡辺雅男・渡辺景子訳『ポスト工業経済の社会的基礎――市場・福祉国家・家族の政治経済学』桜井書店［Esping-Andersen 1999］
江藤淳 1956『夏目漱石』東京ライフ社
―― 1961『小林秀雄』講談社
―― 1962『西洋の影』新潮社
―― 1965『アメリカと私』朝日新聞社
―― 1966a「文学と私」（『文学と私・戦後と私』新潮文庫、新潮社、1974 所収）
―― 1966b「戦後と私」（『文学と私・戦後と私』新潮文庫、新潮社、1974 所収）
―― 1967a『成熟と喪失――〝母〟の崩壊』河出書房／1988 新版／1993 講談社文芸文庫、講談社
―― 1967b「日本と私」（福田和也編『江藤淳コレクション エセー』ちくま学芸文庫、筑摩書房、2001 所収）
―― 1970-99『漱石とその時代』第一―五部、新潮社
―― 1970「「ごっこ」の世界が終ったとき――七〇年代にわれわれが体験すること（昭和四五年一月号）」『諸君！』一九七〇年七月号
―― 1972a『アメリカ再訪』文藝春秋

―― 1972b『夜の紅茶』北洋社
―― 1973『一族再会』講談社
―― 1980『一九四六年憲法―その拘束』文藝春秋
―― 1985『女の記号学』角川書店
――・蓮實重彦 1985『オールド・ファッション―普通の会話　東京ステーションホテルにて』中央公論社／1988 中公文庫、中央公論社
―― 1989『天皇とその時代』PHP研究所
―― 1990「三島由紀夫「自決の日」」『The Bigman』一九九〇年一二月号([中島・平山 2019]所収)
―― 1999『妻と私』文藝春秋
江原由美子 1983「乱れた振子―リブ運動の軌跡」([江原 1985]所収)
―― 1985『女性解放という思想』勁草書房
江守五夫 1992「家父長制の歴史的発展形態―夫権を中心とする一考察」([永原他編 1992]所収)
エリクソン、エリック・H 1973 岩瀬庸理訳『アイデンティティ―青年と危機』金沢文庫[Erikson 1968]
エルダー、グレン・H 1986 本田時雄・伊藤裕子他訳『大恐慌の子どもたち』明石書店[Elder 1974]
エンゲルス、フリードリヒ 1965 戸原四郎訳『家族・私有財産・国家の起源』岩波文庫、岩波書店
オークレー、アン 1986 岡島茅花訳『主婦の誕生』三省堂[Oakley 1974]

大沢真理　2002『男女共同参画社会をつくる』ＮＨＫブックス、日本放送出版協会
大平健　1990『豊かさの精神病理』岩波新書、岩波書店
小木新造・熊倉功夫・上野千鶴子（校注）1990『風俗　性』（日本近代思想大系23）岩波書店
小熊英二　2002『〈民主〉と〈愛国〉――戦後日本のナショナリズムと公共性』新曜社
――　2009『１９６８』（上巻「若者たちの叛乱とその背景」、下巻「叛乱の終焉とその遺産」）新曜社
小此木啓吾　1978『モラトリアム人間の時代』中公叢書、中央公論社
落合恵美子　1987「〈近代〉とフェミニズム――歴史社会学的考察」女性学研究会（編）『女の目で見る』（講座女性学4）勁草書房（［落合 1989］所収）
――　1989『近代家族とフェミニズム』勁草書房
――　1994『21世紀家族へ――家族の戦後体制の見かた・超えかた』有斐閣選書、有斐閣
笠原嘉　1977『青年期』中公新書、中央公論社
春日キスヨ　1986「男性における相補的両性関係の矛盾――父子家庭男性の「孤立」と「孤独」」『岩国短期大学紀要』14号、岩国短期大学
――　1989『父子家庭を生きる』勁草書房
片多順　1979「中年と老年」綾部恒雄編『人間の一生――文化人類学的探求』アカデミア出版会
加藤典洋　1985『アメリカの影』河出書房新社
――　1997『敗戦後論』講談社
――　2015『戦後入門』ちくま新書、筑摩書房

――― 2019『9条入門』創元社
カニングハム久子 1988『海外子女教育事情』新潮選書、新潮社
金子仁郎・新福尚武(編) 1972『老人の精神医学と心理学』(講座日本の老人1)垣内出版
鹿野政直 1983『戦前・「家」の思想』(叢書・身体の思想9)創文社
――― 1989『婦人・女性・おんな』岩波新書、岩波書店
加納実紀代 1987『女たちの〈銃後〉』筑摩書房
鎌田浩 1992「家父長制の理論」([永原他編 1992]所収)
神島二郎 1961『近代日本の精神構造』岩波書店
柄谷行人 1969「〈意識〉と〈自然〉―漱石試論」『群像』一九六九年六月号
――― 1972『畏怖する人間』冬樹社
―――・福田和也 1999「特別対談 江藤淳と死の欲動」『文學界』一九九九年一一月号
河上徹太郎 1966「文学賞作品その他―文学時評(8)」『新潮』一九六六年一月号
川端康成 1961『眠れる美女』新潮社
木下律子 1983『王国の妻たち―企業城下町にて』径書房
木原敏江 1979-84『摩利と新吾』全13巻、白泉社
ギャブロン、ハンナ 1970 尾上孝子訳『妻は囚われているか』岩波新書、岩波書店
公文俊平・村上泰亮・佐藤誠三郎 1979『文明としてのイエ社会』中央公論社
栗田靖之(編) 1987『日本人の人間関係』ドメス出版
グループわいふ 1984『性―妻たちのメッセージ』グループわいふ

黒木雅子 1986「日米の文化比較からみる日系アメリカ人の性役割」『女性学年報』7号、日本女性学研究会
黒沢隆 1987『建築家の休日―モノの向こうに人が見える』丸善
経済企画庁国民生活局(編) 1987『新しい女性の生き方を求めて』大蔵省印刷局
国際女性学会(編) 1978『国際女性学会 '78東京会議報告書』国際女性学会
『国民の経済白書　一九八七』1987 日本評論社
小路田泰直 1993「書評『日本女性生活史』(4)「近代」女性史総合研究会編」『日本史研究』366号
小島信夫 1965『抱擁家族』講談社
小長谷有紀 2017『ウメサオタダオが語る、梅棹忠夫―アーカイブズの山を登る』(叢書・知を究める11)ミネルヴァ書房
小林秀雄 1977『本居宣長』新潮社
駒尺喜美 1982『魔女的文学論』三一書房
―― 1987『漱石という人―吾輩は吾輩である』思想の科学社
小松満貴子(編著) 1988『女性経営者の時代』ミネルヴァ書房
小山静子 1991『良妻賢母という規範』勁草書房
斎藤茂男(編著) 1982『妻たちの思秋期』共同通信社／1993『妻たちの思秋期』(ルポルタージュ日本の情景1)岩波書店
―― 1982「企業社会という主役の顔」『新聞研究』一九八二年一〇月号

――1984「時代の状況を見すえる」『新聞研究』一九八四年一〇月号
――(編著) 1991『飽食窮民』共同通信社／1994『飽食窮民』(ルポルタージュ日本の情景4)岩波書店
齋藤純一(編) 2003『親密圏のポリティクス』ナカニシヤ出版
斎藤禎 2015『江藤淳の言い分』書籍工房早山
材野博司 1978『かいわい――日本の都心空間』SD選書、鹿島出版会
作田啓一 1967『恥の文化再考』筑摩書房
佐藤忠男 1978『家庭の甦りのために――ホームドラマ論』筑摩書房
シーガル、リン 1989 織田元子訳『未来は女のものか』勁草書房[Segal 1987]
島尾敏雄 1960『死の棘』講談社
シュー、F・L・K 1971 作田啓一・浜口恵俊訳『比較文明社会論――クラン・カスト・クラブ・家元』培風館[Hsu 1963]
集英社モア・リポート班(編) 1983『モア・リポート』集英社
シュルロ、E&O・チボー(編) 1983 西川祐子他訳『女性とは何か』上・下、人文書院
庄野潤三 1965『夕べの雲』講談社
ショーター、エドワード 1987 田中俊宏他訳『近代家族の形成』昭和堂[Shorter 1975]
女性史総合研究会(編) 1990『日本女性生活史』第四巻「近代」東京大学出版会
白井聡 2013『永続敗戦論――戦後日本の核心』太田出版
――2018『国体論――菊と星条旗』集英社新書、集英社

城山三郎 1976『毎日が日曜日』新潮社
杉田俊介 2019「老いぼれた親鸞と、猫たちと、吉本隆明と、妄想のホトトギスと」『現代思想』二〇一九年三月号
スコット、ジョーン・W 1992 荻野美穂訳『ジェンダーと歴史学』平凡社／2004 平凡社ライブラリー、平凡社[Scott 1988]
鈴木孝夫 1973『ことばと文化』岩波新書、岩波書店
鈴木裕子 1986『フェミニズムと戦争』マルジュ社
ストーン、ローレンス 1991 北本正章訳『家族・性・結婚の社会史―一五〇〇年―一八〇〇年のイギリス』勁草書房[Stone 1977]
住谷一彦 1992「おわりに―「家父長制」論の展望」([永原他編 1992]所収)
盛山和夫 1993「「核家族化」の日本的意味」直井優他編『日本社会の新潮流《ニューウェーブ》』東京大学出版会
関根英二 1993『〈他者〉の消去』勁草書房
セジウィック、イヴ・コゾフスキー 1999 外岡尚美訳『クローゼットの認識論―セクシュアリティの二〇世紀』青土社
―― 2001 上原早苗・亀澤美由紀訳『男同士の絆―イギリス文学とホモソーシャルな欲望』名古屋大学出版会
瀬知山角 1990「家父長制をめぐって」江原由美子編『フェミニズム論争』勁草書房
―― 1996『東アジアの家父長制―ジェンダーの比較社会学』勁草書房
総理府(編) 1983『婦人の現状と施策―国内行動計画報告書第三回』ぎょうせい

副田義也 1981「老年社会学の課題と方法」副田義也編『老年世代論』(講座老年社会学Ⅰ) 垣内出版

ソコロフ、ナタリー 1987 江原由美子他訳『お金と愛情の間』勁草書房[Sokoloff 1980]

外崎光広(編) 1971『植木枝盛　家庭改革・婦人解放論』法政大学出版局

ターナー、ヴィクター・W 1976 冨倉光雄訳『儀礼の過程』思索社[Turner 1969]

高取正男・橋本峰雄 1968『宗教以前』NHKブックス、日本放送出版協会

高橋幸子 1984『みみずの学校』思想の科学社

高群逸枝 1954-58『女性の歴史』講談社(『高群逸枝全集』第四・五巻、理論社、1966 所収)

武川正吾 1999『社会政策のなかの現代——福祉国家と福祉社会』東京大学出版会

竹宮恵子 1977-84『風と木の詩』全17巻、小学館

タトル、リサ 1991 渡辺和子監訳『フェミニズム事典』明石書店[Tuttle 1986]

田中康夫 1981『なんとなく、クリスタル』河出書房新社

谷口恵津子 1985『マダム・商社』学生社

田間泰子 2001『母性愛という制度——子殺しと中絶のポリティクス』勁草書房

茶園敏美 2018『もうひとつの占領——セックスというコンタクト・ゾーンから』インパクト出版会

中部家庭経営学研究会(編) 1972『明治期家庭生活の研究』ドメス出版

鄭暎惠《チョンヨンヘ》 1988「ある「中国帰国者」における家族——適応過程に生じた家族の葛藤」『解放社会学研究』2、日本解放社会学会

坪内玲子 1992『日本の家族——「家」の連続と不連続』アカデミア出版会

紡木たく 1986-87『ホットロード』全4巻、集英社
ドゥーデン、バーバラ＆クラウディア・フォン・ヴェールホーフ 1986 丸山真人編訳『家事労働と資本主義』岩波現代選書、岩波書店
富岡多恵子 1983『波ぅつ土地』講談社
豊中市女性問題推進本部(編) 1989『市民のくらしの意識に関する調査報告書―男性の日常生活と自立をめぐって』
ドンズロ、ジャック 1991 宇波彰訳『家族に介入する社会―近代家族と国家の管理装置』新曜社
中島岳志・平山周吉(監修) 2019『江藤淳―終わる平成から昭和の保守を問う』河出書房新社
中津燎子 1976『異文化のはざまで』毎日新聞社
中根千枝 1967『タテ社会の人間関係』講談社現代新書、講談社
―― 1972『適応の条件』講談社現代新書、講談社
永原慶二他(編)、比較家族史学会(監修) 1992『家と家父長制』早稲田大学出版部
西川祐子 1985「一つの系譜―平塚らいてう・高群逸枝・石牟礼道子」脇田晴子編『母性を問う―歴史的変遷(下)』人文書院
―― 1991「近代国家と家族モデル」河上倫逸編『ユスティティア』2(特集 家族・社会・国家)ミネルヴァ書房
―― 1993「比較史の可能性と問題点」『女性史学』3、女性史総合研究会
西部邁 1975『ソシオ・エコノミックス』中央公論社
―― 1979『蜃気楼の中へ』日本評論社

――　1999「江藤淳氏自死―虚無への曖昧な勝利」『新潮45』一九九九年九月号
野間光辰（編著）1961『完本色道大鏡』友山文庫
博報堂生活総合研究所（編）1989『90年代家族』博報堂
橋爪大三郎　2019『小林秀雄の悲哀』講談社選書メチエ、講談社
橋本治　2007『小林秀雄の恵み』新潮社
長谷川公一　1989「研究ノート　家父長制とは何か」江原由美子他『ジェンダーの社会学―女たち／男たちの世界』新曜社
長谷川三千子　1984「「男女雇用平等法」は文化の生態系を破壊する」『中央公論』一九八四年五月号
――　1986『からごころ―日本精神の逆説』中央公論社
波田あい子　1976「社会学と性別役割分業論」『婦人問題懇話会会報25』（特集　性別役割分業思想をめぐって）婦人問題懇話会
バダンテール、エリザベート　1981　鈴木晶訳『プラス・ラブ』サンリオ
花村太郎　1980「「老熟」文化へ向けて」『別冊宝島18（現代思想のキーワード）』ＪＩＣＣ出版局
林郁　1985『家庭内離婚』筑摩書房
林道義　1996『父性の復権』中公新書、中央公論社
原ひろ子・岩男寿美子　1979『女性学ことはじめ』講談社現代新書、講談社
ひこ田中　1990『お引越し』福武書店
――　1992『カレンダー』福武書店

日地谷＝キルシュネライト、イルメラ 1992 三島憲一他訳『私小説―自己暴露の儀式』平凡社
平野謙 1971「『抱擁家族』の新しさ」『小島信夫全集』第五巻月報、講談社
平山周吉 2019『江藤淳は甦える』新潮社
ファインマン、マーサ・アルバートソン 2003 上野千鶴子監訳・解説、速水葉子・穐田信子訳『家族、積みすぎた方舟―ポスト平等主義のフェミニズム法理論』学陽書房[Fineman 1995]
―― 2009 穐田信子・速水葉子訳『ケアの絆―自律神話を超えて』岩波書店[Fineman 2004]
福武直他(編) 1958『社会学辞典』有斐閣
藤枝澪子 1985「ウーマンリブ」『朝日ジャーナル』一九八五年三月二二日号(『女の戦後史』Ⅲ、朝日選書、朝日新聞社、1985所収)
藤竹暁 1973「都市空間のコミュニケーション」倉沢進編『都市社会学』(社会学講座5)東京大学出版会
婦人教育研究会(編) 1987, 1988, 1989『統計にみる女性の現状』垣内出版
舩橋惠子 2006『育児のジェンダー・ポリティクス』(双書ジェンダー分析11)勁草書房
フリーダン、ベティ 1977 三浦冨美子訳『増補 新しい女性の創造』大和書房[Friedan 1963]
ブルームスティーン、フィリップ＆ペッパー・シュワルツ 1985 南博訳『アメリカン・カップルズ』上・下、白水社[Blumstein & Schwartz 1985]
ブルデュー、ピエール 1990 石井洋二郎訳『ディスタンクシオン』Ⅰ・Ⅱ、藤原書店[Bourdieu 1979]
ベーベル、A 1958 伊東勉・土屋保男訳『婦人論』上・下、大月書店

ベネディクト、ルース 1967 長谷川松治訳『菊と刀』社会思想社[Benedict 1946]
ボーヴォワール、シモーヌ・ド 1953 生島遼一訳『第二の性』新潮社
ホックシールド、アーリー 1990 田中和子訳『セカンド・シフト──アメリカ共働き革命のいま 第二の勤務』朝日新聞社[Hochschild 1989]
ホブズボウム、E＆T・レンジャー編 1992 前川啓治他訳『創られた伝統』(文化人類学叢書)紀伊國屋書店[Hobsbawm & Ranger(eds.)1983]
堀場清子 1990『イナグヤナナバチ──沖縄女性史を探る』ドメス出版
本多秋五 1965「文芸時評〈上〉」『東京新聞』一九六五年六月二八日夕刊
──・山本健吉・福永武彦 1965「創作合評」『群像』一九六五年八月号
マイケル、ロバート・T他 1996 近藤隆文訳『セックス・イン・アメリカ──はじめての実態調査』日本放送出版協会(上野解説)[Michael, Gagnon, Laumann & Kolata 1994]
毎日新聞社生活家庭部(編) 2000『ひとりで生きる──家族から個族の時代へ』エール出版社
水田珠枝 1973『女性解放思想の歩み』岩波新書、岩波書店
水田宗子 1993『物語と反物語の風景──文学と女性の想像力』田畑書店
見田宗介他(編) 1988『社会学事典』弘文堂
ミッチェル、ジュリエット 1977 上田昊訳『精神分析と女の解放』合同出版[Mitchell 1974]
ミッテラウアー、ミヒャエル＆ラインハルト・ジーダー 1993 若尾祐司・若尾典子訳『ヨーロッパ家族社会史──家父長制からパートナー関係へ』名古屋大学出版会[Mitterauer & Sieder 1977]
箕浦康子 1984『子供の異文化体験』思索社

妙木忍 2009『女性同士の争いはなぜ起こるのか――主婦論争の誕生と終焉』青土社
ミレット、ケイト 1973 藤枝澪子他訳『性の政治学』自由国民社／1985 ドメス出版[Millett 1970]
牟田和恵 1990a「日本近代化と家族――明治期「家族国家観」再考」筒井清忠編『「近代日本」の歴史社会学』木鐸社
―― 1990b「明治期総合雑誌にみる家族像――「家庭」の登場とそのパラドックス」『社会学評論』41巻1号、日本社会学会
―― 2006『ジェンダー家族を超えて――近現代の生／性の政治とフェミニズム』新曜社
ムトー、ヒロコ 1985『妻たちの海外駐在』文藝春秋
村上淳一 1985『ドイツ市民法史』東京大学出版会
村上信彦 1969-72『明治女性史』全四巻、理論社
―― 1980『近代史のおんな』大和書房
村上龍 1976『限りなく透明に近いブルー』講談社
目黒依子 1980『主婦ブルース』ちくまぶっくす、筑摩書房
―― 1987『個人化する家族』勁草書房
望月照彦 1977『マチノロジー――街の文化学』創世記
―― 1978『都市は未開である』創世記
―― 1985『地域創造と産業・文化政策』ぎょうせい
森綾子(グループ野菊) 1987「女と墓　揺れるイエ意識」『女性学年報』8、日本女性学研究会

森岡清美他(編) 1993『新社会学辞典』有斐閣
森川美絵 2004「高齢者介護政策における家族介護の「費用化」と「代替性」」大沢真理編『福祉国家とジェンダー』(叢書 現代の経済・社会とジェンダー第4巻)明石書店
安岡章太郎 1959『海辺の光景』講談社
柳田国男 1931『明治大正史第四巻 世相篇』朝日新聞社／1976『明治大正史 世相篇』上・下、講談社学術文庫、講談社
山崎浩一 1993『男女論』紀伊國屋書店
山崎正和 1972『鷗外 闘う家長』河出書房新社
—— 1984『柔らかい個人主義の誕生』中央公論社
山下悦子 1988a『高群逸枝論』河出書房新社
—— 1988b『日本女性解放思想の起源』海鳴社
山田太一 1977『岸辺のアルバム』東京新聞出版局
山田昌弘 1999『家族のリストラクチュアリング—21世紀の夫婦・親子はどう生き残るか』新曜社
—— 2007『家族ペット—ダンナよりもペットが大切!?』文春文庫、文藝春秋
湯沢雍彦 1987『図説 現代日本の家族問題』NHKブックス、日本放送出版協会
要田洋江 1986「「とまどい」と「抗議」—障害児受容過程にみる親たち」『解放社会学研究』1号
吉武輝子 1982「血縁から地縁、女縁へ」佐藤洋子他『共働き・離婚・友だち』(主婦のための女性問題入門2)教育史料出版会
吉野朔実 1988-89『ジュリエットの卵』全5巻、集英社

吉廣紀代子 1989『スクランブル家族』三省堂
吉本隆明 1968『共同幻想論』河出書房新社
吉本ばなな 1988『キッチン』福武書店
吉行淳之介 1966『星と月は天の穴』講談社
リチャードソン、サミュエル 1972 海老池俊治訳「パミラ」『リチャードソン、スターン』(筑摩世界文学大系21)筑摩書房
琉球新報社(編) 1980『トートーメー考―女が継いでなぜ悪い』琉球新報社
ルイス、オスカー 1986 柴田稔彦・行方昭夫訳『サンチェスの子供たち』みすず書房
レヴィ=ストロース、クロード 1972 荒川幾男・生松敬三他訳『構造人類学』みすず書房[Lévi-Strauss 1958]
―― 1977-78 馬淵東一・田島節夫監訳『親族の基本構造』上・下、番町書房[Lévi-Strauss 1947, 1968]
労働省婦人局(編) 1989『婦人労働の実情』平成元年版、大蔵省印刷局
渡辺淳一 1997『失楽園』講談社
Anderson, Michael, 1980, *Approaches to the History of the Western Family 1500–1914*, Macmillan.
Ariès, Philippe, 1960, 1973, *L'enfant et la Vie Familiale sous l'Ancien Régime*, Plon, Editions du Seuil.

Beechey, Veronica, 1987, *Unequal Work*, Verso.

Benedict, Ruth, 1946, *The Chrysanthemum and the Sword*, Houghton Mifflin, Co.

Blumstein, Philip & Pepper Schwartz, 1985, *American Couples: Money, Work, Sex*, Pocket Books.

Bourdieu, Pierre, 1979, *La Distinction: Critique social du judgement*, Éditions de Minuit.

Clark, M. & B. G. Anderson, 1967, *Culture and Aging: An Anthropological Study of Older Americans*, Charles C. Thomas.

Cowan, Ruth Schwartz, 1983, *More Work for Mother: The Ironies of Household Technology from the Open Hearth to the Microwave*, Basic Books.

Cowgill, D., 1972, "A Theory of Aging in Cross-Cultural Perspective," in Cowgill & L. D. Holmes (ed.), *Aging and Modernization*, Meredith Co.

Daly, Mary (ed.), 2001, *Care Work: The Quest for Security*, International Labour Office.

Davidson, Caroline, 1982, 1986, *A Woman's Work Is Never Done: A History of Housework in the British Isles 1650–1950*, Chatto & Windus.

Delphy, Christine, 1984, *Close to Home: A Materialist Analysis of Women's Oppression*, the University of Massachusetts Press.

Eagleton, Terry, 1982, *The Rape of Clarissa*, Basil Blackwell.

Elder, Glen H., 1974, *Children of the Great Depression: Social Change in Life Experience*, The University of Chicago Press.

Erikson, E. H., 1968, *Identity: Youth and Crisis*, W. W. Norton & Co.

Esping-Andersen, Gøsta, 1999, *Social Foundations of Postindustrial Economies*, Oxford University Press.

Fineman, Martha A., 1995, *The Neutered Mother, the Sexual Family and Other Twentieth Century Tragedies*, Taylor and Francis Books Inc.

——, 2004, *The Autonomy Myth: A Theory of Dependeney*, New Press.

Friedan, Betty, 1963, *The Feminine Mystique*, Dell Publishing.

Hardyment, Christina, 1988, *From Mangle to Microwave: The Mechanization of Household Work*, Polity Press.

Hobsbawm, E. & T. Ranger (eds.), 1983, *The Invention of Tradition*, Cambridge University Press.

Hochshild, Arlie, 1989, *The Second Shift: Working Parents and the Revolution at Home*, Viking.

Hsu, F. L. K., 1963, *Clan, Caste, and Club*, Van Nostrand.

Illich, Ivan, 1971, *Deschooling Society*, Marion Boyars Publishers.

——, 1976, *Limits to Medicine: Medical Nemesis; the Expropriation to Health*, Marion Boyars Publishers.

——, 1981, *Shadow Work*, Marion Boyars Publishers.

——, 1982, *Gender*, Marion Boyars Publishers.

Irigaray, Luce, 1977, *Ce sexe qui n'en est pas un*, Editions de Minuit.

Laslett, Peter(ed.), 1972, *Household and Family in Past Time*, Cambridge University Press.

Leacock, E., 1981, *Myths of Male Dominance: Collected Articles on Women Cross-Culturally*, Monthly Review Press.

Le play, F., 1855, *Les Ouvriers Européens*.

Lévi-Strauss, Claude, 1947, 1968, *Les Structures Élémentaires de la Parenté*, Mouton.

——, 1958, *Anthropologie Structurale*, Librairie Plon.

Malos, Ellen(ed.), 1980, *The Politics of Housework*, Allison & Busby.

Matthews, Glenna, 1987, *"Just a Housewife": The Rise and Fall of Domesticity in America*, Oxford University Press.

Michael, R., J. Gagnon, E. Laumann & G. Kolata 1994, *Sex in America: A Definitive Survey*, Little Brown & Co.

Millett, Kate, 1970, *Sexual Politics*, Doubleday(1977, Virago).

Mitchell, Juliet, 1974, *Psychoanalysis and Feminism*, Kern Associates.

Mitterauer, Michael & Reinhard Sieder, 1977, *Vom Patriarchat zur Partnerschaft: Zum Structurwandel der Familie*, C. H. Beck.

Oakley, Ann, 1974, *Woman's Work: The Housewife Past and Present*, Vintage Books.

Olsen, Frances E., 1995, *Feminist Legal Theory* I & II, New York University Press.

Scott, Joan W., 1988, *Gender and the Politics of History*, Columbia University Press.

Segal, L., 1987, *Is the Future Female?: Troubled Thoughts on Contemporary Feminism*, Virago.

Shorter, Edward, 1975, *The Making of the Modern Family*, Basic Books.

Sokoloff, Natalie, 1980, *Between Money and Love: The Dialectics of Women's Home and Market Work*, Praeger Publishers.

Stone, Lawrence, 1977, *The Family, Sex, and Marriage in England, 1500–1800*, Penguin Books, 1979, Abridged and Revised Edition, Pelican Books.

Strasser, Susan, 1982, *Never Done: A History of American Housework*, Pantheon Books.

Turner, Victor W., 1969, *The Ritual Process: Structure and Anti-Structure*, Aldine Publishing Company.

Tuttle, Lisa, 1986, *Encyclopedia of Feminism*, Longman.

Ueno, Chizuko, 1987, "The Position of Japanese Women Reconsidered," *Current Anthropology*, Vol. 28, No. 4.

Ungerson, Clare, 1987, *Policy Is Personal: Sex, Gender and Informal Care*, Routledge & Kegan Paul.

Weber, Max, 1921–22, *Wirkungen des Patriarchalismus und Feudalismus*, in *Wirtschaft und Gesellschaft*.

Werlhof, C. von, 1983, "Die Frauen und die Peripherie: Der blinde Fleck in der Kritik der politischen Ökonomie", *Arbeitspapiere*, Nr. 28, Universität Bielefeld.

初版あとがき

関心の赴くままに、ここ数年のあいだに書きためた原稿が、一冊の本になるぶんほどたまっていた。そのときどきに編集者の慫慂《しょうよう》やおもいがけない依頼を受けて脈絡なしに書きついだつもりだったが、こうやって一冊に編んでみると、一本の筋が通っているのがわかる。というより、ずっとひとつのことに、こだわりつづけてきたと言うべきだろうか。それは〈近代〉と〈家族〉である。それは同時に、自分自身の出自を問う旅になった。自分の生まれ落ちた時代と社会の謎を解きたい……社会学はそこから出発したはずであった。

本書ではわたしの関心は、これまでになく歴史的になってきている。自分にとって所与と見える社会も、歴史と時代の産物にちがいない。歴史のどこかに始まりがあるものなら、歴史のどこかにかならず終わりがあるにちがいない。始まりのあるものなら、終わらせることもできる。始まり方を知れば、終わらせ方を知ることもできるだろう。始まりに関する関心は、所与と見えた現実が揺れ動きはじめるときに生じる。歴史の想像力は、現実に亀裂が入って歴史のオルターナティヴが見えかくれするときに、はじめて生まれる。そのときになってようやく、わたしたちは、自分たちが見知っていたものの起源について、何も知らなかったことに気づくのだ。〈近代家族〉は、その始まりについての関心を、それが解体の兆候を見せはじめてようやく、かきたてるようになった。

収録した論文の一つひとつについて、わたしの関心を導いてくれたひとびととの出会いがあった。専門外のわたしを、歴史へと招待してくださったのは、江戸東京学者の小木新造さんである。「家族の近代」は「日本近代思想大系」第二三巻『風俗　性』の解説として書かれたものの一部だが、わたしはこれではじめて、明治期の一次資料を読むという仕事を経験した。

梅棹忠夫さんは、家庭を装置系と見る文明学の視点を教えてくださった。「技術革新と家事労働」は、梅棹家庭学の応用問題を解いたつもりである。

わたしに報告と思索の機会を与えてくれたさまざまな学会やシンポジウムにも感謝しなければならない。国立民族学博物館の長期研究プロジェクト「現代日本における伝統と変容」は、柳田国男の『明治大正史　世相篇』の続編を共同研究で追究しようというものだが、ここにも何度か参加させていただいた。谷口記念文明学シンポジウムでの一週間にわたる濃密な円卓会議も、刺激に満ちたものであった。国際日本文化研究センターにおける国内・国外の日本研究者との出会いも、わたしが歴史に目を向けるきっかけになった。「女性史と近代」は、日文研の国際研究セミナーで報告したものがもとになっている。関西社会学会では遠藤惣一さんのおすすめで、一九七〇年代以降の日本の構造変動をめぐる特別部会に参加させていただいた。その成果は「女性の変貌と家族」に結実しているが、部会では同じ変化を別な側面から論じる直井優さんの観察と、わたしの論点との符合に驚いたものである。

書きおろしの「日本型近代家族の成立」は、もともとオーストラリア国立大学の日本研究国際セミナーでの報告のために英語で準備されたものである。粗削りの英文の論文を、あらためて日本語で報告し検討する機会を与えてくださったのは、立命館大学国際文化研究所の西川長夫さんである。

どの研究集会やシンポジウムにおいても、有益なディスカッションやコメントに関わってくださった内外の研究者の方たちにふかく感謝している。結果として本書はほとんど日本に事例をとって論じることになったが、「タテのものをヨコにする」海外の研究の紹介ではなく、日本をフィールドにしたオリジナルな研究でなければ、海外への情報発信の意味がないことを教えてくれたのは、外国の研究者であった。

思いがけない解説のご指名もあった。斎藤茂男さんはご自分の著作集『ルポルタージュ日本の情景』の第一巻『妻たちの思秋期』の解説にわたしを起用してくださった。意外だったのは、江藤淳さんがご自分の『成熟と喪失』を三〇年ぶりに文庫化するにあたって、一面識もないわたしを解説にご指名くださったことである。富岡多恵子さんたちとの共著『男流文学論』のなかでお名前をあげて批判した当の本人からのご依頼には、その大胆さと懐のふかさに感じいった。この依頼がなければ、ポスト『成熟と喪失』、本書では「「母」の戦後史」は、書かれることがなかっただろう。いずれの場合も、わたしは解説の域を超えて時代を論じてしまい、ここに収録した論文の原型になった。

論文の誕生に立ち会い、本書への採録をゆるしてくださった編集者の方々にも感謝したい。なによりも感謝を捧げたいのは、本書の担当編集者、岩波書店の高村幸治さんである。本書ではもっとも年次の古い「生きられた経験としての老後」を、シリーズ『老いの発見』に書くようにお誘いをいただいて以来、全八巻にわたるシリーズ『変貌する家族』の編集にともにたずさわり、そのなかでわたしは「ファミリィ・アイデンティティのゆくえ」など、いくつかの論文を書いた。独立した論文のあいだに、〈近代家族の成立と終焉〉という太い筋道を見いだしてくださったのは、高村さんである。本書が思ったよりも早く日の目を見ることになったのは、彼の忍耐づよい慫慂と、迅速な仕事ぶりのおかげである。

本書もまた、多くの人々に支えられて誕生した。記して感謝したい。

一九九四年二月　雪の洛中にて

上野千鶴子

自著解題

はじめに

歴史学者の見ているタイムスパンは、社会学者のそれより長い。人類学者のタイムスパンは、歴史学者よりさらにずっと長い。

本書が扱う近代家族の歴史のタイムスパンは、明治から現代までおよそ一世紀にわたる。過去は変化しないかもしれないが、過去の解釈は変わる。また現在はつねに変化し続ける。

一九九四年、今から四半世紀前に刊行した著書は、古証文のようなものだ。その当時の分析や予測は、歴史の判定にさらされる。死んだあとに、はずれていました、と言われるのはかまわないが、生きているうちに検証の結果が出るのはおそろしい。

本書でわたしは文化人類学者、梅棹忠夫さんの「家庭学」を検証し、その予測が当ったところとはずれたところとを論じた。いずれわたし自身が、他の誰かから同じ扱いを受けるだろう。因果は巡る……とはこのことだろう。その意味で本書には、もはや歴史資料としての価値があるだろう。したがって内容やデータをアップデイトすることはせず、各章に初出の年次をつけてもらうことにした。読者には各論考が、どんな時代背景のもとに書かれたかを、意識しながら読んでもらえればうれしい。

近代家族崩壊の兆し

『近代家族の成立と終焉』[上野 1994]という題名の本を出したとき、日本には近代家族がまだ成立さえしていないのに、もう終焉とは気が早い、と言われた。だが、今から振り返ってみても、あらゆるところで「近代家族」の崩壊の兆しは目にあらわだった。だからこの書名は、まちがっていなかったと言ってよい。

歴史のある時点に始まりのあるものは、別な時点で終わりを迎える。この時期に「近代家族」論が登場したのは、見知っていた家族に亀裂があらわになったからこそであろう。目の前にある家族の自明性が崩壊するのを感じとるからこそ、それがいつから今のように自明視されるようになったのか、という遡及的な問いが立ちあらわれる。本書が刊行されたのはそういう時代だった。

「近代家族」という概念は、ヨーロッパの家族史研究者からやってきた。それまで日本人が考えていた「近代家族」とは、夫婦が対等で親子関係が民主的な「近代的家族」のことだった。戦争に負けた日本の知識人は、抑圧的な「家」制度を解体して、個人の自由を尊重する「家族の近代化」を達成しなければならない、と思い込んでいた。そして「近代的家族」は日本には存在しないが、西洋のどこかにはきっとあるに違いない、と夢みた。だが、そこに西洋の家族史研究者たちが、「近代的家族」など、歴史上のどの時代にも、地球上のどこの社会にも、成立したことなどない、と言い出したのだ。

「近代家族」は記述概念だが、「近代的家族」は規範概念である。前者はたんに、近代という時代に成立した一定の特徴を持つ家族の歴史類型にすぎない。

一九九四年、国連家族年の標語は「家族から始まる小さな民主主義」というものだったが、実のところ家族に民主主義はない。家族は性と世代とを異にする異質度の高い小集団である。そのなかで権力と資源とが、不均等配分されている。年長の男性が年少の男性および女性を支配し、統制する家父長制という概念は、近代家族にもあてはまる。「家」制度がなくなった戦後家族には、家父長制などもはや存在しない、と家族論の論者は主張したが、なんの、最小家族である核家族にも、夫の専権支配という家「夫」長制は存在していた。家父長制という概念は、いったん使ってみると、家族のなかの女性の経験を表現するのにきわめて有効だった。フェミニズムによって再定義された近代「家父長制」の概念は、広く普及し、定着した。一九九〇年にわたしが『家父長制と資本制――マルクス主義フェミニズムの地平』[1990a, 2009]を刊行したときには、「家父長制」の概念をめぐって論争が起きた。その後、家父長制に代わる概念として「ジェンダー秩序」や「ジェンダー・レジーム」などの概念が提示されたが、四半世紀経ってみると、そのなかでしぶとく生き残ったのは「家父長制」だった。この用語の持つ、端的な女性支配の抑圧構造が、理解されやすかったのだと思う(Ⅱ-一付論「「家父長制」の概念をめぐって」)。

八〇年代に「近代家族」パラダイムで知られる新しい家族論の潮流を積極的に日本に紹介したのは落合恵美子である。それ以前から、ヨーロッパの社会史や家族史の研究のなかから、子ども、産育、母性、性愛などをめぐる歴史研究が次々に紹介されていた。

同じ頃、一九八九年のフランス革命二〇〇周年をめぐって、「国民国家」パラダイムが登場した。日本は後発近代国家、「家」制度という「封建遺制」をもとに天皇をいただく君主制の国家が民主化されたのは、敗戦による戦後改革だという説に対して、世界史的な同時代性を背景に、明治維新こそは日本における近代「国民国家」の成立だったと主張する西川長夫のような比較史論者が登場していた。

「家」制度は本当に封建遺制か？　法制史学者にとっては常識に当たるが、明治民法下の「家」は伝統習俗のなかにあるものではなく、明治政府の創作である。戸主権力の拡大は、土地の私有制にもとづく村落共同体の解体を前提にしていた。それ以前には戸主権力は共同体の掣肘《せいちゅう》のもとにあって、家族員に対する権力は限定的なものだった。どんな新しい制度も、伝統のなかの文化項目を正統化の資源として採用する。明治政府がつくった「家」は、習俗のなかにある「家」とは、似て非なるものだったのだ。

「家」は「近代家族」だった、というわたしの説は、思いがけず、日本版「近代家族」論争を引き起こした。だが、結果としてこの論争にも決着がついたように思える。明治国家が国民国家であることを疑う者はもはやいないし、「家」が戸籍制度を通じての国民支配の末端装置であること、その点では西欧の「国民国家」と「近代家族」との関係も同様であること、「国民国家」が家族イデオロギーにもとづいて形成されることは、日本に特殊な「家族国家観」のせいではなく、近代国民国家にとって普遍的な現象であること……が次々にあきらかにされてきた。

社会学者はしばしば歴史学の研究成果の簒奪者《さんだつしゃ》という汚名を被せられる。だが、本書にはめずらしく、明治期の一次資料にあたった歴史研究の成果が収録されている。II－二の「家族の近代」である。江戸東京学者の小木新造さんから慫慂《しょうよう》を受けて、『風俗 性』(日本近代思想体系23)[小木・熊倉・上野 1990]を編んだときに、解説として書いたものである。それを読むと、明治期の「家庭」像が、どのくらい明治の新思潮であったかが、よくわかる。そのモデルは西洋の夫婦にあり、彼らが西洋の家庭を理想化したことも伝わる。外からは一見「御深密」に見える西洋のカップルも、その実、夫による妻の支配を免れなかったのだが。家長が家の専制君主であり、夫＝父がいると家には緊張が走り、夫が家を出て行くと「笑の声は家内に満つ」とあるのは、今でも多くの家庭で通用するだろう。

家族の「壊し屋」

フェミニズムの家族研究は、「愛の共同体」「プライバシーの城」と見なされた「近代家族」の蓋をこじあけて、そのなかにある権力と資源の不均等配分、その結果の女性の抑圧構造を次々に暴露してきた。家族史家が明らかにしたように、近代が解放した「個人」とは、家父長という名の「個人」だった。むしろ家父長支配のもとで「家族」という私領域は、法の介入しない「無法地帯」と化した。

国民国家の市民権が、どれほど近代家族の家父長権と結びついているかを、後にわたしは『差異の政治学』[2002, 2015]で論じたが、同じことをフェミニズム法学者たちは、「私的領域とは公的につくられたものである」(ジョーン・スコット)、「不介入もまた介入の一種である」(フランセス・オルセン)と論じた。市民社会でなら犯罪になることが、私領域で行われても犯罪化されない。そのようにDVも子どもの虐待も、家庭のなかに横行していることを、わたしたちはとっくに知っている。

「私領域」とは公領域からの避難所でもなく、防波堤でもなかったのだ。それはただ家父長にとって、だけであった。私領域の抑圧と暴力をあばいたために、フェミニストは家族の「壊し屋」といわれなき非難を受けたが、フェミニズムが家族を壊したのではなく、家族はとっくに壊れており、フェミニズムはただそれを白日のもとにさらしただけである。だがそのためには、家族をめぐるさまざまな「神話」の抵抗を受けなければならなかった。家族とはそれほど理想化され、聖域化されていたからである。

二〇〇〇年成立の児童虐待防止法や〇一年成立のＤＶ防止法は、家庭のなかに公権力が介入することを可能にした。これは「近代家族」のパラダイム転換と言ってよいほどの大きな変化だった。だが、現に保守派の団体からは、ＤＶ防止法は「家族破壊法」として攻撃を受け、この法律の成立に尽力したフェミニストたちは「家族破壊者」の汚名を被せられている。くりかえすが、フェミニストが家族を破壊したのではない。ＤＶによって家族はとっくに壊れていた。そして、そこにあるのに見えなかったＤＶや虐待を、調査によって「見える化」したのがフェミニストのアクション・リサーチだった。

高度成長期と家族

本書が扱うテーマは「近代と家族」だが、わけても戦後高度成長期の家族の変貌を論じたⅣ「高度成長と家族」が、直接、現代に接続するだろう。というのは、高度成長期は別名「生活革命」(色川大吉)とも呼ばれ、社会史的には近代の大衆化ともいうべき巨大な変化をもたらしたからである。高度成長期の開始を一九五五年にとるか一九六〇年にとるかで違いはあるが、五〇年代までの日本は、第一次産業就業者が三割を占め、さらに農家世帯率が五割を超す農業社会だった。職業も(農業および商工)自営の事業者とその家族就業者が半数を超え、これが雇用者比率と逆転するのが六〇年代半ばである。合計出生率は四ポイント台、つまり日本女性は生涯に平均して四―五人程度の子どもを産んでいたのが、高度成長期の約一〇年間に二人程度へと激減する。出生率半減の「第一の人口転換」を、日本はいかなる政策的誘導も強制もなしにごく短期間に達成した、人口抑制優等生国なのである。

核家族率は一〇ポイント上がって約六〇%、同時期に女性の労働力率は緩やかに低下していた。すなわち日本の家族の多数派が、夫はサラリーマン、妻は専業主婦からなる、夫婦と子どもふたりの核家族を形成するに至った。これを落合は「家族の戦後体制」と名づけた。

その過程で、配偶者選択が見合いから恋愛へと逆転したのも、六〇年代半ばである。戦後、男女共学で育った娘と息子が形成した家族は「友だち夫婦」などと呼ばれたが、その実、「男は仕事・女は家庭」の性別役割分担を強固に組み込んだ家「夫」長的な

「近代家族」だった。既婚女性の無業率がもっとも高かったのは、戦後生まれの団塊世代だったことは皮肉である。

その後、長きにわたって夫が雇用者、妻が無業の核家族が「標準世帯」として、日本の税制・社会保障システムの制度設計の基本単位となった。結論を先取りしておけば、この時期に成立した「標準世帯」が少数派になったあとも、政策および制度設計の基本単位にあいかわらずこの「標準世帯」を維持し続けていることが、今日における制度のひずみの大きな原因となっている。

六〇年安保闘争で退陣した岸信介内閣に代わって、「所得倍増」を掲げて登場した池田勇人内閣のスローガンどおり、高度成長期を通じて、名目所得も実質所得もいちじるしく上昇した。企業と労働者が共存共栄をはかる「企業内組合」のもとで、労働者への分配政策は内需拡大をもたらした。「〝花見酒〟の経済」(笠信太郎)と揶揄されながらも、海外植民地をすべて失った日本が、侵略にも輸出にも頼らずに平和裡に高度成長を達成した点で、日本は経済成長の優等生モデルだった。

高度成長は、国民の生活水準を向上させた。高等教育の大衆化が進行し、息子や娘たちの学歴は親の世代の学歴を上回ったが、それは戦後生まれの世代がとくべつ優秀だからではない。たんに時代の趨勢が彼らを押し上げただけである。大学進学率はその後も上昇を続け、二〇一九年には、一八歳男子の五一％、女子の四九％が四年制大学に進学している。六〇年代末には、大学生は「もはやエリートではない」と言われるようになったが、二一世紀の今日では、大卒をエリートと呼ぶことは、もはや失笑を買うだろう。また戦後生まれの世代は、のきなみ親よりも高い生活水準を味わうことができたが、そのジュニアの世代では、親が到達した生活水準に子世代が到達する保証はなくなった。わずか一世代のうちに、上げ潮は引き潮に入れ替わったのである。

生活水準の上昇のなかに、戦後のエネルギー革命を背景にした家庭電化がある。Ⅲ－二の図2を参照してもらえばよいが、六〇年代末までには、家電製品の多くは、普及率ほぼ一〇〇％の市場飽和状態に達していた。それ以前、五〇年代に、ガス釜、電気釜の普及は完了していた。アメリカの家電製品の広告に出てくるような家庭電化は、日本では大正・昭和初期の都市家庭の一部には普及していたが、まだ庶民には手が届かぬものだった。それが誰でも手に入る「三種の神器(電気冷蔵庫、電気洗濯機、電気掃除機)」から、「3C(カー、クーラー、カラーテレビ)」へ。続いて起きたのは、電化ならぬ電子化である。情報技術の革新が怒濤のごとく進み、電子技術を組み込まない家電製品はなくなった。いまや家庭は、分厚いマニュアルを読まなければ機器類を操作できないコックピットのような、装置系に変貌したのである。

家庭電化と出生率の低下がもたらしたのは、時間資源を持て余した無業の主婦たちの「名前のない問題(unnamed problem)」である。「名前のない問題」とは、アメリカの

「ウーマンリブの母」、ベティ・フリーダンが一九六三年に刊行した『女らしさの神秘 The Feminine Mystique』(邦題は『新しい女性の創造』[1977])のなかで述べた、「郊外中産階級の無業の妻の不安と不満」を指す用語だった。Ⅲ－二で紹介したコワンの指摘どおり、家庭電化は家事労働時間を短縮しなかった。代わりに家事労働の質と頻度を上げた。家事労働時間の短縮を賃労働にふりかえる女性たちもいた。女性の不払い労働時間と支払い労働時間との合計は変化していないという知見もある。高度成長期に拡大した女性の賃労働の多くは、内陸型立地の家電メーカーの工場労働や、流通業のパートタイム労働などで、高学歴女性にふさわしい雇用機会は皆無にひとしかった。日本におけるウーマンリブの誕生は一九七〇年。その時期までに、アメリカ中産階級の主婦の閉塞感は、すでに日本の女性に共有されていたと言えるだろう。その病理は、斎藤茂男の『妻たちの思秋期』[1982, 1993]に活写されている(Ⅳ－二)。

高度成長期の息子たち、娘たち

この高度成長期に大衆化した日本型「近代家族」の運命を、鋭敏な感受性と表現力とで的確に抉《えぐ》り出《だ》したのが江藤淳である。本書には文芸批評と見まがうような江藤淳論が収録されているが、それというのも、江藤の出世作、『成熟と喪失――〝母〟の崩壊』

[1967a, 1988, 1993]が、これ以上ない日本型「近代家族」論となっているからである。江藤の作品が書かれたのは一九六七年、それからおよそ三〇年後の一九九三年に、その文庫化にあたって、一面識もない江藤から直接指名を受けて書いた「解説」が、Ⅳ－一「「母」の戦後史」である。それからさらにおよそ四半世紀、神奈川近代文学館が主催した「没後二〇年、江藤淳展」に請われて講演した「戦後批評の正嫡　江藤淳」[上野 2019]を、本書にはあらたに収録した。四半世紀の時差は、歴史の見通しをよくしただろうか？

江藤が距離を置こうとした安岡章太郎の『海辺の光景』[1959]には、どこまでも受容する母、受苦する母が登場する。戦前日本人で初めてフロイトに師事した古澤《こざわ》平作が、日本人にはエディプス・コンプレックスがないというオリエンタリズムに抗して提示したのが、「阿闍世《あじゃせ》コンプレックス」だった。仏教説話に出てくる阿闍世は父を殺し、諫める母を虐待する。その受苦を通じて母は息子の超自我となり、倫理の源泉となるのだと。だが、息子に代わって限りなく苦しみを受容する母は、戦後世代のなかにはすでにいなかった。小島信夫の『抱擁家族』[1965]に登場する俊介と時子の夫婦は、男女共学の教育を受けた高学歴カップルである。俊介は『海辺の光景』に出てくる受容する母の息子かもしれない。だが、妻に「受容する母」を求めても、もはや得られない。時子は自分の欲望を隠そうとしない。結局、作品のなかでは、時子の欲望は「女の病」によって罰せられることになる。
それから半世紀。今や俊介と時子の息子たちや娘たち、その孫たちが家族を形成する時代になった。女は確実に変わった。少子化のもとで自己利益を優先する、ガマンしない娘たちが育った。そういう娘たちを育てたのが時子の世代の母たちである。不満だらけの母の運命を見て、時子の娘たちは、心底うんざりしたのだ。その母たちは、娘に対しては抑圧者になった。その娘の世代のフェミニズムは、「母と娘」の葛藤を主題化するようになる。

他方、男はおどろくほど変わっていないように見える。家父長であろうとした俊介の滑稽さは、戯画化されている。それが作家の批評意識のあらわれである。それを見抜いたはずの江藤が犯したまちがいは、自分自身が「近代家族」の家長たらんとしたところにあったのではないか。「近代家族」の家長とは、「国民国家」の公民の別名でもある。「父の不在」の席を埋めようとした男たち、「父」になろうとした男たちは、不可避にナショナリストになる。「現人神《あらひとがみ》」が人間宣言をして神を失った戦後日本で、自ら倫理の源泉たろうとした男たちの勘違い……。回顧的に見てみれば、戦後日本の男性知識人の自死は、その勘違いからくる絶望の帰結のように思える。

さよう、日本の男は「父」になっていない。「父」になることからオリている。「父になろう」としても、「父になる」なり方がまちがっている。わたしはフェミニスト法学者、マーサ・ファインマンの『家族、積みすぎた方舟――ポスト平等主義のフェミニズム法理論』[2003]を監訳したが、そこでファインマンが主張するのは、ケアには男も女もない、「父でなければできない」子育てなどない、ただ、あらゆる母親と同じように子どもに寄り添い、子どものニーズに応える「マザーリング」があるだけだ、ということだった(I-三「家族、積みすぎた方舟」)。

家族の変貌

江藤の気負った責任感と比べれば、文化人類学者、梅棹忠夫のさめたニヒリズムは、時代の変化を長いタイムスパンで予見していた。本書でポスト近代家族の予兆を示すのは、Ⅲ-一「「梅棹家庭学」の展開」と、I-一「ファミリィ・アイデンティティのゆくえ」である。前者から論じよう。

『文明の生態史観』[1967, 1974, 1998, 2002]で知られる梅棹に、「家庭学」があることに驚くひともいるかもしれない。三〇代の梅棹は、当時『婦人公論』誌上を賑わせた「第一次主婦論争」にそれと知らずに巻きこまれていた。彼を論争に巻きこんだ名伯楽は、当時の編集長、三枝佐枝子である。

「妻無用論」という説で主婦の憤激を買い、さらに「母という名の切り札」で女性の思考停止を衝いた。「主婦論争」において梅棹が果たした突出した役割は、後に「主婦論争」史を六次にまでわたって論じた妙木忍《みょうき》が『女性同士の争いはなぜ起こるのか──主婦論争の誕生と終焉』[2009]で指摘しているし、最近では小長谷《こながや》有紀が『ウメサオタダオが語る、梅棹忠夫──アーカイブズの山を登る』[2017]で梅棹「家庭学」を論じている。論じるに値するからであろう。「これから夫婦は似通った暮らし方をする男女の共同生活のごときものになっていくだろう」とか、「女性を閉じこめている母という名の砦から、ひとりの生きた女をとりもどしたいのである」といった梅棹の発言は、今日読んでも新鮮に響く。梅棹はそれをよいとも悪いとも言わない。ただ不可避だという。

もうひとつ、「ファミリィ・アイデンティティのゆくえ」は、巻頭に収録したことからもわかるように、本書の目玉であった。家族の概念を原理的に取り出しながら、理論と実証の交差する方法論を提示した本論は、後に家族社会学者から「現象学的家族研究」として高い評価を受けた。本書が一九九四年度の「サントリー学芸賞」を受賞したのも、それが評価されたからであろう。

家族を無定義概念だとする本論の前提は、わたし自身が人類学から深い影響を受けてきたことを反映している。構築主義的に言えば、「家族とは、人々が家族と呼ぶもの」以上でも以下でもない。わたしたちはその家族意識を「ファミリィ・アイデンティティ」と呼んだ。

本論が方法論的にユニークだったのは、家族を個人の集合として扱い、個人に属するファミリィ・アイデンティティのあいだのズレを実証可能にしたことである。家族は集合的人格ではない。アイデンティティ意識は個人にしか帰属しない。家族が変容するとは、家族を構成する個人個人が変容するということだ。家族を成り立たせる要因のうち、血縁と居住、形態と意識のそれぞれを4象限に配置し、非伝統的な家族を索出することで家族の変容を論じたこの章は、タイトルどおり、ポスト近代家族の「ゆくえ」を予兆したものである。理論図式からの索出効果に合わせて経験的な事例を検証するという方法で、従来なら「家族と呼べないような家族」、すなわちボーダーライン家族 borderline families をわたしたちは研究対象にした。このボーダーラインはのちに、「家族の臨界」(I-二)、すなわち家族はどこまでいけば家族でなくなるか? という問いに接続する。

この研究は、望月照彦が主宰する小田急学会の研究助成を受け、当時共同研究者であった女性のベンチャー企業、株式会社アトリエFのスタッフの協力を得て実施された調査にもとづいている。テマヒマをかけた聞きとりによって得られた個票をもとに分析したこの研究には、コストがかかっている。著者に時間的な余裕があれば一冊の本にまとまるはずだった質と量をそなえた研究を、このようなかたちで簡略な論文にしてしまった悔いは、現在もある。

今からふりかえれば、本論の予測力は高かったと言えよう。血縁と居住の一致しない「家族」(シェアハウスやグループリビング)、形態と意識が一致しない「家族」(事実婚カップルや同性カップル、再建ファミリィなど)が次々登場した。同じ時期に、そのような境界的な「家族」を「家族」と呼ぶことに対する反動もまた、あらわれた。一九九七年に社会学者、山田昌弘らが執筆した家庭科の教科書が検定不合格になったとき、不合格理由のひとつが「家族の多様化」を論じた部分だった。そのなかで「ペットを家族とみなす」人々の存在を指摘した部分が、文部省教科書調査官によって不適切と判定されたと聞いたときには、笑ったものだ。わたしたちの研究で「ペットも家族」はとっくに実証されていたのだから。

本論の実証部分に付け加えた結びの「新しい家族幻想」の節は、拙速に過ぎたかもしれない。くりかえし危機を叫ばれても、「家族」という用語はなぜ死なないのか？　親密な関係を「家族のような」と形容するときに、仮託されている思いは何か？　家族があくまでも言語的に構築されるものだとしたら、「家族」という概念の執拗さをもって、一体何がそこに「掛け金」として掛けられているのかを、論じる誘惑に勝てなかった。ために後半が、実証部分からは飛躍の多い一種の文化批評となったことに、とまどいを覚える読者もいるかもしれない。大衆文化のなかにある「家族のような」の用法をもとに、わたしは家族の非選択性(言い換えれば運命性)を強調した。同じ頃、社会学者の宮台真司が、後期近代における「関係の偶発性」を論じていた。「関係の偶発性」のもとでは、人は互いに取り替え可能になる。それに個人は耐えられるのか？

後になってわたしがケアの研究[上野 2011]に乗り出したとき、介護現場でしょっちゅう「家族のような」という表現に出会うようになった。それはたんに、ちょっとした大家族のような小規模の集団であることだけでなく、理想的なケアを指す形容詞としても使われていた。「家族のような」ケアを理想化する見方は、家族神話を助長する反動だと思うが、それだけでなく、現場の彼ら彼女らが「家族のような」を用いるときには、もうひとつ別な含意があった。富山型居宅介護事業所として知られる「にぎやか」の理事長、阪井由佳子はこう言う。「このじいちゃんと出会ったのが運命だから、じいちゃんの最期までつきあう」。そうした覚悟が、「家族のような」には込められていた。つまり出会いの偶然を必然の選択に変える機序がこの語にあることを指摘した一九九四年のわたしの考察は、二〇〇〇年代の介護現場でも適用可能だったのだ。

思えば、家族ほど不自由な関係はない。夫婦は関係を取り消せても、親は子を選べないし、子も親を選べない。それを運命と、必然と、受け入れるために、「家族」というボキャブラリーはなくてはならない、のだろうか？

性革命のゆくえ

もうひとつ、本書の予測が当たっていたことを示す現象がある。

七〇年代以降の家族の変化は、同時代に進行していた「性革命」と切り離せない。人々は「近代家族」を成立させている性規範である「ロマンチック・ラブ・イデオロギー」(結婚のもとでの愛・性・生殖の三位一体)が、解体しつつあるのを目の当たりにしていた。七〇年代までは、西欧諸国もまた性的に保守的な社会だったことを忘れてはならない。処女性の価値は高く、「初夜」という言葉が生きていた。花嫁はヴァージンロードを歩くことになっていた。

ある社会が「性革命」を通過したかどうかを判定するふたつの人口学的指標に、離婚率の上昇と婚外子出生率の上昇とが挙げられる。離婚は結婚と愛との分離の、婚外子出生は結婚と生殖との分離の、それぞれ指標である。性革命は性と愛の分離、性と生殖の分離、結婚と性の分離等々を可能にした。

七〇年代から八〇年代にかけての日本は、世界史的に見て例外的な社会だった。西欧先進諸国でのきなみ離婚率が上昇し、かつ婚外子出生率が上昇しているさなかに、日本だけはこのふたつの人口学的指標に見るべき変化がなく、国際的にはいわば盤石の家族の安定性を示していたからである。

八〇年代バブル期の日本で、エズラ・ヴォーゲルの言う「ジャパン・アズ・ナンバーワン」に浮かれた保守派の根拠には、この「世界に冠たる日本の家族制度の安定性」が含まれていた。この家族の安定性があるからこそ、「家族は福祉の含み資産」という中曽根康弘政権の「日本型社会保障」政策が成り立ったのだし、「妻」の貢献に報いるために一九八六年に国民年金の「第三号被保険者制度」が成立した。家族福祉を期待できるからこそ、政府は公的社会保障の手を抜くことが可能だったのである。同時期に急速に上昇したアメリカの離婚率の高さを見て、保守派はアメリカの「家族の崩壊」を嗤《わら》い、社会保障先進国である北欧の独居老人の孤独を愚弄した。(実際には高齢者の自殺率は、そのときも今も、日本の方が高く、それも独居高齢者より同居高齢者の自殺率の方が高いのだが。)あたかも日本はそのような「家族崩壊」からは無縁であるかのように。

だが「ロマンチック・ラブ・イデオロギー」の解体は、日本でも進行していた。同時期にふかく静かに進行していたのが、出生率の低下と婚姻率の低下である。愛と性、結婚と性の分離は日本の若い男女のあいだにも起きていた。婚外子出生率は、婚外の性行動とその結果ののぞまない妊娠の指標だが、「中絶天国」の異名をとる日本では、婚外の性行動が活発化しているにもかかわらず、のぞまない妊娠は人工妊娠中絶によって解消されていたと見える。また離婚率は結婚の不安定性の指標だが、いったん結婚しなければできない離婚と違って、非婚とは、いわば結婚前にすでに選択された「婚前離婚」と言ってもよい。だとすれば、極端な低出生率は婚外子出生率の、非婚率の高さは離婚率上昇の、機能的に等価な指標ではないのか？　そう考えれば、他の先進工業諸国と同様に、日本が独自のしかたで性革命を経験したということができるだろう。

事実、性行動の低年齢化やカジュアル化、婚姻の安定性の崩壊など、今日あらゆる点で「ロマンチック・ラブ・イデオロギー」の解体現象と見えるものは、日本でも観察されている。その変化が可視化されたのが九〇年代以降である。一九九四年に刊行された本書は、ほぼ七〇年代から八〇年代にかけての日本の現実を観察対象としているが、あとになって回顧的に見れば、刊行時点ですでに「近代家族」の崩壊の予兆は、巷にあふれていたのだ。もはや目をおおえなくなった日本社会の性の変容について、九〇年代末に論じたのが、『発情装置――エロスのシナリオ』[上野 1998, 2015]である。

「ポスト近代家族」か、「ポスト家族」か？

あれから四半世紀。「近代家族」解体の予兆は今や現実化しつつある。だとしたら次に待ち受ける問いは、わたしたちを待っているのが、「ポスト近代家族」か、それとも「ポスト家族」か？　というものである。前者なら「近代家族」はなくなってもたんに別な家族に変わるにすぎない。後者なら「家族」と呼ばれる現象が、社会から退場することになる。

人類史の知見は、家族に該当する集団を欠いた人類社会が存在しないことを教える。したがって後者なら、人類史はこれまで経験したことのない段階に入ることを意味する。生殖テクノロジーの技術革新は、代理母出産やデザイナーベイビーのように、生殖が人為的にコントロール可能であることを示唆する。だが、これまでの歴史にも、ヒトの養殖や、「子ども牧場」のようなアイディアが成功した試しはないし、これからもおそらく不可能だろう。なぜならヒトがヒトになる過程は、あまりにコストが高くつきすぎるために、市場化も公共化もできないからである。それどころか生殖テクノロジーは、かえって血縁主義を強化するために採用されてさえいる。これまでなら子のない人生を受け入れた不妊カップルは、「手段があるのに、なぜ努力しないの？」と責められることになるからだ。今のところ、ヒトがヒトを再生産する制度は、家族以外に見当たらない。

ケアという厖大な時間と金、エネルギーと感情を動員するプロセスは、あたかもそれが運命でなければ受け入れがたい、かのようだ。本書の刊行後、わたしはヒトの生命の始まりと終わりに関わるケアという行為に深く関心を持つようになっていくが、それは「近代家族」研究からは必然の道筋だったと思える。なぜなら、「近代家族」とは、ケアの私事化という重すぎる積み荷を積んで出航したことで、早晩、座礁を運命づけられていたシステムだったからだ。そしてそのケアという重荷は、小規模な近代家族のなかでは、たったひとりの成人女性の肩に背負わされていた。「ワンオペ育児」という用語があらわれたときには、感嘆した。なぜならそれが自明であれば、名付けさえ行われないだろうから。不当だというインプリケーションがあるからこそ、「ワンオペ育児」という概念が生まれる。家事労働は「不払い労働」であるという見方は定着し、「嫁」の介護は「強制労働」と呼ばれるようになった。

もう一つ「ポスト家族」の可能性についても言及しておこう。少子化の背後に婚姻率の低下がある。つまり、家族を形成する人々と形成しない人々とが、分解しつつある、という事実だ。その背後には、階級、ジェンダー、セクシュアリティ、人種などの格差がある。家族を形成しない人々、すなわち単身者からなるコミュニティは、「ポスト家族」のコミュニティと言いうるだろうか？　そこでの関係やセクシュアリティのあり方は？　……まだ解かれていない問いがさらに登場するだろう。

「近代家族」にとって自明視されたものが、こうやって次々に問題化されていくことを、当時、誰が予測しただろうか？　いや、もっと正確に言おう。「近代家族」を脱自然化し、それを問題化した者たちがいたからこそ、変化が起きた。フェミニストたちである。フェミニストの家族研究は、「近代家族」の家族神話を覆して、その内部に立ち入り、男女の権力の非対称性や親子の世代間関係のゆがみを問題化してきた。そのことでフェミニストは家族の「壊し屋」の汚名を被せられたが、「近代家族」がその出発点から問題を抱えていたことを明らかにしただけだった。

おわりに

最後に古いエピソードを紹介して、本稿を閉じよう。失業者同然の暮らしをしていた食えない大学院生時代、先輩の研究者が親切心からこう言ってくれたことがある。「キミに家族社会学の業績があれば、職を紹介してあげられるんだけどねえ」……さまざまなハイフン社会学のうちで、家族社会学は女向きのゲットーだった(もちろんその業界もまた、男性が牛耳っていたが)。なぜなら家族は女の居場所だったから。わたしはそれを厚意とも受け取らず、歯牙にもかけずに無視した。そしてその選択は正しかったと今でも思っている。

言っておくが、家族社会学の内部から、「近代家族」の相対化は起きなかった。外部からのフェミニスト的な介入 feminist intervention こそが、家族社会学を変えてきたのだ。だからわたしは「家族社会学者」を名乗るよりも、「ジェンダー研究者」であることを選ぶ。

初出一覧

*は新版で新たに収録したもの

I　近代家族のゆらぎ

一　ファミリィ・アイデンティティのゆくえ　シリーズ『変貌する家族』第一巻『家族の社会史』岩波書店、一九九一年。

二　家族の臨界――ケアの分配公正をめぐって＊　牟田和恵編『家族を超える社会学――新たな生の基盤を求めて』新曜社、二〇〇九年。

三　家族、積みすぎた方舟＊　解説、マーサ・A・ファインマン、上野千鶴子監訳・解説、速水葉子・穐田信子訳『家族、積みすぎた方舟――ポスト平等主義のフェミニズム法理論』学陽書房、二〇〇三年。

四　女性の変貌と家族　遠藤惣一・光吉利之・中田実編『現代日本の構造変動――一九七〇年以降』(世界思想ゼミナール)世界思想社、一九九一年。(原題「家族(2)――女性の変貌と家族」)

II　近代と女性

一　日本型近代家族の成立　書き下ろし

付論　「家父長制」の概念をめぐって　書き下ろし

二　家族の近代　小木新造・熊倉功夫・上野千鶴子校注『風俗　性』(日本近代思想大系23)岩波書店、一九九〇年。(「解説」三の第一節)

三　女性史と近代　吉田民人編『社会学の理論でとく　現代のしくみ』新曜社、一九九一年。(原題「女性史と近代――フェミニズムはどうとらえてきたか」)

Ⅲ　家庭学の展開

一　「梅棹家庭学」の展開　『梅棹忠夫著作集第9巻　女性と文明』中央公論社、一九九一年。(原題「コメント2　梅棹「家庭」学と文明史的ニヒリズム」)

二　技術革新と家事労働　シリーズ『変貌する家族』第四巻『家族のフォークロア』岩波書店、一九九一年。

Ⅳ　高度成長と家族

一　「母」の戦後史　江藤淳『成熟と喪失――〝母〟の崩壊』講談社文芸文庫、講談社、一九九三年。(原題「解説『成熟と喪失』から三十年」)。

付論　戦後批評の正嫡　江藤淳　＊　『新潮』二〇一九年九月号(第一一六巻第九号)(神奈川近代文学館企画展「没後二〇年　江藤淳展」記念講演会。協力：神奈川近代文学館。二〇一九年六月一日、於神奈川近代文学館)

二　「ポスト思秋期」の妻たち　斎藤茂男編著『ルポルタージュ日本の情景1　妻たちの思秋

期』岩波書店、一九九三年。(原題「〈批評〉「ふつうの女」が事件になった」)

V　性差別の逆説

一　夫婦別姓の罠　『現代のエスプリ』第二六一号「夫婦別姓時代を生きる」至文堂、一九八九年。(原題「夫婦別姓の人類学」)

二　生きられた経験としての老後　シリーズ『老いの発見』第二巻『老いのパラダイム』岩波書店、一九八六年。(原題「老人問題と老後問題の落差」)

三　「女縁」の可能性　栗田靖之編『現代日本文化における伝統と変容3　日本人の人間関係』ドメス出版、一九八七年。(原題「選べる縁・選べない縁」)

四　性差別の逆説――異文化適応と性差　小山修三編『現代日本文化における伝統と変容7　日本人にとっての外国』ドメス出版、一九九一年。

本書は、『近代家族の成立と終焉』(岩波書店、一九九四年)を増補し、新版としたものである。

人名索引

あ行

か 行

さ 行

た 行

な 行

は 行

ま 行

近代家族の成立と終焉 新版

2020年6月16日 第1刷発行
2024年4月5日 第4刷発行

著 者 上野千鶴子《うえのちづこ》

発行者 坂本政謙

発行所 株式会社 岩波書店
〒101-8002 東京都千代田区一ツ橋2-5-5
案内 03-5210-4000 営業部 03-5210-4111
https://www.iwanami.co.jp/

印刷・精興社 製本・中永製本

ISBN 978-4-00-600415-6 Printed in Japan

岩波現代文庫創刊二〇年に際して

二一世紀が始まってからすでに二〇年が経とうとしています。この間のグローバル化の急激な進行は世界のあり方を大きく変えました。世界規模で経済や情報の結びつきが強まるとともに、国境を越えた人の移動は日常の光景となり、今やどこに住んでいても、私たちの暮らしは世界中の様々な出来事と無関係ではいられません。しかし、グローバル化の中で否応なくもたらされる「他者」との出会いや交流は、新たな文化や価値観だけではなく、摩擦や衝突、そしてしばしば憎悪までをも生み出しています。グローバル化にともなう副作用は、その恩恵を遥かにこえていると言わざるを得ません。

今私たちに求められているのは、国内、国外にかかわらず、異なる歴史や経験、文化を持つ「他者」と向き合い、よりよい関係を結び直してゆくための想像力、構想力ではないでしょうか。

新世紀の到来を目前にした二〇〇〇年一月に創刊された岩波現代文庫は、この二〇年を通して、哲学や歴史、経済、自然科学から、小説やエッセイ、ルポルタージュにいたるまで幅広いジャンルの書目を刊行してきました。一〇〇〇点を超える書目には、人類が直面してきた様々な課題と、試行錯誤の営みが刻まれています。読書を通した過去の「他者」との出会いから得られる知識や経験は、私たちがよりよい社会を作り上げてゆくために大きな示唆を与えてくれるはずです。

一冊の本が世界を変える大きな力を持つことを信じ、岩波現代文庫はこれからもさらなるラインナップの充実をめざしてゆきます。

（二〇二〇年一月）